개정판

여행사 경영업무

하 인 수 저

Travel Agency

Management & Business

기문사
www.kimoonsa.co.kr

머리말 Preface

세계적으로 여행은 20세기 후반 이후 인류문명의 주요 경향들이라고 할 수 있는 탈산업화와 소비혁명, 정보화와 세계화 등을 한데 아우르는 막강의 키워드가 되었다. 이러한 흐름의 주요 원동력된 것은 여행의 일반대중화를 이끌어 낸 패키지 투어로서 여행객의 안전, 비용과 기회 등의 측면에서 지속적으로 발전해 온 결과라고 볼 수 있다. 그런 점에서 여행은 우리 인간생활의 일부로 자리를 잡았고 현대 여가활동의 중요한 수단으로 이용되고 있다.

우리나라의 경우도 1975년 관광산업이 국가전략산업으로 지정된 이후 여행산업은 국가의 외화획득과 국민관광의 발전을 도모하는 기간산업으로서의 면모를 보여 주고 있으며 양적, 질적으로 괄목한 성장을 하고 있다.

현재 세계적인 여행업의 경영적인 상황은 최고수준이 아니면 더 이상 살아남지 못하는 절박한 상황에 놓여 있다. 우리나라의 경우도 예외는 아니어서 현재 10대 메이저 여행사(종합패키지업체)들이 여행 총매출액의 60%를 차지하고 있는 상황으로 향후 중소여행사와의 그 격차는 더 커질 것으로 예상된다. 그로 인해 중소여행사들은 경영의 어려움에 직면하고 있다.

본서는 중소여행사들이 생존하기 위한 나름대로의 방안을 제시하고 이론에 상응하여 실무에 적용가능한 또는 적용되고 있는 기법에 관해 소개하고자 하였다. 그리고 10여년의 여행사 생활과 20여년의 학문연구를 바탕으로 여행사경영에 따른 이론과 실무, 사례연구를 본서에 담고자 하였다.

본서는 총 14장과 부록으로 구성되어 있다. 제1장 여행의 기초개념에 대해 제2장에서는 여행업의 개요에 대해서 제3장에서는 여행상품에 대해 제4장에서는 여행사 경영조직과 수익에 관해 제5장에서는 인사관리업무에 대해서 제6장에서는 여행사 마케팅업무에 관해서 제7장에서는 여행사의 법률적 문제와 위기관리에 대해서 제8장에서는 고객응대에 대해서 제9장에서는 여행상품추천에 대해서 제10장에서는 여행상품계약업무에 대해서 제11장에서는 항공기초업무에 대해서 제12장에서는 수속업무에 대해서 제13장에서는 여정작성과 원가계산업무에 대해서 제14장에서는 국외여행인솔업무에 대해 서술하였다. 마지막으로 부록편에는 여행사에서 자주 사용되고 있는 여행사 전문용어 해설과 국내 · 외여행표준약관, 세계 주요관광지에 관한 내용을 담았다.

막상 본 서의 개정판을 내고 보니 여전히 전 부분에 대해 부족한 점을 떨쳐 버릴 수 없다. 앞으로 독자제현의 충고와 지도편달을 기대하며 여행경영과 실무의 입문서로 손색이 없도록 계속해서 수정 · 보완할 것을 약속드리는 바이다.

본서의 집필이 있기까지 음으로 양으로 지원을 아끼지 않은 아내와 딸들에게 고맙다는 말을 전한다. 아울러 제8장에서 제10장까지 내용에 도움을 주신 임은정 박사와, 기꺼이 출판을 맡아 주신 기문사 한인환 사장님에게도 감사를 드린다.

2024년 2월

저자 씀

차례

제 1 장

여행의 기초이론

세계는 한 권의 책이다. 여행하지 않는 자는 단지 그 책의 한 페이지만을 읽을 뿐이다. 성 아우구스티누스

여행은 정신이 다시 젊어지게 하는 샘이다. 안데르센

여행은 그대에게 적어도 다음 세 가지의 유익함을 가져다 줄 것이다. 첫째로 타향에 대한 지식이고, 둘째로 고향에 대한 애착이며, 셋째로 그대 자신에 대한 발견이다. 브하그완

진정한 여행은 새로운 풍경을 보는 것이 아니라, 새로운 시야를 갖는 것이다. M 프루스트

제1장

여행의 기초이론

1 여행의 어원

인간의 역사는 이동의 역사라고 볼 수 있다. 원시시대에는 먹을 것을 구하기 위해 이리저리 돌아다녔고 요즘처럼 한 곳에 정착해 경제활동을 하는 생활방식이 시작된 것은 신석기시대에 이르러서다. 신석기시대에 들어와서야 비로소 한 곳에 정착해 농사를 짓고 가축을 키우는 경제생활 방식이 자리를 잡기 시작했던 것이다. 이렇게 농경과 목축생활이 시작되면서 초보적이나마 사회적 분업이 이루어지기 시작하고, 이에 따라 물품의 교환이 발생하게 되었다. 거주지를 형성하고 사회문화가 발전하면서 사람들은 물물교환을 위해 이동하게 되었고 그들은 다시 생활권으로 돌아오는 생활이 반복되었는데 이것으로 인해 여행의 개념이 형성되었다.

일반적으로 인간의 이동에는 자신의 거주지를 떠나서 다른 나라 또는 다른 지역에 정착을 하게 되는 이주(immigration)와 타지로 이동하였다가 거주지로 다시 돌아오는 여행(travel)으로 구분된다■. 그런 점에서 이주와 여행은 구분된다.

여행은 "나그네"라는 뜻의 旅와 "가다", "돌아다니다", "체험하다"라는 뜻의 行이 결합된 말로 자기가 사는 곳을 떠나 객지나 외국에 가는 일, 특히 특별한 볼일 없이 즐기거나 견문을 넓히기 위해 탈것을 타고 돌아다니는 것을 포함한다.

영어로는 여행과 가장 잘 어울리는 어휘는 travel이다. travel은 먼 곳으로 여행을 하는 것, 단순히 간다(go), 진행하다(proceed) 등을 의미하고 있다. 사전적 의미로는 장거리 또는 미지로의 여행을 뜻하는 용어이다.

■ 여행은 꼭 정주지로 돌아오지 않아도 된다고 주장하는 사람도 있음

여행(travel)의 어원은 '트리팔리움(tripalium)' 이란 라틴어에서 유래되었다. 트리팔리움은 로마시대에 땡볕 아래 꼼짝 못하게 사람을 묶는 나무틀(고문기구)로, 소나 말이 새끼 낳을 때 움직이지 못하게 묶어 두려고 우리에 지른 막대기를 의미한다. 그리고 travel은 trouble(걱정, 고생, 고통)이나 toil(고통, 힘든 일)과 같은 어원인 프랑스어 트라바이(travail)에 근거를 두고 있다.

이들 어원 속에서 나타난 바와 같이 여행은 고통과 힘든 일이 따른다는 것을 알 수 있고, 안전과 숙박 및 병에 대한 고통이 항상 따랐음을 알 수 있다.

누구라도 떠날 수 있는 여행의 기술 100가지

1. 문득 떠나고 싶다는 생각이 든다면 지도책을 펼쳐 든다.
2. 언젠가 꼭 가게 되리라는 꿈을 안고 가고 싶은 여행지의 리스트를 작성하며 꿈을 키운다.
3. 인터넷 검색창에 그 도시의 이름을 친다. 웹서핑을 통한 여행으로 그 도시에 대한 꿈을 키워간다.
4. 여행 동호회의 카페에 올려진 다양한 여행기를 읽어본다. 대리만족을 통한 여행도 큰 즐거움이다.
5. 여행사 사이트에 있는 다양한 여행 패키지들을 살펴보며 가고 싶은 여행에 대한 '감' 을 잡는다.
6. 서점의 여행서 코너를 살펴본다. 가고 싶었던 여행지에 대한 책들을 산다.
7. 가고 싶었던 여행지에 대한 멋진 사진을 구하여 책상 앞에 붙여둔다. 언젠가 그곳에 가 있을 나를 상상하며.
8. 가고 싶었던 여행지에 동그라미를 친 전국지도 또는 세계지도를 벽에 붙여둔다.
9. 준비도 여행의 즐거운 일부분이다. 여행을 준비하는 동안의 설렘을 만끽한다.
10. 마음에 맞는 동행을 구할 수도 있지만, 과감히 혼자만의 여행을 떠날 수 있는 용기를 내본다.
11. 함께하는 여행이라 할지라도 혼자만의 시간은 필수요건이다. 함께, 또 따로 하는 방법을 생각해본다.
12. '휴식' 또는 '공부' 처럼 여행의 목적을 분명히 한다. 두 마리 토끼를 잡으려는 욕심을 버린다.
13. 이른 아침, 또는 한밤중에 여행을 떠난다. 꿈을 꾸듯 여행의 설렘이 배가 되어 느껴질 것이다.

14. 눈이나 비가 오는 날 여행을 떠난다. 조금 번거롭더라도 맑은 날 느낄 수 없는 특별함이 느껴질 것이다.
15. 여행이 반드시 먼 곳으로 떠나는 것을 의미하지는 않는다. 가까운 곳으로의 여행도 멋진 여행이 될 수 있다.
16. 지나친 준비는 여행을 망친다. 여행을 통하여 발견하게 될 호기심과 새로움의 몫을 남겨둔다.
17. 일어나지도 않은 일을 미리 걱정하며 주저앉아 버리는 어리석은 행동을 더는 하지 않는다.
18. 무작정 떠난 여행이 예상치 못한 즐거움을 선사할 때가 있다. 떠나고 싶은 마음이 들면 바로 행동으로 옮긴다.
19. 조금 번거롭더라도 대중교통을 이용한 여행은 여행의 참 즐거움을 선물해준다.
20. 창가 자리에 앉아 차창 밖으로 지나가는 풍경을 즐긴다.
21. 여행과 어울리는 노래를 MP3에 담아 여행길의 특별한 친구로 삼는다.
22. 여행 중에 떠오르는 감성들을 메모할 수 있는 빈 노트 한 권을 준비한다.
23. 다른 문화권으로 여행할 때는 "실례합니다.", "감사합니다." 정도의 인사말을 미리 배워둔다.
24. 낯선 곳, 낯선 이에게 받은 고마움일수록 표현에 인색하지 않는다.
25. 여행지에서 만나는 현지인에게 말을 걸어본다. 짧은 인사라 할지라도 그 이상의 무언가를 얻을 수 있을 것이다.
26. 현지에 어울리는 옷을 입어 그 지역의 문화를 충분히 경험할 수 있는 자세를 갖춘다.
27. 너무 과한 액세서리나 의상은 불미스러운 일의 표적이 될 수 있으므로 삼간다.
28. 호텔 프런트에 비치된 호텔의 이름과 주소, 간략한 지도가 그려진 인쇄물을 늘 소지한다.
29. 어딘가 이동할 때에는 주위를 다시 한 번 살펴보는 습관을 들여 무언가 잃어버리는 불상사를 미연에 방지한다.
30. 국외여행 시, 도움이 필요한 경우를 대비하여 여행지에 가까이 위치한 한국 영사관의 연락처를 알아두면 편리하다.
31. 여권을 분실하였을 경우를 대비하여 여권의 복사본과 사진을 여분으로 준비하면 요긴하게 사용할 수 있다.
32. 유명 관광지를 순례하는 것이 여행의 목적은 아닐 것이다. 뒷골목에 숨어 있기도 한 '보물섬'에 도전한다.
33. 사람들이 잠들어 있는 이른 새벽을 이용하여 주변을 둘러본다. 낮에는 볼 수 없었던 색다른 도시풍경을 발견할 것이다.

34. 여행 중 한 끼쯤은 비용을 투자하여 그 도시를 기억할만한 분위기 있는 레스토랑에서 식사한다.
35. 여행을 떠나서까지 늦잠을 자는 건 매우 아쉬운 일이다. 조금 더 일찍 일어나서 여유롭게 긴 하루를 보낸다.
36. 무리한 강행군은 여행을 망치기도 한다. 여행의 도중에도 한잠 푹 잘 수 있는 여유로운 시간을 마련한다.
37. 무조건 카메라를 들이대기보다는 사진촬영을 해도 좋은 곳인지 살펴본다.
38. 사진을 찍지 못하게 되어 있는 장소에서는 아쉽지만, 마음으로만 사진을 찍는다.
39. 사진을 찍더라도 혹 실례가 되지는 않을지 상대방의 양해를 구한다.
40. 함께하지 못하는 가족들을 기억하며 여행지로부터의 선물을 준비한다.
41. '앤티크 샵' 에서 오랜 시간의 흔적이 담긴 멋진 선물을 발견할 수도 있다.
42. 조악하고 식상한 기념품은 아무도 감동하지 않는 의무감뿐인 선물이 될 수 있다.
43. 여행에 집중하고 싶다면 선물에 대한 걱정을 잠시 접어두는 것도 중요하다.
44. 지나친 쇼핑으로 돈과 시간을 낭비하는 어리석음을 저지르지 않는다.
45. 지나친 쇼핑으로 여행 가방이 두 배로 불어나는 행동을 삼간다.
46. 서로에게 불편한 마음이 생기지 않도록 지나치게 물건 값을 흥정하는 행동을 삼간다.
47. 여행지에서 사는 선물은 부피와 무게가 나가지 않는 것으로 고른다.
48. 슈퍼마켓을 방문해 현지인들의 일상을 느껴본다.
49. 오픈마켓을 방문해 싱싱하게 살아 숨 쉬는 현지인들의 먹을거리를 구경한다.
50. 모든 것이 사람 사는 모습이다. 여행지에서 느끼는 문화의 '다름' 을 존중한다.
51. 여행지에선 내가 내 고장, 내 나라의 대표 선수가 됨을 잊지 않는다.
52. 엄마와 딸만의 특별한 추억을 남길 수 있는 여자들만의 여행을 계획해본다.
53. 엄마의 옷장 속에서 입고 갈 옷과 챙겨갈 옷들을 골라 드리며 여행을 준비하는 즐거움을 나눈다.
54. 여행 중에 필요할 만한 젊은 감각의 밝고 화사한 빛깔의 덧옷을 미리 준비하여 선물해 드린다.
55. 엄마와 딸만의 정겨운 수다를 준비한다.
56. 아버지와 아들만의 특별한 추억을 남길 수 있는 남자들끼리의 여행을 계획해본다.
57. 아버지 몫의 짐을 한 배낭에 꾸려 짊어진다. 든든한 아들의 존재를 느끼실 수 있도록 한다.
58. 남자끼리 술잔을 부딪치며 어릴 적 아버지로부터 받았던 인생의 가르침에 대한 감사의 말을 전한다.
59. 연로하신 부모님과의 특별한 여행을 계획해본다. 원한다고 늘 가질 수 있는 시간이 아님을 기억한다.

60. 며느리와 시어머니, 아들과 아버지가 각각 온천욕을 즐기며 서로 등을 밀어주는 시간을 갖는다.
61. 때로는 과감히 아이들을 맡기고 부부만의 여행을 떠난다.
62. 직장 일에, 살림살이에 찌들어버린 서로의 심신을 위로하며 오로지 둘만의 행복한 시간이 될 수 있도록 한다.
63. 친구들끼리 가고 싶은 여행지에 대해 이야기를 나눈다. 어느새 마음은 그곳을 여행하고 있을 것이다.
64. 시간을 맞추는 게 어렵다면 친구들끼리 한나절만으로도 가볍게 다녀올 수 있는 여행을 계획해본다.
65. 할머니, 할아버지나 부모님의 고향을 찾는 '나를 찾아가는 여행'을 떠나본다.
66. 역사책이나 소설책을 중심으로 이야기를 따라 여행을 떠나본다.
67. 가까운 박물관을 찾아 수천 년을 거슬러 올라가는 '시간 여행'을 떠나본다.
68. 동행하는 이와 속도를 맞추어 걷는다.
69. 동행하는 이와 거리를 두어 혼자만의 고적감을 느껴본다.
70. 대화 대신 자연을 감상하는 데 집중해본다.
71. 눈을 감고 귀로 들려오는 숲의 소리를 새롭게 발견해본다.
72. 눈을 감고 코로 느껴지는 숲의 향기를 마음껏 들이마셔 본다.
73. 보드라운 풀밭 위를 맨발로 걸어본다.
74. 푹신한 낙엽 무덤 위에 누워 온몸으로 숲을 느껴본다.
75. 색이 고운 단풍잎들을 모아본다. 뜻밖에 멋진 선물이 될 수 있다.
76. 느리게 걸으며 깊이 들여다본다.
77. 천천히 호흡한다. 들이쉬기와 내쉬기에 집중해본다.
78. 잠시 머물러 앉아 친구나 연인에게 보낼 엽서 위에 순간의 감동을 적어본다.
79. 잠시 신발을 벗고 늘 양말 속에 갇혀 지내는 발가락들에도 자유를 선물한다.
80. 카메라의 줌이나 클로즈업 기능을 이용, 눈으로 보는 것보다 더 자세하게 기록해본다.
81. '치즈~'와 '빅토리'를 연발하는 뻔한 인물 사진 대신 자연스러운 스냅 사진을 시도해본다.
82. 때로는 사진기 없이 여행한다. 오직 내 눈으로만 보겠다는 결심으로.
83. 전화기를 꺼둔다. 전화기에 신경 쓰느라 여행을 망치지 않는다.
84. MP3 플레이어의 이어폰을 뺀다. 내 귀로 들려오는 자연의 소리에 귀 기울여본다.
85. 남들이 가지 않는 길, 나만의 특별한 여행경로를 만들어본다.
86. 남들이 해보지 못한 나만의 특별한 여행경험을 만들어본다.

87. 하루의 일정을 마친 뒤, 짧은 메모를 남겨둔다. 훗날 오늘을 기억하는 특별한 즐거움이 될 것이다.
88. 각종 티켓, 영수증, 지도 등을 모아본다. 여행을 추억하게 하는 특별한 기념품이 될 것이다.
89. 성냥갑, 또는 컵 받침처럼 돈을 들이지 않고도 할 수 있는 여행지로부터의 콜렉션을 시작해본다.
90. 여행지에서의 경험을 토대로 나만의 특별한 여행 가이드북을 만들어본다.
91. 지난 여행으로부터의 경험을 토대로 가방 안의 물건을 최소화하는 신기록에 도전해본다.
92. 문득 가방조차 짐스럽게 느껴진다면 입은 그대로, 있는 그대로 떠나는 여행을 시도해본다.
93. 가까운 곳으로의 짧은 떠남부터 먼 곳으로의 긴 여행까지, 차근차근 연습을 시도해본다.
94. 자신감이 생긴다면 아무런 계획 없이 무작정 떠나는 여행을 시도해본다.
95. 여행은 평가를 위해 떠나는 것이 아니다. 여행지로부터의 여러 경험 중 단점보다는 장점을 추억에 남긴다.
96. 내가 경험한 것은 여행지의 아주 작은 부분에 불과하다. 내가 아직 발견하지 못한 무한한 가능성을 남겨둔다.
97. 여행을 위한 최고의 준비물은 아직 만나지 못한 넓은 세상에 대한 설렘이라는 것을 기억한다.
98. 여행은 자신을 구속하는 것들로부터 진심으로 자유로워지는 일이라는 것을 기억한다.
99. 여행은 내 삶을 새롭게 하려는 생각을 실천에 옮기는 일이다. 여행은 떠남 그 자체로 가치 있는 일이다.
100. 떠나본 적이 없는 사람은 새롭게 돌아올 수 없다. 떠남은 새롭게 돌아오기 위한 전제조건이다.

자료 : 함께 사는 사회〈2008년 9-10월호, 통권(314)〉

2 여행의 개념

우리말에서 여행의 사전적 의미는 '일정 기간 다른 고장이나 다른 나라에 가는 일'이라고 정의하고 있다. 사전적 의미의 여행은 한 지점에서 다른 지점으로의 이동이라는 단순한 의미를 지닌다.

그러나 여행의 본질이 인간의 이동을 전제로 하나, 소리를 낸다고 모두 음악이라 할 수 없듯이, 어디론가 떠난다고 모두 여행이라 할 수는 없다. 따라서 인간의 이동행위가 여행으로 성립되기 위해서는 다음과 같은 전제조건이 있어야 한다.

첫째, 일상생활권 벗어나 그들이 원하는 목적지에서 체재하는 것에서 발생한다. 여기서 '일상 생활권을 벗어난다'는 의미는 '집'과 '일'에서 벗어난다는 뜻이다. 그러므로 출장으로 지방이나 해외에 가는 것을 여행이라고 하는 것은 진정한 의미의 여행이라고 보기에는 다소 무리가 있다. 그리고 '목적지에서의 체재'라고 하는 것은 일상을 벗어난 다른 환경, 즉 다른 곳의 자연과 풍경 그리고 역사와 문화 등이 바로 다른 환경에 해당된다.

둘째, 목적지에서의 체험활동에 의해 성립한다. '체험한다'는 것은 말 그대로 자신의 오감으로 보고, 듣고, 느끼고, 배우는 것을 의미한다. 목적지에서 새로운 자연과 풍경 그리고 역사와 문화를 보고 듣고 느끼고 배우는 것이다.

이러한 관점에서 본다면 여행은 이동을 전제로 한 비일상적인 행위임을 알 수 있고, 일상생활의 불균형(지적욕구, 일탈욕구 등)에서 균형으로 회복하려는 과정으로 파악된다.

그런 점에서 여행의 개념은 여행자입장에서 볼 때 기분전환을 하고, 휴식을 취하며 또한 지역주민과 상호작용하고, 미지의 자연 경관에 접촉함으로써 그 경험과 교양을 넓히기 위하여 여행을 한다든가, 정주지를 떠나 체재하는 등의 일로 이루어진다고 볼 수 있다.

3 여행과 관광과의 관계

여행과 가장 유사한 의미로 사용되는 용어는 '관광' 이다. 사실 1980년대 중반까지만 하더라도 '관광' 이라는 개념보다 '여행(travel)' 이라는 개념으로 더 많이 표현되었으나, 지금은 '관광(tourism)' 이란 개념으로 더 많이 표현되고 있다. 이러한 현상은 현대에 들어오면서 관광의 산업경제적 측면이 강조되면서부터이다. 산업경제적 관점에서 보면 여행산업이 관광산업의 한 부분으로 취급되고 있다는 점에서 '여행' 의 개념보다 '관광' 이라는 개념을 포괄개념으로 다루고 있다.

그러나 '여행' 의 개념을 '관광' 의 개념보다 포괄적인 개념으로 보고 있는 시각도 많이 있다. 손대현은 '관광을 여행의 한 형태', 기(Gee)는 관광을 '여행의 한 분야' 로서, 밀과 모리슨(Mill & Morrison)은 '여행하는 사람들이 참여하는 활동이 관광' 이라고 보고 있다. 이는 경제적 관점보다는 여행자 입장에서 활동의 능동성이 강조되고, 여행이 갖는 사회문화적 효용 즉 교육적 · 위락적 · 문화적 목적이 강조된 개념이라고 볼 수 있다.

맥캐넬(MacCannell, 1976)은 Tourist와 Traveller를 다음과 같이 구분하였다.

- Tourist 즐거움 추구, 소극적, 흥미로운 이벤트가 일어날 것을 기대, 구경거리 위주의 관광, 모든 것이 사전에 준비되는 것을 기대
- Traveller 체험추구, 능동적, 모험적

한편 관광의 개념이 여행(travel)이라는 개념과 동의개념으로 취급되는 경우도 있다. 미국의 연방관광정책보고서(National Tourism Policy Report, 1982)에는 관광과 여행의 개념을 동일시 하고 있으며 맥킨토시(McIntosh, 1986)와 같은 학자도 관광과 여행을 동의개념으로 사용하고 있다. 이는 여행과 관광이 이동을 전제로 하고 있고 넓은 의미에서 여행과 관광의 정의가 학문적 또는 시스템적으로 별다른 차이가 없는 것으로 파악하고 있기 때문인 것으로 사료된다.

결국 여행과 관광의 개념은 여행자의 심리적 불균형에서 균형으로 회복하려는 과정의 일부분이며, 그 과정을 통해 사회문화적 욕구를 충족시키려고 한다는 점 그리고 여행과 관광이라는 용어가 일반 생활 속에서 혼용되어 사용되고 있다는 점에서 본서에서는 동의개념 내지 유사개념으로 취급하도록 하겠다.

참고 영어권에서의 여행의 유사용어

- **Trip** 비교적 짧은 여행을 지칭하는 개념으로 상용이나 위락목적으로 출발하는 여행을 지칭함
- **Journey** 장거리의 여행으로서 여행목적, 여행수단, 여행기간에 관계없이 여행을 뜻하는 일반적 의미의 여행을 지칭함
- **Excursion** 밖에(ex)와 달리다(currere)라는 어원에서 나온 excursion은 개인이나 단체가 짧은 기간 동안 즐기기 위해 행해지는 여행으로서 보통 하루 이상 걸리지 않는 여행을 지칭하며 학교에서의 소풍이나 수학여행도 이 의미임
- **Tour** tour는 순회여행 또는 주유여행으로서 여러 곳을 떠돌아다니면서 다시 돌아오는 여행으로 탐승, 시찰을 목적으로 하는 경우에 쓰이며 비용이 비교적 많이 들어가는 여행을 지칭함
- **Sightseeing** 동적 관광이 아닌 단순히 구경거리 목적의 정적 관광을 의미(예 : city tour)함
- **Travel** 사전적 의미는 '먼 곳까지 탈것을 이용하여 가다' 라는 뜻으로 풀이되어 있으며 현재에는 가장 일반적인 여행의 포괄적 개념으로 비교적 장거리 여행을 지칭함
- **Jaunt** 집이나 일상 업무에서 벗어나 휴식, 놀이를 즐기는 짧은 여행(기분전환의 성격)을 지칭함
- **Junket** 관용 여행이나 호텔, 카지노, 기타 여행 공급업자 등의 스폰서에 의해 제공되는 여행을 지칭함

참고 우리말에서 여행의 유사용어

- **관광** 다른 지방이나 다른 나라의 풍속을 구경함
- **구경** 어떤 곳 또는 어떤 일을 보고 즐기는 일
- **나들이** 가벼운 볼일로 나서 이웃이나 다른 곳에 갔다가 오는 일
- **유람** 구경하며 돌아다님
- **소풍** 갑갑한 마음을 풀기 위하여 바람을 쐬는 일
- **순례** 종교상의 여러 성지나 영지를 차례로 찾아다니며 참배함

4 여행의 구성요소

여행이 어떠한 요소들로 구성되어 있는가 하는 것을 밝히는 것은 그리 쉬운 일이 아니다. 아마 여행 현상을 설명하는 데서 볼 수 있듯이 복잡하고 다면적이기 때문일 것이다. 전통적으로 여행 구조를 주체, 객체, 매체의 3가지 틀로서 인식하고 이해되었던 것이 근자에 와서는 정부의 정책, 기업가 정신, 지역사회 등의 외부요인까지도 포함하는 경향을 볼 수 있다. 그 이유는 여행이 지속적으로 발전하면서 여행시스템의 구성요소도 변화하고 확대되고 또한 영향을 받는 요인들이 많아졌기 때문이다.

여행의 구성요소를 가장 잘 설명하고 있는 것 중에 하나가 군(Gunn)의 견해이다. 군은 여행구성요소를 수요측면에서 관광객(tourist), 공급 측면에서 교통(transportation), 매력물(attraction), 서비스와 시설(service & facilities), 정보(information-directed)라는 5가지를 제시하고 있다. 이를 좀 더 구체적으로 살펴보면

첫 번째 구성요소는 여행객이다. 여행객은 여행요구와 여행에 필요한 지급능력을 갖고 있는 사람들로서 여행의 주체의 기능을 갖는다.

두 번째 구성요소로서는 교통이다. 교통은 여행객의 거주 지역과 목적지 사이와 목적지간을 연결하는 중요한 구성 요소이다.

세 번째 구성요소로서는 매력물이다. 일반적으로 광범하고 다양한 물질적 형태와 시설물이 관광객의 매력물로 작용하여 그들의 참가를 유인한다. 이 매력물은 정부기관이 소유하는 공공적 매력물, 비영리 단체가 소유하고 있는 매력물, 상업적으로 운영되는 매력물 등이 포함된다.

네 번째 구성요소로서는 서비스와 시설이다. 환대산업에서 제공되는 서비스 그 자체와 호텔, 모텔, 식당, 바, 소매점 그리고 기타 서비스 시설이 기능적 구성요소이다.

마지막 구성요소로서는 정보와 촉진이다. 이들은 관광대상에 관련된 정보와 지식을 제공함으로서 여행의사결정에 영향을 주고, 여행 경험과 관련되는 가치를 자극케 하여 구매하도록 하는 기능을 가진다.

그림 1-1 여행의 기능적 시스템

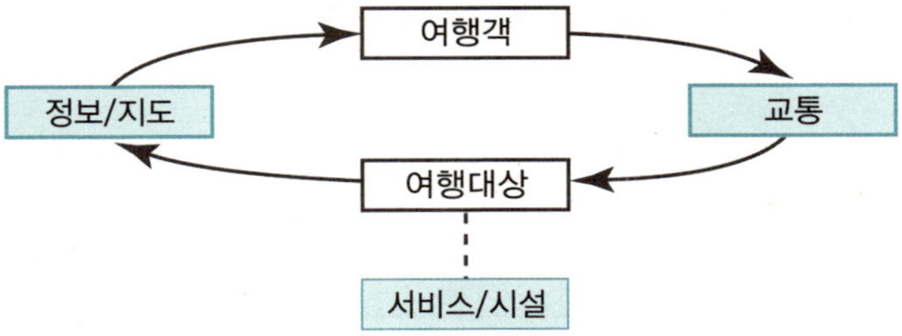

5 여행코스의 형태

여행의 동기나 목적에 따라서 여행의 코스는 다양하지만 다음과 같은 4가지 코스유형으로 분류할 수 있다.

1) 피스톤형

피스톤(piston)형은 여행객이 단일여행 목적지까지 직행하여 그 목적지에서만 체류하고 동일한 경로를 이용하여 출발지로 되돌아오는 가장 단순한 여행코스이다.

이 형태는 기내 · 선내 · 차내의 물품과 서비스를 구매하는 것 이외에는 여행소비 지출이 적은 편이다. 단지 체류하는 동안의 숙식비만 소비된다.

2) 스푼형

스푼(spoon)형은 출발지에서 목적지까지 왕복 직행하지만 목적지 내의 여러 곳에서 휴식 등 여가시간을 가지고 여행 또는 유람을 하는 형태이다. 이 형태의 특성은 여행목적지에서의 여행소비가 피스톤형보다 많이 발생하며, 목적지에서의 여행 활동이 비교적 다양하므로 보다 많은 서비스를 요구하게 된다.

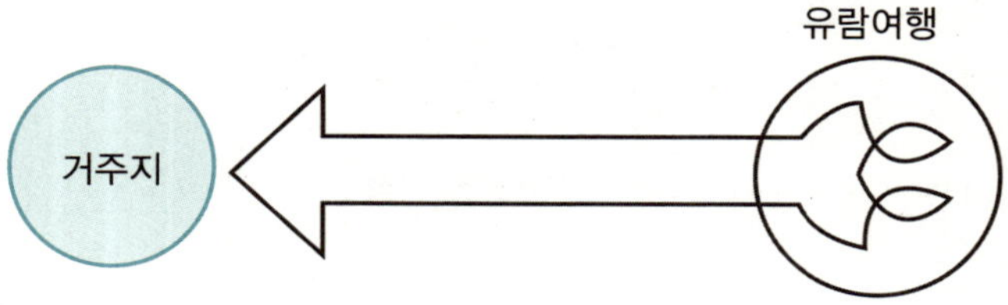

3) 핀형

핀(pin)형은 출발지에서 여행목적지까지 직행해서 목적지에서도 스푼형과 마찬가지로 자유로운 시간을 즐기다가 돌아올 때에는 출발경로와는 다른 경로를 거쳐 되돌아온다. 이 형태는 피스톤형이나 스푼형보다 여행경비가 많이 지출된다.

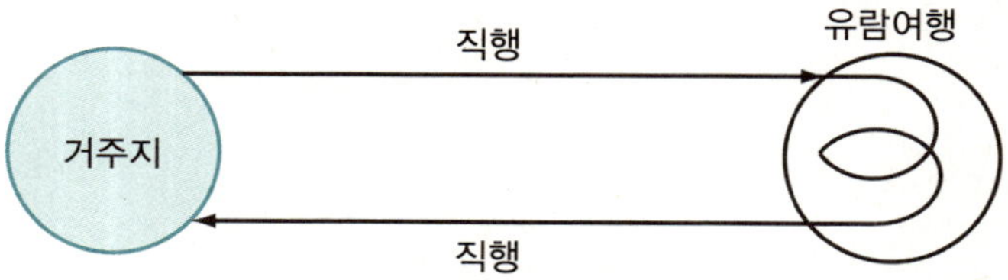

4) 텀블링형

텀블링(tumbling)형은 출발지 부근에서의 여행뿐만 아니라 되돌아 올 때까지 여행을 계속적으로 반복하므로 비교적 체류기간이 길고 여행소비도 많은 것이 특징이다. 순수여행, 위락여행에서 많이 볼 수 있다.

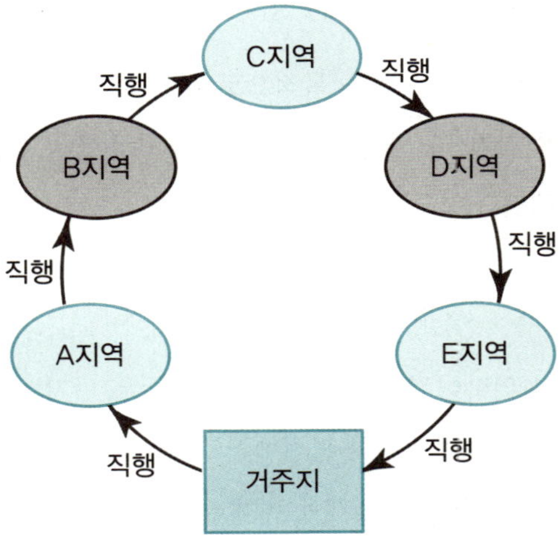

이상에서의 여행코스의 형태를 살펴보면 피스톤형에서 텀블링형으로 갈수록 단독적으로 여행을 계획하기가 힘들어 누군가의 도움과 정보제공, 서비스 안내, 예약대행 등을 필요로 한다는 점을 발견하게 된다. 따라서 여행의 코스가 복잡해질수록 여행관련업무를 대행하는 기관이 필요하며, 이러한 여행객의 요구가 곧 여행업의 생성과 발달에 직결된다.

6 여행의 분류

1) 여행목적에 의한 분류

(1) 위락여행(pleasure travel)

위락여행은 개인의 다양한 목적 즉 휴가, 레크리에이션, 견학, 이문화체험, 스포츠관람, 보건 등을 목적으로 일상생활에서 벗어나 새로운 풍물을 즐기고 체험하는 여행을 말한다.

(2) 비지니스여행(business travel)

비지니스여행은 업무 또는 사업을 목적으로 하는 여행으로서 국제회의 참가, 전시회·박람회 참가, 학회참가, 인센티브여행, 신상품 촉진활동, 자선단체 및 NGO 활동 등의 목적을 갖고 행해진다.

(3) 친인척방문여행(VFR : visit friends & relatives)

넓은 의미에서 보면 위락여행의 한 유형으로 볼 수는 있지만, 친구나 친인척 방문을 주목적으로 하는 여행이다. 여행사의 관점에서 보면 사전에 목적지가 결정되는 경우가 대부분이기 때문에 다른 유형의 여행객에 비해서 상대적으로 서비스하기가 쉽다.

2) 여행규모에 의한 분류

(1) 개인여행

개인여행은 9인 이하의 여행을 말한다. 개인여행은 여행객 개인의 의사에 따라 일정을 정하는 여행이다. 여행사 입장에서 볼 때 개인여행은 상품판매에 있어 계절 및 경기의 변동이 비교적 적기 때문에 안정된 수입원이 된다. 그러나 개인여행은 여행의 목적이 다양할 뿐 아니라 각 개인의 요구에 부응해야 하므로 업무가 복잡하다. 그리고 단체여행에 비하여 대량판매의 가능성이 낮아 수익성이 낮은 편이다.

(2) 그룹여행

그룹여행은 10인 이상의 여행을 말한다. 일반적으로 그룹여행은 여행객이 희망하는 공통적인 일정을 충분히 연구하여 작성하며 일정에 명시된 사항을 충실히 이행한다. 그런 점에서 여행객 개개인의 의견이 전부 반영될 수 없다.

여행사입장에서 그룹여행은 시간을 효율적으로 이용하고 각종 여행관련 시설업자들로부터 요금을 할인받을 수 있으므로 여행객에게 저렴한 가격으로 제시할 수 있어 대량판매가 가능하며 그에 따른 수익성 또한 높다. 그리고 그룹여행의 형태가 대부분 위락여행인 점을 감안할 때, 계절에 따른 영향을 받는 단점이 있으나 동일한 목적의 구성원이 하나의 단체가 되므로 업무가 반복적이고 간편하다는 장점이 있다.

3) 안내조건에 따른 분류

(1) IIT(inclusive independent tour)

여행출발 시 안내원이 함께 동반하지 않고 목적지에 도착한 후 일정 지역과 일정 기간 동안 현지 안내원의 안내서비스를 받는 형태이다. 일명 로컬가이드시스템(local guide system)이라고 한다.

(2) ICT(inclusive conducted tour)

여행출발부터 안내원이 전 여행기간 동행하여 안내하는 여행으로 그룹여행이나 패키지에서 많이 이용하는 형태이다.

4) 입국 비자유무에 의한 분류

(1) 기항지 상륙여행(shore pass)

목적지가 제3국인 통과 여행객을 위해 비자 없이 항공권 소지만으로 입국을 허가하는 제도(TWOV)의 한 형태로서 기항지 상륙은 72시간 내에 예약 확인된 연결편 항공권을 소지해야 한다. 현지공항에서 입국사열에 필요한 입국신고서를 작성하여야 하며 반드시 도착지공항에서 제3국으로 출국해야 한다.

(2) 통과상륙여행(transit pass)

목적지가 제3국인 통과 여행객을 위해 비자 없이 항공권 소지만으로 입국을 허가하는 제도(TWOV)의 한 형태로서 통과상륙은 도착 일을 제외하고 72시간 이내에 예약 확약된 연결편 항공권을 소지하여야 하며 반드시 동일그룹 군에 속하는 공항 또는 항구를 이용해서 제3국으로 출발해야 한다.

예) 일본 A그룹 나리타, 하네다, 나고야, 니가타, 코마츠, 요코타
B그룹 오사카, 나고야, 코마츠, 오카야마, 히로시마, 타까마스
C그룹 후쿠오카, 나가사키, 구마모토, 가고시마, 오이타

7 여행의 유형

1) 인디펜던트 투어(independent tour)

목적지, 출발일자, 체재기간, 호텔의 선택 등을 자기 스스로 결정하는 여행이다. 여행객 자신이 원하는 것을 자유롭게 선택할 수 있는 유형의 여행으로 주말이나 연휴기간, 성수기, 특별 이벤트기간에는 추천되지 않는 여행이다.

2) 호스트 투어(hosted tour)

특정시간 현지에서 로컬 가이드(투어호스트)에 의해 최소한의 서비스를 제공하는 유형의 여행으로 로컬가이드는 호텔에서의 컨시어지와 유사한 업무를 제공한다. 투어 호스트(tour host)의 경우 식사예약, 극장티켓, 렌트카 예약을 도와주며 시내 관광 시 안내업무와 쇼핑에 관한 도움을 주는 업무를 담당한다.

3) 에스코트 투어(escorted tour)

현지 가이드가 단체와 함께 현지에서의 전 여정을 수행하는 형태의 포괄여행으로 여행객들은 미리 수배된 일정에 의해 움직이므로 여행객 입장에서 볼 때 아무런 걱정을 할 필요 없는 여행이다. 이 여행에 참여하는 대부분의 사람들은 돈에 비해 가치가 높은 것으로 생각하고 있으며 즐거움과 교육적 경험을 중시하는 사람들이다.

4) FIT(foreign independent tour)

FIT란 개별여행을 여행자의 구체적 요구사항에 맞추어 실시하는 여정으로 진행되며, 여행자가 여행경비를 사전 지불하는 국제여행이다. FIT형 상품은 패키지여행과 1인 여행의 중간에 위치하고 있으며 일반적으로 단체에 속하지 않는 가족, 소그룹 등 비조직화된 방문객을 지칭한다. 가령 이집트의 피라미드를 방문하는 패키지일지라도 피라미드에 대해 좀 더 구체적으로 알고 싶어 하는 여행객들이 주 대상이 된다. FIT는

SIT에 관심이 많은 사람이 주 대상이 되는 여행으로 일반패키지보다 수배과정이 번잡하기에 가격이 비싼 편이다. 여행사 입장에서 볼 때 업무의 특성이 전문성과 시간이 요구됨으로 인해 FIT담당 직원을 별도로 두고 있는 것이 일반적이다.

다음은 여행객이 여행사를 통해 예약 · 수배를 의뢰할 가능성에 관한 내용이다.

표 1-1 여행의 유형과 구성요소

	교통	포터비/트랜스퍼	숙박	식사	관광
독립(개인)	△	□	○	×	×
호스트	△	△	○	×	◇
에스코트	○	○	○	○	○
FIT	○	○	○	△	○

○ : 예, △ : 가능성이 높음, □ : 가능한 한, ◇ : 최소한, × : 아니오

8 여행의 동기

모든 심리적 동기는 기본적 동기와 부수적 동기가 있다. 기본적 동기는 모든 사람들에게 영향을 끼치며, 갈증 · 배고픔 · 공포 등과 같이 인지되고 학습되지 않는 생리적 욕구를 포함한다. 부수적 동기는 학습된 욕구이며, 성취 · 권력욕 및 기타 특별한 요구를 포함한다.

예컨대, 숙박산업에 있어 고객들의 기본적 욕구는 편안하고 안전한 객실에서 좋은 밤을 보내는 것이지만, 권력과 존경을 상징하는 호화로운 스위트 룸을 제공함으로서 부수적 동기를 자극한다. 모든 식음료산업들은 영양을 위한 기본적 욕구를 충족시키는 것이지만, 레스토랑이나 호텔 연회장에서 특별행사를 주최하여 부수적 동기를 자극한다.

기본적 동기와 부수적 동기는 관광활동의 유발이라는 측면에서 심리학자 · 사회학자들이 많은 관심을 가져 온 개념으로서 양자는 명확하게 구분되지 않고 서로 바뀌어 쓰이는 경우가 많다. 그러나 엄밀히 말하면 기본적 동기라는 것은 본능적이고 생리적 요

구(1차적 욕구)인 것이고, 부수적 동기라고 하는 것은 문화 · 환경 등의 영향을 받아 학습된 것으로서 실제로 여행을 가능하게 하는 심리적 힘(2차적 욕구)을 가리킨다.

여행욕구(1차적 욕구, 기본적 동기)라는 것은 본능적이고 생리적인 것이긴 하지만 개인의 차가 존재하며, 상황에 따라 변화하며 실제로 추구하고자 하는 상태와의 차이가 클수록 여행요구는 크게 나타난다고 볼 수 있다. 인간의 여행욕구가 동기화되지 못하면 여행행동으로 발전하지 못한다. 여행 동기(2차적 욕구, 부수적 동기)라는 것은 여행을 실제로 가능하게 하는 심리적인 힘을 여행 동기라고 하는데 그 발생 단계 및 발전단계는 다음과 같다.

필요(needs) → 욕구(wants)
↓
동기(motivation) → 행동(behavior) → 만족(satisfaction) / 불만족(dissatisfaction)

사실 동기는 불균형이나 긴장의 요구가 일어날 때 발생하며 이 요구의 결과가 충족됨으로써 균형이 회복되고 행동이 멈춘다. 최근의 여가관광체험의 심리적 편익은 2개의 동기력, 즉 일상성과 스트레스적 환경으로부터 도피(escaping), 탐색 내지 추구(seeking), 즐거움(pleasure)을 위한 여행동기가 일반적이다.

여행 동기는 심리적이고 사회적, 문화적 요소에 바탕을 두고 있기 때문에 추출하기도 힘들며 계량화하는데 한계점이 있으나, 여행 동기가 여행객의 행동방향을 결정한다는 점과 목표 식별 여행상품의 품질평가를 위한 기준을 설정해 준다는 점에서 큰 의의가 있다.

1) 맥킨토시(McIntosh)

맥킨토시는 여행은 복잡하고 상징적인 형태의 행위로서 그것을 통해 여행객은 많은 욕구를 충족시키려 하기 때문에 여행행동에는 단 한 가지의 동기만 존재하는 것이 아니다 라고 주장하였다.

① **신체적 동기** 휴식, 스포츠참여, 해변에서의 오락, 유흥 그리고 건강

② **문화적 동기** 다른 나라의 음악, 예술, 민족, 춤, 종교 등을 알고 싶어 하는 욕구

③ **대인관계 동기** 새로운 친구를 얻고자 하는 욕구, 친척을 방문, 일생생활 이탈욕구

④ **지위 및 명성동기** 인식, 관심, 명예에 관한 욕구

2) 밀(Mill)

밀은 매슬로우의 욕구 5단계설이 설명하고 있지 못한 학습이해욕구와 심미욕구를 추가하여 여행의 욕구와 동기를 설명하고 있다.

표 1-2 **여행욕구, 동기, 동기요인 간의 관계**

욕구	동기	동 기 요 인
생리적 욕구	휴식	탈출, 휴식, 긴장해소, 햇빛추구
안정의 욕구	안전	건강, 위락, 활동성, 건강유지
귀속 욕구	사랑	가족동반, 가족관계 향상, 우정, 친교, 사교촉진 인간관계형성, 고향 찾기, 친지, 동족 방문 가족애표현, 사회적 접촉
자존 욕구	성취능력, 신분	성취능력 확인, 자기위치과시, 명예감, 사회적 인정, 자아확대, 자기계발, 직업관리, 신분과 명성
자아실현 욕구	진실성 추구	자아계발 평가, 자기발견, 내적 욕구충족
학습이해 욕구	지식 추구	문화경험, 교육, 타 지역에 대한 관심
심미 욕구	미의 이해	환경, 경관미

자료 : Mill(1985)

그런 점에서 현대적 의미에서의 여행욕구는 지적욕구(intellectual needs), 모험과 탐험 욕구(venture & exploration needs), 다양성 추구의 욕구(pursuit of the variety)와 더불어 위락적 욕구(pleasure needs)가 결부된 욕구로 이해하는 것이 타당할 것이다.

한편, 여행사입장에서 볼 때 개인여행객의 동기는 개인의 요구사항이 반영되고 여행일정이 자유롭기 때문이다. 일반적으로 단체여행을 하는 사람들은 일체감 형성, 공동관심 등 여러 가지 이유들로 여행을 하게 되는데 그런 점에서 단체여행객들의 동기는 걱정거리의 상쇄, 마음의 평안, 선 계약금지불을 통한 심리적 안정, 선택할 수 있는 여

행상품의 다양성과 더불어 새로운 사람과의 만남과 다른 사람들과의 동행을 즐길 수 있으며, 여행요금을 절약할 수 있다는 이유에서 비롯된다고 볼 수 있다.

9 여행행동

1) 여행의사결정의 특징

여행객행동은 소비자행동의 하나로써 이해되지만 여타 소비자와 비교해 볼 때 독특한 의사결정형태를 취하고 있다. 여타 소비자의 행동과 같이 여행객의 의사결정은 여행을 할 것인가?에 관한 기본적인 결정에서부터 시작하여 하위결정요인인 목적지 선정, 숙박시설선정, 비용결정, 여행일수결정 등 수많은 결정을 수반하게 된다. 이러한 여행객의 의사결정은 나아가 여행참가 그리고 그러한 활동에 대한 평가를 순서적으로 밟게 되는 과정을 지니게 된다.

또한 각 의사결정과정에는 다양한 개인적, 사회문화적 요인 등의 영향이 미치게 되어 각자 독특한 여행 경험을 갖게 된다. 이렇게 볼 때 여행자의 선택행동은 다음과 같은 몇 가지 점에서 다른 소비자와의 차이가 있다.

첫째, 여행상품이 무형적 경험이라는 특성으로 인해 유형적인 보상이 없다.

둘째, 여행이 불확실성 요소를 갖고 있기 때문에 여행상품 그 자체를 구매하는 데에는 일시적인 감정에 의해 결정되는 것이 아니고 신중해진다.

셋째, 여행상품은 일반상품과는 달리 소비자(여행자)가 생산지로 이동하여 상품을 구매해야 하는데 때에 따라 신체적 조건과 거리가 제약요인으로 작용할 수 있다.

넷째, 여행자는 휴가기간, 공휴일, 주말 등과 같은 한정된 시간에 여행을 통해 최대의 만족을 추구하기 때문에 많은 양의 정보를 요한다는 점이다.

2) 여행의사결정의 유형

(1) 연속체계(continuum)로서의 의사결정

여행객은 여행을 하기 위하여 우선 여행에 관련된 많은 결정을 하게 된다. 여행객을 일반적으로 3가지 유형의 여행행동 접근방법을 통해 여행행동을 결정짓게 되는데, 일상적 의사결정(routine decision-making), 자극적 의사결정(impulsive decision-making), 광범위한 의사결정(extensive decision-making)의 유형으로 나타나게 된다.

그림 1-2 **의사결정의 연속체계**

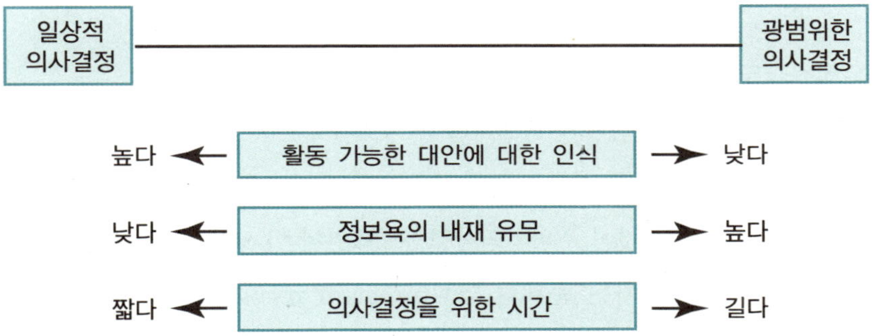

자료 : Mayo(1981)

그림에서 보는 바와 같이, 일상적 의사결정유형의 여행자는 평소습관에 비중을 두고서 여행행동결정을 매우 빠르게 결정하기 때문에 이에 따른 정신적 노력은 거의 들지 않는다. 그러나 광범위한 의사결정자는 여행행동결정에 있어 상당히 많은 시간과 노력을 통해 결정한다. 그로 인해 정보수집의 시간이라든지 대안의 평가에 많은 시간과 노력을 기울이며, 정보수집의 시간이라든지 대안의 평가에 많은 시간을 할애하게 되는 것이다.

이러한 의사결정은 여행자마다 다르며, 한 여행자의 의사결정 역시 그 하위결정요소별로 상이할 수 있다. 가령 목적지 선정은 광범위한 의사결정을 하는 반면, 자동차 승용차를 가진 가족의 경우 교통수단의 선정은 일상적인 의사결정일 수 있다.

마케팅 측면에서 볼 때, 일상적 의사결정자는 여행행등 시 본인의 습관에 기인된 지식과 태도에 의존하기 때문에 장기적인 홍보와 마케팅 계획이 요구되고 있다. 자극적 의사결정자는 여행행동결정을 순간적으로 하게 되므로, 사전에 여행계획에 대한 고려

없이 여행사업체 게시판, 홍보, 광고, 선전 등의 커뮤니케이션에 의해 결정하게 된다. 따라서 자극적 여행의사결정자는 여행 중에 여행계획에 없었던 여행상품이 관광객의 마음속에 순간적인 충동이 자극이 될 수 있으므로, 관광사업자는 이러한 욕구를 자극할 수 있는 다양한 여행상품을 제시할 수 있어야 한다.

또한 광범위한 의사결정자는 많은 시간과 결정에 따르는 노력이 요구되므로 충분한 정보를 제공해 주어야 한다. 이러한 유형은 충분한 광고, 브로슈어, 정보모체를 손에 쥐고서 의사결정을 하고자 하기 때문에 관광사업자는 이러한 유형에 대한 충분한 정보를 제공할 수 있도록 정보모체의 다양화로 장기적인 자극을 주어야 한다.

(2) 문제해결로서의 의사결정

문제해결로서의 의사결정은 여행자를 문제해결자로 보고서 문제해결과정에서의 심리적 갈등과 영향요인을 분석하는데 초점을 두고 있다. 이러한 의사결정의 행동단계를 가장 잘 나타내어 주는 것이 소비자의사결정모델인데 이 모델에서는 의사결정과정을 5단계로 구분한다. 여행자는 문제의 인식(problem recognition), 탐색(information acquisition), 대안의 평가(alternatives evaluation), 선택(selection of alternatives) 그리고 결과 및 평가(post-choice experiences)의 단계를 밟아 의사결정이 이루어진다고 보고 있다. 이를 좀 더 구체적으로 살펴보면 다음과 같다.

① **욕구나 여행욕에 대한 느낌(문제의 인식)** 여행욕구는 신중히 고려된 욕망의 교차에 대한 어떠한 느낌으로 나타난다.

② **정보수집과 평가** 잠재여행객은 관광기업으로부터 정보를 받고, 광고와 브로슈어(brochure)를 연구하게 되며, 친구나 친지에게 경험을 듣게 된다. 정보는 여행의 제한요소에 의해서 평가되게 된다. 즉 여행에 사용하고자 하는 시간과 돈, 여행의 효용성, 가능한 목적지의 접근성 등에 의해 평가된다.

③ **여행결정** 결과적으로 목적지, 여행형태, 숙박시설, 활동 등이 선택된다.

④ **여행준비와 여행경험** 예약이 확인되고 자금이 결정되면, 여행준비물을 준비 후, 경험을 위한 여행이 시작된다.

⑤ **여행만족도 평가** 여행과 체재활동이 진행됨에 따라 경험은 평가되고, 이러한 평가의 결과는 여행의사결정에 영향을 미친다.

그림 1-3 **문제해결로서의 의사결정과정**

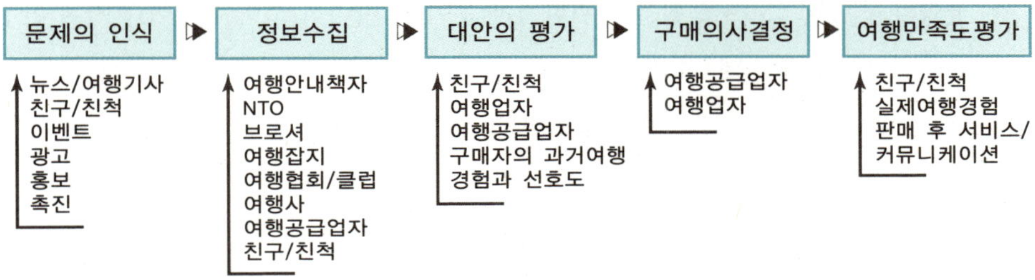

3) 여행행동의 영향요인

관광행동을 일반소비행동의 한 영역으로 볼 때, 소비자 행동분석에 적용되는 제반 영향요인들이 관광행동요인으로 간주될 수 있는 바, 본서에서는 관광행동에 영향을 미치는 요인을 소비자행동의 하나로서 파악하여 관련요인을 다루기로 한다.

메이요와 자비스(Mayo & Javis)는 관광자의 의사결정에 영향을 미치는 요인으로서 자격요인(qualifying factors)과 결정요인(determining factors)을 제시하고 있다. 다시 말해 돈이 있다고 여행을 결정하는 것이 아니라 여행은 개인의 심리적 요인(동기, 학습, 태도, 지각, 개인적 특성)과 사회문화적 요인(가족, 사회계층, 준거집단, 문화와 하위문화)에 의해 여행이 결정된다고 보고 있다.

본서에서는 관광행동의 영향요인을 사회문화적 요인, 목적지 요인, 커뮤니케이션 요인, 환경 외적 요인이라는 4개의 요인으로 나누어 설명하고자 한다. 왜냐하면 사회문화적 요인, 목적지 요인, 커뮤니케이션 요인의 내면에는 개인의 지각, 학습, 성격, 동기, 태도 등의 심리적이고 행동과학적 요소들이 내재되어 있기 때문이다.

여행행동을 일반 소비행동의 한 영역으로 볼 때, 소비자 행동분석에 적용되는 제반 영향요인들이 여행행동요인으로 간주될 수 있는 바, 본서에서는 여행행동에 영향을 미치는 요인을 소비자 행동의 하나로서 파악하여 관련요인을 다루기로 한다.

(1) 사회문화적 요인

관광자와 목적지(destination)라는 두 실체 간의 상호작용이 여타 소비자행동과 비교해 볼 때 독특한 현상으로서, 이러한 상호작용은 관광자의 사회 · 문화, 경제적 환경에 의해서 크게 영향을 받는다. 그런 점에서 소비자의 동기나 선택은 문화, 전통, 관습,

가족, 사회계층 등의 사회문화적 요인에 의하여 영향을 받는다. 왜냐하면 소비자는 모든 사회의 구성원으로서 생활을 영위하기 때문이다. 따라서 소비자는 여러 가지 환경요인에 둘러싸이게 되는데, 소비자의 의사결정은 이러한 요인들에 의해 지배를 받게 된다. 그 중에서도 특히 문화, 준거집단, 사회계층, 대면집단에 의해 의사결정에 영향을 받게 된다.

❶ 문화

문화란 그 사회에 속해 있는 사람들의 사회적인 유물이며, 그 속에서 살고 있는 사람들의 독특한 생활양식이다. 그런 점에서 문화는 개인의 욕구와 행동의 가장 근본적인 영향요인이 되며, 학습에 의해 이루어진다. 문화는 다시 하위문화(subculture)를 갖게 되는데, 국적 · 종교집단 · 인종집단 · 지역별로 보통 구분된다. 현대와 같이 다양한 사회에서는 종교학력 · 연령 · 성별 · 지역 등에 의한 소문화가 형성되어 있는데, 이 소문화는 관광객으로 하여금 훨씬 더 구체적인 일체감과 사회화를 부여해 주게 된다. 이러한 문화가 마케팅에 갖는 의미는 여행시장기회를 부여한다는 것이다. 예컨대, 해당시장의 기본적 가치체계는 무엇이며, 변화속도는 어떠한지, 지역문화에 맞는 관광상품은 어떠한지, 해당지역의 구매형태나 관습은 어떠한지, 해당지역에 적합한 촉진방법은 무엇인지, 지역시장에 적합한 유통경로는 무엇인지 등에 관한 것을 알려 준다. 문화는 개인의 욕구와 행동의 가장 근본적인 영향요인이 되며 학습에 의해 이루어진다.

❷ 준거 집단

일반적으로 사람은 자신 또는 타인의 행동, 능력, 성격, 활동여건, 사회적 지위 등에 관하여 객관적 방법에 의하지 않고 어떤 집단의 사람과 비교평가하는 경향이 있다. 예컨대, 자기의 생활수준의 높이를 평가하는 경우, 자기와 같은 학력 나이 환경과 비교하여 평가하는 경향이 있다. 이와 같이 평가의 기준으로서 어떤 집단을 선정하여 이용하는 경우 이 집단을 준거집단이라 한다.

사람들은 자기가 속하거나 속하고 싶어 하는 준거집단의 행동규범과 생활양식을 따르려고 하고, 또 따르라는 압력을 집단으로부터 받기도 한다.

이렇게 개인이 자발적 또는 비자발적으로 자기의 준거집단의 태도와 행동을 따르다 보면 그는 자연히 상품이나 상표의 선택에서 그 집단의 영향을 받게 되는 것이다. 준거집단의 응집력이 강력할수록 구성원의 구매에 미치는 영향이 클 것이고, 한 개인의 준거집단에 대한 존경심과 신뢰가 강할수록 준거집단의 영향이 클 것이다.

일반적으로 개인여행일 경우는 유명인사, 전문가 등을 준거집단이 될 수 있다. 특히 그룹여행의 경우에 준거집단의 영향력이 크게 작용하는데, 여행사는 그 집단의 여론주도자(opinion leader)에게 접근할 수 있는 방안을 강구해야 한다. 새로운 여행상품일 경우 그들의 신제품 구매 여부는 준거집단 내의 여론주도자의 영향을 특히 강하게 받는다.

따라서 여행사는 목표로 하고 있는 고객들의 준거집단의 특성을 파악할 필요가 있으며, 특히 준거집단 내의 여론주도자가 되는 사람들의 인구통계적 심리분석적 특성을 알아내어 그들에게 어울리는 광고메시지를 그들이 애용하는 매체를 통해 퍼뜨려야 한다.

❸ 사회계층

사회계층은 한 사회 내에서 거의 동일한 지위에 있는 사람들로 구성되는 집단으로서 비교적 영속적이고 동질적인 특성을 가지고 있다. 그로 인해 구성원들은 서로 비슷한 사고 행동, 신념, 태도, 가치관을 갖고 있다.

사회계층에 따라서 관광에 대한 개인의 지각은 달라진다. 중산층에 속한 사람들은 보통 하위층에 속한 사람들보다 이 세상에 대해 폭넓은 관점과 그에 대한 자기만의 위상을 가지고 있다고 인식한다. 중산층의 사람들은 국가적 행사나 세계적 사건에 대해 자기 스스로 직접 또는 간접적으로 관련이 있다고 느낀다. 또한 중산층의 사람들은 하위계층보다 외부로부터의 자극에 대해 더 자신감을 가지며, 모험적으로 위험에 대처하는 경향이 있다. 결국 중산층은 하위층보다 여행에 더 관심을 갖게 된다고 볼 수 있다.

하위층에 속한 사람은 보통 주변세상에 대해 한계를 쉽게 느끼고, 위협적인 측면에서 지각하고 있다. 이들은 유럽이나 장거리 목적지로 여행하는 것을 불필요하고 무익하며 흥미 없는 것으로 느낀다는 것이다. 이런 부류의 사람들은 국내의 어느 관광지나 혹은 익숙한 환경을 갖춘 가까운 곳에서 휴가여행을 즐기는 것이 고작이다. 하위층의 사람들은 폐쇄적인 인식 속에서 자기 가정을 이끌어 가는 경향이 있고, 혹 경제적 여유가 생기면 여행보다는 값비싼 주방기구나 가재도구 등 여러 가지 물건을 구입하려고 한다. 이러한 물건은 경제적 안정을 상징하기 때문에 무엇보다 우선적이 된다. 반면 중산층의 사람들은 연극구경, 영화감상 등 취미생활과 자녀의 교육 그리고 여행과 같은 정신적 충만을 도모하는데 소비하는 경향이 있다. 이로써 관광행동에 대한 가치와 태도의 차이를 고려할 때, 사회계층의 소득수준보다 교육수준이나 직업의 종류가 더 효과적이라는 사실을 알 수 있다.

❹ 대면집단

대면집단(face to face group)이란 우리가 소속하고 있고 동일시하며 공통된 운명을 하느냐 안하느냐 하는 가장 중요한 집단이며, 또한 서로 대면하며 접촉하는 집단이다.

이 집단은 가족집단, 이웃집단, 놀이집단 등이 해당되나 그 중에서도 가족집단이 중심이 된다. 가족은 서로의 태도를 형성하고 행동을 구성하며 조정한다는 역할 면에서뿐만 아니라 시간적으로도 중요하다.

가족이란 정상적 상황 아래서 개인이 제일 먼저 소속하게 되는 집단이며, 가장 오래 기간 동안 속하게 되는 집단이기도 하다. 그리고 소비자행동에 대해 실질적인 제약조건을 제공하고 있다는 점에서 중요하다. 가령 한 개인의 의사결정과정에서 "찬성했다," "반대했다" 의사표현은 일반적으로 대면집단에서의 태도변화, 특히 가족에 영향에 기인한다고 보아야 할 것이다. 미국에서는 모든 관광활동 중 2/3가 가족중심인 것으로 나타나고 있다. 특히 문화적인 여가활동으로 분류되는 것 중에는 약 40%가 가족중심인 것으로 판단된다.

(2) 목적지 요인

❶ 목적지의 이미지

인간에게는 각자가 선호하는 환경이 있게 마련이며 이러한 선호에는 환경의 애착성, 친근성, 확인 용이성, 공간성, 복합성, 신비성이 영향을 준다고 한다. 나아가 여행자의 환경적 상호작용에는 이미지가 커다란 영향을 주며, 환경에 대한 이미지는 태도를 형성하고 여행행동을 야기한다. 이렇게 볼 때 여행객의 목적지에 대한 이미지는 그들의 여행 참여를 유도하는 커다란 동인의 역할을 하게 된다.

인간은 현실에 의해 이미지를 확인하는 게 아니고 이미지에 근거하여 현실을 확인하고자 여행하는 것이며, 모든 사람에게는 관광지의 선택을 유도케 하는 일련의 이상적, 정서적 동기가 있는데 순서상 이미지는 욕구나 동기보다 우선적이고 상위에 있다.

따라서 여행행동은 여행목적지의 환경에 따라 그의 성격과 행동상태에 달라질 수 있으며 여행자가 어느 여행목적지에 대하여 호의적 태도를 갖고 있다는 것은 그가 여행목적지를 방문하고자 하는 행동욕구를 가지고 있다는 것이 된다. 그러므로 태도가 형성되게 되면 여행객의 의향이나 관광지 선택과정으로 유도되게 되는 것이다.

❷ 목적지의 매력도

여행자는 무엇을 보고자 또는 무엇을 행하고자 여행지를 찾아가는가, 일반적으로 여행 동기가 발생하여 여행을 행동으로 옮기려고 할 때에는 목적지를 선택하기 마련인데 이때 여행자의 마음을 강력히 사로잡는 것이 바로 여행유인대상이라 할 수 있다.

여행자를 끌어들이는 유인물은 대부분 관광지를 바탕으로 하여 이루어지며 그것이 여행대상이 되는 것이다. 즉 여행 동기가 발생하여 여행을 하고자 할 때 어디에서, 무엇을, 어떻게 하여 그 동기를 충족시켜 줄 것인가 하는 데 가장 핵심적인 역할을 하는 것이 여행목적지이다.

여행자의 관광지 물리적 환경에 대한 지각은 개인의 선호와 사회, 경제적, 문화적인 배경의 차이, 성격, 경험에서의 차이와 더불어 공간의 위압감(enclosure)에 의해 다르게 나타난다.

(3) 환경 외적 요인(시간과 건강요인)

인간은 1일 24시간이라는 주어진 제약 속에서 소득을 얻기 위한 경제활동 시간과 그 밖의 생존을 위한 필수시간과 그리고 여가활동을 위한 시간 간에 배분을 한다.

화폐 예산의 경우는 확대제한이 없으나 시간예산은 제약을 받기 때문에 이에 대한 분배문제가 여가활동 선택에 중요한 영향을 미치게 된다. 또한 이의 분배형태는 소비자의 생활수준, 생활목적 등의 제요인에 의해 결정된다.

그리고 여행은 이동이 전제됨으로 인해 참여자의 신체적 결핍이 있거나 건강이 좋지 못한 사람들과 노약자들은 여행을 방해하는 물리적 제약을 받게 된다.

(4) 여행커뮤니케이션 요인

여행상품은 여행객이 목적지로 이동하여야만 확인이 가능하다는 점에서, 이에 대한 대체안으로서 여행행동을 유발시킬 수 있는 것으로 커뮤니케이션이 있다.

이러한 커뮤니케이션은 광고(advertising), 홍보(publicity), 인적판매(personal selling), 판매촉진(sales promotion)에 의해 수행된다.

❶ 광고

광고는 관광지의 정보를 관광객에게 신문, 잡지, 전파미디어 그리고 기타 미디어를 통하여 소비자에게 관광지나 관광지의 특성, 가격, 여행사, 호텔, 이용시설 등에 관한 주요한 정보를 제공하여 여행객의 주의(attention)를 끌어 흥미(interest)를 높이고 여행욕구(desire)를 돋구어서 여행행동(action)을 유발하는 것으로서 인쇄미디어(신문, 잡지, DM), 전파미디어(TV, 라디오), 옥외광고(점포 싸인, 노변포스터, 빌보드, 광고탑, 네온 싸인, 옥상간판), 기타미디어(디렉토리광고, 도네이션광고, 스페셜광고)의 매체가 사용된다.

❷ 홍보

홍보는 넓은 의미에서 정보제공자로서 매스미디어매체에 대해서 실시하는 것과 고객에 대해서 직접 홍보하는 것을 포함하여 실시되어야 하며, 그 실시형태는 보도자료(news release), 특집기사(feature article), 기자회견, 기록물과 필름, 전문보고서, 사진전시, 인터뷰, 기자회견, 정보대담, 답사여행 등으로 실시하여 그 취급테마가 흥미있고 사실적이어야 한다.

❸ 인적판매

인적판매란 고객 또는 예상고객에게 대면접촉을 하여 구두로서 제시하여 주의를 끌어 고객에게 전달하는 것으로서, 제품이 고객에게 가장 영향력을 발휘할 수 있는 판매도구이다.

❹ 판매촉진

판매촉진(sales promotion)이란 대인판매, 광고, PR을 제외한 마케팅 활동으로서 소비자의 구매와 취급상의 효율성을 자극하는 것인데 쿠폰, 환불, 패키지, 전시회, 가격할인판매 등이 해당한다.

그림 1-4 여행의사결정에 영향을 미치는 요인

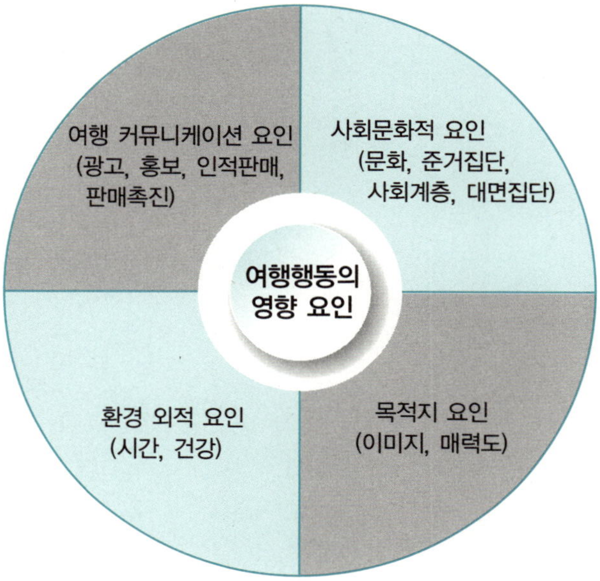

제2장

여행업의 개요

여행은 인간을 겸손하게 만든다. 세상에서 인간이 차지하는 영역이 얼마나 작은 것인가를 깨닫게 해준다. 프리벨

사람을 젊게 만드는 것이 둘 있다. 하나는 사랑이요, 또 하나는 여행이다. 젊어지기를 원하느냐? 될수록 여행을 많이 하여라. 미상

책을 쓰며 내가 신세진 정보원은 다양했다. 물론 1차적이고 가장 전통적인 방법은 책을 통해서였다. 두 번째는 세계 각처에 살고 있는 변화를 추구하는 사람들과의 인터뷰였고, 마지막으로는 여행하면서 귀를 쫑긋 세우고 눈을 크게 뜨는 것이었다. 뜻하지 않은 경험과 지나가는 대화에 의해 나는 자주 결정적인 단서를 얻었다. 앨빈 토플러

하루를 여행할 예정이라면 이틀 치의 식량을 준비하고 여름에 여행을 떠날 생각이라면 겨울옷을 준비하여 떠나야 할 것이다. 중국 격언

제2장

여행업의 개요

1 여행업의 개념

1) 여행사의 태동배경

18세기 후반부터 시작된 산업혁명은 산업사회의 형성을 통해서 인간사회를 급격히 변화시켜 나갔다. 기계를 사용하게 되면서 상품의 대량생산으로 질 좋고 싼 제품들을 소비자들이 사용할 수 있게 되었고, 사람들의 생활은 풍부해지고 편리해졌다. 교통, 통신수단이 산업혁명으로 크게 발전하여 거리와 시간의 제한으로부터 많이 자유로워졌다. 그리고 교통 · 통신 분야의 여러 발명은 문화의 전파속도를 빠르게 해 세계를 하나로 묶는 결과를 가져왔다. 소득의 증가에 따른 여가시간의 활용과 새로운 레크리에이션이 등장하였고 국가 간의 교류가 활발하게 되면서 국제 간 외교의 중요성이 증대되었을 뿐 아니라 교육의 기회가 확대되고 중산층이 생겨나게 되었다.

산업혁명 이후 도시화의 진전, 가처분소득의 증가, 근로시간의 단축, 교육수준의 향상, 국제교역의 증대, 교통의 발달(특히 상용비행기의 출현) 등에 따라 사회경제적 구조가 크게 변화되면서 여행수요확대를 가져온 것이 여행사의 태동배경이 되었다고 볼 수 있다. 이러한 여행의 수요증대는 관광관련 시설물의 확충을 가져오면서 여행수요와 시설업자 양자 간의 편의와 이용도를 높이기 위한 매체의 필요성이 자연발생적으로 대두되었던 것이다.

일반적으로 여행자는 순수관광 목적이든 사업여행 목적이든 간에 여행에 필요한 여러 가지 선택에 직면하게 된다. 즉 여행자 스스로 여행준비에 필요한 비용, 가격, 일격, 목적지의 특성, 유용한 활동 등에 관한 정보를 얻고 결정하는 데는 많은 시간이 소요되고 따라서 여행자들은 시간과 비용의 효율적인 활용을 위하여 필요한 여행준비와 예약 서비스를 제공해 주는 여행사를 이용하게 되는 것이다.

결국 여행자와 여행시설업자(principals)가 직접 거래하는 것이 불편하게 되어 그 불편을 덜어주고 중개해 줌으로써, 그 중간에서 수수료(commission)를 받는 사업체가 탄생하였는데, 이것이 바로 여행사(travel agent, travel agency, travel service)이다.

2) 여행사의 정의

일반적으로 여행사(travel agency)와 여행업자(travel agent)의 차이는 여행업 운영을 개인이 하느냐 법인이 운영하느냐에 달려 있다. 개인이 할 경우 여행업자가 되는 것이고 법인으로 할 경우 여행사가 되는 것이다. 그러나 두 용어는 큰 의미의 차이 없이 여행사의 개념으로 사용되고 있다.

전통적으로 여행사의 개념은 여행객과 프린시펄 간의 중개상으로서의 기능이 강조되는 반면에 현대적 의미의 여행사의 개념은 중개상으로서의 기능뿐만 아니라 상품기획, 판매업무기능 등이 추가되는 경향을 보이고 있다. 이렇게 그 기능이 변화하게 된 것은 유통환경의 변화, 여행자의 시간과 비용의 제약성, 기호의 변화 등에 기인한다.

전통적인 개념으로서의 여행사(여행업자) 정의를 살펴보면 미주여행자협회(ASTA)에서는 Travel agent(여행업자)를 '프린시펄(principal : 여행관련 소재제공업자)을 대신하여 제 3자와 계약을 체결하고 또 이것을 변경 내지 취소할 수 있는 권한이 부여된 자' 라고 정의하고 있으며 알렌 비버(Allan Beaver)는 '여행자에게 프린시플(principle : 여행관련 이용권)을 판매하여 주고 수수료를 받는 업체를 말한다' 라고 정의하고 있다. 우리나라 관광진흥법상에는 '여행자를 위하여 운송시설, 숙박시설, 기타여행에 부수되는 시설의 이용이나 알선 기타 편의를 제공하는 업' 이라고 여행업을 정의하고 있다.

여행은 20세기 후반 이후 인류문명의 주요 경향들이라고 할 수 있는 탈산업화와 소비혁명, 정보화와 세계화 등을 한데 아우르는 막강의 키워드가 되었다. 이러한 흐름의 주요 원동력된 것은 여행의 일반대중화를 이끌어낸 패키지 투어로서 여행객의 안전, 비용과 기회 등의 측면에서 지속적으로 발전해 온 결과라고 볼 수 있다. 최근에는 패키지에 그치지 않고 개별 맞춤여행상품에 이르기까지 상품의 폭과 내용이 넓어지고 다양해지고 있고, 새로운 수익원을 찾아 나서고 있음으로 인해 여행사의 개념이 확대되고 있다.

현대적 의미의 여행사 개념을 기(Gee)는 '여행자를 위하여 일정을 작성하고 교통, 숙박시설, 레스토랑을 비롯하여 각종 입장권, 관람권 등을 수배하여 여행자의 흥미를 끌 수 있는 여행을 스스로 기획, 발표하고 단체관람을 모집, 실시하여 주최하는 자' 로 정의하고 있다. 해리스(Harris)는 여행사는 '미리 짜여진 패키지 투어를 판매하는 것 외에 개인 여행일정표를 만들고 호텔, 모텔, 리조트, 식사, 관광 그리고 공항 호텔 간 화물과 승객의 수송 등을 수배하며 정보를 여행자에게 제공하고 이에 대한 서비스의 대가로 수수료를 받는 사업자' 라고 정의하였다.

3) 여행업의 성격

여행업은 관광 사업에 있어 교통업, 숙박업과 함께 3대 기간산업으로 평가를 받고 있으며, 이들 기간산업 중에서도 인체의 중추신경과 같은 가장 중요한 역할을 하고 있다. 여행업의 발전 없이는 관광발전은 기대하기 어려울 정도로 국가관광발전의 핵심적 요소가 되는 사업으로서 여행업은 다음과 같은 3가지의 성격을 지닌다.

첫째, 여행산업은 인간의 여가시간과 깊은 관련을 갖는다는 점에서 시간산업(time industry)의 성격을 갖는다. 그리고 여가시간을 유용하게 활용할 수 있도록 해 준다는 점에서 시간활용산업(time utilization industry)이라고 할 수 있다.

둘째, 여행을 보다 효율적인 일정으로 구성하고 저렴한 가격으로 소비자에게 제시하고 그리고 풍부한 내용으로 준비하면서 여타 여행요소를 조합하고 부가가치가 발생되도록 구성해낸다는 점에서 시스템산업(system industry) 또는 장치산업(equipment industry)의 성격을 지니고 있다.

셋째, 숙박과 교통 등의 여행소재를 대리 또는 구입해서 여행객에게 판매하는 것을 주업으로 하는 사업 즉 유통산업(distribution industry)의 성격을 가지고 있다고 볼 수 있다.

2 여행업의 발전

1) 외국여행업의 변천

그뤽스만(Glucksmann)은 중세 마르세유 지방 기업가들의 성지순례를 위한 알선업무를 여행의 시초로 보고 있으며 또 다른 학자들은 14~15세기경부터 베니스에서 종교단체가 순례자들을 선박으로 수송한 것이 여행알선업무의 효시로 보는 시각이 있다. 어떤 이는 17세기 영국의 역마차사업이 어떤 이는 19세기 중엽 로버트 스마트(Robert Smart Co.)사가 기선예약대리점업무를 개시하였는데 이를 최초의 여행업자로 보는 시각이 있다. 이렇듯 여행업의 기원은 학자에 따라 차이를 보이고 있다.

(1) 영국의 여행업

영국에서 여행알선업무를 사업으로 시작한 최초의 인물은 1841년 영국의 토마스 쿡(1808~1892)에 의해서다. 이 당시는 산업혁명으로 인한 기계문명의 발달과 증기기관차의 출현으로 급격한 사회변화를 경험하고 있는 때였다. 교회전도사였고 금주 운동가였던 쿡은 미들랜드(Midland Railroad Co.) 철도회사가 레체스터(Leicester)를 경유하여 러그비(Rugby)까지 철도를 연장한 것을 알고 철도의 위력을 금주운동에 이용하고자 하였다.

그리하여 1841년 금주운동에 참여하기 위해 금주회원 570명을 이끌고 레체스터역에서 루부르(Roughborough)역까지 15마일을 1인당 1실링을 받고 무개차 9량에 분승시켜 왕복시켰다(이 사실이 가지는 역사적 의의는 단체여행을 쿡 스스로 기획하고 모집하였다는 점과 자신이 첨승하여 직접 안내한 점 그리고 단체할인운임을 적용받았다는 점이다).

이에 대한 성공이 서방세계로 알려지면서 여행수배를 의뢰받게 되었다. 그리하여 1845년 Thomas Cook & Son Co.을 설립하여 본격적으로 여행업에 뛰어 들어 레체스터에서 리버풀(Liverpool)까지 관광목적의 최초 패키지 투어를 실시하였다(이때 그는 tourist handbook을 제작 · 배포하였으며 철도회사는 그가 판매한 승차권에 대해 1인당 5%의 수수료를 지급하였다). 1851년에는 미들랜드 철도회사와 업무제휴를 통해 런던 박람회 참가자 165,000명의 철도운송을 맡게 되었고 1855년 파리에서 개최된 산업박람회의 참가자들을 모집하였는데 이것이 최초의 국제여행 기획 상품이었다. 그 이듬해에는 유럽으로의 그랜드투어를 운영하였으며 1862년에는 수송과 호텔을 묶은 단체여행상품으로 내놓았다. 1869년에는 팔레스타인과 이집트로 가는 첫 여행이 선보였다. 그 후 여행은 나일강의 호화유람선 여행으로 발전하였으며 1872~73년에는 기선을 이용하여 222일간의 첫 번째 세계일주관광을 시작했다. 1867년 토마스쿡은 호텔 투숙료를 대신 지급하는 이용자의 신용에 의존하는 호텔 쿠폰방식을 소개했는데 이것이 오늘날까지 사용되는 유사한 바우처 시스템의 토대를 제공했을 뿐만 아니라 여행자수표의 첫 번째 형태인 순회신용장(circular note)를 만들어 내는 계기가 되었다. 여행역사에 있어서 이러한 일련의 이정표들이 토마스쿡을 여행업의 대명사(아버지)로 부르게 되는 계기가 되었다.

파산한 英 여행사 토마스 쿡, 중국 자본 등에 업고 OTA로 '부활' 할까?

여행사 부채 2조 껴안은 푸싱, 내년 여름 영업 목표로 재운영 '박차'

180여 년간 탄탄대로를 걷다 자금난에 못 이겨 파산한 영국 여행사 '토마스 쿡(Thomas Cook)' 이 중국 자본을 등에 업고 온라인 여행 플랫폼(OTA)으로 부활할 전망이다. 지난해 토마스 쿡을 인수한 중국 관광기업 '푸싱 그룹' 이 내년 여름 시즌을 겨냥해 토마스 쿡의 영업 재개를 서두르는 움직임이 포착된 것이다. 푸싱은 코로나19 여파로 인해 어려움을 겪는 상황에서 토마스 쿡을 기존 오프라인 영업에서 탈피해 온라인 예약 플랫폼으로 활용, 여행 수요 회복에 물꼬를 튼다는 전략이다.

◆세계 최초의 여행사 '토마스 쿡', 역사 속으로 사라질 뻔

영국 기반의 토마스 쿡은 세계 최초의 패키지 전문 여행사다. 여행업뿐만 아니라 항공과 호텔, 보험에 이르기까지 폭넓은 활동을 펼치며 승승장구하던 이 여행사는 지난해 9월 돌연 파산해 업계에 큰 충격을 안겼다.

1841년 영국 철도 여행회사로 출범한 토마스 쿡. 창업자인 토마스 쿡은 오늘날 패키지투어의 기틀을 만든 주역이기도 하다. 그는 여행이 보편화하기 전인 1855년 세계 최초로 유럽 대륙여행 패키지를 선보인 데 이어 1872년에는 기선(汽船)을 이용한 세계 일주 여행상품을 내놨다. 외화 환전 서비스와 여행자 수표 발행 등도 '최초 '로 서비스했

> 다. 이처럼 탄탄한 기반을 갖춰 성장해온 토마스 쿡은 16개국에 계열 호텔 · 리조트 200여 곳을 비롯해 5개 항공사, 유람선 등까지 운영하며 몸집을 키워나갔다.
> 하지만 2018년부터 위기가 시작됐다. 그해 영업손실 6000만 파운드(837억 원)를 기록한 토마스 쿡은 2019년 4월 영국 내 매장 21곳을 폐쇄했다. 같은 해 5월 영업손실은 무려 12억5000만파운드(1조9000억 원)를 기록했고, 부채도 17억파운드(2조 5311억 원)에 달했다. 다급해진 토마스 쿡은 파산 신청 직전 영국 정부에 긴급자금 지원을 요청했지만 거절당했고, 결국 9월 파산했다.
> 업계는 토마스 쿡의 몰락 이유를 "막대한 자금난을 겪다 파산한 이유는 변화하는 여행 트렌드를 따라가지 못하는 구시대적 운영"이라고 진단했다.
> 실제로 스마트폰 이용자가 급증하면서 대형 온라인 여행사가 주목받고 있는 시대가 도래했지만, 토마스 쿡은 여전히 오프라인 대리점이 주를 이뤘고, 예약도 유선으로만 가능했다. 원하는 대로 스케줄을 짜는 밀레니얼 세대들의 선호도와도 거리가 멀었다.
> 설상가상으로 2000년대 초반 시작한 항공사업은 재정 악화에 기름을 부었다. 항공사업은 고용비를 비롯해 유지 보수비 등 고정비 지출이 막대하다. 재정이 악화하고 있는 상황에서 항공사를 운영한 것은 몰락을 부추기는 꼴이 됐다.

오늘날까지 토마스 쿡의 명성은 이어져 세계적인 브랜드가 되었다. 토마스 쿡은 레저여행, 외화환전, 여행자수표인 3가지 주요업무를 통해 100개국 이상에서 200여개의 영업소를 가지고 있었으나 2019년 9월 파산하였다.

한편 현재 영국의 여행업계는 제도적으로는 구분되어 있지 않지만 자율적으로 여행도매업자와 소매업자가 명확히 구분되어 있는 것이 특징이다. 영국의 여행업 유형은 Multiples Travel Agent, Miniples Travel Agent, Independent Travel Agent로 구분되며, 유통형태에 따라 투어오퍼레이터(tour operator), 여행업자(travel agents), 투어오퍼레이터와 여행업자(tour operator & travel agents), 투어오퍼레이터와 여행업자의 지점(branch offices of tour operators and travel agents)으로 구분하고 있다.

Multiples Travel Agent는 여러 소매 여행사를 소유하고 운영하는 대형 여행사이며 항공, 호텔, 렌터카, 투어 및 기타 여행 관련 상품을 제공한다. Multiples Travel Agent에는 Thomas Cook, TUI, Jet2 Holidays, First Choice Holidays 등이 있다.

Miniples Travel Agent는 일반적으로 한두 명의 소유주와 직원이 있는 소규모 회사로서 더 개인적이고 맞춤화된 서비스를 제공하며 Miniples Travel Agent에는 Trailfinders, The Holiday Republic, Scott Dunn 등이 있다.

Independent Travel Agent는 Multiples Travel Agent 또는 Miniples Travel Agent와 제휴하지 않은 독립 여행사로서 스스로 자신의 상품을 개발하고 판매하며 종종 다른 여행사보다 더 다양한 상품을 제공하며 Kuoni, Cox & Kings, Abercrombie & Kent 등이 있다.

대부분의 여행업체가 영국여행협회(ABTA : Association of British Travel Agents)에 가입하고 있으며 2023년 현재 ABTA(Association of British Travel Agents)에 가입된 회원은 현재 약 1,200명이며 이들은 5,000개 이상의 소매점과 사무소를 두고 있다. 영국 패키지 휴가의 90 %가 ABTA회원사를 통해 판매된다.

최근의 여행업 동향은 주요 여행사들에 대항하기 위하여 독립여행사들이 비지니스 전문여행사, 인센티브 전문여행사 등으로 전문화를 도모하고 있으며 또한 1990년대 후반부터 인터넷을 기반으로 하는 온라인 여행사들이 오프라인 여행사와 경쟁 중에 있다.

영국의 여행관련 자격증과 보증보험

영국여행업협회는 여행사 직원을 대상으로 각종 교육 과정을 이수한 후 National Vacational Qualification(NVQs) 또는 Scottish Vacational Qualification (SVQs) 등 정부에서 인정하는 자격증을 부여하고 있다. 여행업체 대리점의 직원 중 최소 1명은 ABTA(영국여행업협회)가 인정하는 자격증 소유자를 고용할 것을 의무화하고 있으며, 인정자격기준은 최소 2년 이상 관광관련 업계에서 근무한 종사자여야 한다.

영국에서의 여행사 설립은 정부의 인허가 과정 없이 설립이 가능하나 합자회사로 설립할 경우는 상무성에서 규정하는 설립과정을 거치도록 규정하고 있으며 보증금 제도와 관련하여서는 소비자 보호를 위하여 보증보험의 가입을 의무화하고 있다. 이때 보험료는 예상매출규모에 의해 적용된다. 특히 패키지 여행상품을 취급하는 업체는 ATOL(Air Travel Organiser' s Licence)을 취득해야 고객에게 여행 상품을 판매할 수 있다. ATOL을 취득하려면 여행사를 법인으로 설립해야 하며, 최소 250,000파운드의 자본금, 여행 관련 법률과 규정을 준수, 여행객의 피해를 보상할 수 있는 충분한 보험에 가입해야 한다. 현재 AXA Group이 보증보험업무에 관여하고 있으며 보장범위는 항공사 또는 기타 휴일 공급업체가 폐업시 보장, Doctor Please 앱을 통해 온라인 영어를 구사하는 의사에게 무료로 액세스, 누락된 연결편 보상, 크루즈 보상, 특별 보상, 120개 이상의 스포츠 및 활동에 다른 보상이 포함된다.
기타 일반여행업체는 영국여행업협회(ABTA) 또는 TTA(Travel Trust Association)의 보증보험에 가입하여야 한다.

(2) 미국의 여행업

미국에서는 1850년 Henry Well's에 의해서 AmExCo(American Express Company)가 설립되었다. 당시 AmExCo는 뉴욕 시와 버펄로 사이의 여러 지역과 중서부 요충지를 상대로 귀중품과 금괴운반을 전문적으로 운송하는 화물운송업체로 업무를 시작하였다. 1882년부터 아메리칸 익스프레스 송금환을, 1891년부터 아메리칸 익스프레스 여행자수표를 취급하기 시작했으며, 1895년에는 파리에 최초의 유럽 지사를 개설하기도 했다. 파리 지사에서는 회사의 고유 업무 외에도 여러 가지 금융 및 여행 관련 업무를 제공했다. 1896년에는 런던에 사무실을 개설하였다. 이때까지의 주요업무는 주로 수화물 취급업무와 은행업무였다.

여행업의 업무를 시작한 것은 1905년에 고객들을 위해 숙박 · 교통시설 수배 서비스 업무를 시작하면서부터이며 1915년에는 뉴욕 시에 처음으로 독립된 여행사를 설립하여 본격적으로 여행업에 뛰어 들었다. 현재는 여행관련업, 보험 서비스, 국제자금운용 및 은행 업무를 수행하는 전 세계적 조직체이다. 여행본사는 뉴욕 시에 있으며 2009년 현재 140여 국에 2,200여 곳에서 여행서비스를 제공하고 있다.

AmExCo가 여행업계에 가장 크게 기여한 점은 신용판매제도를 도입하여 여행의 대중화에 공헌했다는 점이다. AmExCo의 주요 업무 내용은 아래와 같다.

① 전 세계의 호텔과 리조트예약
② 전 세계의 항공, 철도, 기선, 버스표의 예약
③ 주최여행 및 크루즈여행, 그룹여행, 국제회의 등의 스페셜 투어의 실시
④ 개인여행의 일정의 작성과 교통운송기관, 숙박시설의 예약
⑤ 안내원과 렌트카 등의 수배
⑥ 여권, 비자 및 기타 여행에 필요한 정보제공 등이다.

기타 여행자 수표발행, 신용장 발행, 보험, 환전, 수출입 화물의 운송, 통관업무대행 등의 금융 및 운송업무도 다루고 있으며 휴가촌도 운영하고 있다.

한편 미국의 여행업은 Mega Travel Agent, Regional Travel Agent, Consortium Travel Agent, Independent Travel Agent로 구분된다. Mega Travel Agent(대규모 여행사)는 연간 매출액이 1억 달러 이상인 여행사를 말하며 주로 항공권, 호텔, 렌터카, 여행 패키지 등을 판매한다. Regional Travel Agent(소규모 여행사)는 연간 매출액이 1억 달러 미만인 여행사를 말하며 주로 지역 여행객을 대상으로 여행 상품을 판매한다. Consortium Travel Agent(컨소시엄여행사)는 소규모 여행사들이 모여 만든 여행사로서 소규모 여행사들이 항공권, 호텔, 렌터카 등을 공동으로 구매하여 비용을 절감할 목적으로 만든 여행사이다. Independent Travel Agent(독립 여행사)는 소규모 여행사 중에서 컨소시엄에 가입하지 않은 여행사로서 컨소시엄 여행사보다 더 많은 자유를 가지고 여행 상품을 판매할 수 있다.

유통 측면에서는 여행소매업자, 투어오가나이저, 투어오퍼레이터, 여행도매업자, 여행접대업자로 구분되고 있다.

2023년 1월 1일 현재 미국 상무부 산하 여행 및 관광산업청(Office of Travel and Tourism Industry)에 따르면 미국에는 약 14,000개의 여행사가 있으며 2023년 기준 온라인 여행업체의 비중은 약 40%에 달한다. 미국의 여행업 등록제도는 주마다 다르며 대부분의 주에서 여행업자는 주정부에 등록해야 한다. 등록 요건은 주마다 다르지만 일반적으로 다음과 같은 요건을 충족해야 한다. 미국 시민권자 또는 영주권자, 18세 이상, 중범죄 기록이 없음, 여행업 운영에 필요한 자금이 있어야 한다.

(3) 일본의 여행업

일본의 여행업은 1872년 철도교통이 일반화되면서 시작되었다고 볼 수 있다. 1893년 일본교통공사의 전신인 귀빈회가 설립되어 자국민의 여행 업무를 시작하면서부터 여행업이 등장하게 되었다. 이후 1905년 남신조에 의해 국철계통의 (주) 일본여행이 생겨남으로서 일본 최초의 여행업이 되었다. 1907년에는 영국의 토마스 쿡여행사가 요코하마에 지점을 개설하였으며 1912년에는 일본교통공사가 설립되어 외래객의 유치와 편의를 도모하기 시작하였다. 이후 한국, 대만, 대련 등에 지사를 설립하였으며 현재 일본 최대 여행사로 성장하였다. 일본은 1965년부터 국민의 해외여행 자유화가 이루어져 127,000명이 송출되었고 이때 일본항공에서 만든 JALPAK이라는 패키지 상품이 처음으로 등장하였다.

1996년 이후 일본여행업의 형태는 제1종여행업, 제2종여행업업, 제3종여행업 그리고 여행업자 대리업으로 구분하고 있으며 여행업무 컨설팅에 관련한 여행업무 관리사 제도를 채택하고 있다.

제1종여행업은 해외여행이나 국내여행의 기획 및 판매, 다른 여행업자의 주최여행(국내, 국외)을 대매할 수 있다. 제2종여행업은 국내여행의 기획판매 및 해외여행의 판매업무, 다른 여행업자의 주최여행(국내, 국외)을 대매할 수 있다. 제3종여행업은 국내여행 및 해외여행의 판매업무만을 취급할 수 있다. 또한 각 업종 공히 대리점을 설치할 수 있도록 하고 있는데 여행업자 대리업은 소속여행사의 주최여행을 판매하고 소속여행업자를 대신하여 해외 및 국내여행의 수배를 취급할 수 있다.

그리고 현재 일본의 5대 여행사인 JTB, HIS, 빅워크, 오쿠닷컴, 라쿠텐트래블가 일본 여행시장에 있어 전체 송객의 80%를 점유하고 있다

2023년 3월 현재 2023년 기준 일본의 여행업체 수는 약 10,000개이다. 소규모 여행업체는 주로 지역 여행을 전문으로 하고, 대규모 여행업체는 해외여행을 전문으로 한다. 제1종여행업 627개, 제2종여행업 3,054개, 제3종여행업 5,143개, 대리점 511개 업체가 있다. 수배업자를 포함하면 12,090개가 있다.

표 2-1 여행업별 업무범위

구분		업무범위			
		국내여행		해외여행	
		주최	판매	주최	판매
여행업	제1종	○	○	○	○
	제2종	○	○	–	○
	제3종	–	○	–	○
여행업자 대리업		–	○	–	○

자료 : 일본운수성

일본의 여행관련 자격증과 보증보험

일본은 이미 지난 1972년부터 '여행업무취급관리자' 라는 공인 자격제도를 시행해 왔다. 여행업무취급관리자란 ▲국내외 여행상품 기획 ▲여행상품 요금 게시 ▲여행업 약관 게시 ▲여행상품 거래 조건 설명 ▲기획여행 광고 등 여행업 전반에 걸친 업무를 관장하는 사람이다.

자격증의 경우 일반여행업 취급주임자와 국내여행업 취급주임자로 나누어 별도의 시험을 실시하고 있으며, 해외여행을 취급할 경우 여행업무취급담당자의 선임을 의무화하고 있다. 또한 여행업무취급담당자는 일정한 시험을 의무적으로 치르도록 하고 있으며 업체경력이 5년 이상 되는 사람에 한해 시험의 일정과목을 면제해주고 있다. 시험의 주관은 운수성이 위탁한 기관이 관장한다.

일본의 여행사 등록은 영업보증금을 반드시 예치하도록 여행업법에 명시하고 있으며, 영업보증금의 경우 금액은 전사업연도에 여행업자가 취급한 액수에 따라 탄력적으로 운용하고 있다. 또한 여행사는 제1종~제3종의 등록유형에 따라 정해진 영업보증금 공탁의무를 부과하고 있다.

일본의 경우, 1종 보증보험은 여행업법에 따라 의무적으로 가입해야 하며 보험료는 보험사에 따라 다르지만, 보험금액의 0.3%~0.5% 수준이다. 1종의 경우 여행사의 연매출액의 10%, 2종의 경우 여행사의 연매출액의 5%, 3종의 경우 여행사의 연매출액의 2%로 설정되어 있다.

2) 우리나라 여행업의 변천

우리나라 여행업의 시작은 1912년 12월 일본의 JTB가 조선지부를 경성에 설치하여 운영되면서 부터이다. 일본교통공사는 이후 평양 · 부산 · 군산 · 전주 · 해주 · 여수 등지에 사무소를 개설하여 철도승차권 대매와 여행안내를 하였다. 이 당시의 주요업무는 일본인의 한반도 내 이주 업무 및 식민지화를 위한 제반업무를 수행하는 것이 주목적이었다. 1944년에 JTB 경성지부의 명칭이 동아여행사로 개칭되었으며, 1945년 8.15 광복과 함께 동아여행사 경성지사가 조선여행사로 개칭되었다. 1949년 조선여행사는 다시 대한여행사로 개편되었는데, 6.25로 업무가 중단되고 1953년에 재발족을 보았다. 1963년에는 1962년에 설립된 국제관광공사에 흡수 · 합병되었다. 이후 1973년 민영화되면서 (주)대한여행사로 발족하여 한국 여행사의 효시가 되었다.

1947년에는 천우사의 항공여행부가 설립되고 1950년에는 국내여행업의 효시라고 할 수 있는 서울교통공사가 설립되었다. 1954년에는 에버렛(Everret)사의 기선여행부가 설립되었고 1960년에는 (주) 세방여행사가 설립되었다. 1961년에는 관광사업진흥법이 제정되었는데 당시 여행업은 등록제로서 일반여행알선업과 국내여행알선업으로 구분되었다. 61년에 한진관광, 62년에는 고려여행사가, 64년에는 연방관광, 동양항공, 대한통운여행사가, 65년에는 한국여행사가, 66년에는 아주관광, 파나여행사, 제일여행사 등이 설립되어 여행업의 기반을 다지게 된다. 이들 초기의 여행업은 항공권과 철도승차권을 대매하는 것이 주 업무였으나 점차 업무가 다양화되기 시작했다.

1970년대에는 우리나라 여행업의 개발기로서 많은 기업들이 여행업으로 진출을 하게 된다.

71년 여행업이 등록제에서 허가제로 관광사업진흥법이 개정되었으며 82년 등록제로 전환되기까지 교통부는 23~25업체로 여행사의 숫자를 제한하고 있었다. 71년에 롯데관광, 72년에 동방여운, 락희항공, 세기항공, 동부관광, 오이씨관광 등이 설립되어 일본인 관광객을 중심으로 활발한 영업을 하게 된다. 그리고 부분적이나마 76년에 해외여행단체를 알선하였으나 소수였고 주로 대학교수의 학술회의나 시찰, 연수여행이 고작이었다. 70년대는 관광산업의 역사적인 전환점을 마련한 시기로서 관광의 중요한 정책이 입안되어 추진됨과 동시에 75년에는 국가전략산업으로 지정되었다. 특히 70년대 후반에는 국민 관광수요의 급속한 팽창에 대비하여 관광시설의 정비, 관광자원의 개발, 관광서비스개선, 대규모 관광단지 개발, 국민관광여건의 성숙 등으로 특징된다.

1980년대는 우리나라 여행업의 성장기로서 중동지역의 건설 경기의 호황으로 건설업체와 대기업이 여행업에 대거 진출하게 된다. 한양주택(국제항공여행사), 코오롱건설(코오롱관광), 라이프주택(라이프항공), 현대건설(서진항공), 대우건설(설악항공) 등이다. 82년 관광사업법에 의해 여행업이 일반여행알선업, 여행대리점업, 국내여행알선업으로 구분 되었으며 제도도 허가제에서 등록제로 전환되었다. 이후 87년 관광진흥법에서 다시 일반여행업, 국외여행업, 국내여행업으로 구분된다. 이 시기에는 국내여행의 수요가 폭발적으로 증가하였으며 해외여행상품들이 도매업자들에 의해 선보이게 된다. 그 대표적인 것이 대한여행사의 '점보 투어', 세방여행사의 '아리랑 하이라이트 투어', 한진관광의 '칼 월드 투어', 아주관광에 '아주 레인보우 투어' 등이다.

1990년대에 이르러 가처분 소득의 증가와 아울러 여행의 생활화로 인해 여행업이 성숙기에 접어들고 있다. 89년 해외여행자유화 이후 국민의 해외여행이 큰 인기를 끌고 있으며 앞으로도 계속될 전망이다. 1993년 관광진흥법의 개정을 통해 국외여행업체와 일반여행업체에 대해 기획여행신고제를 실시하여 여행업의 기능분화를 추진한 바 있다. 노랑풍선, 참좋은 여행, 하나투어, 모두투어, 자유투어, 인터파크 등이 이 시기에 성장한 여행사들이다. 특히 기존의 오프라인 판매방식에서 벗어나 포털이 온라인 판매를 개시한 인터파크의 성장이 주목할 만하다.

2000년대에는 인터넷의 보급과 스마트폰의 등장으로 인터넷을 통해 직접 여행 상품을 예약하고 결제할 수 있고 온라인상에서 다양한 여행 상품을 비교하고 선택할 수 있게 됨으로서 여행의 유통혁명이 일어난 시기라고 볼 수 있다. 특히 숙박부문에서 아고다, 부킹닷컴, 호텔스닷컴, 티켓몬스트 등의 플래폼업체들이 등장하여 여행의 편리성을 증대시켰다.

2010년대에는 기존의 대형 여행사들과 트립닷컴, 익스피디아, 에어비엔비, 와그 등 온라인 여행사들이 온라인뿐만 아니라 앱을 통해 상품을 예약하고 구매할 수 있는 플래폼을 제공하고 향후 AI가 여행시장에 개입함으로서 고객의 니즈를 해결하고 노동집약적인 여행사 구조를 변화시켜 나갈 것으로 예상된다.

2021년 2월말 현재 종합여행업이 6,093개, 국내외여행업이 9,025개, 국내여행업이 5,220개 업체가 등록되어 있다.

3 여행사의 분류

1) 법규상의 분류

(1) 종합여행업

국내 또는 국외를 여행하는 내국인 또는 외국인을 대상으로 하는 여행업(여권 및 사증을 받는 절차를 대행하는 행위를 포함한다)을 말한다.

(2) 국내외여행업

국내외를 여행하는 내국인을 대상으로 하는 여행업(여권 및 사증을 받는 절차를 대행하는 행위를 포함한다)을 말한다.

(3) 국내여행업

국내를 여행하는 내국인을 대상으로 하는 여행업을 말한다.

표 2-2 **관광진흥법상의 여행업 분류**

국가별	국가별	국가별
종합여행업	내국인의 국내여행 내국인의 국외여행 외국인의 국내여행	5천만 원 이상
국내외여행업	내국인의 국내외여행	3천만 원 이상
국내여행업	내국인의 국내여행	1천 5백만 원 이상

2) 유통기능상의 분류

(1) 여행소매업자(travel agent)

고객과 직접 거래를 통해 고객에게 여행서비스, 항공 예약 및 발권 등의 서비스를 판매하며, 때때로 여행소재공급업자(호텔이나 렌트카 업체)의 상품을 고객에게 판매하기도 하는데 기본적으로 소비자와 투어 오퍼레이터의 중간적인 위치에 있다.

(2) 투어 오가나이저(tour organizer)

여행소매업자 또는 특별한 목적을 위해 구성된 단체의 한 구성원이 투어 오가나이저(여행기획가)가 되며 이들은 사전에 비용이 지불되는 특별한 그룹여행을 기획한다.

(3) 투어 오퍼레이터(tour operator)

여행상품을 판매 또는 개발하는 회사를 말하며 여행상품에는 fly/drive(항공과 렌트카의 결합상품) 같은 단순상품부터 교통, 호텔, 식사, 관광지 입장 등 여행의 모든 구성요소가 포함된 패키지 여행상품까지 다양하게 포함된다.

(4) 여행도매업자(wholesaler)

다양한 여행패키지를 만들어 여행소매업자를 대상으로 판매하는 회사나 개인을 말하며 보통 투어오퍼레이터와 같은 의미로 쓰인다. 여행도매업자의 경우 직접 판매 도매업자와 간접 판매 도매업자로 구분된다.

(5) 여행접대업자(receptive agent/receptive operator)

주로 센딩과 미팅에 관련된 서비스로서 공항영접, 숙소까지의 교통편의 제공, 호텔 투숙 보조와 같은 관광목적지에 도착하는 여행자 대상 서비스를 전문으로 회사나 개인을 일컫는다.

3) 전문화에 따른 분류

미국, 영국, 일본 등 주요 외국의 경우와 마찬가지로 우리나라도 주요업체들이 여행시장을 지배하고 있다. 우리나라의 경우 10대 메이저 여행사(종합패키지업체)들이 여행 총매출액의 60%를 차지하고 있으며 향후 그 격차는 더 크질 것으로 예상된다. 그에 따라 여행업의 기능도 자연스럽게 도소매업의 분리가 이루어지고 있으며, 재무적 · 마케팅 능력이 취약한 중소여행업체는 대형업체의 협력업체 또는 프랜차이즈 등의 형태로 통합과정을 밟고 있다. 이러한 흐름을 거부하는 중소규모의 여행사들은 특정분야의 전문화를 통해 시장에서 그 활로를 모색하고 있다. 중소규모 여행사 전문화의 유형도 소비자의 기호, 관광산업의 변화추세에 부응하여 다양한 형태로 나타나고 있다.

(1) 패키지투어 전문여행사

미리 여행일정, 조건, 기간, 경비 등을 결정하여 불특정 다수의 여행객을 대상으로 모객을 하는 여행사로서, 패키지 전문여행사의 대부분은 온라인과 오프라인을 통해 상품을 유통시키고 있다. 그러나 일반적으로 메이저 여행사와 경쟁해야 하는 어려움으로 인해 지역별 특화상품을 통해 시장에 제시되며 순수여행 목적의 상품이 일반적이다.

(2) 그룹투어 전문여행사

기존단체(pre-formed group), 유연단체(affinity group)를 대상으로 상품을 주문

받아 그룹투어를 실시하는 여행사이다. 기존의 단체란 클럽, 협회, 기타의 기존조직체에 속해 있는 사람들로 구성되어 있는 단체로서 소속회원들과 정규적으로 의사소통이 이루어지며 구성원들이 참여하는 정기적인 이벤트가 있는 단체이다. 교회집단, 직업협회, 스포츠단체, 아버지 모임, 노동조합, 컨트리클럽, 대학의 과별 동창회, 심지어 가족모임에 이르기까지 서로를 알고 있는 단체인 것이다. 유연단체는 촉진이 필요한 집단이라고 볼 수 있다. 이들은 여행을 하기 전까지는 그룹 서로 간을 알지 못하는 집단으로서 특정 여행상품을 구매하려는 욕구를 가지고 있는 것이 보통이다.

그룹투어는 여행목적이 분명하며 패키지와는 달리 일정도 상황에 따라 차별화가 가능하며 패키지보다는 가격이 비싼 편이다.

(3) 크루즈투어 전문여행사

위락선박여행상품을 전문적으로 판매하는 여행사이다. 크루즈휴가산업은 관광산업 중 1970년대 이래 연 9%라는 가장 빠른 성장을 하고 있는 분야로서 일반적으로 미국, 영국, 일본 등 선진국에서 번성하고 있는 상품이다. 관광의 패러다임이 해양관광으로 변화하는 있는 현시점에서 볼 때 성장가능성이 높은 최고의 여행상품으로 보인다.

우리나라의 크루즈 여행의 주고객층은 50~60대이며 이들은 경제적인 여유와 여행에 대한 관심이 많으며 여행의 편안함이 주된 동기이다. 최근에는 젊은층과 여성층의 크루즈 여행 수요가 증가하고 있는데 이들은 크루즈 여행을 통해 새로운 경험을 하고 싶어 하며, 특히 여성층은 크루즈 여행을 통해 편안하고 안전하게 여행을 즐기고 싶어한다.

(4) 항공권판매 여행사

항공권만을 판매하는 여행사로서 이들은 항공사와 계약을 맺고 항공권을 대량으로 구매한 후, 여행객에게 할인된 가격으로 판매한다. 기업체의 상용고객, 해외여행 빈도가 높은 전문직 종사자, 일반대중 불특정 다수에게 할인항공권을 유통시켜 항공권 판매수수료, 항공권 볼륨 인센티브와 개별항공권 서비스 피(fee)에 주력하는 여행사이다.

(5) 배낭여행 전문여행사

주로 대학생, 젊은 직장인을 대상으로 배낭여행을 판매하는 여행사이다. 여행 목적지는 주로 유럽지역이 대상이 되나 최근에 올수록 오세아니아, 동남아, 인도, 중국, 일본 등 지역이 다양화되고 있는 추세이다. 일반적으로 여행사가 호텔과 교통기관만 수배해 주고 여행일정은 본인의 자유의지에 맡김으로서 다양한 경험을 쌓을 수 있도록 하는 하프패키지 일정으로 구성되어 있다.

(6) 허니문 전문여행사

신혼여행객을 대상으로 하며 여행목적지는 리조트, 크루즈 등 휴양과 재미를 더한 프로그램을 제공하는 하는 것이 일반적이다. 비교적 여행사 입장에서 볼 때 부가가치가 높은 상품 중에 하나이다. 휴양과 신혼의 분위기를 조성할 수 있는 숙박시설이 요구되며 개별 출발을 전제로 하기 때문에 패키지에 비해 가격이 높다.

(7) 리조트 전문여행사

패키지를 거부하고 한 장소에서 여유롭게 쉬면서 리조트 내의 부대시설을 적극 활용하면서 낭만, 휴식과 즐거움을 추구하고자 하는 여행객을 대상으로 하고 있다. 주로 개인이나 소규모 그룹들이 많이 이용한다. 리조트의 형태, 기간, 가격, 출발지, 목적지 등을 선택하여 자신에게 맞는 리조트 여행 상품을 선택할 수 있으며 리조트 예약, 항공권 예약, 렌터카 예약, 여행자 보험 가입 등 다양한 서비스를 제공한다.

(8) 온라인 전문여행사

새로운 유통혁명 속에서 등장한 여행사로 인터넷을 기반으로 여행상품을 판매하는 여행사이다. 고객입장에서 볼 때 상품구매를 위해 직접 여행사로 방문할 필요가 없다는 편리성이 있으며 여행사 측면에서는 적은 인원으로 더 많은 고객을 상대로 할 수 있다는 장점을 지닌다. 주로 FIT가 그 대상이며 개별맞춤식 여행상품까지도 제공한다. 최근에는 대형 포털사이트 쇼핑몰, 신문사 등과의 전략적 제휴를 통해 상품을 판매하고 있다.

(9) SIT 전문여행사

교육여행, 예술 및 유적관광, 종족생활체험관광, 자연관광, 모험, 스포츠, 건강관광 상품 등 특정 대상에 대해 관심을 갖는 사람들을 대상으로 상품을 판매하는 여행사이다. SIT상품은 목적지의 주요관광지와 볼거리 위주의 관광코스가 아닌 보람 있는 경험(rewarding), 몸과 마음을 풍요롭게 하는 경험(enriching), 모험성이 있는 경험(adventuresome), 교육적인 경험(learning)이라는 특성을 가진 상품으로 여행의 양보다는 질적인 면이 강조된다.

SIT상품은 비수기와 불황 등의 영향을 적게 받으며 일반상품에 비해 가격이 상대적으로 높이 책정될 수 있어 여행문화가 정착된 선진국에서는 이미 일반화되어 있는 상품이다.

특정관심분야 여행개발 시대 도래

해외여행자의 관심이 단순 해외여행체제에서 특정관심분야여행(Special Interest Tour 또는 Tourism, 이하 SIT)쪽으로 선회하고 있어 아웃바운드 여행사들의 SIT 해외여행상품 개발이 요구되고 있다.

SIT상품은 유럽을 비롯해 미국, 일본 등 여행선진국에서는 이미 일반화되어 있는 여행상품으로 일반 패키지여행상품과 비교해 개발 여행사에서 전문적인 노하우가 특별히 요구되는 상품으로 알려져 있다.

SIT상품을 찾는 여행자들은 여행경험이 많고 전문적인 지식습득을 추구하는 여행자들이 대부분이지만 잠재관광객들의 소득 증대에 따른 영향으로 이 상품의 일반화는 시간문제라는 것이 여행업계의 공통된 시각이다.

우리나라에서는 현재 SIT상품에 대한 특별한 관심이 미약한 상태로 일부여행사에서 테마(목적)여행상품을 내놓고 있지만 이들 상품 대부분은 일반 패키지여행상품 일정에 축제나 이벤트 등을 가입시킨 형태가 고작으로 여행자의 특정관심분야에 초점을 두고 있는 상품은 전무한 상태라고 해도 과언이 아니다.

SIT상품은 일반적으로 활동적, 참여적, 경험적, 교육적인 특성을 가지고 있으며 Read,라는 학자는 SIT의 특성을 「보람 있는(Rewarding) 경험」, 「몸과 마음을 풍요롭게 하는 (Enriching) 경험」, 「모험성이 있는(Adventuresome) 경험」, 「교육적인 (Learning) 경험」으로 규정하고 이 네 가지 특성의 머리 글자를 따 SIT를 REAL Tourism(진짜 여행)이라고 칭했다.

SIT 상품은 이들 특성들과 관련해 활동적 관광(Active Tourism), 체험적 관광(Experiential Tourism), 질적인 관광(Quality Tourism), 유목적적 관광(Travel with a Purpose), 진지한 여가(Serious Leisure)라고도 불리고 있다.

SIT상품에 참가하는 여행자들의 동기는 색다른 경험(Novelty)과 교육효과

(Education)에 두고 있는 것으로 밝혀지고 있어 SIT상품을 통해서 여행자들은 관광 이외의 부대적인 효과를 목적에 두고 있으며 또한 특정목적에 초점을 맞춰 여행을 떠나고 있는 것으로 알려졌다.

외국의 SIT상품으로 교육여행, 예술 및 유적관광, 종족생활체험관광, 자연관광, 모험 · 스포츠 · 건강관광상품이 개발돼 활성화되어 있는 것으로 밝혀졌다.

교육여행 사례의 경우 캐나다 앨버타 대학 평생교육원의 교육여행이 성공사례로 꼽히고 있으며 호주 교육여행전문여행사인 Studying Abroad사는 미술과 학생들을 위한 그리스 여행을 비롯해 로마, 플로렌스, 베니스, 파리 등을 현지답사여행으로 구성, 성공한 바 있다. 특히 호주는 50여개사에 달하는 교육여행 전문여행사가 영업을 하고 있어 교육분야 관광상품이 활성화되어 있는 것으로 알려졌다.

예술 및 유적관광의 경우 남태평양 예술축제가 지난 1972년 피지에서 처음으로 개최된 이래 현재는 26개 남태평양 국가들이 본격적으로 참가하고 있으며 피지, 뉴질랜드, 파푸아뉴기니, 호주 등을 3~5년 주기로 장소를 바꿔가며 열리고 있다.

이 축제상품은 대부분이 야외에서 개최돼 관광객들이 함께 어울리는 참여관광 프로그램의 최근의 선진국형 여행상품으로 자리를 잡았다.

종족생활체험관광은 다양한 고산족이 살고 있는 태국에서 개발된 사례가 있는데 「태국 고산족관광」은 최근 10만 명에 이르는 관광객이 이들 종족의 생활상을 체험하기 위해 찾아드는 것으로 알려졌다.

자연관광으로는 호주의 폐광에서 금찾기 및 광석채집관광이 좋은 실례로 호주 내국인은 물론 뉴질랜드, 미국 등지에서 많은 관광객이 찾아 들어 광석을 채집하는 대중적인 특정관심분야 관광상품으로 자리를 잡았다.

모험 · 스포츠 · 건강관광은 이미 국내 아웃 바운드 여행사에서도 자주 볼 수 있는 상품이지만 차별화 측면에서는 앞으로 두고 볼 필요가 있는 것으로 지적되고 있다.

뉴질랜드의 산악모험관광, 이스라엘의 건강리조트 등은 이미 세계인의 이목을 끌고 있는 특정관심 분야상품으로 알려져 있으며 대중적이지는 않지만 스쿠버 다이빙 등 해양레포츠 상품도 SIT상품으로 개발의 여지가 많은 상품이다.

한국관광공사 국내 홍보과의 朴潢淑과장은 『미국 여행시장의 SIT상품은 이미 15% 이상을 차지하고 있다』고 밝히고 『세계 주요 관광선진국들은 인 · 아웃 바운드 양쪽에 걸쳐 다양한 SIT상품을 개발, 틈새시장 공략에 전력투구하고 있다』고 말해 우리나라 여행사들의 SIT상품개발의 필요성을 지적했다.

한편 국내 SIT상품은 인바운드 활성화 차원에서 여행업계와 공동으로 상품을 개발 대상 지역에 맞는 차별화 마케팅 전략이 요구되고 있다.

〈자료제공 : 한국관광공사〉

(10) 컨벤션 전문여행사

국제회의를 비롯한 각종 회의 등에 참석하거나, 상품 · 지식 · 정보 등의 교류모임에 참석하거나, 연수나 전시회 · 박람회 · 스포츠 대회 등의 이벤트 참가 목적으로 여행하는 사람들을 대상으로 하는 여행사이다. 컨벤션 전문여행사는 컨벤션 장소 예약, 숙박, 항공, 식사, 행사 진행, 행사 홍보 등 다양한 서비스를 제공하며 통상적으로 이들 행사 전후에 포함되는 관광(pre&post tour)까지지도 책임진다.

(11) 골프 전문여행사

골프와 관광이 결합된 상품을 주로 취급하는 여행사이다. 이 상품의 이용자는 주로 고소득층과 반복이용자들이다. 골프상품은 기본적으로 FIT상품이기 때문에 타 상품에 비해 상담 양이 많은 편이고, 골프장에 대한 콘텐츠 확보해야 하는 어려움이 있다. 그렇지만 아웃바운드 여행사의 경우 골프상품이 겨울 시장의 또 하나의 수익원으로 자리를 잡아가고 있다. 우리나라의 골프인구는 2023년 기준으로 약 1,000만 명이며 최근 들어 젊은층과 여성층의 골프인구가 증가하고 있는 추세이다.

(12) 장애인 전문여행사

장애인들을 대상으로 한 틈새전문여행사이다. 많은 장애인들이 경제활동이 마비되면서 가난에 직면하지만 장애인 중에도 충분한 구매력을 갖춘 이들이 있으며 이들은 일반인들보다 소비에 대한 욕구는 더 강하다. 이들만을 위한 서비스가 많지 않기 때문이다. 장애인 여행 상품은 장애인의 신체적 특성을 고려하여 설계되어 있으며, 장애인 여행객이 편안하고 즐거운 여행을 할 수 있도록 다양한 서비스를 제공하고 있다. 일반적으로 사회복지사, 요양보호사 등 전문인력을 확보하고 있으며 가격이 비싼 편이다.

(13) 트레킹 전문여행사

트레킹은 산의 정상에 오르는 것을 목적으로 하지 않고, 산정을 바라보며 능선과 계곡을 걷는 등산을 의미한다. 우리나라 등산 인구는 70% 정도가 40대~60대에 포진돼 있어 시간적 여유가 있고, 구매력이 있는 중장년층이라는 점에 착안하여 트레킹 전문여행사가 생성되었다.

일반적으로 트레킹보다 가볍게 등산하는 경우는 하이킹으로 분류하고, 등반장비를 사용해 정상등정을 목적으로 하는 등산은 전문등반으로 분류한다. 트레킹은 하이킹과 등반의 중간 형태로 트레킹 여행상품은 국내와 해외 트레킹 상품으로 구분된다.

(14) 의료관광 전문여행사

양질의 의사와 병원을 찾아 타국에 여행하면서 진료서비스를 받는 관광상품을 취급하는 여행사이다. 의료서비스와 휴양 · 레저 · 문화 등 관광활동이 결합된 새로운 관광상품이다. 이 상품은 장기간의 숙박과 환자에 대한 보호자의 동반가능성이 높고 기타 지인들의 방문까지 기대할 수 있어 1인당 소비액이 높은 상품이다. 의료관광 산업은 21세기 웰빙 및 건강 추구형 라이프스타일의 변화에 따라 지속적으로 확대될 것으로 예상된다.

(15) 성지순례 전문여행사

성지, 순교지 순례 등 종교적 목적을 가진 여행을 전문으로 하는 여행사로 성지순례 여행은 가장 오래된 여행상품 중 하나이다. 성지순례가 일반 여행과 차별화될 수 있는 점은 단순히 보고 즐기는 것에서 끝나는 것이 아니라 성서의 거룩함과 역사의 숨소리를 직접 체험할 수 있는 교육관광, 신상관광의 주제를 부여할 수 있다는 점이다.

(16) 포상여행전문여행사

포상여행이란 주로 일반기업 및 단체가 자사상품의 판매실적이 우수하거나 큰 공헌을 했을 때 해당단체나 개인에게 포상하여 여행인데 이를 전문으로 취급하는 여행사이다. 비교적 고가이며 업무 또는 사업과 관련된 프로그램과 더불어 즐거움을 혼합한 프로그램으로 여행이 진행된다.

(17) 실버여행 전문여행사

최근 실버산업이 중요시되고 있는 것은 고령자층의 인구가 급증하고 있고, 연금제도의 충실화로 고령자층의 경제력이 높아져 인구비율의 증가 이상으로 구매력이 증가했기 때문이다. 시간과 경제력을 갖고 있는 은퇴세력이나 부모에 대한 효를 실천하는 수단으로 개발된 여행상품을 취급하는 여행사로 그 대상지는 주로 온천지역, 휴양지가 된다. 50~90대를 대상으로 하고 있으나 60대가 70% 정도를 차지하고 있다. 70대 이상의 여행객은 원거리보다는 근거리여행의 목적지를 선택하는 편이며 식도락에 관심을 갖고 있다.

4 여행사 업무기능

여행사의 업무는 초기에는 여행자와 여행시설업자만을 연결해 주는 단순 기능에 머물렀으나, 근자에는 다양한 소비자의 욕구를 충족시키기 위해 독자적인 여행상품의 기획 · 개발 · 판매하지 않으면 안 되게 되었다. 인쇄매체 및 매스컴의 발달, 여행정보시스템 등장, 항공업자에 의한 티켓직판, FIT대상 온라인 전문회사의 등장 등으로 예전에 주된 기능이었던 대리업무 기능이나 서비스 업무기능이 축소된 반면에 다양한 소비자의 욕구에 편승한 독자여행 상품의 기획 및 판매 업무기능이 강화되고 있는 추세에 있다.

일반적으로 여행사 업무는 ① 그룹투어의 계획 및 준비, 여정표 작성 ② 패키지투어의 준비와 판매 ③ 호텔 · 식사 · 항공권 예약, 자동차대여, 관광 및 특별행사의 예약과 수배 ④ 여행 및 화물의 보험, 여행자 수표, 환전, 여권과 비자의 발급 · 대행 그리고 건강에 요구되는 면역과 예방접종의 처리, 전문지식과 경험을 통한 여행정보의 제공(통상적으로 항공기 및 열차접속시간표, 호텔의 등급 및 시설수준, 요금, 식사, 봉사료, 팁제도, 그 지역의 풍습과 기후, 복장 등) 등이다.

여행업의 업무기능에 관해 학자들마다 조금씩의 차이를 보이고는 있지만 여행의 본원적 개념을 중심으로 한 여행업의 업무는 ① 상담업무 ② 예약 · 수배업무 ③ 판매업무 ④ 수속대행업무 ⑤ 발권업무 ⑥ 여정관리업무 ⑦ 정산업무 등 대략 7가지의 기본업무로 구분된다.

르위스(Lewis)는 여행업의 기능을 ① 종사원의 전문적 지식에 의존하는 안내서비스, 대행서비스(여권수속이나 사증수속 등) 및 판매서비스 등을 포함하고 있는 인적서비스기능, ② 숙박시설이나 교통시설 등의 상품관련 서비스기능 ③ 여행정보의 제공과 여행상품의 소개 등을 내용으로 하는 정보관련 서비스기능으로 구분하고 있다.

벅(Buck)은 여행서비스를 시간적 흐름으로 분류했는데 ① 여행상품기획, 여행수배, 여행상담, 여행수속, 각종 발권업무, 여행비용의 계산, 여행상품의 판매 등과 같은 주된 서비스와 여행서류의 배달, 티켓전달, 여행보험가입, 외화가입 및 환전 등의 부가서비스를 내용으로 하는 여행 전 서비스 ② 여행일정관리, 여행안내 등의 주된 서비스와 여행비용의 관리, 여행자의 안전관리, 여행정보의 제공, 사고예방 및 처리 등과 같은 여행 중 서비스 ③ 고객관리, 정산, 회계, 불평처리, 애프터서비스 등의 서비스와 여행결과의 평가, 특별보상, 여행일정 중 특이사항의 기록, 여행결과의 미비점 보완 등과 같은 업무를 다루는 여행 후 서비스로 구분하고 있다.

5 여행업의 특성

일반적으로 여행업은 타산업과 다른 몇 가지의 특성을 지니고 있다.

첫째, 타업종에 비해 리스크가 적은 사업이다. 여행업의 경우 타업종보다 설립자본금이 비교적 적은 편이고 사업에 투자되는 비용도 사무실임대, 사무실집기, 비품과 사무기기에 국한되기 때문이다. 그러나 최근에 들어 상품의 판매기능이 강화되면서 항공좌석확보비용, 광고비용, 객실보증금, 전자상거래에 의한 전산화비용 등의 비용이 증가하고 있는 추세이다.

둘째, 여행업은 노동집약적인 특성을 가진다. 그 이유는 일반 제조업과 달리 여행업무 경험과 지식이 축적된 사람들에 의해 업무가 수행되기 때문이다. 단지 여행사의 사무기기의 자동화 설비는 보조수단에 불과한 것이다.

셋째, 시스템산업이다. 여행을 보다 효율적인 일정과 저렴한 가격 그리고 풍부한 내용으로 준비하면서 여타 여행요소를 조합, 부가가치가 발생되도록 구성해내는 것이 여행업의 업무인 것이다. 예컨대 패키지의 경우 교통, 식사, 숙박, 관광, 가이드, 매력물, 쇼핑 등 다양한 요소로 구성된다.

넷째, 신용사업이다. 소비자는 무형의 상품을 구입하여 목적지에서 그 상품의 내용을 확인할 수 있기 때문에 소비자에게 비추어지는 여행사의 신용은 매우 중요하다.

다섯째, 계절적 수요의 탄력성이 큰 사업이다. 여행업은 성수기, 비수기에 따라 수요의 변동이 크며 서비스업의 특성인 생산과 소비가 동시에 일어나는 사업이다.

여섯째, 외부환경에 민감한 사업이다. 1998년 IMF 금융위기, 2001년 9 · 11 테러, 2003년 중국의 SARS, 2008년 미국의 모기지론 사태 등에서 볼 수 있듯이 경제적 환경과 정치적 환경에 큰 영향을 받는 사업이다.

일곱째, 유동자산비중과 현금흐름이 높은 사업이다. 여행업은 타 환대산업(호텔, 리조트 등)보다 고정자산보다는 유동자산비중이 높게 나타난다. 그리고 여행이 시작되기 전에 여행객으로부터 지불받은 여행경비를 여행사는 호텔, 현지수배업자에게 지불하지 않고 통상적으로 여행 후에 정산하거나 지불하기 때문에 현금을 유용할 수 있다.

6 여행업과 수배업

1) 여행수배업의 생성과 발전

88올림픽 개최가 직접적인 계기가 되고 이후 무역수지의 흑자폭이 커짐에 따라 1989년에 이르러 전 국민의 해외여행의 자유화가 전격적으로 시행되었다. 그러나 수배상의 비용뿐만 아니라 수배능력의 한계, 소통의 문제 등의 문제로 인하여 개별 여행업체들의 관련업무수행에 어려움이 따랐으며 이에 외국여행업자의 국내 연락사무소가 활동할 수 있는 발판이 마련되었다.

당시 여행업은 외국인투자 제한업종으로 규정되어 있었으나 1992년 한 · 미쌍무협정이 체결되면서 이러한 업체들의 유형이 증가하기 시작하였다. 그러나 외국 업체의 연락사무소라는 특성상 정부의 직접적인 관리에는 한계가 있고 이에 대한 실태파악차원에서 마련된 방안이 1994년에 도입된 신고제였다. 그러나 이 조항은 관련조항미흡 등을 이유로 1999년 규제개혁과정에서 삭제되었으며 이후 법에서는 규정조항이 사라지게 되었다. 하지만 기존 여행사의 언어문제, 정보수집문제와 특히 가격경쟁력 등의 이유로 인하여 여행업계에서 해외여행업무를 처리함에 있어 여행수배업체를 이용하는 것은 이후에도 크게 달라지지 않고 있다. 최근에 일부 대형여행사들은 여행상품의 품질관리차원에서 주요 송출국에 현지여행사 또는 지사를 설립하여 상품의 질적 관리를 도모하고 있다.

2) 여행수배업의 성격

여행수배업은 여행사의 요청에 따라 공급업체에 대한 수배와 알선에 임하고 있는 중간상으로서의 기능을 수행하며 일반 소비자와는 직접 거래를 하지 않는 것을 원칙으로 한다. 하지만 근자에 이르러서는 수배업자들 중 일부는 여행업으로 등록하여 수배뿐 아니라 모객까지도 행하고 있다. 여행수배업은 우리나라 여행업의 유통구조를 다른 나라와 구별 지어주는 업종이며 이는 여행업의 개념 중 여행도매업자와 가깝다고 볼 수 있다.

현지의 여행정보수집, 여행상품소개 등의 정보제공, 공급업자의 소개와 계약, 지상비 산출, 현지수배기능, 여행일정의 진행 등 여행알선과 관련된 업무를 주로 하지만, 여행자의 불평에 대한 해결이나 배상 · 보상 등의 대비책을 강구하는 기능으로까지 확대되고 있다. 우리나라에서의 여행수배업은 여행공급업자와 여행사 사이의 중간 도매상이라고 할 수 있다.

3) 여행수배업의 형태

(1) 연락사무실형

여행수배업체의 가장 일반적 형태이다. 국내에 사무실을 두고 국내 여행사와 현지의 업체 사이의 연락사무소로써의 역할을 한다.

(2) 해외여행사 지사형

해외 현지 여행사의 지사 형태로 운영되는데 현재 국내에 진출한 외국 여행사의 대부분이 여기에 속한다. 주로 스페인, 덴마크 등 유럽 지역과 일본과 홍콩 관련 업체가 이 형태를 취하고 있다.

(3) 외국지사 설치형

국내의 여행업체가 외국에 지사를 설치하여 운영하는 형태이다. 현재 대표적인 업체는 '하나투어', '모두투어' 로서 가장 활발한 활동을 하고 있다. 전체적인 시장 진출 현황은 아직까지 미미하지만 여행상품의 질의 제고를 위해 향후 증가할 것으로 보인다.

(4) 무연고 독립형

해외 교포나 유학생들을 중심으로 수배 업무가 이루어지는 형태이다.

7 우리나라 여행업의 법적 성립요건

1) 여행업의 등록 및 등록기준

우리나라에서 여행업 등록을 하려는 자는 문화체육관광부령으로 정하는 바에 따라 관광사업 등록신청서를 특별자치시장 · 특별자치도지사 · 시장 · 군수 · 구청장에게 제출하여야 한다. 등록사항을 변경(상호 및 대표자의 변경, 사무실 소재지의 변경, 영업소의 신설)하고자 할 때에도 또한 같다. 다만 대표자를 제외한 임원의 변경에는 그러하지 아니하다.

여행업을 신규로 신청하고자 하는 자는 관광사업 등록신청서에 다음 각 항목의 서류를 첨부하여 등록관청에 제출하여야 한다

현행 법규상 여행업은 종합반여행업, 국내외여행업, 국내여행업으로 구분되며 해당 특별자치시장 · 특별자치도지사 · 시장 · 군수 · 구청장에게 등록하면 된다

여행업을 신규로 신청하고자 하는 자는 관광사업 등록신청서에 다음 각 항목의 서류를 첨부하여 등록관청에 제출하여야 한다.

❶ 사업계획서

❷ 신청인(법인의 경우에는 대표자 및 임원)의 성명, 주민등록번호, 본적을 기재한 서류

그림 2-1 **관광사업등록신청서**

(앞쪽)

<table>
<tr><td colspan="4" rowspan="2">관 광 사 업 등 록 신 청 서</td><td>처 리 기 간</td></tr>
<tr><td>• 여행업 및 관광숙박업 : 7일
• 종합휴양업 : 12일
• 기타 : 5일</td></tr>
<tr><td rowspan="3">신
청
인</td><td>① 성명(대표자)</td><td></td><td>② 생년월일</td><td></td></tr>
<tr><td>③ 주 소</td><td colspan="3"></td></tr>
<tr><td>④ 등록기준지</td><td colspan="3"></td></tr>
<tr><td colspan="2">⑤ 상 호(명 칭)</td><td colspan="3"></td></tr>
<tr><td colspan="2">⑥ 업 종</td><td colspan="3"></td></tr>
<tr><td colspan="2">⑦ 주사업장소재지</td><td colspan="3">(전화 :)</td></tr>
<tr><td colspan="2">⑧ 자 본 금</td><td colspan="3">원</td></tr>
<tr><td colspan="2">⑨ 영업개시연월일</td><td colspan="3"></td></tr>
<tr><td colspan="5">「관광진흥법」 제4조제1항 및 같은 법시행규칙 제2조에 따라 관광사업의 등록을 신청합니다.

년 월 일

신청인 (서명 또는 인)

[특별자치도지사
시장 · 군수 · 구청장] 귀하</td></tr>
<tr><td colspan="4" rowspan="2">구비서류 : 뒤쪽 참조</td><td>수 수 료</td></tr>
<tr><td>30,000원(숙박시설이 있는 경우 매 실당 700원을 가산한 금액)</td></tr>
</table>

210mm×297mm (일반용지 60g/㎡, 재활용품)

③ 법인등기부 등본(법인의 경우에 한한다)

④ 부동산의 소유권 또는 사용권을 증명할 수 있는 서류

⑤ 공인회계사 또는 세무사가 확인한 등록신청 당시의 대차대조표(개인의 경우에는 영업용 자산명세서 및 그 증빙서류)

여행업에 등록을 한 자가 등록사항을 변경(사무실 소재지의 변경 및 영업소의 신설)하고자 할 때에는 그 변경사유가 발생한 날로부터 30일 이내에 소정양식인 관광사업변경등록 신청서에 변경사실을 증명할 수 있는 서류를 첨부하여 등록관청에 제출하여야 한다. 변경등록사항 중 사무실 소재지를 변경한 경우에는 변경등록신청서를 새로운 소재지의 관할 특별자치시장 · 특별자치도지사 · 시장 · 군수 · 구청장에게 제출할 수 있다.

(1) 종합여행업의 등록기준

❶ **자본금(개인의 경우 자산평가액)** 5천만 원 이상일 것

❷ **사무실** 소유권이나 사용권이 있을 것

(2) 국내외여행업의 등록기준

❶ **자본금(개인의 경우 자산평가액)** 3천만 원 이상일 것

❷ **사무실** 소유권이나 사용권이 있을 것

(3) 국내여행업의 등록기준

❶ **자본금(개인의 경우 자산평가액)** 1천 5백만 원 이상일 것

❷ **사무실** 소유권이나 사용권이 있을 것

2) 여행업자의 의무

(1) 영업보증보험의 가입과 기획여행의 신고

여행업의 등록을 한 자는 그 사업을 시작하기 전에 여행알선과 관련한 사고로 인하여 관광객에게 피해를 준 경우 그 손해를 배상할 것을 내용으로 하는 보증보험 또는 공제에 가입하거나 업종별 관광협회(업종별 관광협회가 구성되지 아니한 경우에는 지역

별 관광협회)에 영업보증금을 예치하고 그 사업을 하는 동안(휴업기간을 포함) 계속하여 이를 유지하여야 한다.

그리고 여행업자 중에서 기획여행을 실시하려는 자는 그 기획여행 사업을 시작하기 전에 보증보험 등에 가입하거나 영업보증금을 예치하고 유지하는 것 외에 추가로 기획여행과 관련한 사고로 인하여 관광객에게 피해를 준 경우 그 손해를 배상할 것을 내용으로 하는 보증보험 등에 가입하거나 업종별 관광협회(업종별 관광협회가 구성되지 아니한 경우에는 지역별 관광협회)에 영업보증금을 예치하고 그 기획여행 사업을 하는 동안(기획여행 휴업기간을 포함한다) 계속하여 이를 유지하여야 한다.

표 2-3 보증보험 등 가입금액(영업보증금 예치금액) 기준

(단위 천 원)

<table>
<tr><th>여행업의 종류(기획여행 포함) / 직전 사업년도 매출액</th><th>국내 여행업</th><th>국외 여행업</th><th>일반 여행업</th><th>국외 여행업의 기획여행</th><th>일반 여행업의 기획여행</th></tr>
<tr><td>1억 원 미만</td><td>20,000</td><td>30,000</td><td>50,000</td><td rowspan="4">200,000</td><td rowspan="4">200,000</td></tr>
<tr><td>1억 원 이상 5억 원 미만</td><td>30,000</td><td>40,000</td><td>65,000</td></tr>
<tr><td>5억 원 이상 10억 원 미만</td><td>45,000</td><td>55,000</td><td>85,000</td></tr>
<tr><td>10억 원 이상 50억 원 미만</td><td>85,000</td><td>100,000</td><td>150,000</td></tr>
<tr><td>50억 원 이상 100억 원 미만</td><td>140,000</td><td>180,000</td><td>250,000</td><td>300,000</td><td>300,000</td></tr>
<tr><td>100억 원 이상 1,000억 원 미만</td><td>450,000</td><td>750,000</td><td>1,000,000</td><td>500,000</td><td>500,000</td></tr>
<tr><td>1000억 원 이상</td><td>750,000</td><td>1.250,000</td><td>1,510,000</td><td>700,000</td><td>700,000</td></tr>
</table>

- 국내외여행업 또는 종합여행업을 하는 여행업자 중에서 기획여행을 실시하려는 자는 국내외여행업 또는 종합여행업에 따른 보증보험 등에 가입하거나 영업보증금을 예치하고 유지하는 것 외에 추가로 기획여행에 따른 보증보험 등에 가입하거나 영업보증금을 예치하고 유지하여야 한다.
- 간편장부대상자(손익계산서를 작성하지 아니한 자만 해당)의 경우에는 보증보험 등 가입금액 또는 영업보증금 예치금액을 직전 사업연도 매출액이 1억 원 미만인 경우에 해당하는 금액으로 한다.
- 직전 사업연도의 매출액이 없는 사업개시 연도의 경우에는 보증보험 등 가입금액 또는 영업보증금 예치금액을 직전 사업연도 매출액이 1억 원 미만인 경우에 해당하는 금액으로 한다. 직전 사업연도의 매출액이 없는 기획여행의 사업개시 연도의 경우에도 또한 같다.
- 여행업과 함께 다른 사업을 병행하는 여행업자인 경우에는 직전 사업연도 매출액을 산정할 때에 여행업에서 발생한 매출액만으로 산정하여야 한다.

• 종합여행업의 경우 직전 사업연도 매출액을 산정할 때에, 외국인관광객에게 공급하는 관광알선용역으로서 그 대가를 받은 금액은 매출액에서 제외한다.

(2) 국외여행 인솔자의 등록

여행업자가 내국인의 국외여행을 실시할 경우 여행자의 안전 및 편의 제공을 위하여 그 여행을 인솔하는 자를 둘 때에는 문화체육관광부령으로 정하는 자격요건에 맞는 자를 두어야 하며 내국인의 국외여행을 인솔하려면 문화체육관광부장관에게 등록하여야 한다.

(3) 여행계약

여행업자는 여행자와 계약을 체결할 때에는 여행자를 보호하기 위하여 문화체육관광부령으로 정하는 바에 따라 해당 여행지에 대한 안전정보를 제공하여야 한다. 해당 여행지에 대한 안전정보가 변경된 경우에도 또한 같다.

여행업자는 여행자와 여행계약을 체결하였을 때에는 그 서비스에 관한 내용을 적은 여행계약서(여행일정표 및 약관을 포함)를 여행자에게 내주어야 한다.

여행업자는 여행일정(선택관광 일정을 포함)을 변경하려면 문화체육관광부령으로 정하는 바에 따라 여행자의 사전 동의를 받아야 한다.

3) 여행업자의 결격사유

다음과 같은 사항에 해당하는 자는 여행업자가 될 수 없다. 법인의 경우 그 임원 중 다음 사항에 해당하는 자가 있을 때에도 또한 같다.

- 피성년후견인 · 피한정치산자
- 파산자로서 복권되지 아니한 자
- 관광진흥법에 의하여 등록 또는 사업계획의 승인이 취소된 후 2년이 경과하지 아니한 자
- 관광진흥법을 위반하여 징역 이상의 형을 선고받고 그 집행이 종료되거나 집행을 받지 아니하기로 확정된 후 2년이 경과되지 아니한 자 또는 형의 집행유예의 기간 중에 있는 자

4) 여행업의 등록취소 등

① 관할 등록기관 등의 장은 다음 어느 하나에 해당하면 그 등록을 취소하거나 6개월 이내의 기간을 정하여 그 사업의 전부 또는 일부의 정지를 명하거나 운영의 개선을 명할 수 있다.

- 변경등록기간 내에 변경등록을 하지 아니하거나 등록한 영업범위를 벗어난 경우
- 관광사업자의 지위를 승계한 자는 승계한 날부터 1개월 이내에 관할 등록기관 등의 장에게 신고하지 아니한 경우
- 휴업 또는 폐업을 하고 등록기관의 장에게 알리지 아니하는 경우
- 보험 또는 공제에 가입하지 아니하거나 영업보증금을 예치하지 아니한 경우
- 기획여행의 실시요건 또는 실시방법을 위반하여 기획여행을 실시한 경우
- 안전정보 또는 변경된 안전정보를 제공하지 아니하거나 여행계약서를 여행자에게 내주지 아니한 경우 또는 여행자의 사전 동의 없이 여행일정(선택관광 일정을 포함)을 변경하는 경우
- 외국인 관광객을 대상으로 하는 여행업자는 관광통역안내의 자격을 가진 사람을 관광안내에 종사하게 하여야 함에도 불구하고 위반하여 해당 자격이 없는 자를 종사하게 한 경우
- 관할등록장에 대한 보고 또는 서류제출명령을 이행하지 아니하는 경우
- 관광사업의 경영 또는 사업계획을 추진함에 있어서 뇌물을 주고받은 경우
- 고의로 여행계약을 위반한 경우

② 관할 등록기관 등의 장은 다음 어느 하나에 해당하면 6개월 이내의 기간을 정하여 그 사업의 전부 또는 일부의 정지를 명할 수 있다.

- 국외여행 인솔자의 자격요건을 갖춘 자가 내국인의 국외여행을 인솔하려면 문화체육관광부장관에게 등록하여야 하는데도 불구하고 등록을 하지 아니한 자에게 국외여행을 인솔하게 한 경우

소자본 1인 여행사 창업

2019년 10월부터 소자본 1인 여행사 창업이 허용되었다. 자본금 1,500만 원과 사무실만 있으면 소규모 관광안내업체를 차릴 수 있다. 개인사업자는 자본금 없이 자택을 사업장으로 등록해도 된다. 다만 이틀 연속 관광안내를 하거나 운송시설 및 숙박시설을 알선할 수는 없다.
여행사 창업에 필요한 행정 절차는 크게 3단계로 나누어 볼 수 있다

1단계는 관할 사업장 소재지(임대차 계약서상의 사업장)의 구청에서 관광사업 등록을 신청해야 한다.
관관사업등록 신청시 서류는 ① 영업용자산명세서(개시 재무상태표) ②임대차계약서(일부 구청에서는 임대차계약서와 함께 건축물대장도 요청하는 경우가 있음) ③사업계획서이다.

① 영업용자산명세서

영업용자산명세서는 자본금 증빙서류로 국내여행업(내국인의 자국여행)은 1,500만 원 이상, 국내외여행업(내국인의 국내외여행)은 3,000만 원 이상, 종합여행업(내국인의 국내외여행과 외국인의 국내여행)은 5,000만 원 이상이다. 개인사업자 경우 영업용자산명세서를 작성하고 법인사업자 경우 개시 재무상태표(대차대조표)을 작성해야 하며 반드시 세무사 또는 공인회계사의 날인이 있어야 한다.

② 임대차계약서

임대차계약서는 영업 활동에 대한 공간 증빙서류로 신청인이 소유권 또는 사용권이 있음을 확인할 수 있는 서류로 건축물대장상에 사무실 용도가 "근린생활시설", "사무소", "오피스텔"만 가능하며 주거용공간(집)은 사무실로 인정되지 않는다. 또한 공유오피스의 경우 지자체별로 약간 상이하나 일반적으로 독립된 공간이 확보된 경우에만 관광사업 등록이 가능하다.

③ 사업계획서

사업계획서는 구청에서 요구하는 필수적인 기재사항이 반드시 기술되어야 하며 필수적인 기재사항으로는 회사개요, 주요사업내용, 향후 3년간 추정손익계산서, 알선업무 수행을 위한 기구 및 조직, 향후 3년간 여행알선계획 등이다.

2단계는 관할 사업장 소재지의 세무서를 방문하여 사업자등록을 신청하여야 하며 사업자등록을 신청시 서류는 관광사업등록증과 임대차계약서이다.
사업자등록시 주업종은 서비스가 되며 만약 주종이 종합여행업이라면 과세 유형(간이과세자 vs 일반과세자)은 반드시 일반과세자로 선택하여야 한다(종합여행업은 간이과세자 배제 업종임).

※ 일반과세자와 간이과세자의 구분 및 차이점

구분	일반과세자 1년간 매출액 4,800만 원 이상이거나 간이과세 배제되는 업종	간이과세자 1년간 매출액 4,800만 원 미만이거나 간이과세 배제되는 업종에 해당되지 않는 경우
매출세액	공급가액×10%	공급대가×업종별부가가치율×10%
세금계산서 발급	발급의무 있음	발급할 수 없음
매입세액 공제	전액 공제	매입세액×업종별부가가치율
의제매입세액 공제	모든 업종에 적용	음식점업

- 광업 · 제조업 · 도매업 · 전문직 사업자 · 다른 일반과세 사업장을 이미 보유한 사업자 · 간이과세배제기준(부동산매매업 · 과세유흥사업자 등은 간이과세 적용이 배제
- 간이과세자로 당해 과세기간(1.1~12.31.)공급대가(매출액)가 2,400만 원 미만인 경우에는 부가가치세는 신고를 하되, 세금납부는 면제됨

3단계는 보증보험 가입 단계로 필요서류로서는 관관등록증과 사업자등록증이며 온라인 가입시 공인인증서가 필요하다. 보증보험 가입 후 증서에 대한 원본은 다시 관할 구청으로 메일 등으로 송부해야 된다.

제3장

여행상품

젊어서 여행을 하지 않으면 늙어서 이야깃거리가 없다. 영국 속담

여행에서 지식을 얻어 돌아오고 싶다면 떠날 때 지식을 몸에 지니고 가야 한다. 사무엘 존슨

사람이 여행을 하는 것은 도착하기 위해서가 아니라 여행하기 위해서이다. J.W. 괴테

남자는 많이 알면 알수록, 또 여행을 하면 할수록 시골 소녀와 결혼하고자 한다. 버나드 쇼

바보는 방황하고, 현명한 사람은 여행을 떠난다. 풀러

제3장

여행상품

1 여행상품의 성격

1) 여행상품의 개념

전통적으로 '상품' 이라는 것은 상거래의 목적물이 되는 유형재로서 매매가 가능한 것을 의미해 왔으나 근자에 이르러서는 매매의 대상이 될 수 있는 유 · 무형의 모든 재화라는 의미로 받아들여지고 있다. 다시 말해 상품이라 하는 것은 기능적이고 미적인 특성을 가진 실제적인 제품만을 뜻하는 것이 아니라 포장 또는 심리적 만족감을 주는 상표명, 구매 후에 고객의 욕구에 부응하여 주는 보증(guarantee) 등과 같은 것도 포함하고 있다는 점이다.

그림 3-1 **상품의 유형부문과 무형부문**

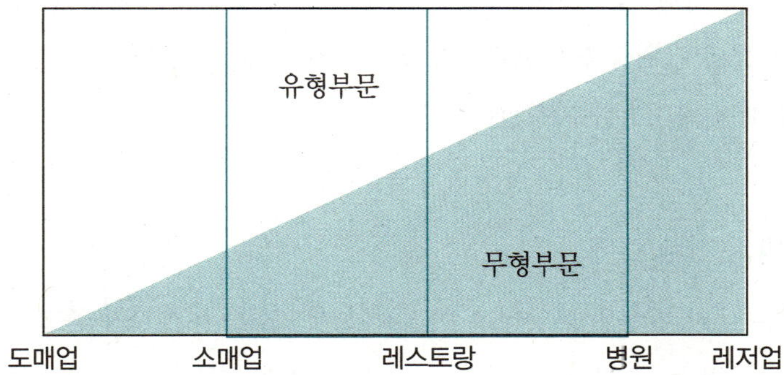

우리가 구매하는 상품에는 서비스를 생산하는 것과 생산하지 않는 것들이 있긴 하지만 대부분의 상품은 그들 상품의 가치를 높이기 위해 수선, 수리, 사용법 등의 보조 서비스를 제공하고 있다. 이렇게 볼 때, 우리가 구매하는 대부분의 상품은 유형재와 무형재의 쌍방을 포함하고 있으며 단지 상대적 중요성에 따라 그 비율이 달라질 뿐이다.

한편, 여행상품이라는 용어는 여행업무내용이 수주형에서 공급형으로 바뀌면서 생겨났다고 볼 수 있다. 다시 말해 여행 업무가 여행자와 여행시설업자만을 연결해 주는 단순한 대리업무기능에서 다양한 소비자의 욕구충족과 경쟁에서 우위확보를 위해 독자적인 여행상품의 기획, 개발, 판매를 하게 되면서부터 여행상품이라는 용어가 탄생하게 된 것이다.

일반적으로 여행사에 있어서 상품이라는 개념은 숙박, 식사, 교통, 쇼핑 등의 단위상품을 조화롭게 조립하여 판매하는 패키지상품을 지칭한다. 숙박과 교통의 경우 단위상품으로 판매되기도 한다. 세계관광기구(UNWTO)는 여행상품을 여행목적지, 숙박, 교통수단, 보조서비스와 관광매력을 결합시킨 것이라고 정의하고 있는데, 이는 여행자 마음속에 이미지를 포함한 여행목적지의 매력물과 편의시설 및 서비스, 목적지에로의 접근성이 갖추어질 때 상품으로서의 가치를 지닐 수 있다는 것을 시사하고 있다.

넓은 의미로서의 상품이란 코틀러(kotler)에 의해 서비스와 같은 무형재가 하나의 상품으로 간주된 이후에는 여행의 시작에서 도착에 이르기까지 전 과정에 걸쳐 소요되는 제반시설과 서비스를 종합적으로 조립한 상품으로 확대해석할 수 있으나 본서에서는 좁은 의미에서의 상품 즉 여행사의 패키지상품에 국한시켜 다루려고 한다.

이렇게 볼 때, 여행상품이라는 것은 여행자의 욕구나 필요를 파악한 여행유통기관이 여행소재업자들의 단위상품을 조화롭게 결합시켜 판매할 목적으로 여행시장에 제시하는 상품이나 제반 서비스를 지칭한다.

2) 여행상품의 구성요소

여행상품은 이미 완성된 다양하고 이질적인 제요소를 여행사가 종합하여 다시 생산해낸 통합 상품(또는 조립 상품)이라는 점에서 여행사를 흔히 조립생산자(assembly maker) 또는 다양한 부품을 재결합한다는 의미에서 장치산업(equipment industry)이라고도 부른다.

여행상품을 생산함에 있어 포함되는 구성요소들은 교통운송기관, 숙박시설, 식사, 관광/가이드서비스, 매력물, 쇼핑 등으로 이를 구체적으로 살펴보면 아래와 같다.

첫째, 교통운송기관으로서 여행자의 거주지역과 여행목적지, 목적지에서의 여행지와 여행지를 연결하는 항공기, 선박, 모터코치, 열차 등이 포함된다. 모터코치(40~50인용)의 경우 최근에는 휴게실, 칵테일 바, 큰 유리창을 가진 전망장소, 비디오상영, 전자오븐렌지, 주방 등 다양한 시설을 갖추고 있어 승차감과 편안함을 추구하는 경향을 보이고 있다. 최근에 등장한 20~25인승의 미니코치는 기동성, 편안함, 1인당 가격 면에서 낮아 원가절감 측면에서 유용하게 이용되고 있다. 유럽의 경우 유로스타일의 튜브형 모터코치는 더 커진 창문, 소파, 칵테일라운지 등 비행기의 퍼스트 클래스과 유사한 시설들을 갖추고 있다.

기차의 경우 대량의 수송능력과 경치 감상, 향수를 불러일으키는 교통수단으로 부활하고 있으며 독특한 여행경험을 얻을 수 있다는 장점을 지니고 있으나 매력물에 대한 접근성이 떨어진다는 단점이 있다. 항공의 경우 비교적 800마일 이상의 장거리여행에 이용되는 교통수단이지만 이동상의 흥미가 떨어지고 목적지에서 모터코치, 기차, 밴, 미니코치 등을 갈아타야 한다는 단점이 있다. 선박(크루즈)의 경우 교통과 여행의 6요소 즉 교통, 숙박, 식사, 쇼핑, 관광, 매력물(카지노, 극장 등)이 결합된 여행상품으로서 크루즈선 자체가 관광 상품화되어 가고 있다. 기타 리무진, 밴 등의 교통수단이 있으나 그룹투어에 적용하기에는 가격이 비싼 편이다. 이들 차량은 공항에서 주로 트랜스퍼로 이용되고 있다.

둘째, 숙박시설들로서 호텔, 인, 모텔, 리조트, 롯지, 스위트호텔 등의 숙박시설과 서비스가 여기에 해당된다. 등급 또는 서비스수준에 따라 요금이 다르다.

셋째, 식사로서 여행객은 통상 하루 3번의 식사를 하게 되는데 다양한 가격대가 존재하며 스타일이 존재한다. 일반적으로 테이블서비스 레스토랑(전문식당, 극장식 식당, 일반음식점 등), 뷔페/카페테리아식 레스토랑, 퀵서비스 레스토랑이 존재하며 기타 보트, 요트, 기차 등 교통수단과 결합된 형태의 식사가 제공되기도 한다.

넷째, 관광/가이드 서비스로서, 관광은 가이드서비스와 결합될 때보다 더 큰 흥미를 유발할 수 있으며 관광의 가치를 높여 주는 중요한 매개체가 된다.

다섯째, 매력물로서 엄격히 말하면 관광과는 구별된다. 예를 들어 경주를 방문하는 것은 관광이고 불국사, 석굴암을 방문하는 것이 매력물을 보는 것이 되는 것이다. 뉴욕을 방문하는 것은 관광이지만 자유의 여신상에 오르는 것은 매력물을 방문하는 것이 된다. 일반적으로 매력물은 입장권 등의 티켓이 필요하거나 사전예약이 수반되는 엔터테인먼트적인 성격을 갖는다.

여섯째, 쇼핑으로서 대부분의 여행객은 방문지의 기념될만한 물건과 선물을 준비한다. 쇼핑 그 자체가 매력물로서 엔터테인먼트적 요소를 지니고 있지만 매력물과는 구별된다. 쇼핑을 위해 입장료를 지불하지 않기 때문이다. 기념품점, 면세점, 시장 등의 쇼핑관련시설들이 포함된다.

이상에서의 여행상품 구성요소를 요약하면 다음과 같다.

표 3-1 **여행상품의 구성요소**

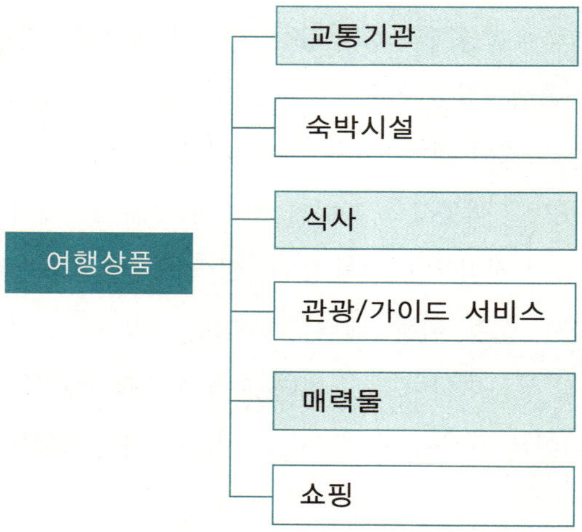

3) 여행상품의 특성

여행상품은 일반적 서비스 상품이 갖는 무형성, 동시성, 계절성뿐만 아니라 고액단명하고, 개인적 효용의 차이가 크며, 모방이 용이하고, 상품의 차별화가 곤란하며, 여행상품제작에 투자비가 적게 들어가며, 고객에게 전달되는 상품의 유통과정이 간단하다는 특징을 지니고 있다.

첫째, 무형의 상품이다. 여행상품은 눈에 보이지도 않고, 만져볼 수도 없고, 윈도우에 전시할 수도 없는 상품으로 여행객이 직접 목적지로 이동하여야만 상품내용을 확인할 수 있다.

둘째, 생산과 소비가 동시에 일어나는 상품이다. 여행상품은 구입해 놓았다가 필요할 때 사용할 수 있는 상품이 아니며, 동시에 여러 상품을 구입할 수 없다. 그렇기 때문에 일반 제조업의 상품과는 달리 상품의 가치가 시간에 의해 소멸되어 저장할 수가 없다는 특성을 지니고 있다.

셋째, 고액 단명한 상품이다. 여행상품은 일반제조업 상품과는 달리 짧은 시간에 고액을 지불하여야 하는 특성을 가지고 있다.

넷째, 효용의 개인차가 큰 상품이다. 여행상품은 고객의 요구와 감정 상태에 주관적 판단에 따라 효용가치가 달라지는 특성을 지니고 있다.

다섯째, 수요의 편재성이 높은 상품이다. 여행상품은 수요가 특정요일이나 특정계절에 편중되고, 기후변화에도 큰 변동을 나타내는 특성을 가진다.

여섯째, 모방이 용이한 상품이다. 일반제조업의 유형재와 같이 여행상품은 특허권에 관한 법적인 제도장치가 없어 아이디어, 경영시스템 등의 기술적 부문에서 모방이 가능할 뿐 아니라 여행상품이 조립상품이라는 이유로 인기 있는 상품의 경우, 어떤 여행사나 모방이 가능한 상품이다.

일곱 번째, 상품의 차별화가 곤란한 상품이다. 특정 관광지역에 있어서는 프린시펄(여행소재제공업자)이 제한되어 있음으로 인해 여행상품의 제작자는 특별히 타사제품과 다른 상품을 제작해 내기가 어렵다. 그런 점에서 차별화가 곤란하다는 특성을 지니고 있다.

여덟 번째, 여행상품은 생산과정에 설비투자가 적게 들어가는 상품이다. 소재를 제공하는 운송기관이나 편의시설 등의 경우 거액의 설비투자가 필요하지만 이러한 소재들을 조립하여 여행상품을 생산하는 여행사의 경우 여행상품제작에 설비투자가 적게 들어가는 특성을 지닌다.

마지막으로, 소비자에게 전달되는 유통과정이 간단하다. 여행상품의 실질적인 내용은 정보이기에 인터넷상의 웹사이트, e-메일, 팩시밀리 등을 통해서 금방 전달될 수 있으며 직접 방문하지 않더라도 전화를 통해서 고객에게 정보를 전달할 수 있다.

2 여행상품의 분류

여행사에서 취급하는 여행상품은 크게 국내여행상품, 국외여행상품, 외국인여행상품으로 대별해 볼 수 있다. 일반적으로 국내, 국외, 외국인 여행에서 여행상품이라고 불리는 것은 세트여행이 주를 이룬다. 그 대표적인 것이 교통, 숙박, 식사, 안내 등 여행의 요소를 조립하여 사전에 세트로 만들어 파는 패키지 투어이다.

본서에서는 여행상품 분류의 난맥상에 의거, 여행상품의 기획기능을 중시함과 동시에 기획에 따른 판매시장에 초점을 맞추어 여행상품을 분류하고자 한다.

1) 기획자에 의한 분류

여행상품을 누가 기획하였느냐에 따른 분류로서 기획여행상품, 공동주최여행상품, 주문여행상품, organized tour상품으로 대별된다.

(1) 기획여행상품

여행사 기획상품의 대표적인 형태가 패키지 투어 상품으로 일명 주최상품이라고 불린다. 이는 스스로 기획, 조성한 상품을 불특정 다수의 개인을 대상으로 판매하는 상품으로, 기업의 체질을 "기다리는 판매"로부터 "적극적인 판매"로 전환시켜 주는 상품이다. 기획과 판매촉진 여하에 따라서는 잠재수요를 이끌어 낼 수 있으며, 특히 비수기타개책의 수단이 된다는 점과 대량구입으로 인한 가격인하로 여행비용이 저렴해진다는 점, 숙박 · 교통시설 등을 미리 예약해둠으로서 품질관리가 용이해지고, 모객단위가 커짐으로써 인건비의 절감을 가져올 수 있는 장점을 가지고 있다. 패키지 상품을 의류판매에 대비하면, 기성복을 판매하는 기성복상품과 같은 것이라 하겠다.

이러한 패키지 상품은 기획주체에 따라 여행사 단독주최상품, 복수여행사 주최상품, 여행사와 프린시펄의 공동주최상품이 있다.

(2) 주문(청부)여행상품

고객의 주문에 맞추어 여행상품을 생산 · 판매하는 것으로 양복점이나 의상실에서 자신의 체형에 꼭 맞게 옷을 제작하여 입는 의류 맞춤복의미의 상품형태이다. 고객의 까다로운 주문으로 인해 상품계획 및 수배 등이 복잡하고 고객의 경제사정에 맞추어 상품을 제작해야 하는 번거러움이 있다.

이 여행은 개인과 단체를 불문하고 특정 여행자나 단체의 오거나이저의 희망대로 여정을 작성하여 그 여정을 근거로 여행조건과 여행경비를 산출하여 고객에게 제시함으로서 성립되는 여행상품이다.

(3) 공동주최상품

기획상품과 주문상품의 중간형의 상품으로 여행사가 단체 혹은 단체의 오가나이저와 협의하여 여정 및 여행조건, 여행경비를 정하여 공동으로 기획하고 집객하는 여행을 말한다.

일반적으로 여행의 전문가인 여행사가 초안을 잡아 해당단체와 협의를 거치는 경우가 대부분이나 그 반대인 경우도 있다. 이러한 여행형태는 여행사의 선전과 여타상품의 판매촉진의 기회로 활용할 수 있다는 점과 집객에 따른 불안과 어려움이 없는 이점이 있다. 이 상품은 의류판매에 있어 기성복을 구입하면서 맞지 않는 부분을 고쳐서 입는 형태의 상품이다.

(4) 오가나이저 투어(organized tour)상품

여행사가 아닌 제3자가 기획하여 조직한 여행을 말한다. 즉 특별유통채널에 의한 여행상품을 말한다. 이러한 형태의 여행상품은 운송업자(carrier)나 유통기관 중에 하나인 특별유통여행업자인 회의 기획가, 포상여행기획가, 티켓콘솔리데이터 등에 의한 기획상품에서 찾아볼 수 있다. 그 대표적인 형태의 상품이 여행기관, 항공회사 등이 여행업자, 보도관계자 등을 초청해서 관광루터나 관광시설, 관광대상 등을 시찰케 하는 팸투어나 인터라인 투어이다.

2) 판매시장에 의한 분류

(1) 일반시장 모집상품

불특정 다수를 모객하는 포괄여행상품으로 여행사가 사전에 여행조건에 따라 요금을 정하여 여행자를 모집하고 행사를 집행하는 여행상품이다. 불특정 다수를 모객함에 있어 그 단위는 지역적 · 전국적일 수도 있으며 모객횟수도 한번에서 수십 번에 이를 수 있다.

(2) 협회(단체)시장 상품

공통된 관심과 활동 또는 목적을 가진 사람들이 모인 조직화된 단체로서 산업협회, 전문협회, 과학기술협회, 교육협회, 예비군군인협회, 친목단체, 종교단체, 정치단체와 노동조합 등의 단체를 대상으로 판매하는 여행상품이다.

(3) 기업시장 상품

기업의 회의, 인센티브 투어뿐 아니라 근로자의 휴가시장을 상품화할 목적으로 내놓는 단체 조직형 여행상품이다.

(4) 회원조직시장 상품

여행의 잠재 및 현재수요를 조직하여 일반여행자들과는 다른 혜택을 부여함으로서 구매를 유인하는 상품으로 보통 회원가입비가 있으며 가입자에 한하여 여행정보 서비스를 제공하며, 정상가격보다 할인된 가격으로 여행상품을 공급해 준다.

(5) 전자상거래시장 상품

전자상거래란 재화나 용역의 거래에 있어 그 전부 또는 일부가 전자문서 교환 등 전자 인프라(컴퓨터 및 통신망)에 의해 처리되는 거래를 말한다. 최근에 급부상하고 있는 인터넷으로 인해서 "인터넷 전자 상거래(Internet EC)"라고 불리는 영역이 새롭게 등장하였는데, 이는 인터넷 홈페이지에 가상상점(virtual shop)을 개설하고 인터넷을 이용하여 상품 유통관련 정보의 배포, 주문, 대금지불 등의 경제 활동을 수반하는 상거래를 의미한다. 오늘날의 전자상거래는 컴퓨터 통신망, 그 중에서도 특히 인터넷을 통해 소비자와 기업이 상품과 서비스를 사고파는 협의의 개념을 나타낸다.

여행사에 있어 전자상거래란 인터넷을 통해 25~35세의 젊은이들 특히 대기업 종사자이거나 컴퓨터 관련 전문직, 학생 등을 대상으로 하는 여행상품으로 초기에는 저가상품으로 소비자에게 접근하였지만 최근에는 고가상품 및 테마상품으로 판매범위가 확대되고 있다. 주로 FIT가 그 대상이며 현재에는 개별맞춤식 여행상품까지도 제공한다.

3 여행상품의 기획

1) 여행상품개발의 중요성

일반적으로 여행사가 여행상품개발을 하는 경우는 여행사를 설립하는 경우, 상품의 수명주기가 성숙기 · 쇠퇴기에 진입하여 대체상품이 필요할 경우, 소비자의 욕구변화나 유행에 따라 기존의 상품을 수정해야 되는 경우, 전략적으로 새로운 시장에 진입할 필요가 있을 경우, 경쟁사의 신상품 출시에 따른 대응, 비수기 때 인력이나 유통망을 최대한 활용하기 위해서 이루어진다.

수요란 저절로 만들어지는 것이 아니라 적극적으로 창출돼야 한다는 것에 전제하여 여행상품개발은 마케팅 활동의 하나로 간주되고 있다. 따라서 수요를 창출하려면 수요자의 행동을 면밀히 조사하고 수요를 자극해야 하며 수요 전에 적합한 상품을 만들어져야 한다. 다시 말해 시장조사 · 상품화계획 · 선전 · 판매촉진 등이 원활히 진전돼야 상품개발이 성공적일 수 있다.

일반적으로 여행상품개발은 시장조사를 거쳐 행해지며 판매촉진 · 광고 선전활동이 효과적으로 수행될 때 성공을 할 수 있다.

단순한 의미의 여행상품개발은 상품화계획을 의미한다. 상품화계획은 시장점유율 확보, 확대를 통한 여행사의 성장과 수익을 확보하기 위해 계획되는 일련의 과정이라고 볼 수 있다.

일반적으로 상품화 계획과정은 다음과 같은 과정으로 이루어진다.

아이디어 창출 → 아이디어 스크리닝 → 아이디어의 평가와 분석 → 개발 분야의 선정 → 상품화 작업 → 테스트 → 시장에 출시

아이디어 발굴은 주로 여행사의 임직원 아이디어, 고객, 경쟁사 상품분석, 소매업자의 의견수렴 등을 통해 이루어지며 나아가 연구소, 학회, 협회, 전시회 등의 각종 정보 및 자료분석을 통해서도 이루어진다.

표 3-2 **신상품 개발의 성공요인**

성공요인	고려사항
상품요인	• 경쟁상품보다 고객의 욕구를 더 잘 충족시켜야 한다. • 경쟁상품보다 독특한 특성이나 속성을 지니고 있어야 한다. • 경쟁상품보다 질이 높은 상품이어야 한다. • 구매하는 고객에게 독창적인 면을 부여할 수 있어야 한다. • 시장에 있어 매우 현실적이고 새로워야 한다. • 가격이 저렴해야 한다.
시장 및 마케팅 요인	• 세분화된 시장연구 마케팅조사를 수행해야 한다(시장잠재력, 고객선호상품, 상품구매과정 등). • 표적화된 강력한 판매력과 상품분배력이 있어야 한다. • 초기상품기획과정에서 주요시장층의 분석이 이루어져야 한다. • 시장출시 전에 시험시장이나 시험판매과정을 거쳐야 한다. • 고객의 구매결정요인(언제, 어디서, 무엇을, 누가, 어떻게)에 대한 정보를 정확히 알고 있어야 한다. • 잠재시장의 규모를 알고 있어야 한다. • 경쟁사의 상품 · 가격 · 전략 · 강점과 같은 경쟁적 상황을 파악해야 한다. • 고객의 잠재지불의사가격(가격민감도)을 조사해야 한다. • 잠재고객의 욕구 및 요구를 잘 파악해야 한다.

2) 여행상품개발 시 고려사항

(1) 기업여건

해당되는 여행상품에 가장 효과적인 유통경로 구축, 재무능력, 인재활용, 품질관리, 부서 간 협력 등에 관련된 것으로 자사의 자원분석을 의미한다.

(2) 시장성

시장에서 동일한 품질의 경쟁상품에 대한 자사의 상품이 차별화되는 비교우위를 갖는가 하는 것을 고려하는 것으로서 시장의 규모, 판매, 수익성, 진입장벽의 정도 등과 관련된 문제이다.

(3) 연속성

해당 여행상품의 라이프사이클에 관련된 것으로 소비자의 반응, 지속적인 항공좌석의 확보 등이 이루어져야 한다.

(4) 장래성

소비자의 트렌드나 수요에 부응하는 상품이냐에 관련된 문제로 좋은 상품만이 여행객의 선호와 이용빈도를 높일 수 있다.

여행코디네이터

'여행코디네이터(tour coordinator)', '투어플래너(tour planer)', '여행상품기획가' 라고도 불리며, 여행을 기획하고 구체적인 여행상품을 만드는 일을 한다.

여행상품을 기획하기 위해서 해외여행 자료와 현지 관광청 자료를 자주 체크하여 동향을 파악하고, 항공, 육로 및 해상 교통편, 요금, 관광명소의 위치, 숙박시설 등에 관한 제반자료를 토대로 상품성이 있는 관광지를 찾아다닌다.

개발 가능지역을 찾게 되면 직접 현지답사를 통해 모든 상황을 조사 · 분석한 후 여행사의 특징과 타 여행사의 상품과의 차별성, 여행비용, 이벤트, 최근여행 경향 등을 고려하여 상품을 개발한다. 특정 지역을 새로운 상품으로 개발하기 위해서는 여행사의 특징, 타 여행사와의 차별성, 최근 여행 경향 등을 고려해야 하며, 현지 관광청 등 정부기관, 항공사, 리조트 및 호텔과도 조율해야 한다. 상품의 기획과 판매는 함께 이루어지며 기본적인 업무 외에 마케팅활동까지 병행하는 것이 보통이다.

과거에는 해외배낭여행이나 국내 · 외의 명승지 여행상품들을 주로 기획하였지만 최근 주5일근무제의 영향으로 오지여행, 체험여행, 맛기행, 기차여행 등 다양한 테마여행 상품들을 많이 개발하고 있다.

이들의 근무시간은 보통 오전 9시에서 오후 6시이지만 여행업이 성수기인 여름 휴가철과 방학 때, 그리고 새로운 여행상품 개발 단계에는 늦은 시간까지 근무하는 경우도 많다. 고객과의 상담 시에는 주로 사무실에서 근무하지만 여행상품을 개발할 때는 조사를 위하여 관련 지역의 출장이 잦은 편이다. 특히 장기간의 해외출장을 다녀오기도 하며, 출장 시 관광지의 교통이나 지리, 숙박 등 모든 사항 등을 철저하게 조사하여야 하기 때문에 체력 소모가 많은 편이다.
주로 여행사에 소속되거나 프리랜서 형태로 근무하며, 각 여행사들은 공채와 수시채용을 통해 이들을 채용하고 있다. 채용공고는 여행사 인터넷 사이트나 각종 취업 사이트, 신문 공고 등을 통해 필요할 때 수시로 채용하기 때문에 여행사에 취업하고자 한다면 관심있는 여행사의 사이트를 자주 방문하여 취업정보를 체크해야 한다.
업무의 특성상 여행 업무를 비롯하여 여행 지역에 대한 교통이나 지리, 숙박, 문화 등 모든 정보를 숙지하고 있어야 하므로 관련 회사에 입직하여 처음부터 여행코디네이터가 되는 것은 아니다.
관련 업무의 경험이 없는 경우 보통 여행사에 일반 직원으로 취업하여 일정 이상의 경력을 쌓고 능력을 인정받게 되면 여행상품 기획업무를 담당하게 된다.
특별히 학력제한이 있는 것은 아니지만 상품을 기획하는 업무의 특성상 전문대졸 이상의 학력을 가지고 활동하고 있다. 대학에서 관광경영(학)과, 국제관광(학)과, 호텔경영(학)과 등 관광 관련 학과를 졸업하면 관광학의 기초이론을 비롯해 여행업, 호텔경영 등 관광산업과 관련된 전반적인 분야를 배울 수 있다. 최근에는 관광학이나 호텔경영학 전공자들뿐만 아니라 외국에서 호텔, 레저 등을 전공한 후 입사하는 사람들이 늘고 있다.
관련 분야의 업무경험이나 국내·외 여행경험이 많다면 일하는데 더욱 유리하므로 여행 경험을 많이 쌓는 것이 중요하다. 해외출장이 잦고 해외의 여행 관련 자료를 다루어야 하기 때문에 영어, 일본어, 중국어 등의 외국어 능력을 갖추는 것이 필요하다.
여행 스케줄을 만들기 위해 세계 각지의 여행지 및 호텔 정보를 잘 알고 있어야 하므로 여행을 좋아하고 외향적이며, 적극적인 성격의 소유자에게 적합하다. 또한 고객의 관심을 끌 수 있는 여행상품 개발을 위한 아이디어와 뛰어난 기획력이 요구된다. 여행업계의 동향과 고객의 요구를 정확히 판단하여 적절한 상품을 적기에 개발할 수 있는 통찰력과 분석력도 필요하다.
여행코디네이터의 고용은 증가할 것으로 전망된다. 고객의 취향에 따라 최적의 여행코스를 추천하고, 새로운 여행상품을 개발하는 일을 하는 이들은 주5일근무제 확대, 여행상품에 대한 고객의 요구증대, 국내외 여행자 수의증가 등이 고용에 영향을 미칠 것으로 예상된다.

이미 주5일근무제를 실시하는 직장이 많아지면서 노동시간 단축과 여가에 대한 관심 증가로 여행과 레저산업이 크게 부각되고 있다. 최근에는 과거 패키지 형태의 여행에서 희망여행으로 여행 트렌드가 바뀌고 있으며, 소비자의 요구에 맞춘 배낭여행과 같은 개별여행에 대한 선호도도 지속적으로 증가하고 있다. 또한 해외여행자 수의 증가와 아시아 내 한류열풍으로 인한 외국인 유치 관광산업이 급물살을 타면서 한국을 찾는 외국 관광객 수가 급증하고 있으므로 이에 따라 여행업체 생존에 있어 상품개발이 중요한 현안으로 대두되고 있다. 따라서 다양한 여행상품을 기획할 수 있는 여행상품 개발원의 중요성은 향후 더욱 커질 것이며, 이 분야의 일자리는 더욱 증가할 것이다.

여행사의 경우 몇몇 대규모 업체를 제외하고는 중 · 소규모가 많다. 이에 따라 노동 강도는 높은 반면 임금이 낮아 이 · 전직이 많은 편이다. 또한 최근 대학에서 관련 학과 배출인력이 늘어나고 여행을 좋아하는 젊은 층들이 관련 직업을 선호하기 때문에 인지도 있는 여행사들을 중심으로 입직경쟁은 다소 치열한 편이다. 특히 여행상품개발원은 관련 분야의 경험이 중요하기 때문에 경력을 갖춘 사람을 선호하는 편으로 신규인력의 진입이 쉽지 않다.

(http://know.work.go.kr)

SCAMPER – 발명을 위한 아이디어 착안기법

SCAMPER는 에버르(Eberle)라는 사람이 오즈번의 체크리스트를 변형하여 만든 기법으로, 발명을 위한 아이디어를 만들어낼 때 유용하게 사용된다. SCAMPER는 대체(Substitute), 결합(Combine), 적용(Adapt), 변형 확대 축소(Modify Magnify Minify), 다른 용도(Put to other use), 제거(Eliminate), 역발상(Reverse)의 첫 자를 따서 조합한 것이다.

S(대체)

죽음을 목전에 둔 아버지가 두 자식 중 한 명에게만 유산을 상속시키려고 했다. 아버지는 두 자식이 모두 말을 가지고 있으므로 둘이 경주를 해서 늦게 들어오는 말을 가진 자식에게 상속을 하겠노라고 했다. 느리게 들어오는 말의 주인에게 상속한다고 했으므로 상속을 서로 받으려는 이들의 경주는 쉽게 끝 날 것 같지가 않았다. 아버지가 사망하기 전에 경주를 끝내려면 어떤 방법을 쓰면 될까? 대체(S)는 '재료를 다른 것으로 바꾸면 어떻게 될까? 다른 에너지로 대치시키면 어떻게 될까? 장소를 바꾸면 어떻게 될까? 방법을 달리하면 어떨까?' 에 관한 것이다. 위 사례에서는 어떻게 하면 될까? 정답은 물론 여러분이 예상하다시피 대체다.
서로 말을 바꿔 타게 하면 된다는 것이다.
그러면 자신이 탄 말이 상대방 말이므로 쏜살같이 달리려고 할 것이다. 은행 창구를 무인자동화 창구로 대체함으로써 은행은 경비를 절감하고 있다. 또 우리나라 광동제약이 드링크의 성분을 비타민으로 대체하여 마시는 비타민 '비타 500' 을 선보였을 때 시장의 반응은 폭발적이었다.

C(결합)

결합은 비슷한 기능이든 아주 다른 기능이든 두 가지 이상의 기능을 혼합해서 새로운 것을 만들어내는 것이다. 카메라폰은 휴대폰과 카메라의 결합으로 히트를 쳤고, 맥가이버 칼로 유명한 스위스의 빅토리녹스는 칼 이외에 드라이버, 송곳, 가위, 손톱깍이 등을 하나로 결합하여 세계적인 유명상품이 되었다.

A(적용)

적용은 다른 곳에서 아이디어를 빌려오거나 과거의 유사한 것에서 아이디어를 구하여 새로운 것에 아이디어를 덧붙이는 것이다. 이 아이디어를 응용하면 어디에 활용할 수 있을까? 이 제품에서 활용할 수 있는 새로운 아이디어는 무엇인가를 따져 보는 것이다. 비행기는 새가 나는 원리에서 따온 것이다.

M(변형 · 확대 · 축소)

이것은 모양을 바꾸게 되면 어떻게 될까? 색깔을 바꾸면? 소리를 바꾸면? 그리고 크게 하면? 작게 하면? 길게 하면? 횟수를 늘리면? 다른 것을 첨가하면 어떨까에 대한 것이다. 영화「킹콩」이라든가 볼링장이 있는 건물에 있는 대형 볼링핀은 확대법을 이용한 것이며, 오디오 시스템을 축소시킨 워크맨이라든가 골프장을 축소시킨 게이트 볼, 카메라 렌즈를 축소시켜 내시경을 만든 것은 축소법을 이용한 사례이다.

P(다른 용도)

이 제품을 다른 용도로 사용한다면 어떤 용도들이 있을까? 기존의 제품의 기능 중 일부를 수정하여 사용한다면 어떤 용도로 사용할 수 있을까에 관한 것이다. 스카치테이프와 더불어 3M의 대표적인 제품인 포스트잇은 지금 전 세계적으로 안 쓰이는 곳이 없을 정도로 유명해진 상품이다. 하지만 처음 개발되었을 때에는 접착력이 형편없어 사라질 처지에 있었다. 이때 한 직원이 뗐다 붙였다 하는 메모용지로 사용하면 되겠다는 아이디어를 냈다. 이것이 시장에 나오자 일약 세계적인 제품이 되었다.

E(제거)

“여러 사람이 술 한 대접을 놓고 내기를 하였는데, 그 것은 땅바닥에 뱀을 먼저 그리는 사람이 그 술을 마시기로 한 것이었다. 한 사람이 뱀을 제일 먼저 그리고 왼쪽 손으로 술대접을 들면서 오른손으로 뱀의 발까지 그리면서 ‘나는 발까지 그렸다’ 고 뽐내며 술을 마시려 하였다. 그러자 다른 사람이 뱀 그림을 끝내고 그 술잔을 빼앗아 들며 ‘뱀에는 원래 발이 없다. 그런데 자네는 발까지 그렸으니 그건 뱀이 아니다’ 라고 하며 술을 마셔버렸습니다. 장군은 지금 위나라를 치고 다시 제나라를 치려고 하시는데 나라의 최고 벼슬에 계시는 장군이 거기서 더 얻을 것이 무엇이며, 만에 하나라도 제나라와의 싸움에서 실수를 하게 된다면 뱀의 발을 그리려다 모든 것을 잃게 되는 것과 똑같은 결과가 될 것이다”라고 말하자 소양은 과연 옳은 말이라 여겨 군대를 철수시켰다”. 이 이야기는 『전국책』「제책」에 나오는 말이다.

초나라의 영윤 소양이 위나라를 치고 다시 제나라를 치려할 때, 제나라의 진진이 소양을 찾아와 설복한 말이다. 하지 않아도 될 쓸데없는 일을 덧붙여 하다가 도리어 일을 그르침을 이르는 말인 사족(蛇足)이라는 말은 바로 여기서 유래했다. 제거란, 사족과 같이, ‘이 제품에서 포장을 없애 버리면 어떻게 될까?’, ‘이 제품에서 없어도 되는 기능들은 어떤 것들인가?’ 를 따져보는 것이다. 괜히 집어넣었다가 꼴이 우스워지는 경우가 한둘이 아니다. 사족은 필요 없고, 필요 없는 것은 과감하게 없애버리는 것이 ‘필요’ 하다. 긁어 부스럼 만들 일은 없어야 한다.

R(역발상)

한 꼬마가 온몸이 아프다며 병원을 찾았다. 꼬마는 온몸 구석구석이 다 아프다고 했다. 의사 선생님은 꼬마의 몸에서 이상한 징후를 발견하지 못했다. 하지만 꼬마는 자기 몸의 이곳저곳을 손가락으로 누르며 “여기도 아파요, 이쪽도 아파요, 또 이곳도요…”라고 아픈 표정을 지으며 말했다. 하지만 의사 선생님에게서 돌아온 말은 이것이었다.”꼬마야, 네 손가락이 아픈 것 아니니?” 역발상은 ‘뒤집으면 어떻게 될까? 위아래를 거꾸로 하면? 서있는 것을 눕히면 어떻게 될까?’ 하는 식으로 거꾸로 생각해보는 것이다. 앞과 뒤, 좌우를 바꾸거나 아래 위의 순서나 방법을 바꾸면 새로운 것이 떠오르기도 한다. 몇 년 전 아모레화장품에서는 남성용 마스크팩을 출시하여 히트를 친 바 있는데, 이것은 여성만 화장을 하는 것이 아니라 남성도 화장을 할 수 있다는 역발상의 사례이다.

4 여행상품의 가격결정

1) 여행상품의 가격결정원리

일반적으로 가격이라는 것은 소비자가 소유 또는 사용하게 된 제품이나 서비스의 편익을 교환하는 대가로 지불하는 가치로서 소비자들이 상품을 선택할 때 가장 중요하게 고려하는 요인이다.

마케팅 환경이 최근 급속히 변화함에 따라 가격결정의 중요성이 더욱 더 부각되고 있는데 이는 몇 년 전만 하더라도 가격의 중요성이 상품, 판매촉진 다음으로 세 번째이던 것이 요즘은 마케팅 믹스요소 중에 가격이 더 중요한 요소로 평가되고 있다. 가격은 비용이 아니라 이익의 원천으로서 판매량에 영향을 주며 목표이익을 달성하기 위한 기본요건이 되는 것이기에 가격결정은 마케팅 믹스 외 정책에 의해 결정된다.

그러나 여행상품의 가격결정은 여행사의 가격정책에 의해 결정되기보다는 아래의 2가지 요인에 의해 결정된다.

첫째, 여행상품의 생산과 공급이라는 측면에서 볼 때, 여행사는 여행상품을 생산하고 판매를 하지만 여행사는 순수한 의미에서 생산수단을 가진 생산자가 아니므로 여행상품 구성요소의 대부분은 항공사, 호텔 등과 같은 여행소재제공업자가 제공한다.

따라서 여행상품의 가격은 주로 여행소재제공업자가 제시하는 요금에 의해 좌우된다. 여행소재 제공업자가 제시하는 요금에 의해 가격이 크게 좌우되는 특성을 지니고 있다. 가령, 수요가 공급을 초과한 성수기의 경우 항공사의 좌석이나 호텔 객실의 공급능력은 제한되어 있으므로 그들이 제시하는 가격에 따라갈 수밖에 없다는 점이다.

둘째, 여행소재 제공업자가 제한되어 있어 타사 제품과 구별되는 상품을 제작하기가 힘들다. 그로 인해 가격의 차별화를 하기 힘들다는 점이다.

이렇게 볼 때 여행업에 있어 가격의 결정은 시장의 자유경쟁 하에서 이루어지기보다는 소재 제공업자들이 제시하는 가격에 의해 이루어짐으로서 시장에서의 가격경쟁은 큰 의미가 없다고 볼 수 있다. 따라서 여행사에 있어 가격정책은 미디어를 동원한 광고경쟁, 품질개선경쟁, 품질보증 및 신용판매 등의 방식을 채택하는 비가격 경쟁(non price competition)에 의해서 이루어진다고 보아야 할 것이다. 문제는 가격결정도 중요하나 여행상품의 질을 높이는데 주안점을 두고서 여행수요를 개발해 나감으로써 여행자의 지각에 근거를 둔 지각가치 가격에 따라 가격을 결정하는 것이 바람직한 것으로 사료된다. 아래의 여섯 가지는 가격결정 시 고려해야 할 요소들을 설명하고 있다.

❶ v≥p

고객이 상품에 대해 애원(愛願 : patronage)하고 소비자주권(consumer sovereignty)행사를 할 때 여행사는 가치(value)를 가격(price)과 같게 하거나 더 크게 한다.

❷ v≥tc

여행사가 재무적 안정성을 추구하려고 할 때, 가격은 적어도 제반비용(total cost)과 같아야 하거나 더욱 바람직한 것은 이익을 발생해야 되기 때문에 가격은 총비용보다 높아야 한다.

❸ p=f(S,D)

경제적 관점에서 보면 판매가는 수요 · 공급의 한 부분적 요소로서 결정되며 수요(demand)가 공급(supply)을 초과할 때 가격은 인상되고, 만약 공급이 수요를 초과할 때 가격은 하락된다. (수급의 법칙)

❹ P≒Pc

경쟁가격 행동적 관점에서 판매가는 여행경쟁상품의 가격(price competitor)과 비교하여 어느 정도 일치해야 한다.

❺ p=f(N, W, E)

심리적인 면을 고려하여 판매가는 여행자가 상품에 요구(need), 욕망(want)과 기대감(expectation) 등의 지각 정도에 따라 결정된다.

❻ p=f(SS)

심리적인 면과 긴밀한 관계가 있는 것으로, 이는 사회적 측면에서 본 것이다. 그런 측면에서 여행상품의 구입은 사회적 신분상징주의(status symbolism)에 입각하여 여행행동을 하므로 이 요소도 판매가결정에서 고려되어야 한다.

2) 여행상품의 가격결정요소

일반적으로 여행상품의 가격결정요소는 첫째, 호텔, 교통기관, 식사시설 등의 소재 제공업자인 프린시펄의 내용과 수준에 따라 가격이 달라지는데 고급일수록 여행상품가격은 비싸진다. 둘째, 여행거리, 여행기간, 계절, 참가인원 등의 수급요인에 의한 것으로서 여행거리가 멀수록, 여행기간이 길수록 여행가격은 비싸진다고 볼 수 있으며, 성수기 · 비수기에 따라 상품가격은 달라진다. 또한 참가인원이 많을수록 상품의 가격은 저렴해진다. 셋째, 서비스, 신뢰, 실적, 상품이미지 등 여행상품 구성의 직접적 요인이 아닌 간접적 요인에 의해 여행 상품의 가치판단이 행해진다고 할 수 있다.

이외에도 FOC의 적용여부, 여행사의 기대 이익폭, 여행상품의 라이프사이클, 시장의 특성 및 타 경쟁상품과의 관계 등도 가격결정에 영향을 미친다.

그림 3-2 **여행상품의 가격결정요소**

3) 여행상품의 가격결정방법

여행상품의 가격 결정은 원가, 수요의 탄력성, 경쟁관계, 마케팅요인 중에서 어떤 요인에 중점을 두느냐에 따라 가격결정방법이 달라진다고 볼 수 있다.

일반적으로 가격결정방법은 원가지향적 가격결정, 수요지향적 가격결정, 경쟁지향적 가격결정, 기타(비가격, 심리) 가격결정으로 구분된다.

(1) 원가지향적 가격결정방법

전술한 바와 같이 여행사의 경우 여행가격을 결정함에 있어서 여행에 관련된 여러 소재제공업자(principal)들이 제시하는 원가를 기준으로 하여 가격결정을 하는 것이 가장 일반화되어 있다.

그런 점에서 여행사의 여행상품가격결정은 원가가산 가격결정방법을 사용하고 있다. 이 방법은 여행상품의 생산원가에 자신이 원하는 일정율의 이익을 가산함으로서 가격을 결정하는 방법이다. 이 원가계산방법을 많이 채택하고 있는 이유는, ㉠ 수요예측에 필요한 지식이 부족한 경우에도 적정가격을 설정할 수 있으며 ㉡ 가장 안전한 가격결정방법이기 때문이다. 하지만 상품의 원가에서 이익률을 가산할 때 고객에 대한 여행상품의 소구력, 상품의 계절성, 경쟁상황 등을 반드시 고려해야만 한다.

일반적으로 여행상품의 원가는 직접비+간접비로 구성되어 있는데, 직접비는 운임(교통운임)+지상경비(숙박비, 현지교통비, 식비, 안내원 경비, 예비비)로 구성되며, 간접비는 광고선전비, 통신비 기타 경비로 구성된다. 통상 원가에 10% 정도를 마크업을 하는 것이 관례화되어 있으나 패키지상품의 경우는 직접원가와 간접원가, 대리점 커미션 등을 고려하여 상품원가에 가산이익률을 적용하는 것을 관례화하고 있다.

표 3-3 **아웃바운드 패키지투어상품 가격결정요소**

구분	내용
기본비용	교통운송비, 지상비
마케팅비용	광고선전비, 시장조사비, 대리점직원교육비
운영비	종사원급료, 임대료, 광열비, 통신비, 이자비용
예비비	판매과정이나 광고과정에서 발생되는 비용
대리점수수료	10% 정도

(2) 수요지향적 가격결정방법

수요(소비자)지향적 가격결정방법은 상품의 원가보다 상품에 대한 여행자의 지각이나 인기의 정도를 중시하여 가격을 결정하는 방법으로 바람직한 가격결정방법이다. 최근 이 방법의 중요성이 증대하고 있는데, 그 이유는 판매가격과 여행상품가치와의 관계에 대한 여행자의 관심이 높다는 점과 여행자의 가격평가나 여행상품에 관한 지식이 증가하여 상품의 차별화나 시장세분화의 필요성이 높아졌기 때문이다. 그러나 여행자가 지각하는 상품의 가치를 측정하고 측정한 데이터를 가지고 가격을 결정해야 하는데 소비자의 지각가치를 어떻게 측정할 것인가 하는 어려움이 있다.

❶ 고객가치 근거가격결정법

고객가치 근거가격결정법은 일반적으로 자사의 제품의 우수한 가치를 반영하여 가격결정(good-value pricing)을 하게 된다. 이는 적정수준의 가격에서 좋은 품질과 서비스를 잘 결합시켜 제공하는 가격을 결정하는 방법으로 이 가격결정법은 항상 저가격(질 좋고 가격이 싼)을 유지하여 여행객을 유인하는 가격전략 형태를 취한다.

❷ 고객가치 부가가격결정법

고객가치 근거가격과 유사한 형태로서 가치부가가격결정법(value-added pricing)은 가치가 부가된 특성과 서비스의 제공을 통해 여행상품을 차별시켜 더 높은 가격을 책정하는 형태로 나타난다. 이러한 가격결정의 대표적인 상품이 SIT상품으로서 여행상품의 상품명이 중요한 역할을 한다.

(3) 경쟁지향적 가격결정방법

현재 시장에서 자사와 동일한 상품을 판매하고 있는 여행사의 상품가격을 참고로 하여 가격을 결정하는 방법으로, 보통 경쟁상대와 똑같은 가격을 설정하거나, 아니면 경쟁업체보다 상대적으로 높거나 낮은 가격을 견지하게 된다. 이에 대한 결정은 상품의 동질성, 상품의 수명주기의 단계, 사업의 목적 등에 따라 달라질 수 있다.

❶ 현행시장가격에 의한 가격결정법

타 경쟁업체의 가격수준을 그대로 모방하거나 가격을 선도하고 있는 경쟁업체에 자사의 가격을 맞추는 형태로, 경쟁지향적 가격결정방법 중에서 가장 많이 이용하는 방법이다.

❷ 입찰에 의한 가격결정법

주로 정부기관이나 협회조직, 기업 등이 자신의 계획된 여행프로그램에 대하여 가격을 공개입찰로 결정하는 방법으로 입찰 내정가의 예상과 입찰 경쟁업체의 제시가격에 관한 정보의 수집이 무엇보다 중요하다. 대부분 입찰로 이루어지는 여행은 규모가 비교적 큰 편으로 별다른 판매촉진 없이도 자사에 이익을 가져다주게 된다.

(4) 기타 가격결정법

❶ 비가격경쟁 가격결정법

비가격 경쟁 가격결정법은 가격이외의 요소 즉 광고 또는 제품의 차별화, 서비스차별화 등을 통하여 소비자의 욕구를 자극하는 가격결정법이다. 이 전략은 자사제품에 대한 선호도를 높여 동일한 가격에서 판매되더라도 이전보다 많은 판매량을 얻고자 하는 전략을 의미한다. 이처럼 여행사들이 가격이 아닌 다른 요소로 경쟁을 벌이는 이유는 가격을 내리는 경우에는 경쟁사도 쉽게 똑같이 가격을 내리게 되고, 그렇게 되면 결국 출혈경쟁이 될 수밖에 없기 때문이며, 또한 여행상품의 대부분이 성숙기 단계에 있어 브랜드파워의 역할의 중요성이 증가했기 때문이다. 이로 인해 주요 메이저 여행사들은 비가격전략을 사용하고 있다.

❷ 심리가격결정법

가. 차별 가격결정법 : 여행사에서 수요의 평준화와 비수기의 타개책으로 널리 이용되는 방법이다. 성수기에는 보통 할증요금을 적용하며, 비수기에는 할인된 요금으로 가격을 결정하게 된다.

나. 홀수 가격결정법 : 전형적인 심리적 가격결정의 예로서 끝수에 홀수가격을 붙여 가격 저항이 덜 할 것 같은 소비자의 심리를 이용한 가격 결정하는 방법이다. 일반적으로 구매자는 가격표의 '9'를 저렴하다라는 감각과 연관시키고 '0'을 고품질과 연관시켜 생각한다고 한다. 예컨대 중국 북경 2박 3일상품가격을 500,000원으로 하는 것보다는 499,000원으로 판매가격을 결정하는 방법으로 비록 1,000원의 차이지만 심리적으로는 훨씬 싼 것 같은 느낌을 줄 수 있다.

다. 체면 가격결정법 : 지위의 상징으로서 여행가격을 결정하는 방법으로 상품의 희소성, 이미지 등에 초점을 두고 품질을 유지하여 상품을 판매하는 가격결정방법이다.

라. 준거 가격결정법 : 소비자들이 상품가격의 고-저를 평가할 때, 비교기준으로 사용되는 가격결정법으로 소비자는 자주 구매하는 상품의 가격, 과거에 지불한 가격, 유사제품의 평균가격을 이용하여 준거가격을 형성한다. 자신의 준거가격보다 높을 경우 비싸다고 지각하며, 자신의 준거가격보다 낮을 경우 싸다고 지각하게 된다. 가령 태국 3박 5일 상품이 A사는 30만 원, B사는 50만 원, C사는 70만 원이라고 한다면 준거가격은 B사의 상품이 될 것이다.

마. 습관성 가격결정법 : 원가의 상승압력이 있음에도 불구하고 소비자의 가격저항이 심한 여행상품의 경우 가격저항선은 건들이지 않고 일정을 축소하거나 기본일정의 일부를 선택관광으로 돌려 최소한의 일정으로 가격을 결정하는 가격전략의 형태이다.

기타 소비자들이 "비싼 것이 더 좋을 것이다"라고 믿을 것이라고 생각하는 경영자들과 상대적으로 독점적 입지를 가진 경영자들이 사용하는 직관적 가격결정법 등이 있다.

5 여행상품의 유통경로

1) 여행상품의 유통경로

사회의 분업화에 의해 소비자와 생산업자간에 지리적, 시간적 갭(gap)이 커지게 되자 이러한 간격을 좁히기 위해 상품도 생산, 유통, 소비과정의 분화의 필요성이 제기되었다. 여행사에서 생산하는 여행상품도 일반유형의 상품과 마찬가지로 유통과정상의 분화가 이루어지게 되었다.

일반적으로 상품이 생산자로부터 최종소비자에 이르는 과정을 유통경로라 한다. 이는 여행사가 여행자의 요청에 의해 알선, 수배, 예약 등의 단순 업무를 수행할 때는 유통경로의 문제는 제기되지 않았으나 여행상품을 직접 제작하여 판매함으로서 그 중요성이 증대하였다.

기(Gee)는 여행상품의 유통경로를 4단계로 설명하고 있다.

❶ 생산자(공급업자) → 구매자(소비자)

❷ 생산자 → 특별유통경로자(도매업자) → 구매자

❸ 생산자 → 여행사 → 지상수배업자 또는 특별유통경로자 → 구매자

❹ 생산자 → 도매업자(지상수배업자) → 여행사 → 특별유통경로자 → 구매자

그림 3-3 **여행상품의 유통경로**

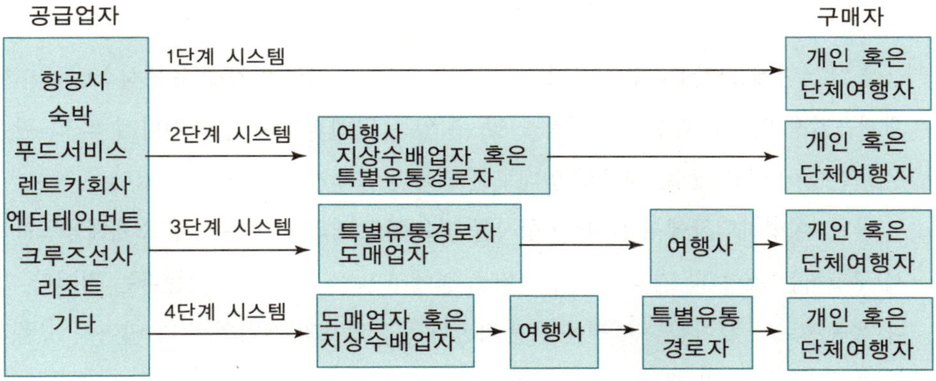

(1) 1단계

제1단계는 공급업자가 유통기관의 경로를 거치지 않고 소비자에게 직접 상품이 판매되는 시스템으로 직접유통판매라고 한다. 이는 여행상품이 출현하기 이전의 상태로 여행소재제공업자가 단위상품을 직접 여행자에게 판매하는 단계이다.

여행소재제공업자 입장에서 볼 때, 중개인에게 수수료를 지불할 필요가 없으므로 이윤이 증대되며, 여행자의 기본적 구매 이외에도 추가판매를 할 수 있는 기회를 제공하며, 시장조건이나 고객의 욕구변화에 민첩하게 대응할 수 있다는 이점이 있다. 반면 여행자입장에서 볼 때는 여행상품을 소재제공업자로부터 직접 구입함으로서 시간을 절약함과 동시에 선택에 관한 자기의 실수를 최소화하는 것으로 믿는다.

(2) 2단계

제2단계는 상품 공급업자가 유통기관(여행사 혹은 특별유통경로자)을 거쳐 소비자에게 판매되는 시스템이다.

(3) 3단계

제3단계는 상품 공급업자가 도매업자나 특별유통경로자를 통해 소매업자에게 판매된 다음 다시 소비자에게 판매되는 시스템이다.

(4) 4단계

제4단계는 공급업자가 도매업자나 지상수배업자에게 판매하고 여행사(소매업자)를 통해 소비자인 단체 등의 특별유통경로자를 통해 소비자에게 판매되는 경로 시스템이다.

2, 3, 4단계는 간접유통시스템으로 볼 수 있는데, 이러한 간접 유통시스템이 여행소재제공업자 입장에서 볼 때, 상품을 팔 수 있는 판매점의 수가 늘어나게 되고, 판매사무실 운영에 따른 급료, 사무실 임대료를 지불할 필요가 없는 잇점이 있다.

반면, 여행자입장에서 볼 때 여행사를 경유했을 때의 이점은 직접 소재제공업자에게서 구입하는 것 보다 가격, 품질, 서비스 면에서 많은 선택권을 갖는다는 점이다. 그러나 유통경로가 길어진다는 것은 유통기관인 중간업자의 개입의 수가 많아져 상품가격의 증가로 나타나기 때문에 소비자입장에서는 결코 바람직하지 못하다.

한편 사회구조가 다변화되면서 유통에 새로운 유통업자가 나타났는데 소위 말하는 뉴 미디어의 등장이다. 컴퓨터 통신을 통한 고객 모집 사이트광고, 신용카드회사나 백화점 등이 자사의 회원조직망을 이용한 우편신용판매, 텔레마케팅을 통한 전화판매 등의 판매형태가 나타나 유통경로가 다양화되고 있다.

특히 컴퓨터 인터넷사이트에 의한 여행상품판매가 폭발적으로 증가하고 있어 인터넷 마케팅의 중요성이 점차 부각되고 있는 실정이다. 기존의 CRS 아성을 위협하며 급속 성장하고 있는 사이버 여행업의 경우, 소비자 입장에서는 여행사, 호텔예약대행업체 등에 지불하던 커미션을 제외한 특별가로 상품을 구매할 수 있고 판매업자 입장에서는 마케팅과 인건비 등에 들어가는 비용을 절감하는 한편 상품의 판매와 유통과정을 최대한 단순화, 투명화해 마진율을 높일 수 있다는 장점이 크게 부각되고 있다. 그래서 초기 인프라 구축에 들어가는 막대한 투자자금과 운영기술 고객 안전관리 등 현재 제기되고 있는 몇 가지 부담요인에도 불구하고 사이버여행업 시장의 성장은 가속화 되고 그 점유율 또한 급속한 성장을 이루고 있다.

2) 여행상품의 유통기구

여행상품의 유통경로에는 유통기구이라고 불리는 중간상(도매상, 소매상)이 유통경로과정에 관여하고 있다. 여행상품의 유통기구는 투어 오퍼레이터(tour operator), 도매업자(wholesaler), 소매업자(retailer), 특별유통여행업자, 기업 내 여행부서 등이 있지만 특별유통여행업자나 기업 내 여행부서는 유통경로상 여행사에 비하면 그 역할은 미미한 편이다.

우리나라 국외 여행업의 경우 기획여행 신고만 이루어진다면 소매업자도 도매업자나 투어 오퍼레이터의 역할을 수행할 수 있으며 국내여행업의 경우 여행상품 제작에 아무런 제약이 없기 때문에 투어 오퍼레이터, 도매업자, 소매업자 간의 그 경계를 정하기 힘들다. 이들 유통기구는 유통측면의 성격에 비추어 어떤 역할을 수행하느냐에 따른 임의 명칭에 불과하다는 점이다.

(1) 여행 도매업자(wholesaler)

현대적 의미의 도매업자는 1960대 중반 민간항공운송업자의 출현으로 항공권 판매만 전문적으로 담당하는 새로운 유통구조인 여행 대리업자 출현에서 비롯되었다고 볼 수 있다. 이들 여행 대리업자들이 항공수입에만 의지하는 것에서 탈피하여 수익률을 극대화하기 위해 상품을 개발하게 되었는데 이것이 바로 투어 오퍼레이터(여행도매업자)의 탄생이다.

우리나라에서의 도매업자의 출현은 1989년 해외여행의 자유화에 따른 여행수요의 증가에서 자연발생적으로 대두되었다고 볼 수 있다. 이 과정에서 단체할인운임의 적용에 따른 항공좌석의 대량구입과 아울러 여행소재의 대량구입이 가능해짐으로써 원가절감의 효과를 가져 오게 되었다. 그로 인해 가격경쟁에서 우위를 확보하여 시장에 유통시킴으로서 도매업자가 탄생되었다고 볼 수 있다.

UNWTO에 의하면 wholesaler(이하 '도매업자')는 "수요를 미리 예상하여 여행목적지에로의 수송, 숙박 그리고 제공 가능한 여타 서비스(여행, 여흥)를 준비하여 완전한 상품으로 만들어 여행사나 직접 자사의 영업소를 통해 개인이나 단체에게 일정한 가격으로 제공하는 유통경로상의 기업이다"라고 정의하고 있다.

결국 도매업자는 상품에 일정한 브랜드를 붙여서 주최여행을 실시하는 여행업자인 것이다. 여행 도매업자는 여행소재제공업자, 운송업자, 여행 소매업자, 여행목적지 및 여행자들에게 다음과 같은 이익을 제공하고 있다.

① 여행소재제공업자들은 여행 도매업자들의 전문적인 지식 · 기술을 이용함으로써 자신의 서비스에 대한 이용률을 높일 수 있을 뿐만 아니라 촉진비용을 절감할 수 있으며, 영업활동의 위험을 분산시킬 수 있다.

② 여행 도매업자들은 여행 목적지를 더욱 매력적으로 만들기 위해 시설물 등에 많은 투자를 해서 고객을 유인하나 때로는 환경파괴와 전통문화의 침해 등 부정적 결과를 초래할 수 있다.

③ 여행 소매업자가 고객에게 여행상품을 판매함에 있어 여행 도매업자들을 이용함으로써 다양한 여행소재제공업자들과 개별적으로 접촉해야 하는 번거로움을 회피할 수 있다. 여행 도매업자의 패키지는 포괄적인 서비스를 제공하고, 그들에 의해 제공되는 브로슈어는 여행상품의 내용에 대해 완전한 정보를 담고 있으므로 목적지와 그 곳의 설비를 조사하는데 들이는 시간과 노력을 절약할 수가 있다.

④ 여행자는 여행 도매업자로부터 여행 목적지와 여행상품에 대한 정보획득이 용이하고, 거래비용과 개별적 예약의 번거로움을 회피할 수 있으며, 저렴한 비용이나 여행계획과 여행 중 시간 절약 등의 여러 가지 이익을 얻을 수 있다.

(2) 여행 소매업자(retailer)

UNWTO에 의하면 여행 소매업자는 ⓐ "여행과 숙박 그리고 이에 수반되는 서비스와 서비스 조건에 대하여 여행자에게 정보를 제공하며 또 이들 서비스 공급자인 항공사와 호텔 등의 상품을 지정된 가격으로 여행시장에 판매하도록 인정을 받은 업체"이다. ⓑ "여행상품을 판매하고 그 판매금액의 일정률의 수수료를 받는 업이다"라고 정의하고 있다.

다시 말해 여행 소매업자의 기능은 소비자에게 여행정보 서비스 제공과 아울러 도매업자의 브랜드 패키지상품을 대신 판매하여 일정율의 수수료를 받는 업자라고 볼 수 있다. 소매업자는 여행자를 위해 상품 및 서비스에 대한 필요를 파악하고, 구매의 편리성을 제공하며, 상품 및 서비스에 대한 정보를 제공하며, 품질보증과 애프터서비스를 통해 위험을 부담하여 주는 기능을 한다.

(3) 지상수배업자(tour operator)

여행상품을 성립시키는 기본적인 유통구조는 도매업자와 소매업자로 이어지는 구조이다. 그러나 이에 부가하여 빠져서는 안 되는 것이 투어 오퍼레이터의 존재이다. 이는 여행현지에서 지상 수배를 전문으로 취급하는 회사이다.

항공회사가 비행기의 좌석(수송)이라는 여행 소재를 공급하는데 반하여, 투어 오퍼레이터는 호텔, 현지에서의 가이드 · 식사 · 교통기관 등 여행상품에 불가결한 소재를 제공한다. 특히 해외여행상품에 관해서는 여행 현지에서의 강력한 지상 수배력, 구매력을 지닌 투어 오퍼레이터의 역할은 중요하며, 많은 수의 도매업자가 투어 오퍼레이터로부터 여행소재를 구입하여 패키지를 조성한다.

대규모 투어 오퍼레이터인 경우에는 유력 호텔체인 등과 특별한 계약을 체결하고 연간 단위로 많은 수의 고객을 송부한다. 현지에서는 대형버스를 준비하고 시내 관광투어를 자사가 수행하는 투어 오퍼레이터도 드물지 않다. 최근에는 개인여행(FIT)화의 조류에 대응하여 호텔만을 상품으로 판매하는 경우도 늘고 있다.

다만, 대형도매업자는 해외 주요거점에 투어 오퍼레이터적인 기능을 지닌 현지법인을 소유하고 이것을 통하여 지상 수배를 하고 있기도 하다. 또는 직접적으로 호텔 등과 계약을 맺기도 한다. 그러한 의미에서 도매업자도 또한 투어 오퍼레이터이기도 하다. 투어 오퍼레이터의 종류는 단체여행 오퍼레이터, 개인여행 오퍼레이터, 개인여행과 단체여행을 동시에 수행하는 오퍼레이터로 구분하기도 하며 아웃바운드 투어오퍼레이터, 인바운드 투어오퍼레이터, 개별여행객을 위한 투어오퍼레이터로 구분하기도 한다.

(4) 특별여행유통업자

특별여행유통업자는 고객과 여행상품 공급자 쌍방을 위해서 일한다. 이 둘 사이에서 특별유통업자들은 수배를 필요로 하는 단체에 고용되거나 독립된 업자이다. 그런고로 여행사와는 다르지만 기업 내 여행부서 직원들처럼 그들은 공급자로부터 수수료를 받지 않는다는 특징을 지닌다. 대표적인 특별여행유통업자는 포상여행기획자, 회의기획자, 티켓 컨솔리데이터, 인하우스 여행부서와 같은 4가지 기본적 유형이 있다.

❶ 포상여행기획자

포상여행기획자(incentive travel planners)는 기업의 목적을 달성하거나 초과한 대가로써 기업이 종업원에게 제공하는 포상여행을 기획하는 자를 말한다. 포상여행기획자는 돈을 받고 기업이나 협회를 위해 여행 및 숙박부문의 수배를 담당한다. 뿐만 아니라 회의나 포상여행의 판촉활동과 마케팅을 담당하는 컨설턴트로서 활동하는데 일반적으로 여행사나 투어 오퍼레이터를 통하지 않고 직접 교통운송업자, 숙박업자 등의 공급업자를 수배한다.

미국, 영국 등 일부 선진국에서 포상여행이 대중화되었을 때 그 여행의 목적은 명백히 위락여행이 주가 되었으나 최근에는 업무 또는 사업과 관련된 프로그램과 더불어 즐거움을 혼합한 프로그램으로 구성되고 있다. 일반적으로 포상으로써 관광을 제공하는 일부 대기업들은 그 기업의 포상여행 기획자를 고용한다.

❷ 회의기획가

기술상의 끊임없는 변화가 기업 상호 간의 경쟁을 격화시키고 급속한 기술적 진보가 컨벤션 및 회의산업의 성장을 촉진해 왔다. 현재의 기업풍토는 새로운 정보의 획득과 전달에 그 우선권을 두고 있기에 회의는 그러한 목표를 달성하는데 매우 효과적인 방법이라 여겨지게 되었고 결국 회의기획가(meeting and convention planners)에 대한 필요성이 자연스럽게 대두되었다.

일반적으로 회의기획가는 회의를 위한 교통 · 식사 · 숙박과 같은 모든 편의시설 준비에 책임, 회의를 위한 가장 좋은 내용구성과 장소를 결정하며, 가용예산과 참석인원수를 고려한다. 그리고 회의 및 상품 진열장소, 교통편, 부차적 여행, 식사, 숙박 등에 대해서 공급자와 협의하며 회의일정을 잡고 컴퓨터나 시청각 장치와 같은 기술적 지원을 필요한 곳에 제공한다.

회의기획가는 다음과 같은 세 가지 유형으로 나누어진다.

- 기업, 전문단체, 비영리단체에 의해 고용된 회의기획 전문가
- 기업에 소속된 사내직원에 의해 수행되는 회의기획가
- 사내에 기획가가 없는 기업 및 협회에 의해 고용되어 보수를 받고 일하는 자유계약 기획가

❸ 티켓 콘솔리데이터

상품의 소멸성을 극복하기 위하여 관광산업에 의해 개발된 유통경로 중의 하나가 티켓 콘솔리데이터(ticket consolidator)이다. 콘솔리데이터는 공급자가 정상적인 유통경로를 통해서 팔 수 없거나 팔리지 않은 상품을 지니고 있을 대 중개인으로서 활동한다.

티켓 콘솔리데이터의 가장 일반적인 형태는 팔리지 않은 항공권을 크게 할인하여 판매하는 것으로서 그들은 이러한 항공좌석들을 신문지상이나 전화광고를 통해서 판매한다. 티켓 콘솔리데이터에게서 티켓을 구매한 고객들은 목적지나 출발 일자를 선택할 수 있지만 종종 출발 2, 3일 전이 되어야 어느 비행기를 탈 것인가에 대해서 알 수가 있다.

그리고 일부 티켓 콘솔리데이터는 패키지나 크루즈여행과 같은 상품을 파격적인 할인가격으로 여행클럽을 통해서 대부분 판매한다. 크루즈의 경우 출발날짜가 임박한 상품의 경우 60%까지 할인된 가격으로 판매한다.

여행클럽은 적은 회원비로서 그들의 회원이 다양한 관광상품에 접할 수 있도록 한다. 크루즈선사, 여행사들은 단지 출발날짜가 가까워져야 비로소 티켓 콘솔리데이터가 활용할 수 있는 할인된 상품을 제공하기 때문에, 회원들은 상품에 대해 제한된 선택만을 해야 하고, 충분한 예고 없이 갑자기 여행을 떠나야 하는 경우도 있다. 일부 여행클럽은 이러한 상품을 모든 회원들에게 유통시키기 위해서 상품의 리스트를 목록화하여 배포하기도 하며 일부 클럽들은 단지 회원들에게 한해서만 정보를 제공하고 전화예약을 받기도 한다. 여행업자와는 달리 여행클럽은 잠재고객들에게 무료로 상품에 대한 정보를 주지 않는다. 단지 회비를 내는 회원들만이 전문회원 정보의 상품을 접할 수 있다. 그 이유는 동일상품에 정상가격을 지불하는 고객의 기분을 상하지 않게 하기 위해서이다.

❹ 기업 내 여행부서(in-house travel department)

오늘날 해외여행이 일반화하는 관광환경 속에서, 수적으로 늘어나고 있는 기업의 비즈니스, 인센티브 투어 등에 대해 대기업들은 외부 여행사의 서비스를 사용하느니 차라리 자사의 여행부서를 발족시키는 것이 더 유익하다는 것에서 출발된 것이 기업 내 여행부서이다.

기업 내 여행담당자는 여행의뢰자로부터 급여를 받는 피고용자이다. 중개인으로 간주되지는 않기에 기업 내 여행부서는 공급업자들로부터 수수료를 받지 않는다.

그러나 기업 내 여행부서에서 근무하는 사람들은 전문적으로 그 기업의 관광욕구를 만족시키는 것을 제외하고는 소매형태의 여행사와 동일한 서비스를 제공한다. 기업 내 여행부서는 제한된 예산으로 자주 여행을 계획해야 하는 경우가 많아 여행경비가 가능한 한, 효율적으로 쓰이도록 할 책임이 있다. 그들의 기업이 공급업자들과 할인 및 리베이트 계약을 맺음으로써 여행부서를 유지할 경비를 지출한다.

6 여행상품의 품질관리

1) 품질관리의 의의

품질이란 어떤 물질을 구성하고 있는 기본적인 내용이나 속성을 의미하는 것으로 물품 그 자체의 고유성질이란 뜻을 가지고 있다. 일본인의 철학에 의하면 품질이란 '무결점(zero-defects) : 첫 단계부터 올바르게 하는 것' 이라 한다. 실제로 소비자는 품질의 개념을 우위(goodness), 고급(luxury), 돋보임(shineness), 값어치(weight)와 같은 다양한 용어로 사용하고 있다. 품질을 사용하는 주체가 소비자이냐 경영자이냐에 따라 그 뜻이 다르다.

미국표준협회(ANSI : American National Standard Institute)와 미국품질관리학회(ASQC : American Society for Quality Control)는 품질이란 주어진 욕구를 충족시키는 능력에 관계가 있는 제품 내지 서비스의 특징과 특성의 전체라고 정의하여 그 대상을 광범위하게 확장시켰다. 따라서 오늘날의 품질은 공산품의 품질만을 말하는 것이 아니고, 은행이나 호텔 및 여행업 등의 무형의 서비스 질도 품질에 해당된다.

제조 기업에 적용되는 품질경영의 기법이 여행업을 비롯한 서비스 기업에 적용되는데는 한계성이 있다. 그 이유는 여행경험의 무형성, 생산과 소비가 동시에 일어나는 동시성과 다양한 상품과 여행소재제공업자가 존재함으로서 인적서비스의 표준화가 어렵다는 이질성 등 서비스업만이 갖는 특성이 존재하기 때문이다.

여행상품의 품질은 상품과 서비스에 대한 소비자의 지각으로 보는 것이 일반적이다. 지각은 기대와 실제 경험 사이의 차이에 의해 설명될 수 있는 만족과 불만족과 관련이 있는 것이기 때문에 품질은 기대와 지각된 품질 사이의 차이로 인식된다. 지각된 품질을 기대와 비교할 때 품질이 기대보다 더 높으면 고객은 만족하는 성향이 있다. 이러한 기대는 구전, 광고, 여행 전 경험으로 축적된다.

여행상품에 대한 만족은 상대적인 개념인 표준에 대한 평가로 판단된다. 표준은 과거의 경험에서 도출된 개인적 기대일 수 있고(시간적 비교), 다른 곳에서의 개인적 성취일 수도 있으며(공간적 비교), 다른 사람의 여가행동으로부터 파악된 만족수준(사회적 비교)일 수도 있다. 만족은 상대적 척도로 보통 기대와 실제상황 차이로 정의된다. 기대치에 못 미치면 불만족하게 되고, 기대와 유사하거나 더 나을 경우는 만족하게 된다.

여행상품의 품질과 만족 간의 관계는 르블랑크(LeBlanc)에 의하여 설명되었다. 서비스 품질은 어려운 복합개념이며, 지각된 품질개념을 만족개념과 구분하는 예는 거의 찾아보기 힘들다. 만족은 기대와 서비스받은 상품속성 수준의 주관적 비교의 결과라고 이론화하였다. 이 분야를 연구하는 대부분의 학자들은 품질과 만족 모두 기대와 지각 간의 차이와 관계가 있다고 여긴다.

여행 최후의 산출은 돈 및 시간과 교환된 여행자의 만족으로서 여행자의 필요와 욕구를 충족시키기 위해서는 상품의 구성요소들이 효율적으로 결합하여야 한다. 그러나 구성요소들의 효율적 결합은 여행상품의 특성으로 인해 대단히 어려운 작업이다. 일반적으로 여행자의 만족은 여행 전, 여행 중, 여행 후까지를 포함하는 경험의 과정으로서 자신의 기대치와 실제 경험의 비교 평가함으로서 만족수준을 말하게 되는데 여행사는 여행자의 여행 동기를 제대로 파악하고 여행소재제공업자의 올바른 선택과 모니터링, 크레임의 신속 처리 등으로 품질을 유지해 나가야 한다.

2) 여행상품의 품질 구성요인

르블랑크는 여행상품의 품질을 구성하는 요인을 다음과 같은 요인으로 분류하여 제시하고 있다.

첫째, 물리적 증거로서 여행업의 물리적 환경 등을 의미하는 것으로 외형, 실내장식, 분위기와 가구의 배열 등이 포함되어 있다.

고객의 만족과 불만족

만족의 결과

- Kotler & Armstront(1990)는 만족한 고객은 다시 구매를 하게 되고, 그 제품에 대해 우호적으로 이야기를 하게 된다.
- Reichheld &Sasser(1990)는 만족한 고객은 그들이 받는 혜택에 대하여 더 많은 포용력을 발휘하며, 이것은 기업에게 더 많은 이익과 고객 충성도를 가져다준다.

불만족의 결과

- Richins(1983)은 불만족한 소비자가 보일 수 있는 반응을 반복구매행동, 불평행동, 구전의 3가지 형태로 구분하였다. 제품 및 서비스의 경우에 불만족에 대한 반응행동으로 불매와 부정적 구전 등의 사적인 행동이 가장 높은 비율을 차지하며 불만족의 강도가 심할수록 구전을 이용하는 경향이 강하다.
- Day&Landon(1977)는 무행동과 더불어 불만족에 대한 반응으로서 공정행동과 사적 행동으로 구분하였다. 공정행동은 판매자로부터 보상이나 환불을 요구하거나 보상요구를 위한 법적 소소의 제기, 기업, 사설 및 정부기관에의 고발 등을 말하여, 사적행동으로는 친지나 친구에게 구전과 제품 또는 서비스 사용중지를 들고 있다. 그러나 불만족과 불평등행동은 연관관계가 높은 것은 사실이나 반드시 불만족한 소비자가 모두 불평행동을 하는 것은 아니다.

둘째, 능력으로 효과적인 여행상품 유통체계를 수립하기 위하여 필요한 기술과 지식을 설명하는 것들과 관련된 능력을 말한다.

셋째, 여행업의 이미지로 여행업의 과거 성과와 관계있으며, 고객의 기대와 욕구를 적절하게 만족시킬 수 있는 능력과 관련이 있고, 여행업이 여행시장에서 좋은 이미지를 계획하고 양질의 서비스를 제공할 수 있는 충분한 자원을 가지고 있다고 생각하여 여행자의 마음에 형성된 모든 인상을 말한다.

넷째, 적시성으로 여행자가 원하는 상품을 원하는 시기에 적절하게 제공할 수 있는 여행업의 능력에 관련된다.

다섯째, 친절성으로 여행업에 여행상품을 문의하거나 방문하는 사람에게 관련된 사항으로 인간적인 서비스를 제공할 수 있는 능력이다.

여섯째, 경쟁력으로 인적서비스를 제공할 수 있을 뿐만 아니라 여행자에게 경쟁적인 가격을 제공할 수 있는 능력, 신뢰할 수 있는 여행상품을 제공할 수 있는 능력 등을 말한다.

일곱째, 반응성으로 항공권 등의 티켓, 서류배달, 최신전화의 응답시간과 같은 요인으로 여행자가 원하는 정보와 서비스를 얼마나 제공할 수 있느냐에 관련된 여행업의 능력이다.

여덟째, 신뢰성으로 여행업과 거래하는 고객의 프라이버시와 안전성의 보장 및 관련자와 관련이 있는 비밀성의 보장이다.

아홉째, 접근성으로 여행자가 서비스를 받기 위해 여행상품 유통시스템에 쉽게 접근하거나 장시간 대기하는 등의 시간의 손실과 쉽게 여행상품에 관한 정보를 얻을 수 있는 것을 말한다.

표 3-4 여행상품의 품질구성요인

구분	요인
물리성	장식과 분위기, 건물과 부지의 모양, 주차시설의 확보, 위치, 구조와 비품 정돈, 여행사의 크기, 전체적인 청결성
능력	다양한 상품에 대한 깊이 있는 지식, 여러 관광지에 대한 안내서 제공, 새로운 상품 서비스에 대한 고객안내, 정보에 대한 직접적이고도 즉각적인 접근 제공, 고객 서비스 시 여행사에서 행하는 절차
여행업 이미지	품질의 이미지 반영, 양질의 품질서비스를 제공하기 위한 충분한 자원 보유, 고객의 기대와 필요와 충분히 만족시켜 줄 수 있는 여행사의 수용력, 과거에 고객의 필요를 만족시켜 주었던 정도
적시성	서비스의 속도, 서비스 종사원의 특별한 배려, 서비스를 받기까지의 대기시간
친절성	친절하고 정중한 종사원, 종사원의 특별한 배려, 도착하자마자 고객을 반김
경쟁력	개별화된 서비스의 제공, 결쟁적인 가격을 찾는 능력, 믿을 수 있는 서비스 보증
반응성	고객의 근무지로 티켓과 서류의 배달, 전화로 정보취득과 계약, 응답전화 시 걸리는 시간, 여행이 끝난 뒤의 후속 점검
신뢰성	계약의 비밀 유지, 신뢰성 있는 전담 종사원, 경영진의 주재(駐在)
접근성	고객 서비스에 응할 수 있는 종사원의 수, 다른 고객의 존재와 행동

3) 여행상품의 품질관리

퍼시아와 지델슨(Persia & Gitelson)은 다양한 여행상품 서비스의 형태에 대하여 여행상품의 품질은 어느 한 부서만의 노력으로만 형성되는 것이 아니라 최고경영자를 비롯한 전 종사원의 노력으로만 품질관리가 가능하다고 주장하고 이를 위해서는 〈표 3-5〉과 같은 요인을 중심으로 여행상품의 품질을 관리하여야 한다고 보았다.

표 3-5 여행상품의 품질관리 요인

구분	요인
정보탐색	• 각종 브로슈어 제공성 여부 • 기타 여행에 대한 정보제공 • 여행정보의 전문지식의 소유성 • 여행 비디오, 가이드 책자, 뉴스레터의 제공 여부 • 특별여행에 대한 정보의 제공 여부 • 여행에 대한 직접적 경험의 소유성 여부
상호활동적 여행사 품질	• 고객의 요구에 대한 제공성 여부 • 서비스 응답의 즉시성 여부 • 고객의 선호에 대한 이해성 여부
물리성	• 저녁, 주말 등에 여행업 이용성 • 편리한 시간의 소유성 여부 • 집과 사무실로부터의 편리성 여부 • 컴퓨터 예약 시스템의 소유성 여부 • 전문적인 조직에 속하는지 여부
구매자의 가치성	• 불평에 잘 대응하고 있는지의 여부 • 계약을 자세히 설명하는지의 여부 • 고객에게 만족할 만한 서비스를 제공하는지 여부 • 친절성과 정중함의 여부
전문화된 서비스 I	• 여행비용기록을 보관하는지의 여부 • 항공 · 여행보험의 제공성 여부 • 고객의 비평에 대해 여행 후의 접촉성 여부 • 비자 · 여권 · 특정서류를 얻는데 협조 여부
전문화된 서비스 II	• 티켓의 배달 여부 • 고객의 선호에 대한 현재의 서류 유지성 여부 • 수화자 부담 장치의 소유성 여부
고도의 기술	• 항공요금 · 스케줄 · 루트 등에 대한 지식소유 여부 • 모든 형태의 예약에 있어서의 숙련성의 여부 • 가장 낮은 요금 · 비율 · 가격을 찾으려고 애쓰는지의 여부

여행사에서 여행상품의 품질관리를 위한 구체적인 방법은 다음과 같이 크게 3가지로 분류된다.

첫째, 여행상품의 수요시장인 여행자에 대한 욕구, 기대, 필요를 파악하여 그에 부응하는 상품을 제공하는 것이다. 이는 여행상품에 대한 여행자의 기대와 지각의 정도를 파악하여 개발하는 것으로 여행상품을 구성하는 유 · 무형의 시설, 관광자원, 여행정보 등의 물리적인 상품구성과 인적인 상품구성인 서비스를 종합하여 제공하는 것이 품질관리의 기초가 된다.

둘째, 여행상품의 소재제공업자인 시설업자에 대한 품질의 관리이다. 여행상품은 다른 서비스와 달리 프린시펄에 대한 의존성이 크므로 품질경영에 어려움이 있지만 서비스 품질을 점검해 나가야 한다.

셋째, 여행 전, 여행 중, 여행 후에 관련한 크레임에 대한 품질관리로서 고객의 기대에 따른 크레임을 정확하게 파악하여 이에 대한 신속한 복구책을 강구하고 재앙을 복으로 전환하는 관리가 필요하다.

결론적으로 여행자의 기대와 실제경험 간의 갭을 극소화시킬 수 있도록 여행자의 기대를 관리해야 한다. 다시 말해 광고나 개인에 의해서 여행자에게 전달되는 여행사의 약속이 비현실적인 것이 되어서는 안 되며 이미지형성 전략도 여행자의 기대와 관련하여 고접촉, 고기술의 최적믹스를 찾아낸 총체적 품질관리가 되어야 한다.

관광분야의 서비스 품질을 높이고자 하는 노력들이 대내외적으로 이루어지고 있다. 본 텍스트는 프랑스 Var 지역의 지방 관광위원회가 세운 서비스 품질 원칙 9가지이다.

1. 좋은 서비스는 고객에게 "정상-normal"으로 여겨진다.
   고객은 여러 서비스 중에서 "차이"와 "경쟁력"의 변수로 선택을 하지만, 주기적으로 손님에게 전달될 내 서비스의 장점을 부각시킬 필요가 있다.

2. 서비스는 고객에 의해서 만들어지고, 소비되고, 이 두 과정과 동시에 평가가 된다.
   고객에게 있어 첫인상은 기본적인 것이며, 품질이라는 것은 사전에 준비될 수 있다.

3. 고객의 품질 지각은 전반적이며, 본인과 관계없는 것까지도 고려하는 성향이 있다.
   서비스의 디테일한 부분까지 신경을 써야 하며, 따라서 품질은 "디테일의 예술"이다. 품질 기준을 설정하는 것과 이 기준에 부합하도록 서비스하고 이를 모니터링하는 것은 업체(기관)이 예방 시스템을 갖출 수 있도록 하는데 도움이 된다.

4. 고객에게는 지각된 품질만이 중요한 요소이다.
   지각은 늘상 매우 주관적이고, 감정적인 부분이지만, 고객이 어떤 상품을 선택하게 되거나 품질에 대한 의사를 평가하는 것이 바로 이 "지각"에서부터이기 때문이다. 품질에 관련된 규칙은 따라서 바로 이러한 고객의 지각 품질에서 비롯되어야 한다.

5. 고객 만족이란 고객이 기대한 것, 고객에게 베풀어진 것, 그리고 고객이 실제로 받은 것이 얼마나 동일하냐 하는 문제인 것이다.
   고객에게 지각된 품질(Quality)은 기업이 제공한 서비스의 양(Quantity)과는 완전히 다른 것이다. 서비스를 적게 하되 100% 만족시키도록 하라. 실제로 서비스를 증가시키려는 의도에서 출발한 것이 오히려 불만족을 증가하는 원인이 되고 있다. 품질경영의 중심 요소는 기업이 그 고객에게 제공하는 서비스를 명확하게 밝히는 것이다.

6. 불만족한 고객은 거의 불평하지 않고 아무 말도 하지 않고 떠나버린다.
   걸핏하면 컴플레인하는 고객은 기업에 있어서는 기회요소이다. 왜냐하면 고객이 갖고있는 이러한 컴플레인 요소들이 "바로 해결"되면 이 사람은 충성고객이 될 수 있기 때문이다.

7. 고객층을 충성고객화하는 것이 새로운 고객층을 따라다니는 것보다 이익이 된다.
   충성고객화는 포화된 시장에서 살아남을 수 있는 매우 경제적인 방법이 된다. 고객의 출발과 관계 소원의 원인 분석은 품질 접근법의 중요한 요소이다.

8. 영원한 고객이란 없다.
   고객은 점점 비교하고 변덕이 심해지게 되기 때문에 기업은 고객을 유치하기 위해서 끊임없는 경쟁에 내몰린다. 고객의 요구 정도는 끊임없이 올라간다. 고객의 영속성을 보장받고 싶은 기업은 고객들에게 지각된 품질을 향상시키기 위해 이를 주기적으로 측정하고 재점검해야 한다.

9. 서비스 방향성에 대해 측정해보자.
   아래의 테스트에 "예/아니오"로 답해보자. 2개 이상의 "아니오"를 선택했다면 고객이 여러분 업체에 발길을 돌리도록 부단한 노력을 해야 한다.

질문	예	아니오
여러분의 업체/기관에서 고객들은 어디서, 어떻게 정보를 구하거나 컴플레인해야 하는지 알고 있습니까?		
고객이 문제가 생겼을 때, 여러분의 업체/기관에는 이 문제에 관심을 갖고 문제를 해결해 줄 사람이 있습니까		
고객은 여러분 업체/기관 담당자와 신속하고 편하게 의사소통이 가능합니까?		
여러분의 직원은 고객의 요구나 문제에 즉각적으로 대처합니까?		
여러분은 고객의 만족 지표에 대해서 주기적으로 점검하십니까?(고객과 직접대화, 제안 노트, 만족도 설문지 등...)		
고객만족을 위한 교육과정에 직원을 보내거나 여러분 스스로 교육을 받으시고 계십니까?		
여러분 직원이 고객의 만족을 위해 주도권을 쥐도록 독려하십니까?		
고객의 만족도가 여러분 업체/기관의 직원 평가에 반영됩니까?		

출처 : 서비스 품질 : 방법론 가이드, Var 지역 관광위원회와 상공회의소, 1998

불만의 진실

불만을 가진 고객의 4%만이 실제로 불만을 제기한다. 나머지 96%는 화가 난 채로 돌아 선다.

어떤 불만이 접수되면 같은 불만을 가진 고객이 평균 26명은 더 있다는 뜻이다. 그 중 6명은 심각한 불만을 가지고 있다.

불만을 제기한 고객 중 56~70%는 불만이 해소되면 다시 찾아온다. 회사가 신속하게 대처한다면 96%까지도 가능하다.

불만이 있는 고객은 그것을 평균 9~10명에게 이야기한다. 20명이 넘는 사람들에게 이야기하는 고객도 13%나 된다.

불만이 해소된 고객은 그것을 평균 5~6명에게 이야기한다.

(벳시 샌더스, '신화가 된 전설적인 서비스' 에서)

불만의 확산 경로

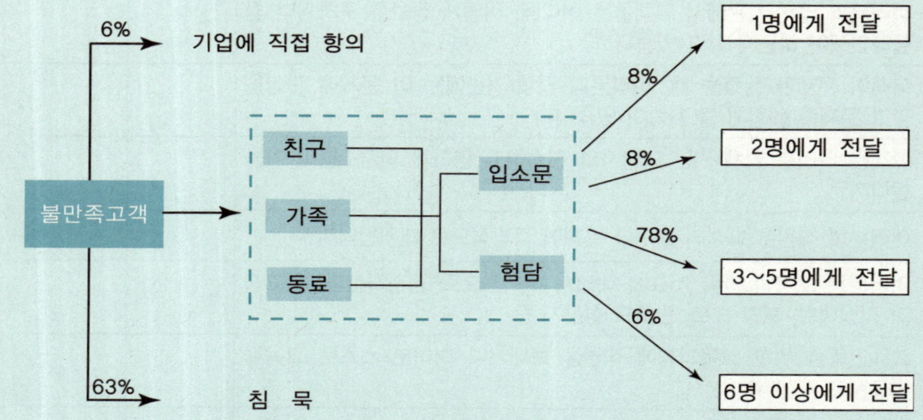

자료 : 와튼스쿨 2006년 불만고객연구 보고서

제4장

여행업의 조직 및 수익원천

여행이란 젊은이들에게는 교육의 일부이며, 연장자들에겐 경험의 일부이다. 프란시스 베이컨

여행에도 기술이 있다. 내가 관심을 갖고 관찰할 것을 먼저 보라. 여행은 책을 읽으며 배우는 것보다 더 많은 것을 배울 수 있다. 루소

여행을 해도 목적지를 전전한 나머지 다음 목적지까지 얼마나 떨어져 있나, 그리고 묵을 곳은 어디인가 하는 것에만 정신을 빼앗기고 있는 사람은 출발했을 때 바보였다면 돌아왔을 때도 바보인 채로 있을 것이다. 체스터필드

여행할 목적지가 있다는 것은 좋은 일이다. 그러나 중요한 것은 목적지가 아니라 여행 그 자체이다. 어슐러 K. 르 귄(미국 작가)

제4장

여행업의 조직 및 수익원천

1 여행업의 조직

1) 여행사 조직의 의의

여행사의 근본적인 역할은 정보, 유통, 예약과 서비스라는 몇 가지 단어로 요약할 수 있다. 여행사는 전통적으로 항공, 호텔, 크루즈 등 프린시펄의 상품과 스케줄, 가격 등에 관한 정보를 고객에게 제공하며 상담하는 역할을 수행해 오고 있다. 그런 점에서 여행사의 전통적인 조직은 사업 목적과 분업의 범위가 제한되어 있고 관리통제의 폭과 재무통제의 범위가 제한되어 있음으로 인해 단순한 편이다.

대규모 여행사를 제외하고는 일반적인 여행사는 하나 또는 두개 층 정도의 관리층을 갖고 있다. 이러한 단순구조는 여행상품의 본성에 기인하기도 하며 대부분의 직원들이 대중들과 직접적으로 만나는 전방부서에서 근무하기 때문이기도 하다. 지금까지 가장 일반적 여행사의 조직구조는 오피스매니저 아래 3~4명의 트래블 에이전트와 파일담당자 또는 예약담당직원을 책임지고 있는 회계책임자가 있는 구조이다. 이러한 유형은 고객과의 거래에 있어 처음부터 끝까지 고객의 요구에 부응하여 책임을 지는 형태로서 고객에게 특화서비스를 제공할 수 있는 장점을 가지고 있으나 고객의 요구에 부응해야 하기 때문에 시간 소비가 많다는 단점이 있다. 따라서 여행사 입장에서 볼 때 효율성이 떨어지는 문제점이 있다.

그림 4-1 **전통적 여행사의 조직구조**

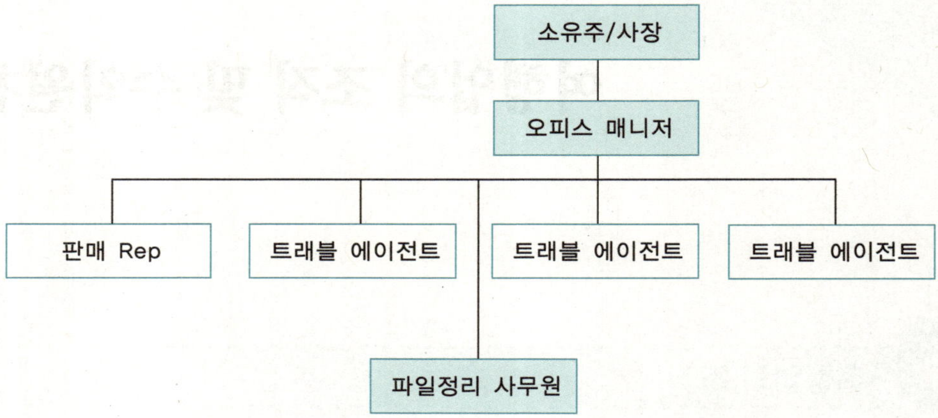

그러나 최근에 들어 여행사의 환경이 급변하고 있다. 프린시펄의 직판, 새로운 유통업자들의 출현, 업체 간의 경쟁이 증가되어 수요를 적극적으로 찾아가는 활동들이 요구되고 있을 뿐만 아니라 여행객의 기호의 변화 속도가 빨라지고 있고, 독신 · 여성 · 실버 · 가족 등의 FIT시장이 증가하고 있고, 여행자 보호를 위한 각종 규정과 소비자 운동의 증대로 각종 법적 문제가 일어나는 등 예전과는 다른 환경에 놓여 있음으로 인해 경영활동의 내용도 많아지고 복잡해져 가고 있다. 이러한 환경 속에서 여행사도 전통적인 여행사의 조직구조와는 더 확장된 다른 형태의 경영조직을 요구하고 있다. 다음은 대형 여행사들이 갖는 가장 기본적인 기능조직구조이다.

그러나 대규모 여행사라고 할지라도 여행사의 조직은 일반제조업체들이나 다국적기업에 비해서는 비교적 단순하다고 볼 수 있는데 그 이유는 경영층의 증가가 반드시 요구되는 것이 아니기 때문이다. 그리고 대규모 서비스 조직 및 산업조직에 많은 경영이론들이 개발되었지만 실질적으로 일반적인 소규모 여행사에게 적용하는 데는 한계가 있다. 동기, 분업, 리더십, 경쟁과 조직화와 같은 측면에서 다루어지는 경영이론은 복잡하고 방대한 조직구조에 적합하며 작은 여행사단위 관점에서는 적용의 한계가 있다.

일반적으로 여행사 직원의 생산성의 경우, 중규모의 여행사가 비교적 높은 것으로 나타나고 있지만 소규모 여행사와 마찬가지로 규모의 경제를 실현하기가 쉽지 않고 업체간의 과당경쟁으로 인하여 수적으로 하향세를 보이고 있다.

그림 4-2 **대규모 여행사의 기능조직구조**

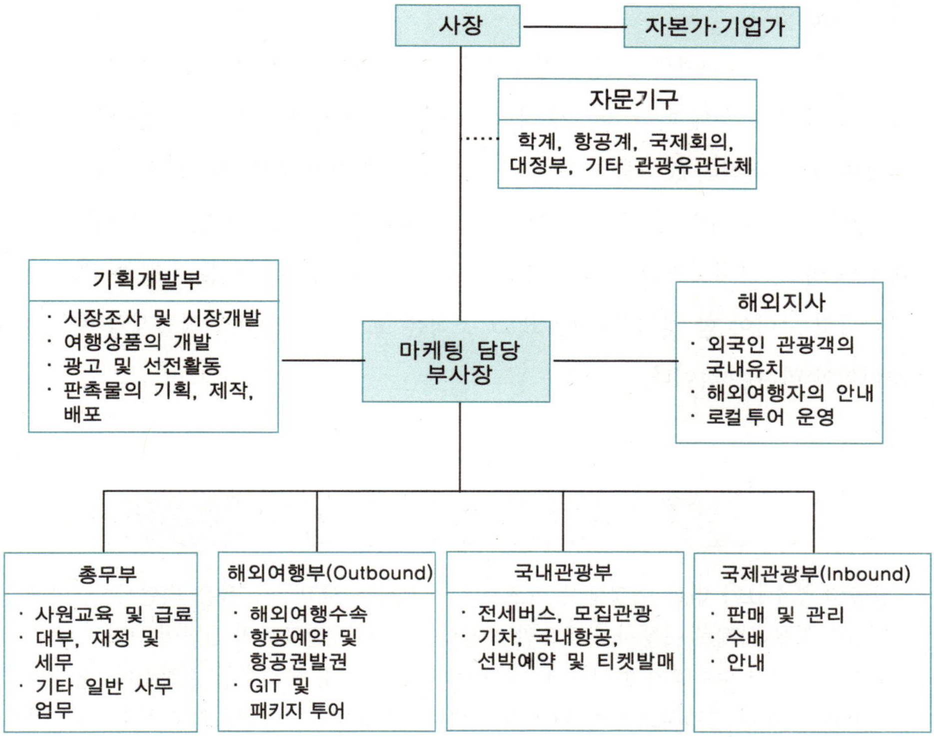

소규모 여행사의 경우 낮은 간접비용과 차별화된 개인서비스, 특화를 기반으로 생존하고 있지만 규모의 경제의 장점을 살리기 어려운 점이 지적되고 있다. 그런 점에서 소규모 여행사는 대규모 여행사의 협력업체나 프랜차이즈에 참여하거나, 컨소시엄을 결성하여 규모에 대한 문제를 해결해 나가야 한다. 이렇게 함으로써 소규모 여행사는 교육적 프로그램, 컴퓨터와 텔리커뮤니케이션 시스템, 광고와 촉진 그리고 상호 간의 공동마케팅 프로그램을 지원하는 그들 나름대로의 자원을 만들어낼 수 있을 것이다.

한편, 대규모 여행사는 규모의 경제와 유통네트워크의 확대를 통하여 전체적인 효율성을 제고하고자 한다. 이를 실현하는 방법으로 그들은 소규모 독립여행사를 인수하거나 지점의 개설을 통해 다점포 전략을 유지하려고 한다. 하지만 다점포 전략은 간접비용과 관리비용이 높아 생산성이 떨어진다. 대규모 여행사의 경우 팽창된 규모의 과도한 관리비용에 대한 효율성에 대한 문제를 인식하지 못하고 있고, 내부조직개발의 부족으로 보다 많아진 업무를 효과적으로 통제하고 관리하는 것이 어렵게 됨에 따라 경영진들은 전국단위의 독립여행사를 대상으로 협력업체 지정이나, 프랜차이즈 전략으로 접근해 나가고 있다.

결론적으로 여행사의 조직은 영업범위, 기업규모, 상품내용, 종사원의 수, 사무기기의 자동화 정도 등에 따라 다르게 나타난다. 그로 인해 여행사의 조직은 일정한 모델이 없으며 또한 최적의 조직을 디자인할 수 있는 과학적 방법도 존재하지 않는다. 여행사에 있어 가장 효과적인 구조라고 하는 것은 여행사의 역사, 크기, 사업집중분야, 경영통제의 범위, 공기업과의 관계 그리고 현재 근무하고 있는 직원들의 질과 같은 것에 의존한다고 보아야 할 것이다. 그리고 그 조직은 고객 지향적이고 영업제일주의, 동적조직이어야 한다는 점이다.

색깔 없는 중형 여행사 설자리 없다

항공권 수수료가 없는 시장에서 여행사가 차지하는 시장 점유율은 대단하다. 미국과 유럽의 경우 실제로 여행사가 조그만 항공사를 소유할 정도로 모객력이 크다.

우리나라 역시 수수료가 없어지면 '규모의 경제'가 시장을 좌우할 전망이다. 홀세일러를 비롯한 대형 여행사들은 수익에 대한 위험부담을 줄이기 위해 리조트나 호텔, 항공비즈니스에 직접 뛰어들어 사업을 다각화할 것이 분명하며, 상품의 경쟁력을 위해 현지지사 체제 등 몸집 키우기도 병행될 것으로 보인다. 같은 맥락에서 모 여행사는 향후 항공 사업의 진출을 고려 중으로 알려졌다.

등치가 커진 여행사들은 지사 등을 통해 모객력을 더욱 가속화할테고 이 과정에서 어중간한 크기의 중형 여행사들은 도태될 가능성이 높다. 모객력이 대형화되지 않는다면 일반 패키지 시장에서는 수익적인 경쟁력을 갖추기가 어렵기 때문이다.

출장수요를 위한 항공권 판매를 주로 진행해 온 상용고객 위주의 여행사들의 타격도 클 전망이다. 이들 업체들은 출장자들이 여행에서 호텔이나 다른 관광일정 등을 엮지 않는 한 수익모델을 찾기 어렵게 됐다.

단, 항공권 판매에 있어 절대적인 우위를 점하고 있는 탑항공이나 온라인 항공시장을 선도하는 투어익스프레스같은 여행사들은 항공권 전문 여행사로 항공사의 대형 에이전트에 포함될 가능성이 높다. 이들 업체들은 향후 호텔과 연계된 에어텔 상품이나 개별여행시장의 성장과 맞물려 새로운 시장을 구축할 것으로 보인다.

대신 소규모 여행사들은 대형 업체의 상품과 항공좌석을 바탕으로 특정 시장을 공략하거나 아예 특화상품을 무기로 한 전문 여행사로 거듭난다. 이미 리조트나 가족여행 등

> 주제를 가지고 있는 여행사들은 항공사 의존도를 낮추면서 자사만의 경쟁력을 무기로 시장에서 자리를 잡고 있다. 리조트 여행사의 한 관계자는 "전문성보다는 항공좌석의 지원 여부에 따라 돈을 버는 것이 지금의 우리 시장"이라며 "판매에 따른 수수료가 없어진다면 여행 컨설팅이나 예약 대행의 전문성이 한층 부각될 수밖에 없다"고 설명했다. 그러나 성공적인 시장 안정을 위해서는 넘어야 할 산도 많다. 가장 큰 걸림돌은 항공사의 직판이다. 그동안 눈치보기에 바빠 마음껏 활로를 개척하지 못했던 항공사 인터넷 판매는 여행사 수수료가 없어지면 더욱 가속화될 전망이다. 문제는 항공사의 직판가격이 대리점에 제공하는 넷트가격과 얼마만큼의 차이가 있을지다. 결국 직판과 간판의 비율 및 판매 정책이 초기 시장을 움직일 열쇠다.
>
> traveltimes(2003-07-07)

2) 여행사조직의 설계

조직구조를 설계하는데 있어 여행사는 조직을 구성하는 것이 자유롭지만 사업의 양, 고객의 유형, 사업수행을 위한 구체적인 기능들이 적절하게 작용할 수 있는 범위 내에서 조직을 설계해 나가야 한다. 다음은 조직을 설계하는 일반적 원칙에 기초하여 조직의 분야를 나누는 방법이다.

(1) 시간에 의한 분류

일반적인 여행사 조직의 형태라고 볼 수는 없지만 24시간 서비스 여행사와 제한된 시간만을 서비스하는 여행사로 구분하는 방법이다. 우리 주변의 대부분의 여행사는 9 to 5형태의 여행사이지만 그 틈새시장으로 24시간 운영하는 여행사로 구분하는 방법이다. 24시간 여행사의 경우 영업시간 이외의 시간에 매출이 25~30%가 생성된다는 점에 착안하여 운영하는 여행사이다. 24시간 여행사는 상용여행객에게는 편리성을 제공하고 비상용여행객에게는 여행결정상의 문제점을 해결해주는데 도움을 줄 있다. 그리고 여행일정의 변경, 시간적으로 긴급한 고객에게 유용하게 이용될 수 있으며 또한 24시간 운영으로 인해 여행사 사무기기의 효율성을 높일 수 있다. 특히 온라인 여행사들과 대항할 수 있고 상업적 고객을 끌어 들일 수 있는 혁신적인 서비스라고 볼 수 있는데, 이 수요에 맞는 서비스전달시스템(service delivery system)을 갖출 수 있는 조직으로 구성되어야 한다.

(2) 기능에 의한 분류

여행사업무가 날로 복잡해짐에 따라 중대규모 여행사에 있어서의 조직화는 효과적인 방법 중에 하나는 기능적으로 관리와 회계, 판매, 운영이라는 3가지 부문으로 나누는 방법이다.

가장 일반적인 업무들인 항공, 숙박, 렌트카 등의 수배업무는 운영부문으로, 주로 CRS운영 직원들이 해당되는데 이렇게 할 경우 생산성이 높아진다. 경우에 따라서는 패키지업무나 단체업무를 포함시킬 수도 있다. 이는 직원의 전문성을 확보하게 해주며 전반적인 회사의 이익을 높여 줄 수 있을 것이다.

예약업무가 완료되면 외상, 여행요금징수, 티켓분실, 인보이싱(invoicing)과 질적관리와 같은 일들이 생성되는데 이는 관리부서에서 맡아서 거래를 완성시켜 나가야 한다. 일반적인 운영과 판매를 감독하는 일 이외에도 오너와 관리자는 재무, 고용, 유지보수, 지역사회와의 관계 등과 같은 비여행 활동들을 관리해 나가야 한다.

여행사를 기능적 방법으로 조직을 나누게 되면 직무의 세분화와 교육훈련의 단순화를 기할 수 있다는 장점이 있으나 타 부서와의 업무협조가 잘 이루어지지 않아 부서 간 갈등을 초래할 수 있다는 단점이 있다. 하기의 표에서와 같이 3가지로 여행사의 기능을 분화한다면 효율성이 높아질 수 있다.

표 4-1 **여행사 책임의 기능적 분야**

관리	판매&마케팅	운영
회계업무, 계약업무, 연차보고서/대차대조표/손익계산서 작성, 자동화, 컨설팅, 채권목록작성, 예산작성, 현금흐름분석, 요금징수, 컨소시엄, 지불금과 예약금, 종사원 복리후생, 장비, 재무, 보험, 투자, 법률적 문제, 사무실 비용, 조직, 급료, 리베이팅, 보안, 산출량분석	광고, 상업적 구좌관리, 그룹판매, 인센티브 판매, 마케팅, 신상품 개발, 촉진, PR, 홍보, 판매교육, 판매서비싱, 여행판매성장	항공, 렌트카, 전세업무, 크루즈, CRS운영, 배달, 목적지, 다큐멘트, 팸투어, 요금, 지상교통, 운영교육, 패키지투어, 품질관리, 보고서, 특수여행, 발권, 인솔업무, 비자, 도매업자상품구매

그림 4-3 **기능에 의한 분류**

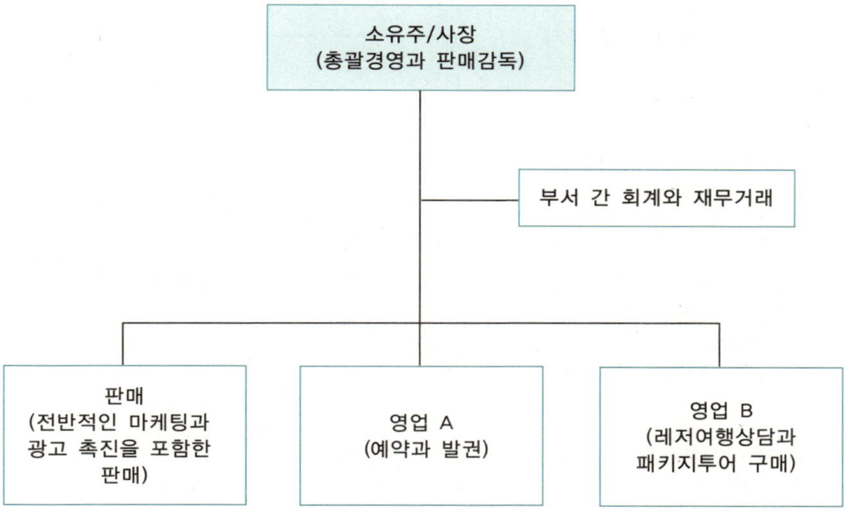

(3) 지역에 의한 분류

대부분의 여행사는 독립여행사로서 영업을 하고 있지만 중대형여행사의 경우 다른 지역에 지점이나 영업소를 개설하여 일반적인 여행사와 똑같은 업무를 수행하고 있거나 상용고객 유치를 위해 기업 내(in-plant operation)나 근접한 장소(out-plant operation)에 지점이나 영업소를 개설하고 있다. 대규모 여행사인 경우 대외적으로 해외에도 지점이나 영업소를 개설하여 다국적 기업으로서의 면모를 갖추고 운영하고 있으며 대내적으로 전략적 제휴를 통해 전국에 협력업체를 모집하는 등의 다점포 전략으로 운영하고 있는 추세이다.

(4) 시장유형에 의한 분류

일반적으로 이러한 조직은 국내여행부, 국제여행부를 기초로 하여 상용여행, 휴가여행, 크루즈여행, 패키지여행과 같은 소비자시장을 기준으로 조직이 설계된다. 이를 다시 각각의 여행시장에 따라 고령자, 장애자, 청년층 등과 같이 시장을 세분하거나 목적지를 가지고 구체적인 조직을 구성하기도 한다. 이는 각각의 여행부문에 대해 전문성이 확보되어야 하며 비수기, 불안정한 수요, 여행의 유행에 대처할 수 없다는 문제점을 안고 있다.

그림 4-4 **시장유형에 의한 여행사의 조직구조**

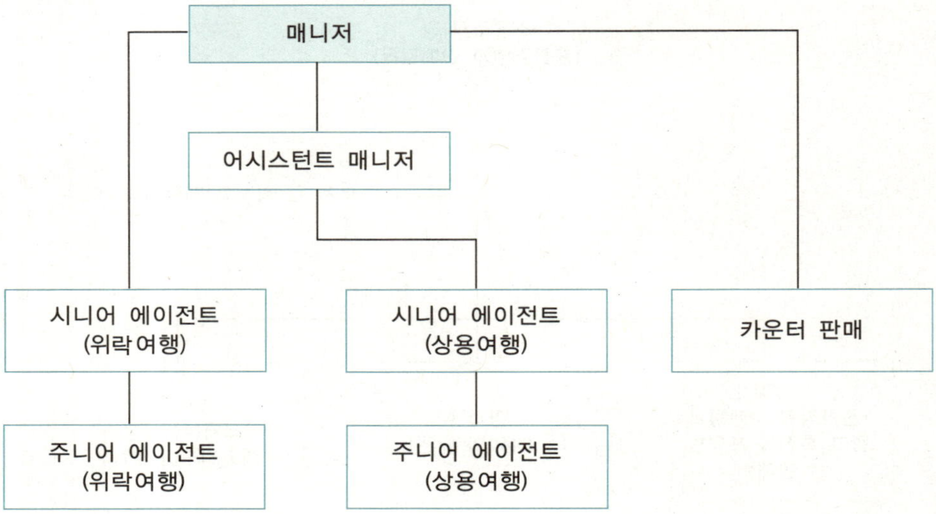

3) 여행사조직의 성장전략

일반적으로 규모의 경제를 가지고 있는 대규모 여행사는 소규모 여행사보다 보다 더 효율성이 높다. 소규모 여행사가 이를 극복하기 위해서는 공동운영이나 컨소시엄을 형성하는 것이다. 여행사가 성장을 하기 위해서는 경영부분에서 전략이 요구된다. 이는 필요한 조직체계를 갖추고 운영의 변화를 도모함으로서 가능하다. 성장을 위한 계획을 도모함에 있어 전략은 다음과 같은 내용으로 이어져야 한다.

- 전문적인 직원들로 조직을 재구성
- 추가적인 상품이나 새로운 직원을 채용함으로서 현재의 영업범위를 확대
- 영업소나 지점을 설치
- 다른 여행사와 합병
- 현존하는 다른 여행사를 인수
- 하나 또는 둘 이상의 여행사와 합작사업 또는 파트너십을 형성
- 협력여행사나 컨소시엄을 형성하거나 참여
- 프랜차이즈에 참여

그러나 이러한 것을 선택하기 위해서는 의사결정에 앞서 장단점들을 주의 깊게 분석해야 한다. 선택된 성장계획은 기업 내의 자금과 인력풀 측면에서 이용 가능한 자원을 충분히 고려해야 한다. 이런 점에서 어떤 사람들은 소규모 여행사는 조만간 없어질 것이라고 예견하기도 한다. 또 어떤 사람들은 지금은 변화단계에 있을 뿐이지 소규모 여행사는 특성화된 서비스를 제공할 수 있기 때문에 지속적으로 살아남을 수 있을 것으로 주장하고 있다. 여행사가 더 커졌을 경우 기술적으로 경제적으로 보다 더 나은 운영을 할 수 있지만 모든 문제를 해결해 주는 것은 아니다. 모든 여행사에 있어 생존의 관건은 고객에 어울리는 양질의 서비스, 훈련, 직원들의 경험, 효율적 운영과 변화하는 상황에 빠르게 대처할 수 있는 능력이 무엇보다 더 중요하다.

중소여행사의 공동모객-일본의 TPC

모객의 고민으로부터 해방시킨다'는 기치 아래 발족한 트래블 파츠 센터(Travel Parts Center : TPC). 주로 중소업자들이 연합하여 모객이나 업무효율화 면에서 협력하자는 컨소시엄(협동 모객기구)이다. 미국과는 약간 시스템이 다르지만 어느 쪽이든 냉엄한 현실에 놓인 중소여행사들의 살아남기 위한 자구책임에는 틀림이 없다. 중요과제의 하나인「업계공동화—그 구체적 대책으로 나온 TPC구상이 앞으로 어떻게 전개될 것인지 살펴보기로 한다.

올해 바이어 회원 100개 회사 목표

복수의 여행업자가 모객면에서 제휴하는 동시에 예약관리, 대금결제 등 업무효율화를 지향하는 컨소시엄 TPC가 4월부터 활동을 본격화하고 있다. 내외항공서비스, 오버시즈 트래블, 윙 투어, 타이싱 인터내셔널 등 중견여행업자 14개사가 발기인이 되어, 작년 4월부터 실험을 거듭해 온 트래블 파츠 센터(TPC)는 올 4월 초순 대금결제 대행을 위한 사무처리 회사까지 설립, 등기를 마쳤다. 오사까에서는 TPC 준비작업이 진행 중이며 후꾸오까, 나고야도 뒤따를 전망이다. 미국에서는 상위 100의 80% 이상이 컨소시엄에 들었거나 프랜차이즈에 가맹하고 있다는데 중소여행업자가 살아남기 위해 구체화시킨 일본형 컨소시엄은 대체 어떤 것인가? 과연 고민 많은 여행업계의 구세주가 될 수 있을 것인가?

특정시장에 강한 14개사 제휴

지난해 4월 중견 14개사로 발족한 TPC는 올 4월 말 현재 회원 수가 50개사로 늘었다. 특히 4월 1일 신여행업법 발효에 따라 일반여행업 대리점업자의 많은 수가 제2종 여행업자, 제3종 여행업자 등으로 바뀌어 독립된 사업체의 길을 택하고 있는 경향도 TPC로서는 순풍에 돛을 단 격이다.

TPC의 대금 집중결제 시스템

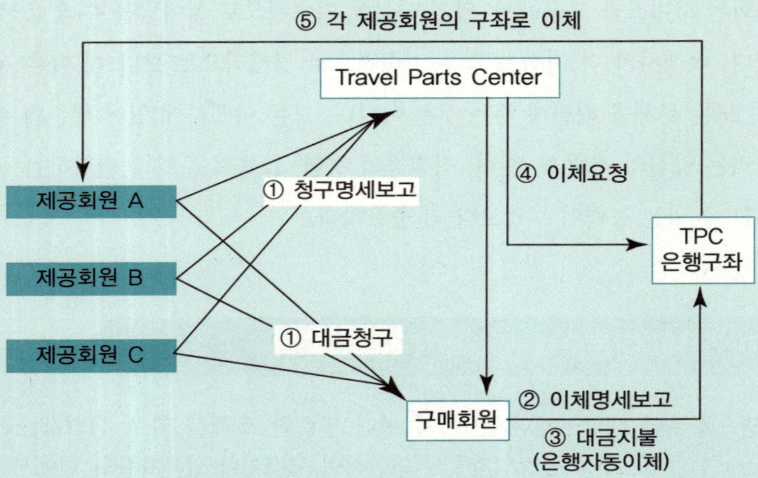

TPC가 만든 안내서를 보면 「해외여행 관련상품의 협동사업 기구」라고 TPC를 표현하고 모객의 고민으로부터 해방시킨다' 고 중소업자들에게 호소한다. TPC의 구조를 간단하게 설명하면 항공좌석, 호텔 그리고 항공권과 호텔의 단위상품(Unit)등 여행상품의 요소를 제공하는 도매업자가 제공(Supplier)회원이 되어 구매(Buyer)회원으로 등록한 여행사에 대해서 TPC가격으로 이 소재를 판매한다는 것이다. 미국의 일반적인 컨소시엄과는 달리 제공회원이 호텔이나 항공사 아닌 여행사이며, 어디까지나 여행사와 여행사간의 거래로 컨소시엄을 형성하고 있다는 점이 특징이다. 지난 1년간은 우선 취급상품을 항공좌석에 국한시켰지만 올 4월부터는 항공권과 호텔의 단위상품도 취급하기 시작했다. 머지않아 호텔 쿠폰도 취급할 것을 예정하고 있다. 제공회원은 1항공사-1제공회원이 원칙이며 특정항공사의 모객에 강한 중견도매업자 18개사 이름이 올라 있다. 그러나 1항공사 1제공이라 해도 특정 지역을 취급하지 않는 경우가 있는가 하면 자신이 있는 지역, 자신이 없는 지역도 있기 때문에 제공회원을 지역에 따라 나눈 경우도 있다. 자신있는 지역에 국한된 상품을 제공하기 때문에, 경쟁력 있는 가격을 내는 것이 전제조건인데 일부 제공회원은 가격경쟁력에서 뒤질 경우에도 모객한 가격대로, 아니면 일부 적자를 감수하고서라도 제공하는 경우가 있다.' 고 마쓰오까 TPC사무국장은 말하고 있다. 이미 18개의 업체가 주요 항공사를 거의 담당하고 있으므로 당분간 제공회원이 변동되지는 않을 전망이다. 현재 구매(Buyer)회원은 37개사. 구매회

원은 예약시스템을 이용해서 요금(Tariff)을 알아본 뒤, 제공회원에 각각 전화로 예약을 넣고 티켓은 도쿄 중심부에 있는 교통회관 내 픽업 센터에서 찾아간다. 구매회원이 되기 위해서는 발기인 회원 2개사의 추천을 받아야 하고 전산처리 단말기 설치, 지정 은행에서의 자동이체 구좌개설, 이행보증보험 가입 등이 필수 조건이다. TPC에서는 작년 4월 이래 1년간의 시험기간 중 제공회원과 구매회원 간에 어느 정도의 거래실적이 있었는지는 밝히지 않고 있다. 그러나 올해 안에 구매회원 100개사, 1Bu 각 구매회원당 월 30건(명)의 거래가 있을 것으로 가정할 때 TPC를 통해서 월 3000명, 연간 36,000명에 대한 해외여행상품 소재가 업자 간에 거래될 것으로 예측된다.

예약 · 대금결재로 효율화 꾀해

TPC는 어디까지나 법인격을 갖지 않는 임의단체이다. 그러나 TPC가 안정된 모객 외에 큰 장점으로 내세우고 있는 예약관리와 대금결제 대행을 하는데에는 임의단체로서의 한계가 있기 때문에 4월 초에 「유한회사 트래블 파츠 센터」를 사무처리 회사로 설립, 제공회원과 구매회원 간의 거래에서 생기는 대금결제를 대행토록 했다. 유한회사 TPC의 자본금은 300만 엔. 대금결제 시스템 가동으로 각 제공회원이 청구한 대금은 유한회사 TPC가 일괄해서 구매회원 지정 구좌에서 자동인출, 각 제공회원의 구좌로 이체시키고, 구매회원에게는 TPC가 인출명세를 보고한다. 이에 따라 제공회원은 개개의 거래에 관한 입금여부를 각각 확인, 지불 독촉할 필요도 없게 되고 구매회원도 대금이체에 관한 수고를 덜 수 있는 것이다. 유한회사 TPC는 제공회원과 구매회원이 각각 납부하는 연회비 6만 엔 외에 거래성립에 대한 수수료와 픽업센터 이용료(건당 100엔을 제공회원이 지불함) 수입으로 운영된다.

이밖에 TPC는 구매회원들이 의무적으로 이행 보증보험에 가입하도록 하고 있다. 연간 5만 엔의 보험료를 내면 15일마다 500만 엔 한도로 신용보증(Credit)이 인정되는 것이다. 신여행업법 시행 전에는 회원자격이 일반여행업자에 국한됐지만, 4월 1일 이후 등록업종변경으로 제1종, 2종, 3종의 모든 여행업자를 TPC의 회원대상으로 하고 있기 때문에, 제3종업체의 취급거래액 등을 참작해서 여신액(Credit한도액)을 500만 엔으로 정한 것이다. 보험가입 때에는 재무상태에 대한 심사도 있어 경우에 따라서는 입회자격을 얻지 못하는 회사도 있을 수 있다. 제공회원이 지금까지 전혀 거래가 없었던 회사와 보험을 담보로 신용거래를 하는 것은 여행업계에서 매우 드문 케이스로 앞으로의 전개가 주목된다.

많은 문제 안고서 출범

TPC회장인 내외항공서비스 기느시따사장은 1년간의 준비단계를 거쳐 이제 공표해도 부끄럽지 않을 정도의 모양이 갖추어졌다' 고 말했지만, 일본형 컨소시엄의 완성까지는 해결해야 할 많은 과제가 남아 있다. TPC가 장점으로 내세우고 있는 예약관리의 효율화 문제만 해도 전산처리 단말기의 활용도가 요금(Tariff)조회 정도에 머물러 실제예약 행위는 전화로 하고 있다. 앞으로 새로운 시스템을 구축하여 구매회원이 시스템을 통해서 예약을 하면 정산까지의 제반 업무가 자동화되도록 할 계획이라고는 하나 꽤 시간이 걸릴 것 같다. 실지로, 제공회원인 도매업자가 TPC회원이 아닌 업자에게도 항공좌석(Air Only)도매를 하고 있고, 재고수량을 TPC회원에게 얼마만큼 배분하느냐도 각사의 미묘한 이해가 얽혀있는 만큼 조정하기가 매우 어려울 것 같다. 과거의 여러 공동모객기구가 바로 이 문제점을 극복하지 못해 차질을 빚었던 것이다. 또 노선에 따라서는 도매업자가 좌석을 사전매입(Block)하지 않는 경우도 있어 자동화를 위해서는 항공사부터 모객시스템을 근본적으로 개선할 필요가 있다. 모객구조의 재검토에는 저항도 크다. TPC기노시따 회장은 중소여행업자가 뿔뿔이 흩어진 채로 나간다면 1만을 넘는 여행업자가 과연 살아남을 수 있겠는가? 우리는 미국여행업계에서 좋은 교훈을 얻을 수 있다. 미국에서는 메가 에이젠시로 불리는 일부 대형업체를 제외하고는 대부분의 여행사가 컨소시엄 산하에 들어가거나 프랜차이즈 체인에 가입되어 있고 단독으로는 존재할 수 없다' 고 말하면서 TPC설립의 배경을 설명했다.

TPC설립위원회는 그동안 미국의 컨소시엄을 모델로 중소업체가 제휴할 수 있는 일본형 컨소시엄의 가능성을 모색해 왔다. 1993년 4월 일본에 유니글로브 트래블 재팬이 설립되고, 다음해 3월 첫 가맹점이 개점, 프랜차이즈 시스템이 가동하기 시작한 것도 컨소시엄 연구를 시작하는 계기가 되었다고 할 수 있다. 미국의 컨소시엄은 컨소시엄 회사 자체가 직접 모델이나 항공사와 교섭, 특별요금을 받아 산하 회원들에게 여행소재를 판매하는 형태를 취하고 있다. 그런데 일본 TPC설립준비 위원회에서는 항공사나 호텔의 협력을 얻기 위해 기존의 여행업 유통체계를 무너뜨리지 않고 현행 유통경로를 살려가면서 공동기구를 구축한다는 것을 대전제로 삼았다. 그러나, 일부 항공사는 이미 항공좌석(Air only)의 도매기능을 도매업자에게 의존하던 체질을 개선하여 가능한 한 중간유통 단계를 배제, 간소화하는 쪽으로 가다듬고 있음에 비추어 TPC가 구상하는 중소업자들 간의 제휴를 그다지 긍정적으로 받아들이지 않고 있다고도 들린다. 오해가 있을런지도 모르겠으나 TPC가 그렇게 커지리라 생각할 수는 없다. 약한 회사끼리 서로 등을 맞대어 협력하고 있는 것이 실상이다. 우리는 스스로의 힘을 잘 알고 있고, 스케일 디메리트(Scale Demerit : 규모에서 오는 결함)가 있다는 것도 충분히 안다' 이것은 TPC의 Buyer부위원장인 사이타이싱, 인터내셔널 사장의 말이다.

공동화의 바람직한 모델

TPC 제공회원 위원장인 오버시즈 트래블의 구로사끼사장은 사견임을 전제하고 중소여행사의 공동화 방향에 대해서 다음과 같이 설명하고 있다.

① 10~20개사의 중견 도매업자 (Wholesaler)회원들이 모든 항공사의 항공권 단위상품(Unit), 패키지투어를 제공한다.

② 수백개사의 중소 소매업자 (Retailer)회원이 그 여행상품에 대해 모객판매한다.
③ 여행상품의 매매가격, 거래조건 등을 항공사의 CRS 또는 회원 각사의 PC로 검색할 수 있도록 한다.
④ 대금지불은 은행 자동이체 방식으로 지불기일 5일 전에 결제한다. 신용보증기간 중의 채무보증은 보험으로 대체한다.
⑤ 항공권 인도장소는 교통이 편리한 지역에 1개소만 둔다.
⑥ 도매업자 각사가 주최하는 통일브랜드와 통일디자인에 의한 팸플릿으로 패키지투어를 상품화하고 소매업자 회원만 이것을 판매한다.

이 중 ①의 패키지투어 제공과 ⑥의 통일브랜드 상품의 판매만 제외한다면 거의가 TPC의 활동영역에 해당되는 것이다. 구로사키사장은 이어 다음 단계로 도매업자 각사에 의한 ① 예약부문 통합 ② 오퍼레이션부문 통합 ③ 상품기획부문 통합 ④ 세일즈부문 통합 ⑤ 컴퓨터시스템의 표준화 등을 실행해 나가는 것이 바람직한 방향이라고 부연 설명했다. 낮은 수익구조로부터의 탈출' 이 여행업계의 지상과제임은 새삼스레 강조할 필요도 없는 일이지만, 업계가 수익구조를 전환해야 할 필요성을 절감하면서도 적절한 처방을 내리지 못하고 있는 것 또한 현실이다. TPC가 지향하는 중소여행사가 살아남기 위한 필요조건은 안정된 모객에 의한 상품확보와 공동화에 의한 기업운영비용의 절감으로 이익을 증가시키는 일이다. 지금까지 여러 번 중소업계의 공동화를 가로막았던 기업이기주의를 벗어던지고 공존공생을 위한 근본적 업무개혁을 TPC가 과연 수행할 수 있을 것인지, 앞으로의 귀추가 주목된다.

출처: Travel Journal(일본 여행전문지)-2008.01.02

여행업계공동 컨소시엄(미국)

최대이윤을 추구한다-미국의 공동 컨소시엄

컨소시엄도 기업이다. '최대이윤을 추구한다' 는 기업의 목표를 가지고 각각 다른 기준으로 회원사업을 펴고 있는 미국의 대표적인 컨소시엄 GEM과 WWT의 운영 실태를 통해 규모나 매출과는 별도로 각 회원사의 수익증대를 목적으로 하는 또다른 협업기구의 효율성을 제고한다.

'구매력 증강을 위한 여행대리점의 조합'

커미션 캡, 티켓리스, 인터넷 도입 등으로 어려움이 더해가는 미국의 여행업계. 이런 환경 아래서 살아남기 위한 방책의 하나로 컨소시엄이 존재한다. 미국에서 말하는 본래의 컨소시엄이란 구매력증강, 수익향상을 목적으로 복수의 여행대리점 또는 소매점이 집결한 조합제도로서 그 조직과 운영을 담당하는 곳이 컨소시엄회사(company)이다. 컨소시엄의 회원이 된다는 것은 '파파마마 에이젼시' 라고 불리는 중소여행사에게 이점이 큰 것으로 생각된다. 컨소시엄으로 규정한다 해도 그 실태는 가지각색. 회원수가 100개사 이하에서부터 2천개사를 넘는 것까지 있고, 회원사의 연평균 매출이 2~300만 불에서부터 3,000만 불 이상까지 분포되어 있으며, 회원사의 연간 매상총액도 1,500만 불에서부터 174억 불에 이르기까지 그 차이의 폭이 매우 크다. 여기서는 그 중 2개의 대표적 컨소시엄의 실태를 추적해 본다.

GEM–북아메리카의 중소회사 3,000개사 가맹

1983년 창립된 GEM은 뉴욕주 롱아일랜드에 본부가 있다. 알 민코프회장은 소매업자로 30년, 컨소시엄업무와 관련해서 경력 18년의 베테랑이고, 제임스 스미스 사장은 20년 경력자로 업계사정에 정통하다. GEM은 미국에 1개소, 캐나다에 2개소 사무소를 갖고 있다. GEM의 회원 수는 약 3천개사. 모두 미국과 캐나다의 여행업체이다. 회원사의 규모는 연간 매상 100만 불에서 3억 불까지 폭이 넓지만 연간매상 300만 불급의 중소회사들이 가장 두터운 층을 이루고 있다. 회원기준은 개인경영의 소매점일 것, 다른 컨소시엄에 속하지 않을 것 등이다. 이 기준에만 맞는다면 원칙적으로 연 300불의 회비(회원사의 자회사일 경우는 연 100불)를 내고 회원이 될 수 있다. 회원사의 60%가 휴가여행(Vacation Travel)을, 그리고 40%가 업무여행(Business Travel)을 취급하고 있다. 제공사(Supplier)는 호텔, 크루즈회사, 투어오퍼레이터, 렌트카회사, 항공사 등 관광관련업자 약 50개사. 이들 제공사가 취급하는 상품에 대한 중개료는 통상 10% 정도이지만 컨소시엄에 따라서는 20%까지 올릴 수 있다.항공권 판매에 있어서는 커미션 캡의 도입으로 중개료가 8% 정도까지 떨어졌다고 하나 GEM회원은 매 4분기마다 약 3~4%의 상여금을 받는다. 위의 관광관련업자 외에 통신, 보험, 신용카드, 택배(출력)서비스업자와도 업무제휴를 한다. 회원은 미국 내 여행사가 대부분이지만 제공사는 국제 통신망을 갖고 있는 경우가 많다. GEM의 제공사선정 및 요금설정은 모두 회장과 사장 둘이서 맡고 있다.

호텔알선에서 소비자대상의 마케팅 지원까지

GEM은 쵸이스 호텔이나 하이얏트 호텔과 리조트 등 대규모 체인을 포함해서 리조트, 스위트 타입 등 휴가여행에 주로 이용되는 1,500개소 호텔을 선정, 12~15%의 높은 중개료를 약정하고 있고, 업무여행을 위한 5,700개소 호텔을 선정해, 법인율(Corporate rate)에 따르는 특별요금을 설정하고 있다. 또 500개소 호텔과는 「블럭 스페이스(Block Space)」 약정을 맺어 GEM회원사의 객실확보를 보증하고 24시간 예약서비스도 제공한다. 인터넷과 팩스를 사용하는 커뮤니케이션 서비스, 여행보험 서비스, 그리고 회원사의 고객이 여행을 떠날 때 선물을 전하는 여행선물(Von Voyage gift Service), 사무실에서 쓰는 문구용품의 할인서비스에 이르기까지 다양한 프로그램을 제공하는가 하면 회원사나 제공사의 일반소비자에 대한 마케팅도 행한다. 이밖에 회원간 또는 회원과 제공사 간의 커뮤니케이션 촉진, 회원사의 트레이닝도 담당하는데 트레이닝 프로그램에 관해서는 ASTA나 관련전문학교와 제휴하고 있다.

WTT-대형 120개사로 구성, 회원이 모두 주주

우드사이드 트래블 트러스트(Woodside Travel Trust : WTT)는 수도 워싱턴 DC에 인접한 메릴랜드주 베세스다를 본거지로 하는 컨소시엄. 1992년 트래블 트러스트 인터 내셔날(TTI)과 우드사이드 트래블 매니지먼트(WTM)의 2대 컨소시엄이 「보다 강한 컨소시엄을 지향」해서 합병한 것이다. WTT에서는 회원을 멤버라고 부르지 않고 동업자라는 뜻과 친밀감을 나타내기 위해서 「파트너」라는 호칭을 쓰고 있다. 96년 1월 현재 파트너의 수는 미국 내 72개사, 국외 52개사, 지사까지를 합치면 4,000개 거점을 이루는 전 세계적인 파트너체제로 95년 매출액이 174억 불에 달하고 있는데 파트너 중 업무여행을 취급하는 여행사가 65%를 차지하고 있다.

운영규모에 따른 회원 선정

WTT는 몇가지 점에서 다른 컨소시엄과 구별된다. 첫째, 파트너인 회원은 모두가 WTT의 주주라는 점이다. 따라서 회비도 정액이 아니라 매출액에 따라 결정되며 파트너는 모집이 아닌 선정을 통해 결정된다. 선정기준은 회사가 주 활동지역에서 얼마만큼의 실적을 쌓았느냐에 달려 있다. 그 결과 미국 내 Top 50 안에 드는 여행사의 3분의 2가 WTT파트너라고 한다. 대표적인 회사를 예로 든다면 미국 전역에 네트워크를 갖는 대형회사인 오메가 월드트래블, 미국 남서부를 주무대로 하는 리오그란데 투어, 그리고 CI트래블-크루즈 인터내셔널 등이다. 시카고에 거점을 두고 최근에 파트너가 된 아링턴 트래블도 연간 매출 1억 5천만 불 규모이다. 국외파트너로는 그 나라에서 Top 5에 드는 여행사여야 한다는 것이 선정기준으로 일본에서는 재팬 그레이라인 인터내셔널이 파트너이다. 대부분의 컨소시엄은 회원들이 납부하는 회비가 수입원의 대종을 이루고 있으나 WTT는 총수입에서 회비가 차지하는 비율이 매우 낮다는 것이 특징. WTT의 주 수입원은 제공사를 대신한 마케팅이나 선전광고 활동을 통해 얻어지며, 각종 상품, 서비스 등을 회원들에게 판매하므로 제공사로부터 얻는 수입 비율이 매우 높다. 그래서 95년에는 회비를 일률적으로 20%나 인하하기도 했다. 제공사의 선정기준은 파트너에게 공급하는 상품 서비스가 질이 높고 또한 일정할인율을 보증할 것 등이 조건이다.

이윤확보를 통한 세계최대규모의 컨소시엄으로 성장

운영면에서는 WTT가 제공사와의 교섭에 나서기도 하지만 주로 제공사 측이 WTT로 제공내용을 가지고 오는 경우가 더 많다. 호텔의 경우 할인율은 공시요금의 20%~60%, 미국 내 1,650개 호텔을 비롯해서 국외에 116개국 1,100 도시에 있는 호텔과 계약을 맺고 있는데 80% 이상이 일급 이상의 호텔이며 평균 할인율은 공시요금의 23%. 그리고 600개소 이상의 호텔과 「블럭 스페이스」, 2만여 개소 호텔과의 법인율에 따른 특별요금 설정 등 계약규모도 크다. 제공사에는 니코 호텔체인, 쵸이스 호텔체인, 알로하항공, 칼리비언 크루즈라인, 에이비스 렌트카 등 쟁쟁한 이름들이 즐비하다. 파트너에 대한 서비스는 고율의 중개료 제공 외에 24시간 긴급예약 서비스, 그리고 연차총회, 지역별 세미나 또는 각종 심포지움 개최를 통한 회원 간 및 제공사와의 의견교환 등이 있다. 회원끼리의 커뮤니케이션에는 물론 인터넷도 사용되고 있다. WTT는 현재 세계최대규모의 컨소시엄으로 경쟁상대는 아메리칸 익스프레스나 칼슨 등 대형여행사의 사내 컨소시엄뿐이다.

모든 회원사의 이윤추구가 목적

이상 미국 내 관광여행을 주로 취급하는 중소여행사 중심의 GEM과 업무여행을 주로 하는 대형여행사들의 국제적 네트워크인 WTT라는 2개의 컨소시엄을 분석해 보았다. 여러 가지 점에서 두 컨소시엄이 대조적이지만 컨소시엄이란 것이 꼭 '중소여행사의 살아남기 위한 수단' 인 것만은 아닌 것 같다. 회원여행사의 규모와 취급상품에 관계없이 구매력증강에 의한 회원사의 수익향상을 도모하는 것-이것이 여러 형태에서 드러난 미국 컨소시엄의 공통된 목표라고 할 수 있다.

출처: Travel Journal(일본 여행전문지)

여행업계공동 컨소시엄(국내)

국내여행사 컨소시엄의 현주소

지금까지 2차에 걸쳐 일본의 TPC, 미국 GEM과 WTT를 통하여 해외여행업계 공동컨소시엄의 실제를 보았다. 일본의 TPC는 중소업체가 연합하여 모객을 늘이고 업무효율화를 도모하자는 마케팅적 취지로 출범한 반면, 회원사들이 항공, 호텔 등 업무제휴사에 요금 설정과 커미션 지급의 계약을 체결하는 GEM, 대형여행사의 국제적인 컨소시엄인 WTT 등은 기업의 파워를 능가하는 컨소시엄의 미래에 희망을 가지게 한다.

무한 경쟁하에 놓인 우리업계에서도 현실의 난점을 타개하고 경영의 효율화를 꾀하여 최대한의 수익을 보장하기 위한 공동의 자구책이자, 업계의 구조조정을 위한 새로운 대안으로 컨소시엄이 제시되고 있다.

그러면 우리나라 여행업계 공동컨소시엄의 현주소는 어디일까?
그동안 한시적으로 단순모객협조 차원의 컨소시엄은 몇몇 출현했었지만 컨소시엄 자체가 회원사의 굳은 신뢰를 바탕으로 하는 만큼 지속적으로 발전하는 형태는 찾아보기가 힘들었다. 결과적으로 수도권보다는 지방에서, 대형여행사보다는 중소형 여행사들간의 컨소시엄이 오래가고 결속력도 큰 것으로 나타났다.
월간 · 디스에서는 현재 활발히 활동하고 있는 각각의 성격이 다른 3개의 여행업계 공동컨소시엄을 통해 국내 컨소시엄의 현주소를 알아보았다. 출발보장과 경영개선이라는 기치 아래 업계의 현실을 한 단계 끌어올리기 위해 공동화 작업에 나선 그들을 만나보자.

허니문상품만을 전담하는 9개 여행사모임 "투데이 웨딩클럽"

투데이웨딩클럽은 9개 여행사 허니문 담당자들이 뜻을 모아 공동상품을 판매하고 있는 허니문전문 컨소시엄이다. 투데이웨딩클럽의 탄생은 1994년 7월, 투데이웨딩클럽의 전신모임이었던 8개 여행사 허니문담당자들의 모임으로부터 시작된다.
첫 모임의 계기는 그 당시만 해도 불모지였던 호주지역 허니문상품을 공동으로 기획하여 수요를 환기시켜 보고자 하는 8개 여행사의 의견이 모인 데 있다. 이러한 공동의 의기투합이 급속한 진전을 보였고, 퀀타스 항공의 좌석지원을 비롯한 적극지원, 호주관광청의 광고지원을 토대로 하여 1994년 7월 말 처음으로 호주 허니문 상품을 출시하게 되었다. 그 해 9월에서 12월까지 첫 판매를 실시한 결과, 전년까지만 해도 전국을 합쳐 호주 허니문상품의 판매 실적이 100쌍이 넘지 못했었던 것에 비해, 짧은 3개월 동안의 공동모객으로 800여 쌍이 호주 허니문상품을 이용하는 거대한 실적을 올리게 된 것이다.
이러한 8개 여행사의 공동화 작업이 순조로운 진행을 보임으로써 허니문공동 컨소시엄을 형성하여 호주를 비롯하여 지역을 점차 확대해 가자는 분위기가 조성되어, 1995년도에는 캐나다와 필리핀 등으로 점진적으로 확대하는 상품기획력을 발휘하게 되었다. 그러나 한두 해를 거치면서 이 8개 여행사의 소규모 모임이 점차 공동상품기획과 공동모객 등 일련의 업무증대로 인해 규모와 비중이 커지자, 1995년도에 공동의 브랜드의 필요성을 실감하여 "투데이웨딩클럽"이라 명명하여 본격적인 허니문 컨소시엄이 발기하게 된 것이다.

재무구조에 따른 신용이 우선

1997년도 하반기 현재, 9개 여행사(V.I.P, 범한, 국민카드, 스마일, 한누리서비스, 자유, 한신월드, 현대드림, 대교)로 정리되었고, 그 입회기준은 기존멤버들의 의견을 모아 여부를 가리게 된다. 그 기준은 무엇보다도 회사의 신용도가 크게 좌우된다. 컨소시엄 자체가 공동 협업기구이기 때문에 회원사에 경영상의 문제가 발생되면 그 컨소시엄 전체에 영향을 주므로 컨소시엄 입회의 기준에는 탄탄한 재무구조와 신용이 우선시되고 있다고 담당자는 전한다.
특히 회사의 규모, 내적수명도, 판매력을 고려하고, 자기색채가 너무 강한 여행사는 컨소시엄의 의미를 상쇄시키므로 영입사로 받아들이는데 장애요인이 되기도 한다. 이러한 여러 가지 상황을 고려하여 희망사 가운데에서 회원사 간의 검토 과정을 거쳐 영입사로의 최종 자격이 부여된다.

출발 전 입금 100% 원칙의 신용결제방식

처음 입회 시 입회비는 없으며, 각사에 투데이웨딩클럽 담당자를 1명씩 두어 대표자 회의에서 전원합의하에 모든 업무가 진행되고 있다.
컨소시엄의 운영은 현 대표간사를 맡고 있는 V.I.P여행사에 직원 1명이 상주 근무하며 1일당 모객의 현황을 본부에 팩스로 접수하고, 본부에서는 각사로 배부하여 통보한다.
순수한 운영경비는 모객을 통한 FOC(Free Of Charge)의 축적을 통하여 자금원을 형성하고, 대금결제는 철저한 신용결제방식을 취하고 있다. 항공관련 대금은 100% 출발 전 입금을 원칙으로 하며 랜드피 역시 적재되지 않고 출발 후 한달 내에는 결제하는 방식을 취하여 현재까지 금전적 약속만큼은 잘 이루어져 왔고, 이러한 약속이 지켜지지 않으면 9개 여행사 컨소시엄의 형성이 불가능했으리라고 보고 있다.
판매수익 또한 9개사로 똑같이 분배하는데 이렇게 내부적으로 잘 지켜온 신용결제방식이 대외적으로도 이미지를 고양시켜 4년이라는 최장기간 여행사 컨소시엄을 지켜왔다고 자부한다.

패키지상품 공동시장에 도전

공동행사기획도 겸하고 있는 투데이웨딩클럽에서는 봄/가을 결혼상품전, 항공사와의 간담회, 시기적절한 세미나, 투데이웨딩클럽만의 팸투어, 담당자들 체육대회에 이르며 지금껏 정기담당자 모임은 꼭꼭 지켜왔다고 한다. 단지 회사의 필요에 의하여 성립된 담당자들의 모임이었지만 시간이 흐름에 따라 신뢰가 쌓여 투데이웨딩클럽 고유의 신뢰와 친목의 분위기까지 창출해 내었다.
투데이웨딩클럽의 광고와 홍보는 각사에 비치하는 전단, 신문, 독자광고, 결혼전문잡지 협찬 광고를 통해 지속적으로 전개되고 있다. 컨소시엄을 형성한 9개 여행사 중에는 대기업 계열에 속한 여행사, 카드회사, 중소규모의 여행사 등 각각 성격이 독특한 여행사들의 모임이라 대금결제방식이나 예약관리방식의 자동화 시스템에 관한 도입 여부 등 접목이 어려운 부분도 있으나, 기본적으로 독자적 영업방침을 최대한 보장하는 한도 내에서 운영을 유지하겠다고 한다. 또한 허니문 상품의 끊임없는 상품개발에 주력하고 아울러 패키지시장에서도 공동모객/판매하는 연합시장을 만들어 가고자 하는 계획과 당면과제에 대해서도 연구를 해 나가고 있다.

지역 여행시장을 확고히 지키고 있는 부산 "파라다이스 투어"

부산 · 경남지역의 여행활성화를 위하여 1987년 11월에 대한항공과 공동으로 부산시내 10여 개 여행사로 구성된 '공동연합상품 추진회'가 결성되어, 부산 · 경남 최초의 연합 패키지상품인 "파라다이스투어"가 탄생되었다. 모객인원을 늘리고 확실한 출발보장이라는 기치 아래 회원사의 수익보장이 컨소시엄의 설립 목적이었다.

지방여행사의 컨소시엄은 목표가 뚜렷하고 절실한 필요에 의하여 형성되었기에 서울지역의 컨소시엄보다는 탄탄한 구조력을 지닌다. 즉 부산 · 경남지역의 여행객들이 서울로 유출되는 것을 방지하고, 각 회원사 간의 협동으로 공동이익을 도모하며 급변하는 시장상황에 적응하기 위한 정보교류 및 업권 보호를 위한 공동대처가 필요했기 때문이다.

처음 시작 후 얼마간은 운영의 어려움을 겪었는데 특히 서울의 저가상품의 보급과 할인항공권은 회원사에게 10~15%의 수익을 보장하던 것마저 힘들게 하였다. 그러나 1993년부터 업계 간의 공감대 형성으로 상품개발의 활성화를 이루어 50여 개 회원사로 증대되었다.

이에 힘입어 올 6월에 파라다이스투어센터(P.T.C : Paradise Tour Center)라는 독립사무소를 여행법인으로 한, (주)피티투어가 탄생되었다. 이제는 회원사는 물론 3,400백개에 달하는 부산지역의 여행사를 대상으로 비회원사 운영까지 겸하고 있다. 회원사와 비회원사 간의 구분은 수익률의 차이로써 생기며 비회원사는 실정산에서 약 1~2%를 공제한 나머지를 지급하고 있다. 회원사는 자산이 점차 증대됨에 따라 입회비의 기준이 높아 현재 입회비 500만 원과 광고제작에 따른 연회비 40만 원을 센터로 납부해야 한다.

지역중심의 강력한 영업결합체로

피티투어의 주된 업무로는 여행상품 기획, 모객수요의 취합 및 모객현황 발송, 항공좌석확보, 수배 등 출국에 필요한 제반업무 제공, 회원사 모집, 각종 여행인쇄물 제작, 대한항공과 공동광고 실시 등이다.

센터에서 상품을 기획하면 그 상품은 각 회원, 비회원사에서 판매하고 모객현황을 회합하여 설명회를 실시한 후 최대모객사를 인솔사로 임명하여 업무 인수인계를 하게 된다. 이익배분은 인센티브제로 모객에 대한 비율로 실정산 처리한다. 참여 회원사는 여행요금 전액을 출발 4일 전까지 인솔사에 송금한다. 발권은 인솔사에서 하며, 항공수수료는 공동 정산한다. 인솔사는 여행종료 5일 이내 소정양식의 정산서 및 정산내역서를 첨부한 행사수익금을 분배하는데 회원사 분배 시 오퍼레이션 운영비를 P.T.C에 송금하여야 한다. 따라서 센터의 운영자금은 오퍼레이션 운영비와 회비로서 충당되고 있는 것이다.

파라다이스 투어의 가장 큰 특징은 대한항공의 100% 지원에 있다. 처음 공동판매에 들어서게 된 커다란 계기도 대한항공의 적극적인 좌석지원으로 성사된 것이며, 현재에도 연간 블록지정을 확보받아 대한항공을 이용한 상품만 기획, 취급해 공동광고를 실시하고 있다.

독립 법인 사무소의 형태를 갖춘 조직력

"파라다이스투어를 이용하면 출발은 보장된다"는 명료한 목적의식을 가진 부산 · 경남지역의 중소여행사들의 컨소시엄은 점차로 상품의 다양화를 꾀하고, 회원/비회원사간의 구분을 좁혀 어느 여행사나 참여하여 공동이익을 얻을 수 있도록 추진하겠다는 계획을 가지고 있다.

올 11월로서 창립10주년을 맞는 파라다이스투어에서는 지나온 시간과 경험을 토대로 꾸준한 송출성적을 보여왔고, 97년 상반기에도 경기불황과 업계의 저조에도 불구하고 50% 신장을 보임으로써 그 관록을 자랑한다.

이에 대해 P.T.C를 운영하고 있는 강한규 사장은 "일본의 컨소시엄과 비교했을 때 법인의 독립사무소를 운영하고 있는 부산 파라다이스투어가 보다 조직적이고 발전된 형태가 아니겠냐"고 강조한다.

공동기획부터 공동모객까지– "유니홀리데이"

유니홀리데이는 국내 3개의 컨소시엄 모델 가운데 가장 설립시기가 늦지만 오랜 경험과 전통을 자랑하는 국내 5개 여행사들이 새롭게 선보이는 연합패키지 상품인 탓에 여행업계의 무수한 관심과 주목 속에 올 4월에 출범한 공동 컨소시엄이다.

여행상품 자체가 부가가치가 낮은데 비해 인적자원의 비중이 커 경영의 난조를 보이는 현상이 심화되는 즈음 공동기획과 공동모객을 통해 인적자원 활용 및 모객을 공유할 수 있다는 게 컨소시엄 형성의 가장 큰 이유이다. 1개의 여행사로서는 고전을 면치 못하던 모객의 어려움을 5개사가 의기투합하여 연합패키지 상품을 판매함으로써 성수기는 물론 비수기에도 모객의 효율화를 꾀해 고객에게는 출발을 약속하고, 회사에게는 경영의 개선을 도모하자는 취지로 모인 유니홀리데이 연합사는 모두 5개, 서울항공, 아주, 한주, 고려, 대한여행사이다.

대한여행의 이용규 사장을 컨소시엄의 간사로 한 이 5개 여행사가 한데 뭉치게 된 데에는 나름의 또 다른 이유가 있다. 각사 서로가 역사도 깊고 광고로 과당 경쟁을 하지 않는 업체로서 서로의 사정을 누구보다도 잘 알고, 또한 지역적으로 탄탄한 패키지 상품을 보유하고 있는 탓에 공동화 작업에 나서기에 가장 적합했다는 것이다.

실무진과 경영진의 별도 업무추진

유니홀리데이는 5개 여행사가 6개월을 단위로 여행상품의 지역과 주간사의 임무를 순환하여 맡는다. 상품기획을 지역담당 주간사가 하되 판매는 공동으로 하고 해당상품에 대한 모객을 맡은 지역에 대한 책임여행사로 몰아준다. 처음 시작할 때는 미주(대한여행), 유럽(서울항공), 대양주(아주관광), 아시아(한주여행사), 특수지역(고려여행사)으로 5개 여행지역을 분담해 담당지역별로 상품을 기획하였다. 지역을 담당하는 주간사는 물론 다른 여행사의 기존상품을 고려하여 기획하지만 각사가 이미 확보하고 있던 항공좌석을 포기해야 하는 경우에도 모두의 이익을 위해 기꺼이 감수해야 하는 등 어려움이 많았다.

패키지상품의 구성은 이미 기존패키지 상품을 상당수 보유하고 있는 국내 유명여행사들인지라 기존상품에서 선호도가 높은 상품을 30개를 선정하여 연합패키지상품 유니홀리데이를 만들었고, 실지운영을 통한 부족을 보완하기 위해 9월에는 그 수를 2배로 증가시켰다.

각사에서 예약을 받으면 매일 주간사로 상황보고 팩스를 보내고 대금결재도 주간사로 송금을 한다. 모객과 이익배분의 관계는 상품가격을 모두 공개하여 원가만 주간사에게로 송금하고 나머지는 실정산하여 모객수만큼 이익을 얻게 된다.

항공사나 랜드사의 선정을 비롯한 모든 결정은 5개 여행사 전원 합의에 의하여 결정되고, 1차적으로 실무책임자 모임에서 의견을 모아 각사의 대표자로 구성된 대표자모임에 보고를 하여 최종 결정을 내린다.

공동출자형식의 법인설립추진으로 조직력 강화

유니홀리데이의 5개사는 역사와 관록을 자랑하는 중견여행사로 이들의 이름만 믿고 여행을 맡기는 고정고객을 상당수 확보하고 있다.

유니홀리데이의 역할은 고정고객을 그대로 유지하면서 새로운 고객을 확보하는 것, 또한 각사가 홀세일러로서 유니홀리데이 이름 아래 각사의 에이전트를 하나로 묶고 새로운 에이전트를 확보하는 것이다. 이를 위해 중앙일간지와 업계지에 출범을 알리는 지상광고를 게재하고 새롭게 BI(Brand Identify)작업을 하고 사보 유니홀리데이를 발간하는 등 다양한 홍보활동을 펼쳤다.

앞으로 유니홀리데이는 1~2년 내에 5개 여행사가 공동으로 출자한 별도의 여행법인을 설립하는 것이 계획이며, 점차 각사 내에서 유니홀리데이의 영역을 확장하고 그 비중을 넓혀가기 위해 다각적인 노력을 기울이고 있다.

2 여행사 경영수익

1) 여행사의 수익구조

여행사의 수익구조의 특성은 제조업종에 비해 박리다매의 저수익 구조를 가지고 있으며 새로운 부대수익원의 발굴이 쉽지 않다는 점이다. 일반적으로 여행사의 영업의 범위와 크기가 다른 경우 그 수익내용도 달라지지만 여행사의 수익구조는 크게 영업수익과 영업 외 수익으로 대별된다. 천편일률적으로 적용할 수는 없지만 대략 여행사의 영업수익은 여행상품 판매수익과 사용권 판매수익(대매 수익), 기타수익 등으로 구성된다. 영업 외 수익으로서는 수입이자, 외환차익, 광고대행 또는 협찬수익 등이 있으나 매우 미미한 편이다. 최근에는 메이저 종합여행사들의 경우, 발행한 주식이나 유가증권의 시세차익에 의해 수익이 발생한다.

(1) 여행사의 영업수익

❶ 여행상품 판매수익

자사에서 생산한 여행상품 판매에 관한 수익이다. 일반적으로 여행상품 판매수익은 타여행상품의 가격, 판매방식, 유치고객의 수와 특성, 전문직원의 수, 업무의 전문화 등에 따라 영향을 받게 된다.

❷ 사용권 판매수익

사용권 판매수익이란 프린시펄을 대신하여 항공권, 철도승차권, 호텔쿠폰 등을 대신 판매해 줌으로서 얻는 수익이다. 판매량에 대해 일정한 비율의 수익이 보장되거나 오버라이딩되는 수익이므로 판매수량을 증가시키는 것이 중요하다.

❸ 기타수익

기타수익으로 여행자보험업무 대행수수료, 비자수속 대행수수료, 환전수수료 등의 대행수수료가 포함된다.

그리고 화물운송업을 겸할 경우 항운수수료, 해운수수료, 육상운송수익, 항공화물수익 등 화물의 운송으로 인한 수수료가 있을 수 있다.

(2) 여행사의 영업외 수익

❶ 수입이자

여행사가 보유한 현금과 예금에 대해 발생하는 이자수익이 발생한다. 이들 현금과 예금의 대부분은 고객이 여행 전에 지불한 여행경비이다.

❷ 외환차익

인바운드와 아웃바운드의 경우 행사대금에 대한 결제가 외화로 이루어지는 바, 원화의 가치가 하락할 경우 인바운드에서 외환차익을 얻고 원화의 가치가 상승할 경우 아웃바운드에서 외환차익을 얻을 수 있다.

❸ 광고대행 또는 협찬수익

여행자에게 사전에 특정 통신회사의 번호가 새겨진 여행용볼펜, 시차표 등을 지급함으로서 외국에서 집으로 국제전화를 이용할 때, 광고되어 있는 회사의 번호를 이용토록 유도하여 얻는 수익이다.

2) 업무별 수익원천

(1) 아웃바운드

아웃바운드(outbound) 업무는 내국인의 국외여행에 관련되는 제업무를 지칭하는 것으로서 내국인을 대상으로 한 항공권의 판매, 여권 및 비자 수속 절차 대행, 해외여행 안내 업무 등이 포함된다. 아웃바운드 경영의 특성은 행사 시 현지여행사(local agent)와의 관계에서 주도적(main agent) 입장을 견지할 수 있으며 또한 국내시장을 대상으로 한다는 점에서 고객성향이나 시장분석이 용이하고 비교적 국내 또는 인바운드에 비해서 높은 수익률을 보장받을 수 있다는 점이다.

일반적으로 아웃바운드의 수익원천은 항공발권수수료, 패키지 · 인센티브 판매수익, 호텔수수료, 항공사의 볼륨 인센티브(volume incentive), 크루즈, 쇼핑수수료, 여권 · 비자대행 수수료, 기타 항목으로 구성된다. 이를 좀 더 구체적으로 살펴보면 ① 기획여행상품 판매수수료 ② 국제선 교통기관 판매수수료 또는 서비스 봉사료 ③ 타사 기획여행상품의 판매수수료 ④ 옵션투어 판매수수료 ⑤ 여권 · 비자 대행수수료 및 외환수속 ⑥ 여행 보험료 ⑦ 쇼핑 커미션 ⑧ 외국 호텔예약 ⑨ 선박회사 승선권 수수료 등이다.

(2) 인바운드

인바운드(inbound) 업무란 외국인의 국내여행 및 국내에 체재하는 외국인을 대상으로 국내여행 상품의 제작 및 판매 그리고 여행안내, 여행알선, 여행선전 등의 업무를 말한다. 인바운드 상품의 대부분은 포괄여행 상품이며, 해외지사와 대리점을 통해 고객을 모집하는데 신속 · 정확한 정보교환이 중요하므로 통신장비설치가 필요하다.

한편 인바운드의 경영적 특성은 업무자체가 여행 행사의 수동적 입장에(local agent)서게 되고, 외국시장의 고객 및 시장분석의 곤란하며, 해외지사를 운영할 경우 관리비 및 판매비용 증가하며, 아웃바운드에 비해 수익률이 낮다는 특성을 갖는다.

일반적으로 인바운드의 수익원천은 ① 지상경비수수료 ② 자체 패키지상품, 주문상품(주한 외국인이나 교포대상) 판매 ③ 옵션 투어 판매수수료 ④ 쇼핑커미션 : 총 매출액 기준 ⑤ 관광기념 사진판매 ⑥ 카지노 : 유치인원당 수수료 또는 교통비 지원 ⑦ 국내교통기관 이용 수수료 ⑧ 관광유흥음식점 : 총매출액 기준 ⑨ FIT의 호텔예약 ⑩ 안내서비스와 미팅 · 센딩서비스 등이다.

(3) 도메스틱(인트라바운드)

국내를 여행하는 내국인을 대상으로 하여 여행상품을 제작하여 여행자를 모집하거나 제작한 상품을 위탁판매 하거나 또는 여행자의 주문에 따라 상품을 생산하여 행사를 집행하는 제업무를 지칭한다. 그리고 안내업무, 국내 프린시펄(principal)의 프린시플(principle)을 대리 판매하는 업무를 취급하고 있으며 경우에 따라서는 전세버스를 소유하고 판매하는 업무도 취급하고 있다.

일반적으로 도메스틱의 수익원천은 ① 일반모집관광 판매수수료 ② 국내 교통기관 이용 수수료 ③ 식당이용 수수료 ④ 타사패키지 투어 판매 ⑤ 기념품 판매수수료 ⑥ 주문(희망)상품 제작판매 수수료 ⑦ FIT 호텔객실 판매수수료 ⑧ 관광농원(감귤 등)상품 판매수수료 ⑨ 전세버스 수수료 등이다.

제5장

여행사 인사관리

발걸음을 위한 진정한 여행은 새로운 대륙을 찾는 것이 아니라 새로운 시각을 갖는 것으로 시작된다. 마르셀 프로스트

자식에게 만권의 책을 사주는 것보다 만리의 여행을 시키는 것이 더 유익하다. 중국속담

미지를 향해 출발하는 사람은 누구나 외로운 모험에 만족해야 한다. 지드

여행은 양보의 미덕을 실천하는 나들이이다. 여행스케치 5월호

제5장

여행사 인사관리

여행사업무는 전적으로 서비스에 기초한 것으로서 여행사의 성공은 경영능력, 지식, 전문가 기질, 직원들의 전문성에 달려 있다고 해도 과언이 아니다. 특히 독립여행사(개인여행사)의 경우 여행사 직원의 질은 성장잠재력과 생존에 큰 영향을 미치게 된다. 그런 점에서 여행사에서의 인사관리업무 즉 모집, 선발, 훈련, 동기부여와 종사원의 유지관리는 여행사 경영에 있어 점점 더 중요한 기능으로 평가되고 있다.

여행사에서 좋은 사람을 뽑는 것이 다음과 같은 이유들로 인해 점점 더 어려워지고 있다. 첫째, 경쟁이 심화되고, 쓸만한 인력이 한정되어 있는 상황에서 온라인 전문여행사를 표방하는 곳 외에도 마켓플레이스, 온라인쇼핑몰, 포털사이트 등에서 여행사업 확대가 활발히 이뤄지고 있는 가운데, 다수의 국내여행 및 국내 숙박 예약 분야 출신들을 대거 유입하고 있고, 공급업자들의 직판과 카드회사나 백화점 등이 여행 사업에 뛰어들면서 기존의 유능한 경력자들을 스카우트해 감으로서 좋은 인력을 구하는데 어려움을 겪고 있다.

둘째, 동시에 다른 분야에서의 더 큰 보상과 촉진으로 인해 훌륭한 종사원들 중, 많은 사람들이 여행업계를 떠나고 있다.

일반적으로 여행사는 여행상품 판매에 많은 지식을 갖고 있는 사람을 필요로 한다. 지금은 많은 부분에서 기술적인 작업은 자동화 시스템으로 전환이 되었고 그로 인해 미래의 종사원은 상담기술, 판매와 마케팅의 전문성, 상품지식, 늘어나고 있는 세련된 고객의 필요를 충족시켜줄 수 있고, 새로운 여행시장세분화를 끌어낼 수 있는 인지적 기술이 요구된다. 여행사에 있어 교육훈련프로그램은 결국 이에 요구되는 자질을 기초로 하는 것이어야 할 것이다.

1 모집

1) 모집활동

높은 이직률과 비숙련 노동자에 의한 실수와 관련되어, 높은 비용발생을 막기 위해서는 철저한 직무분석과 직무에 대한 자격요건을 만드는 것으로부터 출발하여 종사원의 적절한 선발에 모든 노력을 기울여야 한다. 직무분석이란 각 직무의 내용, 특징, 자격요건 등을 분명히 하여 다른 직무와의 질적인 차이를 분명하게 밝히는 절차이다. 직무분석에서 나오는 정보는 직무기술서를 준비하는데 이용되는데 직무기술서에는 직무명, 기술, 요구되는 자격요건들이 기술된다. 또한 직무분석은 주어진 감독의 양, 책임분야, 판매와 카운슬링과 같은 업무내용, 현 직급에서의 승진에 관한 가능성, 추가적인 미래의 책임에 관한 것을 포함하고 있다.

표 5-1 **직무기술서의 예**

A여행사의 초보직종 트래블 에이전트 직무기술서의 예

- 주요 의무와 책임
  - ① 예약과 발권 : PNR의 작성과 수정, 티켓의 발행, 기타 렌트카, 호텔 예약 및 확인, 서비스요청에 대한 추수, 하루당 7~8건의 티켓판매 등(시간의 45%)
  - ② 여행상담 : 전화 및 직접대면에 의한 상담, 휴가 및 상용여행에 관한 여행여정수배(시간의 20%)
  - ③ 일반사무업무 : 송장(인보이스)의 준비와 정리, 옵션만기일 챙기기, 양식의 준비(시간의 15%)
  - ④ 지도 : CRS 피훈련생의 지도(시간의 5%)

- 기타 의무와 책임
  - ① 세일즈 콜 : 여행비수기 동안 CEO를 도와 기업, 지역사회, 사회적 그룹으로의 전화를 통한 새로운 고객 창출과 여행사업 촉진(시간의 10%)
  - ② 팸투어 : 적어도 1년에 한번 실시해야 하며 이를 통해 새로운 공급업자를 평가하고 새로운 수수료를 받을 수 있는 계좌를 개설(시간의 5%)
    - 일반적 자격요건 : 업계 경력 5년, CRS지식, 가능하다면 상담자격증 소지자
    - 개인적 특성 : 우호적이고, 복장단정하고, 판매설득에 강한 능력, 스트레스하에서 일할 수 있는 능력

〈표 5-1〉은 초보수준의 여행사 스탭에 관한 직무기술서이며 대규모 여행사일 경우 직무기술서에 의해 제공된 정보를 이용하여 직무명세서가 명시되는데 이 형태는 직무기술서보다 좀 더 발전된 내용으로 구성되어 있다〈표 5-2〉. 직무명세서는 직무기술서상에 기록된 직무의 기능과 우선적인 책임들을 수행하는데 요구되는 기술과 자격요건에 관해 언급한 것으로서 광고나 다른 모집목적을 위해 활용된다.

표 5-2 **직무명세서의 예**

A여행사의 초보직종 트래블에이전트 직무명세서
① 자동화 : 기본적인 PNR의 작성과 수정을 할 수 있어야 하며, 좌석별 가장 싼 항공요금을 찾아낼 수 있어야 하며, 항공요금과 요금산출방법시스템에 대해 접근하고 이해해야 하며, 티켓을 발행할 수 있어야 한다. 그리고 호텔과 렌트카를 예약하고 CRS에 저장된 정보에 접근할 수 있어야 한다.
② 참고자료 : 여행관련 참고자료(항공, 호텔/리조트, 투어가이드북, 각종 브로슈어, 항공타임테이블 등)를 이용하는데 능숙해야 한다.
③ 발권 : e-ticket의 발권능력과 ATR/BSP의 복잡한 거래를 이행할 수 있는 능력이 있어야 한다.
④ 지리 : 세계의 주요 도시, 국가, 관광지 등을 파악하고 있어야 하며 지도를 볼 수 있어야 하며 GMT를 해독할 수 있어야 한다. 그리고 가장 빈번하게 이용하는 투어오퍼레이터명을 알고 있어야 한다.
⑤ 요금의 선택과 계산 : 고객의 요구에 적절한 항공요금을 선택하고 항공요금부호에 의한 항공요금이나 기타 항공관련약자를 이해할 수 있어야 하며, 티켓의 제한사항(사전구입, 최소/최대 체재일수, 가위벌린여행, 기항횟수, 취소료)을 이해하고 있어야 한다.
⑥ 판매테크닉 : 고객의 요구를 가장 우선시하고, 여행이 주는 실체를 혜택으로 전환시키고, 부정적 국면을 긍정적 국면으로 변화시키고, 예약에 대한 장애를 극복하고, 적절한 전화절차를 이용하고, 효과적으로 듣고, 판매를 종결할 수 있는 능력이 있어야 한다.
⑦ 여행사운영 : 판매보고서 데드라인, 정확한 티켓보관절차, 여행사보증절차, 전세기 취소와 정책의 변경과 고객불평절차와 같은 여행산업에 관한 기본적인 구조를 이해하고 또한 주요 호텔체인, 렌트카회사, 크루즈선사에 대해서 알고 있어야 한다.

2) 모집원천

(1) 여행산업

여행사가 직원을 채용하기 위한 첫 번째 도구는 여행산업 그 자체이다. 우리나라 중소여행업체의 경우 경력자의 대부분은 여행산업 내에서 모집이 이루어지고 있으며 메이저 여행사인 경우 여행산업내와 광고를 이용하기도 한다. 여행산업은 수많은 연관산업들로 구성되어 있는데 예를 들어 관광협회, 여행업협회, 랜드사, 공급업자 특약점 등이 모집원천이 될 수 있다.

(2) 고용센터 또는 직업소개소

여행에 관련된 교육기관들은 많이 존재하지만 여행사 전문 고용센터나 직업소개소는 없다. 여행사가 직원을 채용하기 위한 두 번째 도구로서 전국 곳곳에 산재하고 있는 고용센터나 직업소개소가 있다. 비영리기관에서 운영하는 고용센터의 경우 수수료를 포함하고 있지 않으나 상업적 시설인 직업소개소를 이용할 시, 우선적으로 명성과 신뢰가 있는 곳을 선정하여야 한다. 그리고 계약조건을 살펴보아야 한다. 고용주가 비용을 지불해야 한다면 환불에 대한 보증이 있어야 한다. 왜냐하면 견습기간 동안 취업예정자가 그만 둘 수 있기 때문이다. 여행사는 직업소개서나 고용센터를 이용할 시 취업희망자들이 여행사로 소개가 되기 전에 먼저 직업소개소나 고용센터에서 취업예정자들에 대해 1차적으로 스크린할 수 있도록 해야 한다. 그리고 여행사가 원하는 포지션에 가장 좋은 후보자를 찾아 줄 수 있도록 직무명세서 또는 직무기술서를 제공하여야 한다.

(3) 신문과 잡지 광고

신문과 잡지광고는 종사원을 고용하는데 있어 잠재적인 생산적 원천이 되는데 그 이유는 여행산업종사자의 대부분은 여행교역신문, 잡지 그리고 지역 신문사 광고를 읽기 때문이다. 신문과 잡지광고는 광고지면이 비싸기 때문에 구체적인 자격요건과 복리후생들이 잘 묘사되어져야 한다.

표 5-3 광고의 예

첫 번째 광고유형의 예는 직무에 관한 기본적인 정보를 제공하는 것이지만 두 번째 광고의 예는 보다 구체적이어서 더 많은 지원자를 불러들일 수 있는 유형이다. (예1) 트래블 에이전트, 경험자, 책임감이 있는 분, 컴퓨터 활용 가능한 분, 중년자 정도의 급료, 각종 보험료 보조, 시내에 위치 (예2) 트래블 에이전트, 지하철 2호선 시청역 근처에 위치한 여행사로 적어도 3년 이상의 항공/호텔/크루즈예약 경력과 미숙련자를 위한 항공예약발권교육 가능한 자, 급료 2,000,000원. 자유로운 휴가와 이익공유(profit-sharing)혜택 제공.

(4) 여행관련 학교 및 기타

지금까지도 OJT(on-the-job training)는 여행산업의 관행적인 규칙이다. 신입사원은 경험이 많은 선배의 관찰을 통해서 또는 그들에게 질문을 통해서, 예약이나 발권 같은 지원업무를 이행함으로서 업무를 배우게 된다. 그로 인해 신입사원은 자연스럽게 여행사운영의 모든 외형적인 면과 익숙해지게 된다. 어떤 여행사 경우에는 신입사원이 고객을 직접 상대하는 데는 2년이 걸리기도 한다. 여행사의 교육훈련은 통상적으로 일종의 도제제도를 이용하며 교육비용은 여행사가 부담한다. 오늘날 많은 교육훈련의 선택이 신입사원뿐 아니라 여행사 경영자, 여행사 경력자들에게 존재한다.

우리나라의 경우 직업전문학교, 전문대학, 4년제 대학, 사내 교육훈련 프로그램이 모집의 원천이 될 수 있다. 이들 원천은 교과과정과 목표가 달리 운영되는 경우가 많아 교과과정표를 면밀히 조사할 필요가 있다. 예컨대 여행사에서 필요한 기본적인 전문적인 기술을 학생들에게 가르치는 집중과정으로 설계되어 있는지 여부를 보는 것이다. 그 선발대상이 일반직원일 경우 국내 및 국제 항공여행, 관광, 호텔, 크루즈, 철도, 렌트카, 프런트오피스, 인기 있는 목적지, 자동예약시스템, 판매기술 등에 관한 교과를 이수했는지 여부가 선발의 요건이 될 수 있으며 상담원일 경우는 예약, 발권, 업무진행과정, 참조매뉴얼의 이용, 지리적 지식, 컴퓨터 포맷 등에 관한 테크니컬 포맷을 주로 교육을 받았는지를 살펴보는 것이다.

(5) 자사 홈페이지

홈페이지를 갖고 있는 대부분의 여행사는 자사가 원하는 인력을 충원하기 위하여 홈페이지에 채용공고 디렉토리를 두고 상시채용제도를 채택하고 있거나 게시판에 채용에 관한 정보를 제공하고 있다.

(6) 취업박람회

일부 여행사는 취업박람회에 참여하여 우수한 인력을 유치하고 있다. 여행사는 다양한 기관별(지역별 종합고용지원센터/각 도청, 시청, 구청/노동부 및 정부/각 대학 취업진로실과 경력개발센터/취업포털/문화체육관광부/공사 및 공기업/중소기업청 및 각 지방 노동청 등) 취업박람회를 이용하거나 업종 및 직종(서비스산업/해외취업 박람회) 박람회를 이용하여 필요한 인력을 뽑기도 한다.

2 선발

1) 직무신청

잘 설계된 직무신청서(우리나라의 경우, 이력서와 자기소개서의 의미)는 시간을 절약시켜 주며 고용과정에 보조물이 된다. 그리고 앞으로의 신원조회를 위해 중요한 정보를 제공해 준다. 개인적 데이터(이름, 주소, 전화번호, 고용의 형태, 기타 고용을 위한 이용 가능한 데이터), 교육 정도, 직무경험, 여행경험, 자격증 등의 내용으로 구성하여야 한다.

2) 심사와 신원보증인 체크

직무신청서는 주의 깊게 심사되어야 하며 또한 최종 면접을 위해 지원자를 부르기에 앞서 근무했던 전 고용주가 있다면 그들과 접촉을 해보는 것이 좋다. 일반적으로 많은 여행사들은 1차 인터뷰가 있기 전에 전화상으로 지원자들을 심사한다. 이것은 시간 절약뿐 아니라 지원자의 전화매너, 발성 테크닉, 대화능력, 판매기술, 그리고 스트레스 상황에서 대처하는 능력에 관한 유용한 정보를 제공해 준다.

3) 요구되는 기술과 능력

선발과정에서 중요한 요소는 기술적 지식, 사무기술, 전 직장에서 취급한 업무경험과 트랙 레코드, 외모, 전화매너, 건강 또는 교통문제, 전 고용주로부터 받은 신원보증의 내용 그리고 회사에 어떻게 적응할 것인지에 대한 평가에 관해 지원자의 자격요건을 포함하는 과정이다.

만약 여행 상담원으로 고용되는 것이라면 개인적 특성과 판매 능력이 중요한 기준이 된다. 일반적으로 유능한 상담원이나 직원은 다른 사람을 만족시켜 주고 설득하는 것을 즐기는 사람이다. 그 밖에 다른 중요한 특성은 감정, 융통성, 다른 사람과 잘 어울리는 능력, 응답, 자기 확신, 리더십이 필요하다. 컴퓨터 활용능력과 커뮤니케이션 기술, 지리적 지식 그리고 정보획득 및 관리를 할 수 있는 능력이 또한 필요하다. 이익이 나는 여행상품을 팔기 위해서는 여행사 직원은 고객의 신뢰를 얻어야 하며, 잠재적인 미래여행에 대해 고객을 흥분시킬 수 있어야 하며, 여행으로부터 고객에게 만족과 혜택을 줄 수 있어야 한다. 또한 여행에 관한 고객의 필요, 욕망, 두려움 및 관심사를 발견하여야 하며, 또한 거래를 종료할 수 있어야 한다. 결론적으로 상담원은 사람을 다룰 수 있는 기술과 상품지식의 능력이 요구된다.

4) 개인인터뷰

지원자와 최종 개인 인터뷰는 고용주와 지원자가 서로 알게 되는 기회이며, 앞선 심사과정에서 하지 못했던 질문들을 고용주가 물어볼 수 있는 기회를 제공한다. 인터뷰는 미리 준비된 질문과 상세히 기술된 직무기술서를 가지고 개인공간에서 이루어져야 하며 인터뷰 내내 객관성을 유지할 수 있어야 한다.

직무기술에 관련된 질문을 하는 것 이외에 인터뷰하는 사람은 지원자의 판매자질, 에너지수준, 진취성, 다른 사람에 대한 민감성, 정직성, 스트레스 받은 상태에서 일할 수 있는 능력을 확인하는데 초점을 맞추어야 한다. 지원자가 대부분의 이야기를 하는 개방형 질문이 적절하며 고용주는 책임의 범위, 급료, 승진의 기회를 포함하는 직무에 수반되는 사항에 대해 설명해 주어야 한다. 그리고 지원자들이 왜 이 직업을 원하고 고용주로부터 기대하는 것이 무엇인지에 대한 질문이 있어야 한다.

5) 최종선택

최종선택을 위해서는 마음속에 측정기준을 갖고서 자질이 높은 지원자들의 모든 정보를 비교 · 검토해 보아야 한다. 완벽한 평가시스템은 없지만 지원자의 다양한 기술이나 특성을 점수화하는데 이용될 수 있는 것은 점수제와 등급제가 될 수 있다. 최종선택은 사실 지원자의 정보에 기초하여 경영진의 본능이나 판단에 달려 있다. 선발된 지원자는 질과 양적 면에서 생산 능력을 가지고 있어야 하며 그리고 정서적으로 안정되고 여행사의 문화와 작업환경에 어울리는 잠재력을 갖고 있어야만 한다. 올바른 선택을 하는 것은 고용주와 고용인 양자 측면에서 예상되는 필요와 기대를 만족시키는 것을 의미한다.

동일한 기회제공은 고용 시 또 다른 고려사항이다. 어떠한 사람도 직업을 가질 권리가 있으며 학력, 종교, 성, 나이, 신체적 장애 등에 의해 직장에서 불공정한 대우를 받아서는 안 된다는 점이다. 그러나 언어적 능력과 같은 것은 차별의 수단으로 이용할 수 있다. 경영진은 고용에 관한 자격요건을 결정함에 있어 자격요건 사항 중 어떠한 것을 제거하거나 변경하는 것은 정당화될 수 없으며, 모든 종사원 선발과정을 주의 깊게 검토하는 것이 최대의 관심사가 되어야 한다.

3 교육훈련과 개발

1) 오리엔테이션

여행사는 신입사원에게 적절한 오리엔테이션을 실시해야 한다. 입사 한 달간이 교육훈련을 실시하는데 있어 중요한 시간으로 오리엔테이션은 신입사원이 회사의 가치와 직업윤리를 확인하고 통합할 수 있도록 도와준다. 일반적으로 여행사의 오리엔테이션은 ① 회사의 역사와 전통을 소개하고 ② 여행사의 미래에 대한 오너의 사업철학과 비전을 공유하고 ③ 그리고 윤리, 업무표준, 여행사 방침에 관한 정보를 제공하는 일이다. 이들 3가지와 관련하여 오리엔테이션은 신입사원이 업무절차의 검토, 판매 기법과 여행상품의 정보제공을 함에 있어 보다 효과적이고 효율적으로 도와줄 수 있는 이용 가능한 자원들이 무엇이며, 주위 사람들이 누구인지, 그리고 그들과 친숙해지도록 하는 도구가 되는 것이다. 결국 따뜻하고 우호적인 방법으로 행해진 오리엔테이션은 신입사원 입장해서 보면 편하게 업무관계를 시작할 수 있게 한다. 그리고 신입사원은 능동적으로 참여하게 되고 여행사조직에 공헌이 되는 구성원이 되게끔 하는 것이다.

2) 직원개발

만약 모든 여행사의 목적이 그들의 직원이 높은 전문성을 갖고, 효율적 방법으로 일하는 것에 있다면 직원들의 교육훈련이 이루어져야 한다. 예컨대, 여행상담원은 다음 3가지 분야에서 능숙해야 한다.

- **테크닉** 참고자료의 이용, CRS, 요금계산, 예약절차, 발권, 다큐멘트
- **판매** 상품지식, 확신, 판매기술
- **사무절차** 문서철과 보관, 각종 양식의 이용, 회계절차, 일반적인 여행사 사무정책과 실행

질이 높고 경험이 많은 직원이라 할지라도 당해 여행사가 그 직무에 대해 어떻게 해주길 원하는지에 대해 교육훈련을 받아 오지 않았다면 그 직무를 제대로 수행할 수 없다. 전문성 확보를 위한 교육훈련은 전반적으로 여행비지니스에서 더 많이 경험을 얻게 하는 것이고 산업에서 모든 새로운 개발에 뒤처지지 않게 하는 것을 포함한다. 그런 점에서 효율성과 생산성에 관련되어 있는 교육훈련은 특별히 중요하다.

최근에는 여행사에서도 여행사의 업무팀 또는 특정 직원이 부족한 필요 지식이나 기술을 확인하기 위하여 교육훈련 프로그램의 하나인 요구분석(needs analysis)이 등장하고 있다. 요구분석이란 세분화된 측정고객집단을 대상으로 외형이 향상된 고가제품을 판매하는 향상판매(upselling)나 부수적인 상품을 함께 판매하는 교차판매(cross selling)를 유도하는 분석방법이다. 요구분석은 판매에 있어 직원들의 단점을 확인함으로서, 업무처리능력을 향상시켜주며 시간 및 쓸모없는 노력과 돈을 절약시켜 줄 수 있다.

3) 비공식적 교육훈련

(1) OJT(on the job training)

OJT는 신입사원의 교육훈련 또는 기존의 구성원들의 기술을 업그레이드하는 효과적인 방법 중에 하나이다. 이 방법의 성공은 교육자의 지식 다시 말해 지식을 알려주는 교육자의 능력 그리고 피교육자의 교육자에 대한 존경에 달려 있다. 훌륭한 OJT를 수행하기 위해서는 교육자나 피교육자 모두가 행동이나 기술 개발의 필요성을 구체적으로 알아야 한다. 왜냐하면 어떤 사람이 새로운 일을 하는 것과 어떤 사람이 산업 내에서 직무를 변경하는 것과는 분명히 다르기 때문이다. 전반적인 교육훈련의 목적은 OJT를 위해 구축되어져야만 하며 그 다음 구체적인 단계 즉, 윤곽이 그려져 있는 이 목적을 성취하기 위해서는 교육이 뒤따라야 한다. 어떤 기술이 설명이 되어져야 할 때, 교육자는 무엇을 해야 하며, 왜 해야 되는지에 대한 설명이 있어야 한다.

모든 교육훈련에 있어 중요한 원칙은 다른 기술을 배우기 전에 앞선 하나의 기술이 마스터돼야 한다. 여행사에 있어서 80%의 정확성은 불충분하며 내내 100%의 정확성이 강조돼야 한다. 예를 들어 적절한 다큐멘트 없이 해외여행객의 루팅이나 센딩의 실수는 그 밖의 모든 업무가 정확하게 수행되었더라도 고객의 여행은 혼란스러워지게 된다는 점이다.

경영자들은 그들 종사원들의 강점과 약점 그리고 필요시 계속적이고 보충적인 교육훈련을 실시해야 한다는 점을 인식해야 한다. 일반적으로 교육훈련 프로그램을 가장 효과적으로 행하는 방법 중에 하나는 경험이 없는 직원과 경험이 많은 직원과 함께 근무하게 하게 함으로서 지식을 조직 내에서 공유하게 하는 것이다. 여행사의 정책과 업무절차에 관한 핸드북이 있으면 신입사원에게 절차를 설명하는 데 있어 매우 도움이 될 수 있다.

(2) 미팅

정상적인 사무미팅은 교육훈련의 또 다른 수단이 될 수 있다. 이들 미팅은 직원들이 그들의 기술을 향상시켜 주며, 아이디어를 교환하고, 여행사 내의 현재개발에 대해 토론하고, 직무에 대해 더 많은 것을 배우기 위해서 하는 것이므로 다른 토픽과는 달리 정례화되고 구조화돼야 한다. 미팅의 주제는 상품지식뿐만 아니라 고객에게 편지쓰기, 판매원의 자질, 지리, 사무절차 등과 같은 다른 필요한 기술을 포함한다. 미팅에는 공급업자 REP 또는 도매업자들을 초대하여 프리젠테이션, 세미나를 갖거나 또는 여행사 자체적으로 목적지에 대한 전문성을 향상시키기 위한 비디오를 제공할 때 이들을 같이 참석시켜 토론하는 것도 유익하다. 미팅 동안 일방적 강의형태는 바람직하지 못하며 직원들의 토론을 통해 지식을 동화시켜 나가야 한다.

미팅시간은 여행상담원 중 한사람이 최근의 팸투어에 대해 이야기하는 것이 이용될 수 있을 것이다. 몇몇 여행사들은 직원 중 한명에게 한 달에 한번 목적지에 대해 심도 깊은 레포트를 부과하기도 한다. 팸투어는 상품지식과 평가기술 면에서 교육훈련의 중요한 자료가 된다.

역할극은 교육훈련미팅에서 스탭들이 다른 판매기법, 고객 불평을 까다로운 고객의 특성을 다루는데 있어 일반적인 문제들을 논의하는 기회를 제공하는 또 다른 가치 있는 도구가 될 수 있다.

여행사 직원의 교육훈련을 도와주는 또 다른 비공식적 방법은 모든 종사원들이 주위에 있는 정보를 찾게 하거나 교역출판물을 통해 직원들이 새로운 산업개발과 추세에 관해 알게 한다든지, 게시판에 중요한 정보를 붙이게 하는 계획을 포함한다. 전반적으로 경영진은 종사원의 기술을 모니터하고 업그레이드시키기 위해 지속적인 노력을 하여야 한다. 그래야만 여행사는 전문성, 높은 질 그리고 경쟁적 서비스를 제공할 수 있다.

(3) 종사원 뉴스레터

종사원 뉴스레터는 종사원에게 고객들이 이용 가능한 새로운 상품과 서비스를 알려줄 뿐 아니라 판매정보, 특별 프로모션, 컴퓨터시스템에서의 새로운 데이터 입력방법, 최근의 팸투어에 대한 공급업자 평가 그리고 기타, 다른 유용한 정보를 제공해 주는 것으로서 보충적 교육훈련의 훌륭한 수단이 된다. 특히 복수의 오퍼레이터 시스템으로 운영할 경우 인하우스 뉴스레터는 종사원 서로가 접촉할 수 있도록 도와주며 또한 인사이동을 알게 해준다. 예를 들면 사직, 새로운 인물, 승진뿐 아니라 결혼, 새로운 가족프로그램, 기타 등등

종사원 뉴스레터는 꼭 돈을 많이 들여서 할 필요는 없다. 홈페이지나 컴퓨터 소프트웨어를 이용함으로서도 생산할 수 있다. 인하우스 뉴스레터를 시작하는데 있어 중요한 점은 경영진, 판매직원 또는 다른 사람들로부터 나온 정보에 대해 글쓰는 기술이 좋은 누군가를 선정하는 것이다.

4) 공식적 교육훈련

여행산업이 계속적으로 확대되고 발전되고 그리고 보다 복잡해짐으로서 모든 여행사 구성원들은 공식적 교육훈련 프로그램이 필요하다. 비록 이것이 구성원들에게 돈과 시간이 들어가는 것을 의미하지만 더 나은 여행사 경영을 할 수 있게 해주며 구성원들에겐 더 많은 전문성 지식이 확보되는 결과를 가져온다. 여행사 간의 과당경쟁 환경에서 공식적 교육훈련은 더 이상 사치품이 아니며 시장에서 생존에 필수불가결한 요소이다. 여행 산업에서 품질의 표준척도가 없지만 교육훈련프로그램은 여행 산업 내에서 전문성을 개발하는데 있어 중요한 조처라고 할 수 있다. 우리나라의 경우, 여행사 직원을 대상으로 한 공식적인 훈련 프로그램이 거의 전무한 실정이며 향후 공식적 교육훈련 프로그램이나 인증코스제를 도입하여야 할 것으로 사료된다.

4 평가

성과에 관한 피드백은 모든 직원들에게 필수적인 것이고 일반적으로 모든 직원들이 바라는 일이다. 비공식 피드백은 매일매일 계속되지만 공식적 평가는 일반적으로 1년에 2번씩 실시하는 것이 바람직하며, 그 평가기준은 과거의 업적, 미래의 개발과 기대에 초점이 맞추어 행해져야 한다. 일반적으로 경영자들은 직무가 잘 수행되었는지에 관해 직원을 인지하는 시간을 갖게 될 때나 종사원이 성과를 향상시킬 수 있는 정확한 방법을 알게 될 때, 좋은 성과결과로 나타나게 되고 충성심의 증가로 나타날 수 있다. 1년 단위의 평가는 종사원의 급료인상을 결정하는데 있어 중요하다. 그리고 승진에 관한 종사원의 잠재성, 책임을 떠맡을 수 있는 능력, 그리고 종사원을 어떤 식으로 개발하면 하면 좋을 것인지와 같은 정보를 제공해 준다.

1) 평가기준의 결정

평가기준에 대한 표준을 설정하는 목적은 목표대비 각 종사원의 업적을 평가하기 위해서이다. 일반적으로 여행사에 있어서 성과는 판매에서 창출된 금액이나 새롭게 개발된 계좌의 수 같은 요소들과 같은 양적인 측정이 이용된다. 대규모 여행사의 슈퍼바이저나 지점장들은 그룹 유치실적 면에서 종종 평가된다.

그러나 양적인 평가가 개인의 성과를 완전히 반영하는 것은 아니다. 종사원의 업무를 어떻게 측정할 것이냐에 대한 일반적인 표준들이 설정돼야 하지만 이러한 것들은 보다 주관적인 기준이며 계량화하기 힘들다. 태도, 다른 사람들과 일할 수 있는 능력, 외모, 새로운 것을 배우려는 노력, 조직에서의 융화, 판단력, 정확성 그리고 새로운 아이디어에 대한 공헌과 같은 질적인 것들은 계량화가 힘들다. 〈표 5-4〉는 양적, 질적 성과요소의 부분적 리스트를 제공한다.

잘 쓰여진 직무기술서는 성과표준을 개발하는데 도움을 줄 수 있다. 물론 측정 표준들에 대해 종사원이 알게 하는 것이 중요하다. 종사원들은 표준이 공정한 것에 동의하고 개인표준 설정에 대해 동참한다는 의사표현이 있어야 한다. 종사원과 경영자는 모두 종사원이 책임지고 있는 것과 종사원의 직무에 수반되는 것들이 무엇인지를 구체적으로 명확하게 이해해야 한다.

그리고 경영자의 개인적 감정은 평가에서 배제되어야만 한다. 종사원 평가에 있어서 하나의 잘못이나 호감 또는 비호감과 같은 외형적인 것들이 후광효과로 나타나서는 안된다. 평가규정이 완성되면 평가규정을 건설적인 이용에 두고서 경영자는 종사원과 토의과정을 거쳐야 한다.

평가인터뷰를 준비하는데 있어 경영자는 지난번의 평가와 표준평가서에서의 기록변화가 있은 이후 종사원의 성과를 검토해야 한다.

평가인터뷰는 종사원이 어떻게 일하고 있는지? 무엇을 기대하는지? 개선이나 더 낳은 개발이 어떻게 있을 수 있는지?와 같은 3가지 주요 질문에 관심을 두고 행해져야 한다.

표 5-4 **성과기준**

양적 성과기준	질적 성과기준
전체 판매금액 티켓판매량 크루즈와 패키지 판매량 새로운 계좌 개설의 수 이윤 비율 새로운 고객과의 접촉 횟수 자신이 제의한 판매상품의 히트비율 고객의 서비스 요청	상품지식 고객 불평 또는 칭찬 태도 충성도 다른 직원들과 일하는 능력 판단력 개인적 특성(융통성, 주도권, 성숙성)

2) 목표에 의한 관리(MBO)

앞선 질문은 미래지향적이고 목표설정, 종사원 개발이라는 측면에서 수행되어야 한다. 목표에 의한 관리(MBO)는 감독자와 부하 간 상호협의에 의한 목표설정과 성과책무를 설정하는 경영기법으로 널리 이용되고 있다. MBO는 판매량, 새로운 계좌의 창출과 같은 목표기준을 구체화한다. 목적은 측정가능하고 상호 동의하에 이루어져야 하며, 개인과 직무에 맞게 맞추어져야 하며, 현실적이어야 한다. 예를 들어 "판매를 증가시키는 것"에 대한 목적은 구체적이지 못하며 대신 "20%까지 판매를 증가시키는 것"으로 쓰여야 한다. 이것은 종사원에게 동기부여의 원천을 제공하는 것이고, 목표로 해야 하는 것이 무엇인지를 명확하게 해준다.

만약 목적이 너무 어렵거나 비현실적으로 수립되었다면 종사원은 받아들이지 않거나 부정적인 동기부여를 낳는 결과를 초래할 것이다. 목적을 글로 나타내어야 하는 이유는 동료들이 아닌 자기 자신과 경쟁해야 하기 때문이다. 성과보상이 비록 공정하다고 해도 개별적으로 적용해야 하며 목표와 목적을 잘 결합시켜 사전에 보상의 범위를 결정을 해 두어야 한다. 비록 주관적 기준으로 목적을 구축하는 것이 어렵다 하더라도 평가 인터뷰 담당자는 이들 행동을 잘 정리할 필요가 있다. 다른 동료들과 잘 어울리는 능력과 같은 긍정적인 품질은 칭찬하며 강화의 수단으로서 보상돼야 한다. 그리고 부정적 행동은 개선을 위한 구체적인 목적설정을 가지고 논의돼야 한다.

3) 성과와 급료

종사원 급료 인상은 공식적 평가와 연계돼야 하며 성과에 따른 보상과 연관되어 있어야 한다. 조직행동수정이론에 따르면 만약 종사원이 업무를 잘 수행하고 있다면 급료 인상의 결과를 가져올 것이며 종사원의 가치, 잘 수행되고 있는 행동들은 긍정적으로 강화될 것이다. 만약 성과를 무시하고 급료인상이 이루어진다면 보상시스템은 미래에 성과의 향상을 가져오지 못할 것이다. 그로 인해 성과가 좋은 사람들은 똑같지 않은 공헌으로 같은 보상을 받게 되는 다른 사람들을 보고 낙담하게 될 것이기 때문이다. 평가의 최종적 목적은 더 나은 종사원을 개발하고 동기화시킬 수 있는 경영도구로서 사용하는 것이다.

5 보상

1) 급여 프로그램

보상에 관한 실행은 여행 산업에 매우 다양하게 나타난다. 여행 산업에서의 급여체계는 ① 연봉계약제 ② 연령이나 근속을 중심으로 한 급여지급 ③ 확장적 여행 특전을 수반하는 최소한의 급여지급 ④ 기본급 + 매달 커미션지급 ⑤ 기본급 + 매달 커미션과 보너스를 지급하는 형태를 포함한다. 우리나라 여행사의 임금체계는 통상 ①, ②번의 체계를 채택하고 있으나 추가적으로 TC나 브로커에 대해 ③, ④번의 급여체계를 유지하고 있다. 반면 미국의 경우는 ④, ⑤의 급여체계를 선호하고 있다.

보상의 방법이 무엇이든 간에 많은 여행사들은 최저의 보상을 받아들일 수 있는 사람들을 고용하는 경향이 있다. 그로 인해 이직률이 높아지고 경험이 부족한 직원이 선발됨으로 인해 실제적으로는 비용이 많이 들어가는 정책을 실시하고 있다. 일반적으로 회사에 대한 충성도가 높거나 강력한 판매를 가져다 줄 수 있는 사람들에 대해 회사가 줄 수 있는 만큼 많이 임금을 지불함으로서 가능한 한 가장 좋은 사람을 고용하는 것이 좋다. 임금을 적게 주는 것은 종사원들이 경쟁업체의 고용을 찾게 하는 원인이 되며 그들이 다니는 여행사의 좋지 않은 점을 남에게 떠들고 다닐 수 있는 원인이 되기도 한다.

유념해야 될 것은 보상에 대한 일반적인 가이드라인으로, 1년의 전체 급료가 여행사 전체 수익의 50%를 초과해서는 안 된다는 점이다.

2) 초과근무

초과근무는 여행사에 있어 가장 일반적인 것으로서 어떤 가이드라인이 뒤따라야 한다. 우리나라 대부분의 여행사는 초과근무에 따른 수당을 따로 지급하고 있지 않고 있다. 노동법상에는 최저임금뿐 아니라 주 40시간을 초과할 수 없도록 규정하고 있으나 여행산업에 규정을 적용하기에는 한계가 있다.

고용주는 초과근무에 따른 수당지급은 돈이 많이 들어갈 수가 있기 때문에 이들을 피하거나 최소화할 수 있어야 한다. 초과근무를 처리할 수 있는 또 다른 방법은 보충시간을 주는 것이다. 근무시간 중에 1시간 내지 1시간 30분 쉬게 함으로서 1시간 더 초과근무를 하게 하는 것으로 종사원들이 자발적으로 이 같은 근무형태에 동의하여야 함은 물론이다.

3) 팸투어

팸투어는 목적지의 관광시설물에 관하여 여행사 직원을 교육시키는 있어 가장 좋은 수단이다. 팸투어가 보상이냐 아니면 교육훈련의 기회이냐에 대한 상당한 논란이 있지만 인센티브의 또 다른 형태를 제공한다. 많은 종사원들은 이들 여행을 인센티브로서 보지만 대부분의 경영자들은 위락적인 속성의 인센티브가 아니라 교육적 가치가 있는 기회라고 판단한다. 반면 직원들은 새로운 여행목적지의 지식을 얻는 기회라기보다는 즐기는 보상으로서 팸투어를 본다. 결과적으로 그들의 시간을 목적지 평가에 중점을 두기보다는 휴가를 즐기는데 소비한다.

여행사에 근무하는 모든 사람들은 팸투어에 대해 그들의 교육훈련과 개발의 일부분으로 이해해야 하며 경영자는 개인적 목적으로 팸투어를 사용해서는 안 된다. 어떤 여행사들은 관리직원들을 위해 팸투어를 주기적으로 이끌어내어 혜택을 즐기게 한다. 각 여행사들은 적어도 1년에 1번씩 비용 없이 상품지식을 향상시키기 위해 팸투어를 가지는데 목적지 선택은 고객들에게 가장 인기 있는 지역이어야 한다.

팸투어에 참여하는 여행사 직원은 자신이 여행사의 대표라는 것을 인식해야 하며 다양한 공급업자와 여행사 간에 사업관계를 강화시키는 방향에서 행동할 책임을 가져야 한다. 여행사 직원은 각 방문지역을 평가하기 위해 평가서나 체크리스트를 만들면 도움이 된다.

4) 기타 인센티브

(1) 임금과 복리후생

여행사의 정책과 절차매뉴얼은 임금과 복리후생 측면에서 모든 정책들을 설정해야 한다. 비록 소규모 여행사일지라 하더라도 종사원들과 논쟁을 피하기 위하여 상세하게 설명되어야 한다. 복리후생은 여행사 고용주가 종사원을 위한 창조적이고 동기부여적인 패키지를 만들어낼 수 있는 원천이 될 수 있으며 다양한 형태로 나타난다. 그리고 모든 복리후생 프로그램은 여행사의 상황에 맞게 설계되어야 한다.

가장 일반적인 복리후생은 건강보험, 생명보험, 병가, 장애보험, 휴가이다. 여행사에 있어 또 다른 복리후생은 개인시간 보장, 가장 낮은 대출, 참가비 지불, 골프/테니스/헬스클럽 회원권 보조 그리고 배우자 할인가격 등이다.

(2) 커미션과 보너스

여행사에 있어 또 다른 인센티브의 일반적 형태는 커미션과 보너스 계획이다. 커미션이란 정기적 혹은 빈도에 기초하여 지불되는 금전적인 양을 말하며, 보너스는 1년 내지 6개월 단위로 지급되는 보상의 형태를 말한다. 공격적이고 경쟁력이 높은 직원의 경우 커미션이 높고 낮은 급여체계를 높은 급여체계나 커미션이 없는 급여체계보다 더 매력적으로 생각한다. 미국의 경우 많은 여행사에서는 최소한의 판매할당을 달성했을 때 커미션이 지불된다. 반면 다른 여행사의 경우 판매에 대해 일정한 커미션만 지급하여 운영하는 여행사도 있다. 동기부여적인 목적을 위해 커미션은 가능한 한 자주 지급되어야 한다.

많은 여행사들은 주목할만한 성과에 대하여 인센티브를 제공함으로서 종사원들에게 보너스를 준다. 여행사가 보너스 체계를 이용할 때는 보너스 풀에 할당된 순수익의 퍼센티지를 미리 결정하여 지급하는 것이 좋다. 예컨대 각 종사원들이 받는 보너스의 양은 커미션 수익이나 급료의 % 또는 근무연수에 따라 결정할 수 있다. 대안적으로 고용주는 모든 종사원들에게 똑같이 보너스를 나누어 주는 것을 선택할 수도 있지만 만약 보너스를 전부에게 동일하게 적용시킨다면 이 결정이 운영의 효율성을 향상시키는데 도움이 된다는 경영자 나름대로의 원칙이 서 있어야 한다.

(3) 이익 공유

통상적으로 이익공유계획은 근로자들에게 성취동기 자극을 통해 회사의 이윤을 증대시키는 보상계획의 일환으로 이용된다. 회사이익의 일부를 은퇴이익공유계획의 일부로 사용하게 될 경우 종사원의 충성도 개발에 도움을 줄 뿐 아니라 종사원의 저축을 늘여주는 효과를 갖게 된다. 가령 올해 이익의 15%를 고용주가 기부하여 이익공유계좌에 입금시켜 종사원들에게 보상하는 형태이다. 통상 이 계좌는 비용으로 처리된다. 연금계획의 연장선상에 있는 이익공유계획의 장점은 그것이 매년 분배되든 아니든 간에, 퇴직자금으로 들어가든 또는 아니든 간에 여행사 이윤실적 여하에 달려 있다고 볼 수 있다. 이익공유는 성과가 좋은 해에 종사원에게 보상으로 주어지지만 판매가 평균 이하일 때는 종사원들을 불리하게 만드는 제도이기도 하다. 때에 따라 어떤 여행사는 보너스계획의 일환으로 이익공유계획을 세우는 경우도 있다.

이외에도 주식시장에 상장되어 있는 여행사의 경우 보너스계획의 일환으로 스톡옵션을 제공하기도 한다. 스톡옵션은 경영자와 직원의 책임의식을 높일 수 있고 여행사로의 우수한 인력 유치 및 인재유입효과를 가진다. 그리고 기업의 이미지가 제고되는 효과를 가질 수 있기 때문에 상장회사에서 많이 사용하는 보상기법이다.

(4) 비금전적인 인센티브

금전적인 보상의 중요성에도 불구하고 여행사 경영자는 비금전적인 인센티브를 이해하고 이용할 필요가 있다. 대부분의 여행사들은 도전하고, 직무를 자극하고, 즐거운 직무환경을 조성하고, 평생직업을 보장하는 등과 같은 보상이 부족할 뿐 아니라 넓은 범위의 복리후생과 높은 급여를 제공할 수 없는 것이 현실이다. 그런 점에서 경영자는 직원들에게 개인적으로, 직업적으로 현재의 과정들이 성장의 기회가 된다는 점을 중요한 동기부여의 도구로서 사용할 수 있는 능력을 지녀야 한다.

성공여행사의 노하우 – 인사 · 재무관리 책임자에게 듣는다

"사람관리, 재산관리만이 살길이다"

소위 잘 나가는 기업은 뭐가 달라도 다르다. 회사 경영의 최종 결정권자인 CEO의 남다른 능력만으로는 2%가 부족하다. 여행사도 마찬가지. 영업부서처럼 겉으로 드러나지는 않아도 때로는 절친한 동반자로 때로는 믿음직한 조언자로 든든한 버팀목 역할을 하는 이들이 있기 마련이다. 적자생존의 총성없는 전쟁터에서 부대원들을 챙기는 살림꾼들이 있기에 CEO의 능력은 더욱 빛을 발할 수 있다. 이들은 정작 자신이 가장 한가한 직원이라고 말하면서도 직원들의 자기개발을 위한 방안을 가지고 있고 의사소통도 자유롭고 편하다. 여행사 경영의 기본이라할 수 있는 사람 관리, 재무 관리를 책임지고 있는 여행사 살림꾼들의 노하우를 2회에 걸쳐 소개한다. (여행사명 가나다 순)

"마인드 교육으로 승부한다" – 김희순 내일여행 부장

내일여행 창립부터 지금까지 10년을 한결같이 지키고 있는 김희순 부장은 "어떻게 조직을 관리할 것인지, 어떻게 조직원을 이끌고 갈 것인지 항상 고민하는 것이 자신의 일"이라며 입을 열었다. 예전보다 몸은 편하지만 머릿속은 한시도 쉬지 않는다는 것.
김 부장이 회사에서 입버릇처럼 이야기하는 것은 "자신의 여행을 준비하듯 고객의 여행을 챙겨라"다. 예를 들어 일정표 하나를 복사해도 흐릿하거나 검게 복사되지 않도록 주의하고, 스테이플러 하나도 정성들여 찍도록 한다는 것이다. 작은 것 하나에서부터 고객 감성을 만족시킨다는 전략이며, 고객에 대한 마인드를 키워가다 보면 자연스레 직원들 사이에도 영향을 끼쳐 화합의 분위기로 완성된다는 것이 김부장의 생각이다.
또한 비수기와 성수기의 폭이 크다는 특성을 받아들여 탄력적으로 회사를 운영하는 전략도 시행하고 있다. 비수기에는 근무시간을 30분 정도 줄이거나 2주 이상의 장기휴가를 부여해 직원이 자기개발에 투자할 수 있도록 하고, 실제로 현지를 방문해 공부할 수 있는 시간도 제공한다. 김 부장은 "성수기에 튀어 오르기 위해서는 재충전이 필요하다"며 다양한 시스템을 만들기 위해 고민하고 있다고 말한다.
이를 위해 평소에 직원들과 의사소통하는 것을 자연스레 즐긴다는 김 부장은 "특별하게 회의를 하기보다는 필요할 때 진행하고 성수기에만 필요에 의해 진행하기도 한다"고 말했다. 업무를 방해하는 회의는 지양한다는 것이다.
앞으로 김 부장이 집중하고자 하는 것은 직원들을 단계별로 재교육시킬 수 있도록 시스템화 · 매뉴얼화하는 일이라고 한다. 이를 바탕으로 내일여행을 평생직장으로 여기고 인간적인 분위기에서 함께 일할 수 있는 곳으로 만들어가는 것이 김희순 부장의 다음 목표다.

"관리도 미래를 내다봐야 한다" – 신장상 세방여행사 관리본부장

세방여행사의 관리본부는 인력관리, 수익관리, 재무관리 등 관리의 전 영역에 걸친 업무를 담당하는 부서다. 하지만 가장 중요한 부분은 역시 수익관리다. 한 집안의 살림이라는 것이 결국 수입과 지출의 형평을 맞추는 일이기에 수입을 최대한 확보하고 지출을 줄여나가는 것이 기본이다.
여행상품에 있어서도 다른 상품과 마찬가지로 원가를 낮추는 것이 관건이다. 원가절감은 주로 수배와 영업의 영역에 해당하지만 이러한 노력은 결국 관리의 차원으로 돌아온다.
세방여행사 신장상 관리본부장은 "4, 5년 전만 해도 1개 단체의 평균 인원수가 4.5~5.5명 정도였지만, 최근 3.5명으로 줄어들었다"면서 "이에 따라 인원수 대비 가이드 및 차량 비용 등이 자연적으로 상승해 결과적으로 원가를 높이고 있다"고 말했다. 이와 관련 세방여행사는 여러 소규모 단체관광객들을 코스별로 묶어 행사를 진행하는 방식으로 지출을 줄여나가고 있다.
신 본부장은 또 "이제 관리의 영역에 있어서도 '사후관리'가 아닌 미리 예측하고 대비하는 관리가 필요하다"고 강조한다. 가장 좋은 예가 올해 인바운드 업체의 최대 화두인 엔저현상이다. 환차손을 방지하기 위해 주로 사용하는 방법이 일정 기간 내에 일정액의 외국환을 일정한 환시세로 매매할 것을 미리 약속하는 선물환거래다. 많은 인바운드 업체들이 이러한 선물환거래를 알면서도 활용하지 못해 큰 손해를 보는 경우가 많았지만, 세방여행사의 경우 이를 통해 약 1억 원을 보존했다.
한편 세방여행사는 올해 3월부터 기획과 관리 부문을 통합해 운영하고 있다. 신 본부장은 "양자 간의 소통을 통해 원활한 사업 진행을 꾀하고, 경비절감 효과 또한 매우 높다"고 전했다.

"터놓고 이야기하면 통하더라" – 황주영 여행박사 영업본부장

지난 5년간 일본 개별여행시장을 공략해 큰 폭의 성장을 거듭해 온 여행박사는 얼마

전 사내에 '소사장 제도'를 도입했다. 팀장에게 팀의 인사와 팀원의 급여까지 일임한 제도로 팀원 충원 및 급여까지도 팀장이 조정한다는 제도이다.

황주영 본부장은 30여 명 이상의 팀장들과 의사소통하며 소사장 제도가 원활하게 유지될 수 있도록 하는 일을 맡고 있다. 팀장 간에, 팀 간에 발생하는 문제들을 조율하고 원만하게 해결할 수 있도록 하는 것이다.

이를 위해 황 본부장은 직원들과 친구 같은 관계를 유지하기 위해 노력한다고 한다. 스스로가 "그냥 툭 터놓고 이야기하는 것을 즐긴다"고 말하는 황 본부장은 팀장들의 권위를 최대한 존중하고 팀원들은 전적으로 팀장에게 맡긴다는 전략을 가지고 업무에 임한다.

"회사에서 가장 한가한 사람이 바로 나"라고 스스럼없이 말할 정도로 그는 여유 있게 움직인다. 팀장들에게 형이나 오빠처럼 다가서려 애쓰고 가능하면 농담 한 마디라도 더 건네는 것이 그의 방식이다.

팀장들과 대화할 때에도 명령이나 강압이 아닌 상의를 하는 방식으로 해결점을 찾아낸다. 팀장에게 주어진 책임이 큰 만큼 팀장들이 알아서 해결할 것이라는 믿음이 그만큼 크다는 것이다. 또한 불가피한 경우이거나 중요 사안이 아닌 경우에는 결재도 일절 하지 않는다고 한다. 팀장 전결로 웬만한 것들을 해결하도록 했다.

작은 부분에서부터 여행박사의 본래 색깔을 찾아가기 위해 고민하다보면 하루가 순식간에 지나간다. 마지막으로 그가 강조하는 것은 '팀장이 바빠서는 안 된다'는 것. 팀원들에게 권한을 주고 이후에 도움과 조언을 주도록 하라는 자신의 지침을 팀장들에게 전하기 위해 애쓰고 있다.

"온라인 활용 인력 · 경비 절감" – 강복숙 한남여행사 관리팀장

한남여행사 강복숙 관리팀장은 지난 1986년도에 입사해 현재까지 20년간 관리부서에서 활약한 자타가 공인하는 회사의 안방마님이다. 인사와 총무, 경리 등 관리 분야를 총괄하는 강 관리팀장이 최근 힘쓰고 있는 부문은 온라인 시스템을 활용해 인력 및 경비를 절감하는 것이다.

이러한 노력의 일환으로 강 관리팀장은 전사적 자원관리를 뜻하는 'ERP(Enterprise Resource Planning)시스템'을 지난 2002년 인바운드 업계에서는 1호로 도입했다. 이 시스템을 통해 해외 판매에서 시작해 수배, 정산, 회계까지 전 부문에 걸쳐 있는 경영자원은 하나의 체계로 묶여져 생산성을 높인다.

강 관리팀장은 "ERP시스템을 갖추게 되면 회사의 규모가 확대돼 모객이 늘어난다고 해도 이전과 동일한 인력으로도 충분히 업무를 수행할 수 있다"며 "조류독감으로 시스템 개발을 잠정적으로 중단했다가 지난해 말 공식적으로 시스템을 재개했다"고 말했다. 현재 한남여행사의 ERP시스템은 안정화 단계에 들어서 있는 상황으로 시스템의 속도 부분을 지속적으로 개선시키고 있다.

또 한남여행사는 기업 인터넷전화인 음성패킷망(VoIP, Voice over Internet Protocol)을 올 11월 초 도입해 시험가동 중이다. VoIP란 기존의 데이터 통신용 패킷망을 인터넷폰으로 활용하는 것으로 국제전화 사용량이 많은 여행사들에게는 비용절감에 주효하다. 강 관리팀장은 "아직까지 전화의 감이 떨어진다거나 끊어지는 경우가 발생하고 있어 문제점을 검토 · 개선해 나가고 있다"며 "이 인터넷전화가 정상화되면 월 200~300만 원을 절감하는 효과가 발생한다"고 설명했다.

강 관리팀장은 "어떤 면에서 관리란 '잘하면 본전'에 가까운 업무이지만 무엇보다도 내 살림이라는 생각을 갖고 임한다면 자신뿐 아니라 회사 전체에 힘을 보탤 수 있다"고 강조했다.

(여행신문, 2005-11-28)

제6장

마케팅 업무

진정한 여행자의 마음이란 저 위험한 욕망, 두려움 없이 사물을 생각하고, 세계를 자기의 머리 맡에 놓고, 모든 사물, 인간, 사상에 대하여 해답을 얻으려고 하는 저 욕망과 같은 것이며 결코 그보다 용이한 것은 아니다. 헤르만 헤세

여행을 하는 것이나 병에 걸리는 일은 자기 자신을 반성한다는 점에서 공통점이 있다. 다케우치 히토시

소리에 놀라지 않는 사자와 같이, 그물에 걸리지 않는 바람과 같이, 흙탕물에 더럽히지 않는 연꽃과 같이, 무소의 뿔처럼 혼자서 가라. 숫타니파타(초기불교경전)

사랑하면 알게 되고 알면 보이나니 그때에 보이는 것은 전과 같지 않으리라. 유한준

제6장

마케팅 업무

과거의 여행사들은 상품화의 고뇌나 광범위한 마케팅의 노력 없이 어떤 유형의 여행사업이든지 수익이 발생되었지만 오늘날의 여행사는 소비자의 가처분 소득을 노리는 여가관련 소매업 마케터들과 경쟁적 관계에 직면하게 되었다.

여행상품과 서비스의 판매는 은행, 백화점, 온라인쇼핑몰, 포털사이트 그리고 여행공급업자의 직접 판매 등과 같이 비전통적인 여행서비스 판매회사로까지 확장되고 있다. 심지어 과학기술의 발전으로 인해 화상회의, 화상폰, 웹캠 등이 개발되어 여행의 제약요인으로 등장해 여행사와 어느 정도 경쟁을 하기에 이르렀다. 또한 동종업의 여행사도 다각화, 전략적 제휴 등을 도모하면서 새로운 형태의 시장에 뛰어 들고 있는 상황에서 어느 때보다 경쟁이 치열해지고 있다.

과거에는 상품지식과 열정만으로도 여행상품판매가 이루어졌으나 오늘날 여행객들은 여행사에게 더 많은 것을 요구하기에 이르렀다. 이와 같은 경쟁 환경 속에서 여행산업이 생존하기 위해서는 마케팅 기술이 절대적으로 필요하다. 오늘날 성공한 여행사는 전문적인 서비스뿐 아니라 소매상으로 스스로를 인식하고 새로운 여행상품에 대한 전망을 찾아내고 구매자에게 자신들의 상품이 좋다는 것을 확신시키기 위해 많은 촉진적 노력을 하고 있다.

1 여행경험의 원천

일반 소매상들과 달리 여행사는 보고, 만질 수 있고, 집으로 가져갈 수 있는 유형상품을 판매하지 않는다. 여행상품은 무형이다. 그로 인해 여행사는 고객이 기대하는 여행경험을 판매한다. 여행 상품은 무형으로서 많은 변수를 포함하기 때문에 판매되기 어렵다. 고객이 기대하는 여행경험이 긍정적이거나 부정적이냐 하는 것은 다음의 요소들에 달려 있다.

1) 과거 경험

과거에 여행사, 호텔 항공, 자동차 대여회사 등을 이용해 본 경험이 있는 여행자들은 미래여행에 관한 기대를 갖는다. 그것이 최근의 여행경험일수록 더 많은 기대를 갖게 된다. 리피터 고객을 만들어내기 위한 성공적인 마케팅 노력은 고객의 최근 여행이 긍정적이었냐 아니면 부정적이었냐에 관해 고객으로부터 의견을 듣는 것으로부터 시작된다.

만약 긍정적인 답변이었다면 이러한 정보는 여행사가 고객에게 음식, 숙박 그리고 약속된 서비스를 보증하고 이행하였다는 것을 의미한다. 만약 문제가 발견되었다면 미래의 여행에서는 바로 잡아 나가야 할 것이다. 여행사는 고객의 선호도와 그에 맞는 적절한 여행상품이 무엇인지 체크하고 고객이 긍정적인 경험을 구축할 수 있도록 해야 하며 부정적인 경험은 제거하거나 줄여 나가야 한다. 행복하지 못한 경험을 한 고객들은 그런 경험을 하지 못한 다른 고객들에게 불평을 하게 되는 결과를 야기시키게 된다는 점을 명심해야 한다.

2) 광고와 홍보

브로슈어, 포스트와 광고물의 영향은 측정되기 어려우나 그들은 미래 여행경험 지각에 분명히 영향을 미친다. 예를 들면 해변에 달빛이 비친 웃고 있는 커플들의 포스터는 여행경험에서 로맨스의 상상을 만들기 위해서 디자인된 것이다. 특정 목적지의 여행비디오는 기대하는 여행경험에 크게 영향을 미친다.

3) 뉴스

기대하는 여행경험은 뉴스기사에 의해 긍정적인 것에서 부정적인 것으로 바뀌어 질 수 있다. 라스베이거스 있는 호텔에서의 화재, 멕시코 지진, 유럽 테러 사건, 사스, 중국의 사스 등은 미래 여행경험의 인지에 극적인 영향을 미친다. 목숨에 대해 무서움을 느낄 수 있는 극도의 나쁜 뉴스는 안전을 방치했다는 인상을 주게 될 것이고 일반대중들에게는 극복하기 힘든 것으로 인식된다. 그런 점에서 볼 때 여행사는 고객으로부터 예약취소에 관한 전화를 받을 수 있는 첫 번째 기업이다.

4) 여행기자

여행기자는 관광지, 매력물, 이벤트, 여행공급업자에 관련된 정보를 유포시키는데 있어서 가장 중요한 역할을 한다. 또한 스포츠, 음식, 원예 등과 같은 기자들과 편집자들의 경우도 가령, 축제가 개최되는 장소를 기사화할 때 소비자들에게 여행 인상을 만들어내는 역할을 한다.

5) 오락매체

여행에 관한 TV프로그램, 영화나 유명한 소설의 영향은 무시될 수 없다. 예를 들어, "크로커다일 던디"나 호주의 흥미 있는 여행을 다룬 "아웃오브 아프리카" 그리고 대단한 시청률을 보인 "쇼군", 유람선 에피소드를 극화한 "러브보트" 등은 미국인들의 상상을 뒤흔들었고 일본과 홍콩으로의 여행에 흥미를 가지게 하였다.

6) 입소문

기대하는 여행경험을 만드는 가장 중요한 세력은 자신의 경험을 가진 고객들로서 즉 '입소문' 이 가장 중요한 영향을 미친다. 이것은 모든 여행요소인 목적지, 항공, 호텔, 쇼핑, 관광, 리무진 서비스 등 여행의 구성요소들에 영향을 미치는 것이 사실이다. 여행을 포함해 이 같은 종류의 서비스를 판매하는 경영자들은 구전이 구매의사결정에 영향을 미치는 가장 강력한 요소임을 알아야 한다. 여행은 새로운 목적지나 서비스에 대해 주로 개인의 특성화된 경험으로 판단하기 때문에 가족, 친구, 이웃, 동료 그리고 전문가의 경험과 의견을 찾는 것은 놀랍지 않다.

7) 여행사

광고, 뉴스, 오락매체와 기타 등등은 여행을 독려하는 정보매체이다. 쏟아지는 정보의 홍수 속에 여행사는 고객에게 예상되는 여행경험을 창조함으로 중요한 역할을 한다. 고객들은 객관적인 조언과 현실적 기대를 제공하는 전문가로서의 여행사를 찾고 있는 것이다.

2 마케팅 전략과 마케팅 계획과정

마케팅은 종종 광고, 홍보, PR이라는 말로 대체되어 사용되고 있으나 이러한 활동들은 마케팅 과정의 한 부분이지 마케팅 그 자체는 아니다.

마케팅은 소비자를 만족시키기 위하여 소비자에게 상품과 서비스가 유통되도록 하는 일련의 활동과 회사의 목표를 달성하는 모든 비즈니스 활동의 행위이다. 즉 마케팅은 수요의 창조과정으로, 고객의 돈을 상품으로 교환하는 결과물이 되는 것이다. 그런 점에서 마케팅계획의 수립은 여행사 마케팅 활동의 방향을 위한 로드맵과 시간표로서의 역할을 제공한다. 마케팅계획이 효과적이기 위해서는, 시장의 상황을 잘 분석하여 상품의 생산자나 판매자의 목표에 맞추어져야 하며 그리고 효과적으로 시장의 필요를 파악하여야 한다.

마케팅계획은 모든 마케팅활동들이 조정된 과정이다. 〈그림 6-1〉은 마케팅계획이 어떻게 작용해야 되는지를 보여주고 있는데 마케팅활동은 자원, 시간조건과 회사의 목표와 조화를 이루어야 한다. 일반적으로 마케팅 계획은 기업이 일정 기간 내에 달성하고자 하는 목표와 이 목표를 달성하는 데 필요한 방안을 종합적으로 계획한 것이다. 마케팅 계획은 ㉠ 판매예정량이나 기대이익액에 대한 목표설정 ㉡ 품질, 가격, 유형 등과 관련된 제품 계열의 결합방식 결정 ㉢ 현재시장 및 잠재시장의 존재와 그 규모의 확인 ㉣ 판매경로의 선택 ㉤ 판매촉진, 선전광고, 서비스정책 등의 설정을 포괄하고 있다.

대규모 여행사에서의 마케팅계획은 일반적으로 마케팅 또는 판매 이사나 부사장이 책임을 지고 있는 반면 규모가 작은 여행사의 경우는 경영자가 직접 책임을 지는 것이 일반적이다.

그림 6-1 **여행사의 전략적 마케팅 과정**

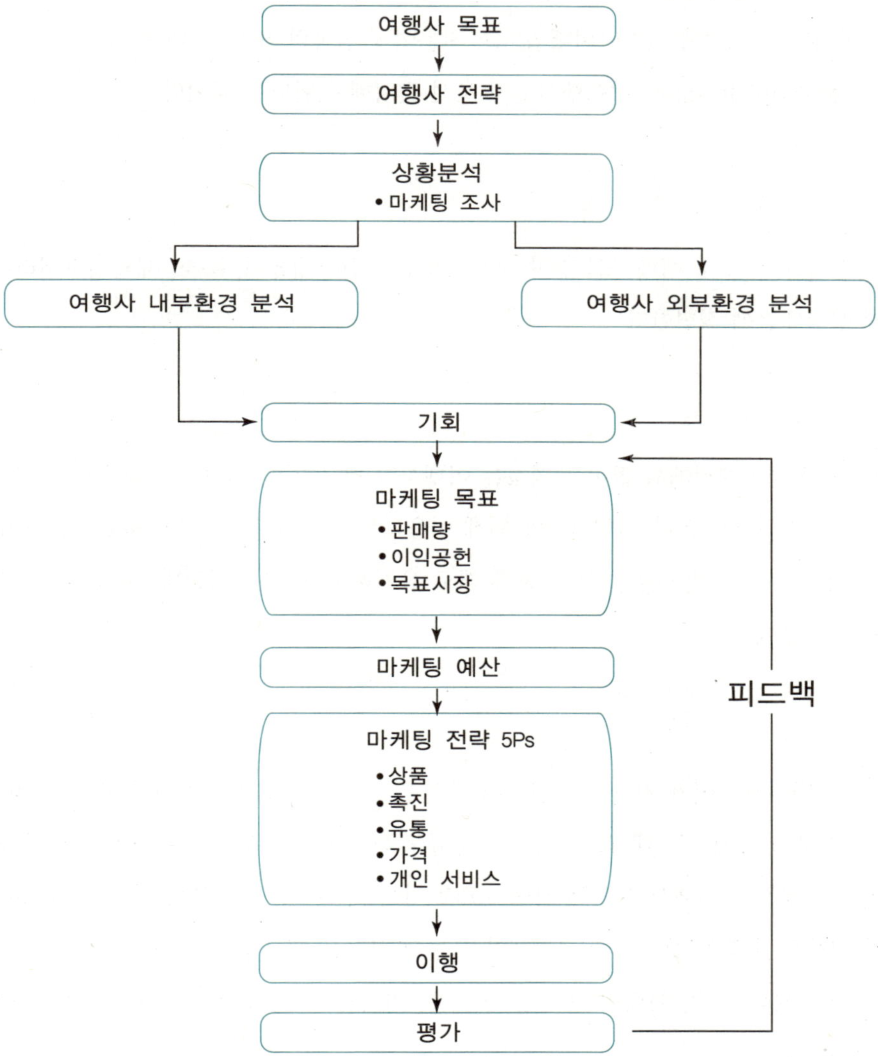

1) 여행사 목표

마케팅계획은 개별여행사의 필요에 맞게 고객들을 디자인하는 데서 출발한다. 그런 점에서 여행사 소유주/경영자는 그들의 여행사가 바라는 것을 명백히 이해하고 있어야 한다. 이 분석에 포함되는 것은 "사명"과 소유주가 회사로부터 무엇을 원하는지 결정하는 것이다. 다시 말해 소유주와 여행사의 경영자들은 그들이 운영하고자 하는 여행사의 유형이 풀서비스여행사(일반여행업) vs 전문여행사(국외 또는 국내여행업), 할인여행사 vs 풀마진(full-margin)여행사인지 우선 결정해야 한다는 점이다.

2) 여행사 전략

성장전략에 있어, 여행사의 경영자나 소유주는 현상태유지, 축소, 계획성장이라는 3가지 성장대안에 직면한다.

(1) 현 상태유지 전략

이 전략은 마케팅계획 없이 운영하는 여행사나 현 상태에 따라서 사안별로 그때그때 대응하는 전략으로 많은 여행사들에 의해 이용되는 전략이다. 하지만 여행사 환경에 영향을 끼치는 많은 변화들로 인해 현 상태로 유지하고자 하는 사고방식은 생존을 점점 어렵게 하고 있다.

(2) 축소전략

축소 전략은 나이가 지긋하고 건강이 좋지 않은 소유주나 경영인이 추구하는 전략으로, 이러한 상황에서는 대규모보다는 소중규모의 여행사로 운영하는 것이 바람직하다. 이러한 경영자는 여행사 운영에 참여하고자 하는 가족구성원이 부족하고 그 결과 여행사를 그대로 운영할 것인지를 결정해야 하는데 그들은 대부분 규모를 줄여 운영하기를 선호한다. 상품의 수, 이익이 나지 않는 고객, 대리점의 수, 고용인의 수를 줄여 나가는 전략이다.

(3) 계획성장전략

성장은 판매와 이윤의 증가, 점포 수의 증가 등을 포함하는 많은 형태로 다가온다. 그것은 새로운 시장에 현존하는 상품을 파는 것, 현존하는 시장에 대해 상품을 확대하는 것(예를 들어, 패키지여행의 결정) 또는 심지어 수직적 통합(예를 들어, 전략적 제휴 등)을 포함하게 된다. 성장의 형태는 마케팅 계획의 방향을 결정할 것이다.

3) 상황분석

마케팅과정의 상황분석단계에서 경영진은 회사의 마케팅 목표와 전략의 영향에 대한 다양한 요소들을 조사해야 한다. 여행사 조사(내부환경)와 환경조사(외부환경)들은 이 분석에 있어서 중요한 부분이다. 상황분석 시, 조사는 우리의 고객을 더 이해하기 위해 수행되어야 한다.

(1) 내부환경조사

내부환경분석 즉 여행사조사는 우선적으로 여행사 내부강점과 약점을 평가하는 일이다. 평가는 변수에 대한 객관적이고 주관적인 평가를 포함하는데, 이들 평가를 통해 여행사의 마케팅유형이 결정된다.

〈표 6-1〉은 환경조사에서 고려해야 할 변수의 유형의 리스트들이다. 이들 변수는 이용 가능한 재원, 사무실 위치, 전문적인 경험이나 개인적인 여행경험, 특수 목적지에 대한 지식, 사무실의 물리적 상태, 이용 가능한 장비, 현존하는 고객과 새로운 전망에 따른 잠재적인 접촉 그리고 여행공급업자와의 관계를 포함한다.

내부환경조사는 교통기관들의 이용정도를 알아보고, 다양한 상품의 판매에 따른 이윤을 어떻게 결정하였는지 등을 포함하는 최근 판매성과를 분석하는 일이다. 내부환경조사를 통해 여행사의 여러 가지의 강점과 약점을 파악하게 될 것이고 그리고 경쟁적 우위를 결정하게 될 것이다.

(2) 외부환경조사

외부환경조사는 내부환경조사와 같이 수행된다. 이 조사는 여행사 외부요소의 전반적인 분석이 요구된다. 다시 말해 인구통계학적인 요소, 사이코그래픽스, 여행산업의 추세, 경제 추세(지역과 지역의 일반적인 사항), 경쟁의 강점, 그리고 정부 법률의 변화의 영향 등이 포함되며, 미래의 대한 가정도 조사해야 한다. 외부환경분석에 대한 정보의 원천은 지식경제부, 한국은행, 투자회사, 항공사, 지역신문, 여행산업잡지에 등에 의한 조사 그리고 사내조사를 포함한다.

❶ 시장잠재력

외부분석의 한 부분으로서 자사의 시장점유율과 특정 지역의 시장잠재력을 결정하는 것은 중요하다. 시장 잠재력이라고 하는 것은 선택된 지리학적 지역 안에서 여행사 서비스를 제공함에 있어 이용 가능한 시장의 전체를 말하며 개별여행사에 의해 소유된 부분을 시장점유율이라고 한다. 비록 시장잠재력이 측정되기 어렵다 할지라도, 여행사는 마케팅 프로그램을 결정하기 전에, 시장크기 변화에 대해 인지할 필요가 있다. 왜냐하면 어떤 지역에서, 시장잠재력은 인구 노령화, 산업 소멸 또는 다른 경제적, 사회적 요소들로 인해 시장이 쇠퇴하고 있을 수 있으며 반면 빠르게 확장되고 있을 수 있기 때문이다. 만약 확장되고 있는 시장에서 보다 큰 시장점유율을 얻으려고 도전하지 않는 여행사는 도태되고 말 것이다.

시장잠재력은 첫째, 지역에 있는 모든 여행사의 총 판매량(앞으로의 사업기회를 위해 백분율로 나타내어야 하며 이는 다른 어떤 여행사에 의해 제공받는 것이 아니라 자사의 공격적인 마케팅을 통해 얻어져야 함) 둘째, 인구통계학적 세분화, 구매력지표, 경제활동 또는 다른 변수를 통해 시장잠재력의 비율 도출 셋째, 이용 가능한 시점에 산업통계치를 이용하는 것을 포함한다. 시장잠재력의 조사는 또한 지역에서 다른 여행세그먼트의 분석을 포함하고 있다.

❷ 경쟁

최근까지, 여행사는 비교적 경쟁에 따라가기 쉬웠다. 오늘날 여행사는 경쟁여행사의 활동뿐 아니라, 온라인 판매, 프랜차이징과 비전통적인 판매업자로부터의 경쟁과 같은 국내 추세에 부응해 나가야 한다. 인근지역에 있는 경쟁자에 관한 정보는 여행사 직원, 공급업자, 고객, 구직자, 다른 여행사와의 미팅, 정기적인 여행교역 그리고 경쟁자에 의한 홍보와 광고 등으로부터 얻어질 수 있다. 경쟁분석은 각 경쟁자의 강점과 약점의 객관적인 평가를 포함하는 것이어야 한다.

표 6-1 **상황분석 시 조사하여야 할 내용**

변수	평가목록
광고	현재의 예산, 과거에 이용된 적이 있는 매체와 메시지
기업이미지	조사연구결과, 고객으로부터의 서신
유통	지사, 영업소, 협력업체, 온라인
장비	유형, 갯수, 연수, 가치
인적자원 개발	유형, 인원수, 비용
인사(판매부문)	인원수, 몇 년간의 경험, 훈련, 교육, 판매기록물
공급업자와의 관계	정산, 지불기록물, 불평

(3) 시장조사

상황분석의 내부환경조사와 외부환경조사에 대한 보완물은 시장조사이다. 시장조사는 마케팅전략과 운영상의 결정들을 내리기 위한 새로운 정보가 되며 활력의 원천이 된다. 시장조사를 통해 여행사는 우리 고객이 누구인지, 그 고객이 여행사에 어떤 이익을 가져다 줄 것인지, 미개발된 시장이 무엇인지에 대해 알 수 있다.

성공적인 마케팅 노력은 특정한 여행서비스를 통해 어떻게 고객의 필요를 충족시키고 조화를 이루어 내어 어떻게 판매할 것인지에 대해서 고객들과 잠재적 고객들을 이해하는 과정이다. 따라서 연구조사와 여행사의 철저한 현존고객믹스가 요구된다. 고객분석은 다음과 같이 구성된다.

- 여행목적에 의한 고객의 분류–상용, 위락, 인센티브 등등
- 주요고객의 결정
- 인구통계학적인 특징과 사이코 그래픽 특징의 결정

❶ 고객정보파일

여행사는 개개인의 고객에 대한 정보파일을 개발해야 한다. 이 같은 업무를 수행하는 데는 컴퓨터가 매우 중요한데 그 이유는 컴퓨터는 업그레이드, 수정, 더 나아가 분석까지 가능하기 때문이다. 많은 여행사는 질문지 사용을 통해 새로운 고객의 정보를

얻는다. 고객질문사항 중 두 가지 예는 아래에 제공되어 있다. 하나는 여행선호도와 신용카드 정보에 대한 구체적인 정보를 요청하는 것이고, 다른 하나는 일반적인 여행습관에 대한 정보를 요청하는 것이다. 상용고객의 경우 상용여행 시 퍼스트클래스나 비즈니스 클래스를 이용하는지에 관한 기업의 여행규정, 호텔과 자동차대여를 포함한 특별법인요금 등은 상용고객을 위한 추가적인 정보로서 유용하게 사용될 수 있을 것이다. 고객의 새로운 정보는 주소 변경, 직업 변경, 항공사의 선호도 변경 또는 다른 데이터 등에 관한 것이며 정보가 얻어지면 고객의 정보파일에 추가해 나가야 하며 고객의 모든 여행은 잘 기록하여 보관해 나가야 한다.

여행자 프로필

- 여행자의 이름
- 주소 • 우편번호
- 직장전화번호 • 집전화번호
- 신용카드

  ☐ 비자 ☐ 마스터 ☐ 아메리칸 익스프레스 ☐ 기타( )
- 카드번호 유효기간 만료일
- 여행선호도

－좌석 : ☐ 내측 ☐ 창측 ☐ 비흡연 ☐ 흡연 ☐ 퍼스트클래스 ☐ 비즈니스클래스 ☐ 이코노미클래스
－식사 : ☐ 일반식 ☐ 다이어트식 ☐ 기타( )
－항공사 －빈도
－렌트카 －특별예약번호
－호텔 : ☐ 트윈 ☐ 싱글 ☐ 더블 ☐ 스위트
－받고자 하는 여행정보
☐ 휴가패키지 장소 :
☐ 개별 여행지 :
☐ 레포츠 :
☐ 기타 :

질문

• 다음 휴가 시 예상하는 휴가기간은
☐ 1주일 이하 ☐ 1주일 ☐ 1~2주 ☐ 2주 ☐ 2주 이상
• 방문하고자 하는 지역은
☐ 적도 파라다이스지역 ☐ 신비한 아시아지역 ☐ 모험과 탐험지역 ☐ 유적지가 있는 유럽
• 낮 동안 원하는 일은
☐ 그냥 휴식 ☐ 관광 ☐ 쇼핑 ☐ 해변에 감 ☐ 골프 ☐ 테니스 ☐ 기타
• 밤 동안 원하는 일은
☐ 나이트클럽에 감 ☐ 카지노방문 ☐ 쇼 관람 ☐ 별 관찰 ☐ 기타
• 여행기간 동안 동행하고 싶은 사람은
☐ 친구 ☐ 후배 ☐ 선배 ☐ 가족 ☐ 아내 ☐ 혼자
• 목적지에서의 선호활동은
☐ 많은 것을 할 수 있는 리조트분위기 선호 ☐ 긴장을 풀 수 있는 분위기 선호
☐ 패키지투어를 선호 ☐ 혼자 활동하는 것을 선호
• 좋아하는 음식은
☐ 스테이크 ☐ 패스트푸드 ☐ 한식 ☐ 중식 ☐ 건강식 ☐ 다이어트식
• 다음 휴가 시 동행자는
☐ 혼자 ☐ 친구 ☐ 가족 ☐ 친구와 가족
• 휴가빈도는
☐ 1년에 2번 이상 ☐ 1년에 1번 ☐ 2년에 1번 ☐ 거의 하지 않음
• 선호하는 휴가철은
☐ 봄 ☐ 여름 ☐ 가을 ☐ 겨울
• 휴가예산은
☐ 항상 충분 ☐ 때때로 늘어남 ☐ 종종 하고 싶은 것을 하지 못함

❷ 상용이나 위락에 의한 분류

일반적으로 고객들은 기본적으로 상용과 위락여행객으로 분류될 수 있다. 경우에 따라 상용과 위락여행이 겸목적 여행이 되기도 한다. 여행사는 때때로 하기의 카테고리에서 안성맞춤의 하위집단 상용고객을 발견하게 되는데 여기에서 적당한 목표시장을 선택할 수 있다.

상용 개인

- 전문직
- 판매/유통직 종사자
- 제조업 종사자
- 기타

상용 기업

- 개인여행객
- 그룹여행객 : 컨벤션 및 회의 참가자, 인센티브 참가자

상용 비영리

- 학교 : 개인, 그룹
- 정부 : 개인, 그룹
- 준공공기관 : 개인, 그룹

예를 들어, 만약에 어떤 여행사가 소규모 제조업체와의 좋은 관계를 유지하고 있다면 소규모 제조업체들의 명부를 얻을 수 있을 것이고 명부를 통해 그들을 촉진시킬 수 있다. 한편, 위락여행일 경우에도 여행사는 위락 여행객들을 다양한 하위집단으로 유사하게 분류할 수 있다. 그룹 또는 세분시장이 확인되고 개인적인 공통된 특성들이 무엇인지 알고 있다면 여행사는 이러한 정보를 통해 고객세분시장에게 적절한 상품을 판매할 수 있을 것이다.

❸ 주요고객의 결정

대부분 비즈니스들은 그들의 판매와 이익의 대부분이 그들의 대다수 고객들로부터 나왔다는 것을 발견했다. 그것은 종종 80/20이라는 규칙으로서, 이 의미는 비즈니스의 80%는 고객의 20%에 의해 창출된다는 것이다.

고객판매분석은 어떤 고객들이 여행사에 대해 판매와 이익의 대부분을 제공하는지를 분석하는 것으로서 주요고객들은 적절하게 특별한 배려를 받아야 한다.

주요고객을 결정하는 데 있어 비영리 소비자 즉 훌륭한 서비스를 요구하고, 장시간이 소요되고, 아직 거의 구매력이 없는 고객들이 포함될 수도 있을 것이지만 여행사들

은 미래의 고객을 위해 무료정보제공, 상담을 제공해 주어야 한다. "계속적으로 이익이 없는 고객들에게 서비스를 제공한다는 것은 이해되지 않는다"라는 것을 주장하는 그런 여행사의 시대는 갔다. 비록 판매비용이 들어가더라도 효과가 있을 수 있는 거래이거나, 이익이 많은 고객을 유지하기 위해 필요한 서비스일 경우에는 정보제공, 상담은 그 자체로 정당화돼야 한다.

대부분 여행사들은 끊임없이 새로운 사업을 찾는다. 때때로 못보고 지나치는 비즈니스의 기회비용은 현존하는 여행사 고객 안에 있는 경우가 많다. 예를 들어, 현존하는 상용 고객들은 그들의 거래여행사를 통해 그들의 위락여행 예약을 부탁하기도 하며 컨벤션과 회의기획 또는 인센티브 투어를 부탁하는 경우가 종종 있다는 점이다.

그리고 그룹여행에 관심을 가진 동창회 소모임 또는 교회 모임과 같은 사회조직, 전문직 조직, 또는 종교적인 조직의 위락여행자들이 확장된 기회를 제공하기도 한다. 상품이용에 만족했던 고객과 기업 또는 위락고객은 여행사에게 새로운 고객들을 소개할 가능성이 높다.

❹ 인구통계학적 특성

인구통계학적 특성은 누구나 쉽게 볼 수 있는 정량화된 통계치를 제공하며, 지역인구와 여행사 단골고객에 관한 사실을 제공한다. 여행사 경영자는 어떤 인구통계학적 자료들의 유형이 위락고객과 상용고객을 묘사하는데 부합되는지 결정하여야 한다. 이 같은 정보를 수집하고, 도표화하고, 업데이트하고 그리고 이용하는 것은 경영자의 결정 후 그 다음 수행될 수 있다. 다음은 잠재적으로 유용한 인류통계학적 정보의 예이다.

위락여행객	상용여행객
이름	회사명
주소	주소
직장 전화번호	우편번호
집 전화번호	부서
우편번호	회사의 유형
직업	종업원 수
수입	시장 내에 위치한 지점의 수
교육 정도	위치
결혼유무	상용여행객의 이름(직책, 주소, 회사 전화번호, 집 전화번호, 비서의 이름)
성별	
자녀 수	

⑤ 사이코그래픽 특징

사이코그래픽스는 소비자의 심리적(사이코) 구성을 기술(그래프)하려는 아이디어를 내포하고 있다. 그러나 사실상 이 용어는 소비자 활동(activity), 관심(interest), 의견(opinion) 등의 라이프스타일을 분석함으로써 소비자의 생활양식을 평가하기 위해 사용된다. 사이코그래픽스에 관한 연구는 표적시장의 소비자들을 다른 집단의 소비자들과 구별하고 그들의 개성과 라이프스타일 특성들을 평가하는 문제에 초점을 두고 있다. 사이코그래픽스를 통한 조사에서는 소비자들의 욕구, 동기, 관심, 태도, 신념, 개성, 가치 등에 대한 다양한 설문을 통해 대규모 표본집단을 조사하여 소비자들의 심리적 · 행동적 특성을 계량적으로 측정하고 분석한다. 이를 통해 마케터들은 기업이 자사의 고객들에게 효과적으로 도달하고 이해하기 위한 세분시장을 묘사하고, 성공적인 시장 세분화 전략뿐만 아니라 촉진 전략에도 이용할 수 있다.

일반적으로 소비자들은 인구통계학적, 지리적 특성이 같더라도 구매특성은 매우 다르게 나타나는데 이것은 개인마다 특성이 다르기 때문이다. 인구통계학적인 접근방식으로 고객 세분화를 하는 방식이 한계에 봉착함에 따라 이런 사이코그래픽스 접근법은 갈수록 설득력을 얻어가고 있다. 다음은 여행객의 유형을 사이코그래픽스로 나눈 학자들의 예이다.

- Plog는 사이코그래픽스에 의한 미국인 여행자의 유형을 모험 · 변화추구형, 중간형, 안전 · 친숙형 3가지로 나누어 설명하고 있다. 안전친숙형의 여행객은 지역적 제한성, 근심걱정, 무기력함을 그 특성으로 한다는 점이며, 모험 · 변화추구형 여행객은 모험성, 자신감, 사교성, 걱정을 하지 않는 성향을 지닌다고 하였다.
  - 모험 · 변화추구형(allocentrics) : 다른 사람보다 먼저 목적지 방문하기를 원함, 새롭고 이국적인 목적지 선호, 덜 개발된 목적지 선호, 목적지에서 색다른 체험을 추구, 항공으로 목적지로 이동, 목적지에서 활동과 참여에 중점, 발견의 기쁨추구, 여행일정을 스스로 관리, 낯선 사람과 타문화 교류 욕구가 강함.
  - 안전 · 친숙형(psychocentrics) : 친숙한 목적지 선호, 패키지를 선호, 관광목적지에서 일상생활과 유사한 활동을 선호, 수동적 즐거움을 추구, 관광목적지 이동시 자동차를 선호, 여행을 기분전환목적으로 이용하는 경향, 대단위 관광지와 숙박지를 선호, 일상적 분위기 선호

• Poon은 관광객성향 관광동기 태도 관심에 따라 전형적 관광객과 신세대관광객으로 분류하고 그 행동적 특성을 다음과 같이 설명하고 있다.

- 전형적 관광객 : 동질성, 신기함 추구, 일상탈출, 태양 아래 편안하게 누워 있길 좋아함, 대중추세 추종, 환경에 대해 책임감 없음, 관광한 곳을 자랑하고 싶음, 소유, 물질을 중요시함, 우월감의 사고, 서구인의 가치관을 현지민에 강요, 관광지의 볼거리가 중요함, 조심성 많음, 호텔에서 식사, 특별한 관심사항 없음
- 신세대 관광객 : 이질성, 여행은 일상사 중 하나, 여행은 삶의 연장, 활동적임, 여정을 스스로 계획하고 결정함, 환경파괴는 하지 않음, 여행 자체를 즐김, 존재, 정신을 중요시함, 이해와 공존의 사고, 관광지에서 행할 행동을 인식함, 관광지의 이용시설이 중요함, 모험적임, 현지식당을 찾음, 특별한 관심사항 있음

• Cohen은 관광객의 유형을 신기함과 친숙함을 기준으로 하여 관광객은 그 속에서 자신의 특성을 나타내게 된다고 보고 그 유형을 조직적단체관광객, 개별적 단체관광객, 탐험형 관광객, 유랑형 관광객 등 4가지로 분류하였다.

- 조직적 단체관광객 : 다른 사람들과 단체로 움직이는 패키지관광과 같은 포괄여행상품을 구매하고, 잘 알려진 곳을 선호하며, 신기함에 대한 체험은 실제로 존재하지 않는 것으로 보고 있음
- 개별적 단체관광객 : 조직적 단체관광객과 유사하나 단체여행을 하면서 여행 중 약간의 자유시간을 선호하는 유형, 즉 여행일정은 가능한 한 변화를 추구하고자 하며 관광활동에서 친숙함이 지배적이나 신기함에 대한 체험도 조직적 단체관광객보다는 더 큰 집단의 유형임
- 탐험형 관광객 : 스스로 세부적인 여행일정을 편성하고 여행을 하면서 의도적으로 다른 관광객들과의 접촉을 피하는 경향이 있음. 개별단체관광객보다 낯선 환경에 잘 적응함. 그러나 이러한 관광객들은 현지주민들과 만나서 교류는 갖지만 어느 정도의 편안함과 안전함을 추구함
- 유랑형 관광객 : 어떤 종류의 관광시설도 선호하지 않고 지역문화와 직접 접촉하며 지역주민들의 생활양식으로 생활하려고 함. 관광활동에서 친숙함보다 신기함에 대해 높은 가치를 추구하는 집단임

• 연령별 여행객 특성

- 청년층은 활동력이 왕성하고 신비한 것에 대한 호기심도 많으며, 지식 욕구 또한 강할 뿐만 아니라 타의에 의해 행동하기보다 자발적인 활동과 생활을 즐기려는 경향이 있다. 따라서 이들은 새로운 곳에서 탐험을 즐기고 단체 여행보다는 자유롭게 행동할 수 있는 개인 여행을 선호한다. 따라서 여행사는 젊은 층의 이러한 공통적인 욕구와 여행 패턴에 주목해서 FIT(개별 자유 여행, 배낭여행, 캠프 여

행, 자전거, 낚시 동호회 여행 등)의 상품 개발이 바람직하다. 이때의 숙박 시설은 유스 호스텔이나 특이한 지방색을 가진 것을 권장하는 것이 좋다.

- 장 · 노년층은 활동력이 상대적으로 위축되고 새로운 것에 대한 열망보다 안정성에 관심이 많고, 가족 수도 줄어들며 신체적 변화도 많다. 따라서 이들은 안락하고 편안한 여행에 관심이 많으므로 투어 가이드가 동반하는 단체 여행과 보양 관광을 선호한다.
- 45세 미만 여행객들은 자녀들과 함께 움직이는 관광이 주류를 이루고 있고, 여행상품 선택 기준으로는 의사소통 능력, 교통과 호텔 서비스의 질, 접근의 편리성, 상품의 가격, 다양성 등의 요인을 중요하게 고려하고 있다. 45세 이상의 여행자들은 자녀를 제외한 부부만의 여행이 주류를 이루고 있으며, 호텔 서비스의 질, 접근의 편리성, 광고, 가격, 예약 서비스 요인 등을 여행 상품선택 시 중요하게 고려하고 있다

• 교육 수준별 여행객 특성 : 일반적으로 교육수준과 관광 간의 상관성이 매우 높게 나타난다. 교육수준은 관광목적과 관광유형의 선택에 영향을 미칠 뿐만 아니라 관광활동에도 영향을 미치게 된다.

- 비교적 교육수준이 높은 관광객일수록 관광활동 참가가 높으며, 여행 중 활발하게 대인접촉을 시도한다. 이들의 구매습관은 합리성에 기초하고 있으며, 보다 세련되고 정확한 정보가 제공되는 여행상품을 선호하는 경향을 나타낸다. 지적 욕구가 대체로 강해 새로운 관광지에 관심이 높고 여행 과정에서 다양한 체험을 기대한다. 이 경우 생태 관광, 문화유산 탐방 여행, 문화 민속 관광, 학술 세미나 참가 등 인센티브 주문형 여행 상품을 선호한다.
- 교육수준이 비교적 낮은 관광객은 여행의사결정 시 즉흥적인 결정을 하게 되고, 여행경비도 많이 지출하며, 목적지의 활동은 대인접촉보다는 자기중심적 활동을 선호한다. 새로운 것에 대한 도전보다 익숙한 것을 선호하고 행동도 의존적이므로 통상적인 일정의 상품, 인기 코스 중심의 상품이 효과적 일수 있다.

• 가족생애주기별 관광행동 특성

- 어린이 : 어느 장소나 관광지로 재빨리 가서 그 곳에서 다양한 휴가활동을 하고 싶어 한다.
- 결혼 전 젊은층 : 모험적인 여행을 선호하고, 목적지나 활동이 계획되어 있지 않으며, 여행의 진정한 즐거움을 그 자체의 목적으로 삼는다.
- 결혼 후 젊은층 : 분주하게 가능한 많은 곳을 다니면서 최대한으로 관광대상을 보고 싶어 한다.

- 중년층 : 다양한 목적과 다양한 목적지가 포함된 여행을 선호하며, 친구, 친지, 종교, 사업상의 모든 여행형태가 오락적인 것에 관심을 두고 있다.
- 노년층 : 신체적 제약으로 인해 휴양 식도락 등 여행활동 위주의 것에 관심을 가지고 있다.

• 기타
- 도시인은 여행 중 활동적이며 적극적인데 반해, 농촌사람은 여행 중 정적인 활동과 소극적인 성향을 나타낸다.
- 어린이나 노약자를 포함하는 가족의 경우 근거리 여행을 선호하는 반면, 자녀가 없는 가족의 경우 장거리 여행을 선호하는 특성이 있다.

4) 기회

정보의 이용은 마케팅 조사와 여행사에게 가장 좋은 마케팅 계획을 제공해 주는 환경분석(내부환경/외부환경)의 결과에서 나온다. 이런 과정은 회사의 주요 전망과 이용 가능한 자원에 대한 최상의 이용을 확인시켜 준다. 이용 가능한 기회의 평가는 가장 적합한 마케팅 목표와 전략을 결정하는 데에 있어 여행사에게 도움을 준다.

5) 마케팅 목표

제1의 마케팅 목표는 판매량 목표, 정해진 마감기일 그리고 손익계산서라는 3개의 중요한 부분으로 구성된다. 목표는 읽혀질 수 있어야 된다(예 : 연말까지 총 예약 1,000만 달러에 5%의 순수익에 도달하는 것). 목표는 하위목표로 나누어질 수 있는데 목표 1000만 달러에 대한 쓰임새를 설명하는 것이다. 가령 호텔예약에서 200만 달러에 도달하고 크루즈예약에서 300만 달러, 기타 등등. 마케팅목표의 또 다른 예로는 여행자 보험을 30% 더 팔거나, 특정 목적지 판매를 20%까지 올리거나 20개의 새로운 법인계좌를 개발하는 것이 될 수 있다.

마케팅목표는 판매할당과 직원 수의 결정 그리고 전술한 목표량을 얻어내기 위해 필요로 하는 비용의 수준에 관해 기본적인 역할을 한다. 마케팅 목표는 현실적이며 입증할 수 있어야 한다. 그리고 여행사 내 모든 사람들은 목표에 도달하는데 있어 도전감과 이행과 실패에 대해 반드시 책임감을 느껴야만 한다.

가장 중요한 마케팅 목표 중 하나는 목표시장의 선정이다. 모든 이에게 모든 것을 하게 하는 것이 현실적으로 어렵기 때문에 여행사들은 종종 요구되는 몇몇 전문화된 형태의 업무를 찾고 있다.

어느 지역에 있는 여행사가 이용가능한 시장잠재력은 여러 개의 다른 시장이 된다. 여행사는 세분시장이 아주 좋은 기회를 제공해 주는지 그리고 현실적으로 혹은 이익 면에서 서비스될 수 없는지를 결정하여야 한다. 선택된 시장에서 발생된 새로운 사업은 보다 많은 이윤을 가져다 줄 것이다. 이러한 시장이 확인되고 가장 좋은 옵션이 선택되면 그것들이 목표시장이 되며 상품과 서비스는 그들을 위하여 구체적으로 설계되어야 한다. 목표화된 시장의 독특한 특성은 가장 적절한 마케팅 전략을 결정하는 것이 될 것이다.

6) 마케팅 예산

마케팅 계획은 예산에 의해 관리되어야만 한다. 이러한 예산은 명확하게 보여야 한다.

① 연간 총 마케팅 비용 ② 각각의 마케팅 요소들에 대한 연간 지출(예를 들어 광고, DM, 기타 등등) ③ 각각 마케팅 요소의 월당 지출비용 ④ 전체 마케팅 비용의 %로써 지역별 마케팅비용과의 관계 ⑤ 여행사의 총 비용에 대한 마케팅 비용의 % 관계로 나타내어야 한다.

마케팅 예산은 특정시간동안 마케팅 활동들을 도와주는 역할을 하게 되며, 이들 마케팅 활동프로그램은 주위 상황에 따라 어느 정도의 유연성이 요구된다.

7) 마케팅전략

마케팅 전략은 목표를 접하고 이익을 최대화시키기 위해 여행사의 자원을 어떻게 최대로 이용할 수 있는지에 대한 결정을 수반한다. 이것이 흔히 마케팅 4Ps라고 일컬어지는 마케팅 믹스이다. 마케팅 믹스의 개발은 내부적으로 일관성 있고 상호보완적인 계획을 마련하는데 목표를 둔 개선과정으로 그 중요성은 아무리 강조하여도 지나치지 않다. 4Ps 중 어느 한 요소를 변경하게 되면 마케팅 전략도 어느 정도의 차이는 있겠지만 나머지 요소들을 전부 수정하여야만 한다. 왜냐하면 4Ps(상품/유통/촉진/가격)는 서로 영향을 미치기 때문이다. 그리고 환대산업의 한 부문인 여행산업의 경우, 서비스를 본성으로 하고 있다는 점에서 개인서비스가 추가하여 본서에는 마케팅 믹스를 5Ps로 정의한다.

구체적인 마케팅 전략은 앞서 기술한 단계들이 수행되지 않고서는 적절하게 세워질 수 없다. 가장 많이 하는 실수는 촉진 캠페인 계획이나 다른 마케팅전략 계획을 목표시장 선정, 경쟁 분석, 목표설정을 하기 전부터 시작한다는 점이다.

(1) 상품전략

모든 상품의 결정은 고객필요의 충족이나 수요의 창조 주위에서 주기적으로 일어난다. 고객/상품라인의 매트릭스는 마케팅 계획에 있어 상품개발과 각 고객세분시장의 다양한 상품라인에서 기대하는 판매량을 예측 가능하게 해 줌으로서 경영진이 다음 해의 수입 원천 결정이나 마케팅 활동계획의 도구가 될 수 있다. 이러한 매트릭스를 작성해 봄으로서 여행사는 수입을 최대화시켜줄 수 있는 다음 해의 상품믹스가 무엇인지를 알게 될 것이다.

상품을 어떻게 차별화할 것인가?

지금 현재 우리나라의 여행산업의 경우 성숙단계에 있어 상품의 차별화에 한계가 있다. 성장단계에서는 상품의 특성이 중요한 역할을 하는 반면 성숙단계에서는 브랜드의 중요성이 높아지기 때문이다.
우리나라 여행상품의 경우 그 내용이 비슷한데 어떤 상품이 경쟁상품과 같다 하더라도 창의적인 광고 및 판촉활동에 의하여 차별화시킬 수 있다. 인지도와 포지셔닝은 상품을 차별화 시키는데 유용한 도구이며 상품이 갖는 특성은 시장에서 상품의 위치를 설정하는데 도움을 준다.

그림 6-1 **고객/상품라인 매트릭스**

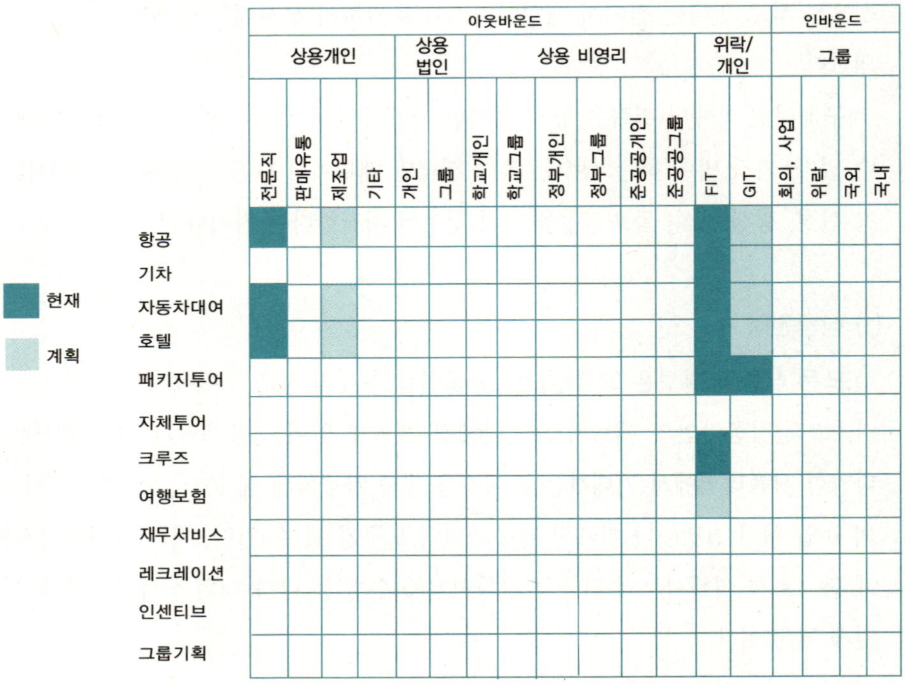

❶ 상품의 차별화

최근의 여행업계 동향으로 볼 때 중 · 소규모 여행사에 있어 전문화는 필수불가결한 것으로 보고 있다. 일반적으로 여행사에서 행하는 가장 흔한 전문화는 상용여행자나 위락여행자 중 하나를 선택하는 것이다.

사업여행객에게 집중하는 여행사는 법인체 여행이나 전문가 여행(의사, 변호사 기타 등등)을 더욱 전문화하게 되는 반면 위락여행을 전문으로 하는 여행사는 성수기의 휴가여행에서 시장기회를 제공받을 수 있다.

❷ 전문화

여행사는 또한 상품라인이나 고객의 유형을 통해 전문화할 수도 있다.

가. 상품라인 전문화　상품라인에 의한 전문화는 여행사에게 시장틈새 기회를 제공한다. 특히 대도시 지역에서, 여행사는 전세버스나 크루즈와 같은 상품라인이나 또는 독특한 목적지로의 여행을 취급함으로서 전문화할 수 있다. 이런 여행사들은 1~2개의

상품라인을 통해 얻어진 전문적 지식을 통해 그룹단위의 단골고객을 개발하는 수준으로 발전하게 된다.

예컨대 크루즈상품을 전문으로 하고자 하는 여행사는 넓은 상품범위에 대한 지식을 소유함으로서 전문화될 수 있다. 크루즈전문회사로 입지를 굳히기 위해서는 크루즈 티켓을 많이 판매해야 하므로 고객들에게 매력적인 할인을 통해 판매량을 증대시켜 나가게 될 가능성이 높다. 판매량의 증대는 크루즈선사에게 대항력이 커질 뿐만 아니라 판매량 증가에 따른 오버라이딩(overriding)을 가능하게 해 줄 것이며 고객에게는 똑같은 품질에 좀 더 낮은 할인가격으로 여행을 할 수가 있게 됨으로서 전문화가 촉진될 수 있다. 그런 점에서 전문화는 여행사의 경험과 폭넓은 상품지식을 갖고서 고객에게 가장 적합한 크루즈여행을 추천하고 준비하는 것이 될 수 있다.

나. 고객-특성화에 의한 전문화　고객의 특별한 생활방식이나 취미는 여행사에 또 다른 특성화 기회를 제공한다. 스키, 골프, 테니스, 스쿠버다이빙, 카지노, 문화관광, 크루즈, 래프팅, 스파, 피트니스, 와인투어, 허니문, 기타 등등의 휴가시장이 존재하며 이러한 휴가들의 특성화를 여행사가 꾀할 수 있다면 많은 양의 상품확장을 이끌어낼 수 있다.

여행사의 고객특성화의 가장 일반적 형태는 사회적 성격을 반영하여 상품화하는 것이다. 최근에 많은 여행사들은 가족여행, 싱글 공동체, 실버여행, SIT 등과 같은 시장을 전문화하고 있다.

특수 분야에 전문화되어있는 여행사라면 여행산업의 상황이 어떻든 걱정할 필요가 없다. 특히 중소여행사는 시장의 전체 크기보다는 틈새공략능력에 더 관심을 가져야 한다. 그러나 이런 전문화 내지 특성화된 여행사가 가지는 위험은 자사의 성장가능성을 제한할 수도 있다는 점이다.

❸ 다각화

가. 상품의 수평적 다각화　여행사의 환경도 여행산업 내의 치열한 경쟁과 더불어 백화점, 신용카드사, 홈쇼핑 등 외부세력에 의해 취약한 환경이 조성됨으로써 다각화는 고려해 볼만한 가치가 있는 전략으로 평가된다. 여행사가 할 수 있는 다각 경영을 위한 가장 일반적인 형태는 자체 관광이나 패키지여행을 운영하고, 스스로 도매업자가 되며, 특수 분야 여행의 숫자를 증가시키는 것이다. 여행사의 수평적 다각화는 여행사에

게 추가적인 선택권을 제공한다. 그런 점에서 경영진이 다각화를 하고자 할 경우에는 잠재적으로 이익을 될 만한 상품라인과 고객들을 분석하고 동시에 여행사의 현재 자원에 대한 꼼꼼한 분석이 이루어져야만 한다.

나. 상품의 수직적 다각화 여행사는 그들의 상품라인의 일부분으로써 수화물 취급이나 RV 운영 등과 같은 비전통적인 상품을 제공할 수도 있다. 일부 여행사에서는 다른 여행관련 상품 즉 여권사진, 태닝로션, 외환율이 프로그래밍되어 있는 계산기, 스포츠 이벤트 티켓 그리고 여행 안내책자들을 판매한다. 그리고 여행자 보험, 여행자 수표 그리고 환전 등과 같은 몇몇 상품라인은 큰 이익을 기대할 수는 없지만 이익을 창출하는 좋은 기회를 제공하고 있다. 대규모여행사의 경우는 현지식당운영, 쇼핑센터운영, 면세점운영, 크루즈선 운영, 호텔 및 리조트운영 등으로까지 이어지고 있다.

(2) 판매촉진

마케팅 믹스의 두 번째 P는 판매촉진 활동이다. 폭넓고 다양한 광고, 홍보, PR 그리고 다른 촉진적 기회들이 여행사에 존재한다. 어떠한 프로그램 활동들이 행해지기 전에 마케팅 목표는 명백하게 이해되고, 진술되어야만 한다. 촉진적인 활동들은 마케팅의 목표와 상품에 따라 다양하게 나타난다. 일반적으로 여행사가 대중에게 메시지를 제공하는 2가지 이유는 첫째, 전략적인 시장포지션 형성과 이미지 제고 둘째, 여행사의 서비스를 촉진하기 위해서다.

❶ 전략적 포지셔닝과 이미지 형성

마케팅에서 '포지션(position)'이라는 단어는 전문용어가 아니라 시장 안에 있는 모든 것을 의미한다. 예를 들면 렌트카 회사인 아비스(Avis)는 성공하기 위해 노력하는 2위의 회사이미지를 스스로 강하게 소비자에게 포지셔닝함으로서 성공적인 회사로 성장했다. 포지셔닝의 기술은 산업이나 혹은 기업에만 국한되는 것은 아니다. 오늘날 소비자는 수천 개의 광고 메시지의 폭격을 받아서 모든 회사나 상품들을 기억하는 것은 기대할 수도 없다. 그래서 경영진은 목표로 하는 고객마음의 특별한 상태나 특성에 여행사를 명확하게 포지셔닝할 수 있어야 한다.

일반적으로 여행사는 아마도 상용여행 전문여행사 또는 규모가 큰 풀서비스를 제공하는 여행사로서 포지셔닝되기를 바랄 것이다. 성공적인 포지셔닝 전략이 되기 위해서는 여행사의 이미지가 명확하고 분명해야 하며, 쉽게 기억될 수 있는 이미지를 개발하느냐, 못하느냐에 달려 있다.

고정된 법인명과 로고, 위치와 사무실 외관, 심지어 여행사 직원의 외관과 전화예절 이들은 모두 결합된 형태로 나타나 의도적이든 의도적이지 아니든 간에 여행사의 이미지를 창조한다. 창가의 외부진열 또한 여행사의 이미지를 강화시키거나 가치 있는 판매도구가 될 수도 있다. 밝은 색상의 외부진열은 사람을 끌어들이는데 도움이 되며 다양한 여행 공급업자나 목적지로부터 지도나 포스터를 얻어 사용하게 되면 저렴한 비용으로 사무실을 디자인할 수 있게 된다.

② 광고

광고는 라디오방송, 전화번호부, TV, 인쇄물, 옥외광고시설과 쇼핑몰, 운송시설 그리고 버스정류장과 같은 다양한 미디어 매체를 통하여 전달되는 메시지를 말한다. 광고메시지는 특정여행사가 미래고객을 설득하는 도구로 사용된다. 구매자의 속물근성을 자극하는 요소들로부터 절약, 건강, 신체적 안락, 가족들과 함께 하는 것 그리고 문화적인 노출에 이르기까지 고객의 수많은 필요와 욕구들에 소구될 수 있어야 한다. 광고메시지는 미래의 고객에 초점을 맞춰지면서, 흥미롭고, 마음을 끌어당길 수 있고, 창의적인 메시지이어야 한다. 다음은 광고기획단계를 보여주고 있다.

현 시장상황의 결정 → 광고목표의 설정 → 예산안 작성 → 매체전략의 개발 → 창조적 프로그램 개발 → 이행 → 결과의 분석

여행사 경영자들은 사람을 현혹시키는 광고에 관련한 법령, 법규, 그리고 법원결정문에 나와 있는 많은 제한요소들을 잘 알고 있어야만 한다. 그러므로 여행사의 광고는 어떠한 거짓이나 잘못된 진술을 해서는 안 된다. 이들 문제들을 무시할 경우 법정의 제재, 민사소송 그리고 상당한 법무비용에 직면하게 될 것이다.

가. 광고예산의 결정　광고예산은 판매촉진비에서 광고예산을 몇 %로 할 것인지를 결정하거나, 여행사가 구매할 여유가 있는 매체 선정 후 예산을 지출하거나, 경쟁업체의 광고매체와 광고를 위해 경쟁업체가 어떤 일을 하는지 찾아보거나, 목표나 그와 관련된 과업에 광고예산을 얼마나 소비하였는지 등과 같은 다양한 방법에 의해 결정된다.

중요한 점은 광고비용 지출이 늘어났다면 이와 함께 반드시 이윤도 증가되어야 한다는 점이다. 게다가 광고는 소비자의 소비를 촉진시킬 수 있는 캠페인 측면에서 계획되어져야 한다. 선택된 광고활동들은 서로 보완적이고, 시너지 효과를 낳을 수 있어야 하며 우리가 바라는 이미지와 포지셔닝 진술을 반영하는 것이어야 한다.

나. 광고매체의 선정

• 텔레비전 큰 여행사들을 제외하면, 대부분의 여행사들은 광고예산이 제한되어 있으며 TV와 같은 주요매체에 막대하게 투자할 여력이 없다. TV광고는 여러 가지의 장점을 가지고 있지만 높은 비용이 문제이다. 또한 시청자들은 많은 대중매체에 노출되어 실질적인 매출로 연결되는 경우가 적다.

• 신문 많은 신문들은 도시의 일부나 다른 지리학적 지역에서만 얻을 수 있다는 점에서 지역적 논란들을 제공하지만 신문광고의 이점은 상대적으로 낮은 광고비용과 넓은 범위에까지 도달하는 능력을 가지고 있다는 점이다. 게다가 많은 사람들은 여행의사결정에 있어 신문을 참고원으로 종종 사용한다. 신문광고의 단점은 낭비되는 순환의 양이다.

• 잡지 잡지는 컬러 사용이 가능하고, 수명이 길며, 목표된 독자에게 도달하는데 있어 효율성이 높다는 강점을 가지고 있다. 반면 잡지광고는 읽는 시간이 오래 걸리고 비용이 많이 들어간다는 단점이 있다.

• 라디오 많은 라디오 방송국의 방송은 종교인, 클래식 음악 등 선택적인 청자에게만 도달한다. 선택적인 라디오 광고는 비교적 저렴한 가격으로 인해 여행사에게는 매력적인 매체이다. 라디오는 시장에 빠르게 도달할 수 있고 메시지들을 쉽게 변화시킬 수 있다. 라디오의 하나의 단점은 고객이 원하는 정보 또는 여행광고 하드 카피본을 만들기가 어렵다는 것이다.

• 전화번호부 전통적으로 전화번호부의 광고는 여행사가 많이 이용하는 광고형태 중 하나이다. 전화번호부 광고는 독자의 관심을 이끌어 내고 필요한 정보를 빠르게 제공할 때 효과적일 수 있다. 현재는 인터넷 매체의 발전으로 그 효용성이 떨어지고 있는 상황이다.

• 스페셜광고 여행사는 종종 스페셜광고를 하는데 그것은 고객에게 달력, 펜, 플라스틱 자, 수하물 꼬리표, 구두주걱, 성냥 등과 같은 다양한 회사 브랜드의 기념품을 제

공하는 것을 의미한다. 많은 여행사 경영자들은 여행용품이나 자주 사용하는 생활물품들을 기념품으로 제공한다. 스페셜광고는 고객에게 제공되는 기념품들이 유용하거나 독창적이거나, 수명이 길거나 효과적으로 배포되었을 때 가장 효과적이다.

• 다이렉트 메일 DM광고는 특정 고객에게 특화된 상품을 파는 여행사에 있어 효과적인 방법이다. 그러나 인쇄 및 우편 비용이라는 2중의 비용이 들어감으로 이 매체를 사용할 때에는 잘 계획되고 전문적이어야 한다. 그런 점에서 DM 캠페인을 계획할 때에는 전문가의 도움이 필요하다. DM의 회답률은 1년 중의 시점, 메시지내용의 영향, 수령자를 선택하는 방법 등을 포함하는 많은 변수에 의해 달라진다. DM은 어떤 다른 프로모션형태보다 1인당 비용이 많이 든다. DM 리스트는 많으면 많을수록 좋으며, 수시로 업데이트되고 검토되어야 한다. DM의 주요한 장점 중 하나는 정보가 개인에게 직접 도달할 수 있다는 점이다. 효과적인 DM 캠페인의 기술은 적절한 대상자의 선정 후 독자에게 집중하고, 완벽한 메시지를 이야기하고, 독자에게 응답할 수 있는 꺼리를 만들어 주는 것에 있다.

• 뉴스레터 여행사광고에 있어 뉴스레터가 있는 이유는 2가지 중요한 기능 즉 (a) 여행사의 고객을 접촉할 수 있으며 (b) 그들에게 특별하게 제시하고자 하는 상품을 알리는 것에 있다. 좋은 뉴스레터는 특별한 휴가 장소와 새로운 여행 프로그램이나 새로운 항공요금과 같은 이야기를 기술하는 것이며, 또한 계절적 이야기나 환율정보, 세관통관시 필요사항과 만족한 고객의 기고문을 싣는 것이다. 뉴스레터의 힘은 DM과 마찬가지로 개인에게 배포되는 것이며 그리고 여행사의 고객들과 직접적으로 의사소통하는 수단을 제공한다는 점이다.

• 프리미엄 경품(self-liquidating premiums)을 촉진수단으로 사용하거나 광고하는 그것 자체가 여행사에게 잠재력을 제공한다. 회사의 로고가 새겨 있는 티셔츠나 의류, 여행 혹은 회사의 이름이 새겨 있는 손가방의 판매는 여행객에게 강한 인상을 남긴다. 이 같은 광고는 창의력에 따라 얼마든지 설계될 수 있다. 아이디어는 종사원과 고객으로부터 오며 그것은 스페셜광고 상품 판매와 관련이 있기 때문에 경영자는 이 같은 아이디어를 제안할 수 있도록 장려할 필요가 있다.

• 협력광고 관광 사업에 있어 협력광고는 점점 더 보편화되고 있다. 협력광고의 일반적인 형태는 여행사와 공급업자 간의 협력광고이다. 여행사는 공동운영 광고 프로그

램에 참여함으로써 추가 비용 없이 2배의 광고공간을 확보할 수 있게 되었다. 일반적으로 공급업자는 여행사의 판매량에 기초하여 공동광고비용을 차등 지불한다. 공동운영비는 여행사의 정상적인 광고 계획 속에 계상돼야 한다.

퍼블리시티 홍보

일반적으로 홍보는 여행사나 그들의 서비스에 대하여 돈이 지불되지 않는 메시지라고 말할 수 있다. 홍보는 돈이 지불되지 않기 때문에 소비자의 눈에는 더 많은 신뢰가 형성된다. 몇 몇 여행사의 경영인은 뉴스스토리, 저널리스트에 의한 여행사명의 언급, 뉴스리포터, 해설자, 편집인들을 통해 우호적 홍보를 얻는 데에 있어 재능을 보이기도 한다. 홍보의 내용은 시민적이고 전문적이고 박애주의 정신에 입각한 내용일 때 언론과 좋은 관계를 유지할 수 있다.

홍브는 또한 PR의 최종 상품이고, 유료광고와는 달리 여행사의 모든 공공촉진활동을 망라하는 용어이다. 대규모 여행사들은 전문적인 PR사의 서비스를 이용하기도 하지만 대부분의 중소여행사들은 이러한 활동을 전문가의 도움 없이 수행한다.

커뮤니티그룹과의 대담, 필름 또는 슬라이드 쇼잉, 경품행사프로그램 참여, 세미나 및 여행 전람회전의 참여, 유소년축구 팀을 지원하거나 테마파크에 장애아를 위한 무료 초정여행 등등이 PR프로그램이 될 수 있다. PR의 전술은 종종 여행사에게 우호적인 홍보라는 결과를 야기시킨다. 그렇지만 이러한 활동은 돈과 시간을 필요로 하기 때문에 여행 관리자 측면에서는 판단을 요구한다. 여행사는 프로그램 그 자체가 상술적인 인상을 주지 않도록 해야 한다. PR활동은 여행사 마케팅 목표에 기초해야 한다. PR 프로그램은 여행사가 성장하고 있을 경우나 새로운 지점의 개설, 신입사원 선발 시 특히 유효하게 이용될 수 있다.

다. 광고결과의 평가　광고프로그램 유효성 평가에 앞서 광고프로그램은 수행되기 전이나 수행 이후 반드시 테스트를 해야만 한다. 이때 사용하는 예비 테스트(pilot test)의 질문은 단순해야 한다. 예컨대 광고가 당신의 관심을 끌었고 지켜보았습니까? 매력적이었고 호감이 갔습니까? 광고의 가치에 대해 어떤 이야기가 있었습니까? 시청자는 반응이 있었습니까? 반응이 있었다면 시청자가 주위에서 우리 여행사를 찾는 것이 쉽습니까? 등이 질문으로 이용된다.

광고 프로그램의 결과는 고객에게 물어보거나 쿠폰을 이용하거나 기타 등등으로 추적되어야만 한다. 예를 들면 신문광고는 여행객의 증가로 이어져야 하는데 만약 그들의 광고가 효과적이라고 생각할 경우 독자의 10~15%로부터 전화요청이 와야 한다. 만약 광고가 새 사업에 이익을 가져오지 않는다면 광고프로그램은 재평가되어야 하며 광고는 다시 디자인되어야 한다.

(3) 장소(유통)

여행사 상품의 유통은 인간적 요소, 물리적 요소(브로슈어 등), 마케팅 활동 등 모든 요소들을 수반한다. 이러한 서비스들은 여행사로부터 멀리 떨어져 있는 예상고객의 주의나 관심을 일으킬 수 있다. 그런 점에서 경영자는 유통 서비스가 가능한 지역 내의 유망 있는 고객에게 도달하는 수단을 고려해야 한다. 인적판매, 전화판매, 주소록, 무역박람회, 여행전시회, 쇼핑몰은 여행상품을 유통시키기는 잘 알려진 방법이다.

구전은 가장 효과적인 마케팅 유통수단이다. 직간접적으로 여행사 직원의 친구, 만족한 고객, 공급업자 그리고 다른 기업들은 여행사의 유통시스템에 있어 중요한 요소이다. 그런 점에서 대면집단, 준거집단과의 접촉의 중요성을 저평가해서는 안 된다.

여행판매 유통시스템의 계획을 수립함에 있어서 여행사는 공급업자와 최종 소비자 간의 중개자이자 주요 유통업자이다. 그러나 새로운 유통업자들의 등장으로 인해 소비자와의 오래된 관계를 위협하고 있다. 유통시스템의 추세는 슈퍼마켓이나 백화점 안에 여행부스를 설치하거나 쇼핑몰 · 카드회사와의 전략적 제휴, 온라인 상품의 판매, 인하우스 여행사 등의 다양한 형태로 이어지고 있다.

유통전략의 또 다른 형태로서 여행공급업자와의 GSA체결, 지역의 소매업자와 상호협약을 체결하는 것이다.

❶ 판매권

판매권은 여행사와 공급업자와의 관계에 있어 또 다른 유통 선택권으로 GSA (General Sales Agent : 총판매대리점), PSA(Preffered Sales Agent : 판매대리점)라는 형식이 있다. 판매권은 선호하는 공급업자와의 계약 형식으로 이루어지나 독점적 판매권은 아니다.

공급업자의 제휴사나 선호되는 공급업자와 계약을 맺는 여행사는 수수료가 증가하고 보통 10% 이상의 오버라이딩을 가지게 된다.

❷ 상호협약

여행사의 판매와 이익을 상당히 증가할 수 있는 또 다른 유통선택은 지역사회에서 다른 소매업자들과 상호협약을 맺는 것이다.

예를 들자면, 여행사와 여행용 가방가게 사이의 상호협력이다. 모든 여행사 티켓 자켓에 가방가게 광고를 넣는 것과 가방구매자들은 여행사 촉진전단지를 받게 되는 것 등이 포함된다. 이러한 기법은 매우 계획하기 쉽다. 왜냐하면 여행사는 세계에서 가장 매력 있는 상품 중의 하나를 팔기 때문이다.

이러한 상호협약에 관한 생각은 돈과 외부의 컨설팅 전문가를 필요로 하지만 여행사의 경영자들은 신축적인 사고와 유통의 새로운 경로가 있다면 기꺼이 고려해야 한다는 점이다.

(4) 가격

다섯 개 P 안에 네 번째 변수는 가격이다. 전통적으로 공급업자가 여행사에게 주는 수수료와 가격에 대해 여행사들이 개입하는 일은 거의 없었다. 그러나 오늘날 규모의 경제를 갖고 있는 대형여행사는 가격을 고려해야 하는 상황에서 공급업자들에게 더 많은 리베이트를 요구하고 있다. 오늘날 가격은 여행사에서 있어서 매우 중요한 요소가 되고 있기에 가격을 고려해야 하며 또한 어떻게 가격이 마케팅 계획전략에 이용될 것인지에 대해서도 신중하게 생각하여야 한다.

가격에 있어 영향을 줄 수 있는 변수로서는 리베이팅, 봉사료, 공급업자의 상품구매, 판매상의 새로운 가격콘셉트의 개발을 통해 적절하게 가격전략을 구사할 수 있다.

❶ 리베이트의 적용

국제적인 관행으로 볼 때 항공, 호텔, 자동차대여, 크루즈 그리고 투어 패키지로부터 얻어지는 수수료에 대해 제한을 두고 있지 않지만 실질적으로 대부분의 여행사는 여행공급업자들이 제공하는 수수료에 대해 가격할인을 통해 고객과 그 수수료를 공유한다고 볼 수 있다. 예전부터 공급업자는 공급업자가 제공하는 할인과 수수료에 고객에게 일부를 돌려주지 않고 여행사가 그들의 판매량 증가에만 전념한다고 불만을 제기해 왔지만 오늘날 대부분의 여행사들은 치열한 경쟁 속에서 할인과 리베이트에 대한 요청에 직면해 있다. 특히 상용고객과 기업의 경우, 가격할인은 관행적으로 이루어지고 있다. 하지만 이 같은 리베이트 관행은 여행사와 투어오퍼레이터들의 생존에 심각한 위협이 되고 있지만 현실적으로는 필요악으로 보여진다.

대부분의 여행사들은 리베이팅을 통해 자신의 시장점유를 유지하는 유일한 방법으로 사용하고 있다. 리베이팅은 법인고객들을 유인하고 판매량을 증대시킬 수 좋은 방법인 것이다. 판매량 증가는 공급업자들로부터 오버라이드(override)를 얻어낼 수 있는 기회이기도 하며 공급업자들에게 대항력을 가질 수 있다는 점에서 여행사는 리베이팅 능력을 강화시켜 나갈 필요가 있는 것이다.

❷ 봉사료 부과

극단적으로, 여행사 가격결정면에서 여행사가 선택할 수 있는 것은 서비스 수행에 대한 요금을 고객에게 부과하는 것이다. 봉사료의 개념은 많은 항공사에 의해 입증되었다. 하지만 고객을 상대로 봉사료를 부과한다면 자사의 고객들이 다른 경쟁사로 발길을 돌릴 가능성이 높다. 이에 대해서 여행업계에서도 찬반이 나누어져 중지를 모으기는 힘든 상태이다. 그러나 최근에 일부 항공사가 노커미션을 결정했고 그 추세는 확산될 예정이다. 우리나라의 경우도 고객서비스수수료에 대한 논란이 뜨겁다. 미국의 경우 항공예약발권에 있어 90% 이상 서비스피를 부과하고 있으며 독일, 영국, 스칸디나비아 등 유럽에서도 서비스 수수료와 상용업체를 대상으로 거래수수료(transaction fee)를 부과하고 있다.

봉사료의 유형

Service fee

일반적으로 예약 수수료로 통용되는 용어. 여행사가 실제로 상품(호텔, 항공권 등)을 구매하는 고객(개인 또는 기업)에게 부과하는 금액을 의미한다.

Transaction fee

발생되는 각각의 거래 즉, 예약을 위해 이루어지는 매 거래행위가 생성될 때마다 부과되는 금액으로, 상호 협의된 금액을 의미한다. 여행사의 수익이윤이 되며, 여행사의 운영비용을 충당한다.

Management fee

판매량이나 거래와는 별개의 기준에 의해 부과되는 약정된 금액(비율 또는 정액)을 의미한다. 여행사와 거래처 간에 협의된 금액을 합의된 기간(예 : 매월 단위 또는 연 단위) 단위로 징수한다.

❸ 공급업자 상품의 구매

패키지전문여행사는 여행상품을 위해 티켓을 구입하고 이를 다시 판매하게 됨으로서 여행공급업자, 여행자, 소비자 3자 간의 관계를 변화시키고 있다. 역사적으로 여행소매업자는 공급업자의 대리인으로의 역할을 해 왔으며 공급업자들과 소비자들에게 예속되어 왔다. 그러나 여행업 환경의 변화 다시 말해 패키지 상품의 등장으로 인해 여행사의 경우 더 이상 공급업자의 대리인의 역할을 하고 있지 않다.

❹ 가격가치콘셉트의 개발

가격결정의 또 다른 양상은 가격에 대한 소비자의 의식이 생겨나 영향을 미치는 것이다. 여행 구매자들은 점점 가격가치의식이 높아가고 있다. 그래서 여행사들은 그들의 상품화 과정 속에서 슬기롭고 창조적으로 가격결정을 해야 한다.

가격결정기법을 향상시키기 위한 한 가지 방법은 여행 공급업자가 주는 각종 특별제의를 광고함으로써 여행사는 가격에 신경을 쓴다는 것을 장래고객에게 보여주는 것이다. 이러한 특별요금 부분은 공급업자가 여행사에 팩스 등을 통해 널리 광고되는데 여행사직원들 또한 이러한 특별제공에 대해 정보를 잘 숙지하고 있어야 한다. 왜냐하면 종사원들은 낮은 가격으로 여행수배를 해 줌으로서 고객들을 도와줄 수 있기 때문이다.

다른 가격 결정기법은 '항공이용에 가장 저렴한 것' 을 요구하는 사람들을 다루는 방법으로 가장 낮은 항공요금을 이야기하기보다는 더 효과적인 기술은 운송의 제한사항이 없는 가장 낮은 항공료를 이야기한 다음 그 다음으로 특별할인요금에 대해 이야기를 하는 것이 유익하다. 다시 말해, 여행사가 먼저 제의한 항공요금(운송제한에 대한 티켓)이 고객입장에서 비싸게 느꼈다면, 낮은 요금의 항공티켓(특별할인티켓)은 어떤 것이든 좋은 가치로 인식될 것이다. 이런 점에서 여행사는 고객의 요구를 반영하여 할인요금을 찾으려는 노력을 해야 하며 이러한 상품화 기법은 여행사에게 점점 중요한 업무가 되어가고 있다.

(5) 개인 서비스

공급업자의 직접 판매 위협과 백화점, 신용카드사, 홈쇼핑 등 비전통적인 원천으로부터 증가된 경쟁으로 인해 개인서비스에 대한 여행사 품질은 생존과 실패라는 극도의 차이를 만들 수 있다. 여행사는 고객을 위해 비자발급, 티켓 전달, 준비된 수하물 꼬리표, 공항 픽업과 고객운송 그리고 출입국 시 통관의 도움과 같이 특별한 개인서비스를 제공한다.

나아가 고객들을 처리하는 여행사직원의 태도들도 포함한다. 직원들은 모든 고객들에게 예의, 존경, 상담, 적절하게 전문가 조언을 제공한다. 특별한 요구가 있는 장애인, 장년층과 같은 여행객들을 위해 여행사는 여행계획이 순조롭게 진행시키고 그들이 필요할 때 도움이 되는 특별수배를 보증하는 모든 노력을 기울여야 한다.

개인서비스의 또 다른 형태는 단골고객의 인지이다. 몇몇 여행사는 여행사 충성도가 높은 고객들에게 보상을 제공하기 위해 항공사의 FFP(frequent flyer programs)를 여행사에서도 도입하여 단골 여행고객 프로그램을 구축했다. 선물과 여행은 가장 일반적인 인센티브이다. 그리고 보상은 일반적으로 포인트 시스템에 의해 만들어진다. 여행판매의 총액만큼 많은 포인트가 발생된다.

8) 마케팅전략의 수행과 항목

마케팅 계획은 마케팅활동이 일어날 때마다 기술해야만 한다. 만약 광고 프로그램이 여름 동안 계획된다면, 6월과 7월의 라디오 광고, 8월의 신문광고와 같이 매달 어떤 활동이 예정되어 있는지를 보여주는 지표의 역할을 하는 것이 계획의 개념이다. 전화번호부 광고계획 또한 인쇄날짜를 예상하여 결정해야만 한다.

계획은 예정된 마케팅 활동 전에 어떤 과업들이 완성될 필요가 있는지에 대해 구체화해야 한다. 체크포인트 시스템은 각 마케팅 활동의 완성을 확인하거나 상황이 변화되어 대안을 채택해야 될 때 지침서를 제공해 주기 때문에 도움이 된다. 계획된 스케줄의 진행을 추적하는 체크리스트 또는 간트차트는 유용한 경영도구이다. 간트차트(Gantt chart)는 작업의 내용, 담당 구성원, 단위별 작업의 시작 및 종료 시기 등을 기입한 도표로서 즉 프로젝트의 각 작업을 수행하는데 필요한 기간을 막대그래프로 표현한 차트이다.

9) 마지막 검토와 평가

마케팅 계획은 판매량, 수익성 또는 시장 점유율 증가와 같은 마케팅계획의 목표에 대해 평가된 결과를 가지고 매년 검토하고 수정하여야 한다. 마케팅 계획은 결코 완벽하지 않기 때문에 계획의 변경은 종종 포맷이나 또는 계획수행과정 속에서 만들어질 필요성이 있을 것이다. 그리고 현재 마케팅계획을 검토하는 데에 있어 잘 이해하지 못하거나 그들 스스로 효율적으로 다루기가 힘든 것을 고쳐야 할 분야가 있다. 그런 점에서 마케팅계획의 검토 및 평가시 부하직원들이 참여하여야 한다.

제7장

여행사의 법률적 문제와 위험관리 업무

여행은 다른 사람이 덮던 이불을 덮고 자는 것이다. 그리고 다른 사람이 먹던 식기와 숟가락으로 밥을 먹는 것이다. 온갖 사람들이 다녀간 낡은 여관방의 벽지 앞에서 옷을 갈아 입는 것이다. 그리고 그 낡은 벽지가 기억하고 있는 수많은 사람들의 이야기 속에 자신의 이야기를 더하는 것이다. 그럼으로써 자신을 다른 사람에게 보내고, 다른 사람을 자신 속으로 받아들이는 것이다. 여행은 햇빛을 쏘이며 바닷가를 걷는 것이다. 다른 사람 속으로 파도처럼 들어갈 수도 있다. 아아, 파도처럼 하나의 물결에 다시 또 하나의 물결이 되어, 그렇게 다른 사람들의 마음으로 들어갈 수 있다. 구본형 : 사자같이 젊은 놈들 中

세계는 한 권의 책이다. 여행하지 않는 자는 그 책의 단 한 페이지만을 읽을 뿐이다. 아우구스티누스

여행은 우리를 겸허하게 한다. 세상에서 내가 차지하는 부분이 얼마나 작은지 두고두고 깨닫게 하니까... Flaubert Gustave

제7장

여행사의 법률적 문제와 위험관리 업무

1 여행사의 법률적 문제

여행사에 대한 소송은 여행사 서비스의 비인간성이 증가하고, 소비자운동의 증가, 민사사건에 대한 소송의 편리성과 더불어 법률소송비가 저렴해짐으로 인해 매년 증가하고 있는 추세이다. 일반적으로 고객들은 여정계획, 예약, 수배 등에서 여행사가 완벽하게 모든 것을 제공해줄 것으로 본다. 그러나 현실은 태양이 매일 빛날 수 없듯이 여행 중에 관광버스가 고장 나고 호텔의 객실 에이콘이 작동이 안 되는 등의 문제들에 직면하게 된다. 그로 인해 고객은 소송을 하게 되는 결과를 야기시키게 된다. 그런 점에서 여행사 경영자는 이러한 법률적 문제에 관하여 어떻게 처리할 것인가에 대해 깨달을 필요가 있다.

일반적으로 여행에 관한 소송은 고객, 공급업자, 고용인 관계로부터 일어나는 여행사의 책임과 권한에 대한 것이다. 이러한 소송은 돈이 많이 들고 시간을 요하는 문제이므로 경영자는 알아야 한다. 왜냐하면 법률적으로 문제가 되었을 경우 여행사의 명성에 손해를 입히며 고객과 공급업자의 관계에서도 긴장을 유발시키게 되기 때문이다.

불만의 원인

모든 고객에게 100% 만족을 주는 제품과 서비스는 있을 수 없다. 그런 점에서 고객의 불만을 필수적으로 수반된다. 다음은 여행사에서 일어나는 불만에 관한 것이다.

기업 차원

여행상품 안내와 실제의 불일치 / 시스템의 문제(잘못된 상품 안내, 부가 비용 발생, 여행사와 랜드사 등의 관계사 간의 문제를 서로 미루거나 떠넘김)

접점 차원

접점 직원의 업무 미숙이나 불친절(카운터, T/C, 현지 가이드 등 고객과 직접적으로 관계를 맺는 직원의 태도의 문제점)

고객 차원

고객의 높은 기대나 오해(상품에 대한 잘못된 지식이나 설명을 잘 듣지 않음)

1) 프린시펄

여행사는 프린시펄(principal : 여행소재 제공업자)을 대신하여 행동한다. 그리고 여행사가 비록 중개인이긴 하지만 불충분한 정보, 잘못된 인도, 거짓말을 함으로서 여행상품을 판매한다면 여행사는 고객에 대한 책임을 면할 수 없다. 어떤 경우에는 여행사는 판매된 여행상품의 질에 관해 이야기한 부정확한 말에 대해서도 책임을 져야 한다.

그러나 프린시펄은 거짓 정보를 제공하지 않는 한 책임이 없다. 그런 점에서 여행사는 프린시펄 에이전트로서 역할을 고객들에게 알릴 필요가 있다. 이러한 공지는 여행자들로부터 암묵적인 동의를 이끌어냄으로서 책임을 회피하는데 중요한 조처라고 볼 수 있다.

이렇게 볼 때 여행사는 프린시펄의 대리인이라는 점을 프린시펄과의 계약 시 문서화해야 한다. 어떤 여행사들은 한발 더 나아가 여정표의 뒷부분이나 서류봉투에 이 사실을 고지해 두고 있다.

그리고 공시의 시점은 고객과의 계약이 이루어지기 전에 이루어져야 프린시펄에 의해 야기될 수 있는 문제에 대해 책임을 면할 수 있다. 고지문 서식을 만들어 고객의 사인을 받아 둘 필요가 있는 것이다.

여행불편사례별 대응방안

(1) 항공 관련

해외여행 경험이 많지 않은 여행객의 경우 해외여행 출발 전에는 항공에 대한 별다른 관심을 나타내지 않는 경우가 많다. 그러나 일단 해외여행이 진행되면 항공과 관련한 내용을 알게 되고 일부 외국 저가 항공사를 이용하면서 기내식과 언어 불편 등을 내세워 불만을 제기하는 경우가 있다.

여행사는 반드시 항공사 정보를 충분하게 고지할 필요가 있다. 특히 최근 들어 문제가 되고 있는 것은 코드쉐어(편명공유) 항공편에 대한 문제점이다. 일반 여행객들은 코드쉐어에 대한 지식이 부족한 만큼 여행사가 제시한 항공만을 고집한다. 예를 들어 국적 항공사로 표시한 편명으로 당연히 국적 항공사를 이용할 것이란 기대감으로 항공기에 탑승하면 국적사와 코드쉐어가 된 외국 항공사 비행기에 오르게 된다. 이때 코드쉐어에 대한 인식이 부족한 여행객은 여행사가 고객을 기만했다고 생각해 해외여행 내내 시비를 걸게 되고 돌아와 여행불편처리센터에 민원을 제기하기도 한다.

또한 소비자들이 잘못 인식하고 있는 경유항공편을 이용한 여행상품 등은 여행사의 사전 정보제공이 중요하다. 이밖에도 항공편의 지연 출 · 도착의 경우 여행사는 책임이 없는 데도 여행사에 책임을 묻는 경우도 있다.

여행사는 사전에 항공사가 천재지변, 정비 등을 이유로 지연될 경우 여행사의 책임이 아니라는 점을 충분하게 인식시킬 필요가 있다.

(2) 현지가이드 불친절 문제

가이드는 해외여행객과 사실상의 여행의 처음과 끝을 같이 하는 중요한 위치에 있다. 그러나 일부 가이드는 여행에 관한 전문 지식이나 소용도 없이 오로지 자신의 수입만을 위해 처신함으로써 여행객과 마찰을 빚는 경우가 많다.

특히 가이드가 여행객에게 인격적인 모욕을 준다든가 지나친 성적 발언, 무성의한 여행일정 진행 등으로 인해 전체 여행분위기를 망치는 경우가 많다. 또한 가이드의 미숙으로 호텔 체크인 · 아웃, 항공 수속, 관광지 입장 등에 있어 어려움을 겪거나 일정에 차질을 빚어 고객의 불만으로 이어지고 있다.

가이드의 불친절은 대부분 또 다른 문제점으로 이어지는 만큼 실제 피해사례 처리 시에는 핵심에서 빠지고 여행사 대표의 대리 사과를 요구하는 경우로 강도가 낮아지기도 한다. 그러나 여행업계에서는 가이드 친절 문제는 보다 전향적으로 접근할 필요가 있다.

(3) 숙박문제

숙박문제는 국내와 해외의 숙박 등급 기준에 따른 인식 차이가 가장 큰 문제이다. 국내의 경우 특1 · 2등급, 1급, 2급, 3급 등으로 호텔등급이 나눠지고 있지만 해외의 경우별로 표시하고 있다. 해외의 경우 같은 5스타호텔이라도 규모의 차이가 크다. 특히 내국인의 경우 국내 호텔에 익숙해 높이가 있고 로비가 넓어야 좋은 호텔이란 인식을 갖고 있다. 그러나 해외의 경우 외형적인 것보다는 객실 내부의 환경이나 편의성 등에 더욱 중점을 둔다. 이 같은 인식 차이는 리조트 호텔이 수준이 마음에 들지 않는다며 불만을 제기하는 경우가 많다. 또한 당초 예정됐던 리조트나 호텔 객실 확보가 되지 않아 더 좋은 숙박시설로 변경해 투숙시키더라도 문제가 되는 만큼 여행사는 가급적 예정된 숙박시설로 투숙시키는 것이 바람직하다.

또한 외국의 경우 객실 내 침대가 대부분 트윈 룸으로 운영하는 경우가 많아 허니문 등 부부여행객에게 더블침대를 확보해 주는데 유의하고 불가피하게 트윈침대를 이용할 경우 사전에 충분한 고지가 필요하다.

단체관광의 경우 가족이 아닌 여행객이 같은 룸을 이용할 때 객실이용에 따른 방법을 알려 주어야 한다. 이밖에도 극히 이례적인 경우지만 더블침대에 가족이 아닌 여행객이 함께 잠을 자다가 침대에서 떨어진 경우도 있다.

숙박시설에 대한 불만은 대부분 등급 차이로 인한 차액을 환불케 하는 등 실제 피해보상은 쉽게 처리되는 경우도 있지만 여행객에게는 잊을 수 없는 불만으로 남을 수 있는 만큼 주의가 요구된다.

(4) 쇼핑 강요

저비용 해외여행상품이 주류를 이루면서 여행사 입장에서는 원가 만회를 위해 쇼핑을 강요하는 경우가 있다. 실제 강요는 아니라 하더라도 최초 여행일정표상에 아침 첫 코스가 쇼핑센터로 잡혀 있는 경우 등은 사실상은 쇼핑가요로 볼 수도 있다.

실제 쇼핑 강요의 경우는 가이드가 교묘한 멘트가 여행객이 구매를 하지 않을 수 없게 하고 있다는 점이다. 최근 문제가 되고 있는 것은 건강식품 라텍스 제품 등의 주류를 이룬다. 그러나 실생활에 활동되는 라텍스 같은 경우 불편신고까지 연결되는 경우는 많지 않고 건강식품의 도를 넘고 있다.

호주 · 뉴질랜드의 경우 마치 건강식품이 치료약품인양 과장해 판매를 강요하는 경우가 있다. 쇼핑의 경우 피해사례가 접수되면 포장을 뜯지 않은 경우 100% 환불을 해 주고 있다. 일부 여행사에서는 현지 가이드 수수료 및 환불 관련 비용을 제하고 환불하겠다는 경우도 있지만 건강식품의 경우는 전액 환불 결정이 되고 있다.

(5) 계약취소 또한 위반

계약취소의 경우 여행사와 여행자 쌍방에 따라 이뤄질 수 있다. 여행사의 경우 계약취소는 대부분 항공좌석 확보가 되지 않는 경우가 대부분이다. 이 경우는 소비자피해보상규정에 따른 여행 개시 전 일자별로 피해보상비율이 다르게 되어 있는 만큼 무리하게 행사 진행을 하지 말고 상호 피해가 없도록 조치하는 것이 바람직하다.

여행자의 사정에 의해 계약을 취소하는 경우 사실상 억울한 경우가 있다. 실제 여행에 참가도 하지 않으면서도 고액의 여행경비인 경우 100~200만 원의 취소료를 부담하는 사례도 있어 실체중재에 어려움을 겪기도 한다. 일부 여행사는 피해보상 비율과 관계없이 잠재고객 차원에서 실제 항공 취소에 따른 페널티와 숙박시설 취소에 따른 실테 손실 비용만 공제하고 환불을 하기도 한다.
계약 취소에 따른 분생의 핵심은 취소시점이 언제인가에 따른 피해보상 비율이 크게 달라지는 만큼 취소 시점을 입증할 수 있는 증빙자료의 확보가 중요하다.
계약위반의 경우는 해외여행 행사 시 당초의 항공편 또는 호텔, 리조트 등의 일방적인 변경이나 여행일정의 변경 등이 쟁점이다.

(6) 옵션 강요

일부 지역의 경우 해양스포츠 등 옵션투어가 많이 이루어지고 있다. 특히 선진 여행문화의 경우 단체관광객이 기본 여행일정만 함께 하고 나머지는 자신의 취향에 맞는 옵션투어를 하는 것이다. 그러나 우리의 경우 옵션투어비용이 워낙 비싸게 책정되고 있고 단체관광객의 선택권을 무시하고 일다는 점이다.
특히 일부 가이드의 경우 자유일정에 관광지 옵션투어를 강요하면서 단 1명이라도 참가하지 않으면 전체를 취소한다거나 또는 미참가자에 대한 배려를 전혀 하지 않아 문제점으로 지적되고 있다. 대부분의 옵션강요에 따른 불만 제기는 사안에 따라 옵션 실비를 제외한 금액이 환불 등의 결정이 내려진다.
일본의 경우는 항공편, 숙박시설 등의 변경 시 일정 비율의 피해보상규정이 구체화되어 있으나 우리나라는 아직 이 같은 규정이 마련되어 있지 않아 사안별로 여행자가 입은 피해나 불편 정도 등을 감안해 피해보상금액을 산출할 수밖에 없는 한계가 있다.
특히 국적항공사로 예정돼 있다가 외국항공사는 바뀔 경우 마일리지 누적이나 기내 서비스 등의 차이를 들어 피해보상을 요구하는 경우 여행사는 대응방안이 없다.
따라서 여행사는 항공편이나 호텔 등이 최종 여행일정에 명시된 내용대로 진행되도록 해야 한다. 여행 진행에 따른 계약 위반은 대부분 여행사와 관련된 부분이므로 각별한 주의가 요구된다.

(7) 부당요금 징수

여행객의 부당요금을 징수했다고 불만을 제기하는 경우가 많다. 사실상 저가 해외여행상품이 주류를 이루는 가운데 이 같은 결과는 의외로 받아들여진다.
그러나 실제피해사례에서는 부당요금 징수가 여행업계에서도 피부로 느낄 수 있는 부분이다. 허니문여행에 나선 피해자가 현지 리조트에 묵게 되면 객실 타입과 항공편 식당 이용 등이 타 여행사와 비교가 바로 이뤄져 불만을 터트리게 된다. 실제 피해사례의 경우 모든 조건이 나빴는데도 타 여행사 이용객보다 1인당 수십만 원이 비싸 차액 환불을 요구하는 경우도 있다.

특히 여행사는 온라인의 발달로 인해 리조트 등의 화려한 사진이 함께 오픈돼 비교가 손쉽게 이뤄지는 만큼 요금 결정에 있어 확실한 차별화 · 고급화 전략을 반영하는 노력이 요구된다.

(8) 일정 변경 및 누락

여행사 입장에서는 여행상품 기획 시 한군데라도 더 보여 주고 싶고 더 알찬 여행이 되도록 하기 위해 일정을 빡빡하게 짜는 게 당연한 것으로 여기고 있다. 문제는 여기서부터 발생된다. 여행객 입장에서는 여행일정표 상에 나타난 모든 일정을 충분하게 소화해 줄 것으로 믿고 있기 때문이다.

그러나 현지의 교통사정이나 관광지 혼잡도 등의 예상치 못한 사정으로 인해 여행일정을 불가피하게 누락하거나 변경할 수밖에 없는 경우가 발생한다. 이때 주의할 점은 일방적인 일정 누락이나 변경은 민원을 야기한다는 점이다. 아무리 좋은 일정으로 변경하더라도 고객은 이해를 못하는 경우도 생기기 때문이다.

특히 유럽여행상품의 경우 3~4개국을 여행할 경우 자칫 1개국의 여행이 차질이 생기면 이를 빌미로 여행경비 전액을 환불해 줄 것을 요구하는 여행객을 만날 수 있다.

실제 자신은 특정지역을 위해 해당 패키지여행상품에 참가했다며 그 지역여행을 다시 시켜주던지 아니면 여행경비 전액 환불을 요구하기도 한다. 일단 여행불편처리위원회의 경우 여행일정 변경 및 누락의 경우 소비자의 피해가 크다고 판단해 소비자 입장에서 피해보상을 결정하는 경우가 대부분이다. 다만 피해보상액은 소비자들의 요구가 전액 환불 등 과도한 경우가 많아 실제 여행을 못한 일정에 따른 여행비용 등을 감안하여 피해보상액을 결정하고 있다.

2) 고객

법률적 의미에서 고객과 프린시펄은 서로 묶여져 있다. 그렇지만 고객은 여행사를 통해 여행수배를 의뢰하고 티켓을 구매하기 때문에 여행사는 프린시펄의 잘못에 대해 책임을 감수해야 한다.

여행사의 어떤 책임을 프린시펄에 전가할 수 없다는 것은 주지의 사실이다. 여행사는 여행사의 귀책사유가 될 수 있는 거짓말, 고객을 잘못 인도하는 것, 사기 그리고 고객과 여행사 간의 계약 위반으로부터 야기되는 손해에 대해 고객에게 책임이 있다. 전술한 바와 같이 여행사는 여행상품의 질에 관한 거짓 진술에 대해 책임이 있다. 일반적으로 사람들은 전문적 서비스를 얻기 위해 여행사를 이용하며, 여행사는 여행에 관한 지식이 풍부하기 때문에 정확한 조언과 제대로 된 서비스가 제공될 것이라고 기대한다.

불평이 많은 여행객들은 여행사에게 법원이 엄격한 책임을 물을 것이라고 생각해 오고 있으며 반면 여행사는 여행과정에서 고통을 받은 손님이 있다면 책임을 져야 한다. 이 의미는 법률적으로 여행사는 잘못에 상관없이 여행의 질 또는 안전에 있어 보험업자로서 보인다. 그들은 엄격한 책임감 서비스가 아니라 결점 있는 상품에 관해 적용된다고 추론된다. 그리고 건강과 안전, 그리고 모든 여행객의 행복에 관한 사업책임리스크를 수행하는 보험업자인 동시에 여행의 프로모터가 되어야 한다는 것을 의미한다.

3) 종사원

모든 여행사는 계약에 의해 종사원을 고용한다. 이들 계약에는 급여, 커미션, 보너스, 근무일수와 시간, 휴가, 병가, 퇴직수당, 휴무일 근무수당, 종사원으로서의 의무와 책임 등을 포함한다. 가장 중요한 것은 업무의 범위를 포함시켜 업무에 대한 권한과 책임을 명확히 하는 것이다. 그리고 업무의 할당 못지않게 중요한 것은 고용에 대한 규제조항이 필요하다. 가령 2년 이내에 반경 20마일 이내에서 동종업체의 취업이나 여행사를 경영할 수 없도록 하는 것이다.

일반적으로 여행사 직원이 현 직장에서 다른 여행사로 고객을 데려 가려는 노력을 할 수 없다고 하는 것이 일반상식이다. 그렇지만 이 문제는 전 직장에서의 고용주의 고용이 종료되었을 경우 애매한 부분이 있다. 고용이 종료된 종사원이 고객에게 이직과 새로운 직장을 알려줄 수 있는 권한은 갖고 있다. 여행사입장에서 보면 그들은 도전이 되는 것이다. 이직한 종사원이 전(前)직장 재직 동안 얻어진 고객정보를 이용하고자 할 때에는 논란이 된다. 일반적인 규칙은 이직 후의 고용인은 전 고용주의 고객을 뺏어올 수 없다는 점이다. 그러나 만약 시간적으로 오래 경과되었거나 지리적으로 멀리 떨어져 있다면 무관한 것으로 볼 수 있다. 중요한 점은 계약 당시의 매뉴얼에 규제조항을 명확히 명문화시켜는 것이 법적 논쟁을 피할 수 있는 최선의 방어책이 된다.

표 7-1 **법률적 문제에 관한 체크리스트**

• 인수 & 합병	• 복수 법인
• 브로커로서의 역할	• 반트러스트(기업합동) 문제
• 파산	• 이사회
• 수표-위조와 사기	• 계약
• 법인형태	• 프랜차이즈
• 협상의 도구	• 여행사 등록
• 주주	• 스톡옵션
• 주식투표권	• 세금
• 연합상품	• 상표
• 불공정 경쟁	• 영업범위
• 오버라이드	• 가격결정
• 리베이팅	• 보험계약
• 광고-패키지상품의 카피	• 잘못된 표현
• 부주의/태만	• 상품에 대한 책임
• 주문의 승인과 확인	• 구매와 판매-용어와 조건
• 봉사료	• 중상모략과 명예훼손
• 구두협정	• 이익분배
• 위험관리	• 고용주와 종사원의 책임
• 종사원을 빼나가는 경쟁업체	• 고용계약
• 정보의 공개	• 종사원의 보상
• 퇴직연금	

2 여행사의 위험관리

여행상품의 판매는 많은 타고난 위험이 있다. 왜냐하면 여행사가 통제할 수 없는 많은 국면들이 있기 때문이다. 앞선 부문에서 논의된 바와 같이 사진의 질, 브로슈어에 나와 있는 언어 그리고 브로슈어로부터 추론하는 고객, 여행공급업자의 신뢰, 잠재적 파산, 고용만료, 그리고 여행사의 실수 등을 포함한 다양한 책임요소가 있다.

위험경영은 잠재적으로 불구가 될 수 있는 손실을 막아 낼 수 있는 여행사 자원을 계획하고, 조직하고, 지도하고, 통제하는 사업 활동을 포함한다. 위험이라고 하는 것은 화재, 도둑, 주요 고용주 또는 소유자의 사망, 컴퓨터 고장, 고용문제, 여행사의 귀책사유로 인한 법률적 손해배상 등의 원인으로부터 야기되는 금전적 손실의 기회로서 정의된다.

위험관리의 과정은 다음의 4가지를 포함한다.

1. 잠재적 리스크의 확인
2. 잠재적 리스트의 영향과 정도를 평가
3. 리스크를 예측하고, 피하고, 또는 책임을 전가할 수 있는 의사결정
4. 행동의 이행

첫 번째 단계로서, 모든 여행사는 그들 사업의 가능성, 빈도, 어려움 그리고 영향 측면에서 평가된 후 그들 사업에 대한 모든 잠재적 리스크를 확인하려는 노력을 기울여야 한다.

확인되고 평가된 리스크를 처리함에 있어서 여행사는 2가지 선택을 가진다. 그것은 내부적 통제, 자기를 지키는 것(회피, 제거, 감소)을 통하여 리스크를 받아드리든지 아니면 보험을 통해 위험을 전가하는 결정이 될 것이다. 현대의 업무를 수행하는데 있어 완전히 자기 자신의 사업을 지킬 수 있는 사업은 드물다. 위기 의사결정에 대한 행동을 취할 때 재앙으로부터 여행사를 보호하기 위해서는 일관된 방침과 프로그램이 포함되고 뒤따라야 한다. 경영자는 위기관리를 다룸에 있어 모든 종사원 책임이다라는 것을 그들의 종사원들에게 인상을 심어줄 필요가 있다. 위기관리 절차가 종사원들에겐 친숙한 것이 되어야 하며 그 적용은 습관적이 되도록 하여야 한다.

예컨대 은행이 문을 닫았을 경우 수표를 받지 않거나, 이서가 여러 번 되어 있는 수표일 경우 받지 않는 등의 엄격한 정책이 필요하며, 또한 미수금 관리, 현금관리, 항공권의 중복체크, 방화훈련 등에 관한 교육프로그램이 마련되어야 한다.

제8장

고객응대

'사랑하는 자식은 여행(旅行)을 보내라' 는 말이 있습니다. 훌륭한 인격(人格)을 이룸에 있어서 여행은 다양한 사람을 만나고 다양한 삶을 직접 경험(經驗)시키면서 그들 속에서 또 다른 자신의 모습을 바라보며 참된 행복(幸福)이 무엇인가를 스스로 알아가기 때문입니다. 반딧불의 [좋은글]에서 http://www.akyangm.net

여행을 다니며 만난 사람 3명 중에 적어도 1명은 스승이 있다. 우리속담

여행을 하는 궁극적인 목표는 행복이다. 중앙일보 북 리뷰 "꾸뻬씨의 행복여행"을 소개하며

단지 도착하기 위한 여행이라면 불쌍한 여행이며, 그 책이 어떻게 끝을 맺을 것인가를 알기위한 독서라면 가련한 독서이다. A. 콜런 : 리더 誌에서

제8장

고객응대

1 고객

1) 고객의 개념

고객(顧客)은 기업으로부터 상품과 서비스를 제공받는 사람들을 말하며, 기업으로부터 상품과 서비스를 습관적으로 구매하는 소비자들로부터 기업과 직간접으로 거래하고 관계를 맺는 모든 사람들을 포함한다(최화연 · 최은영 · 윤세남, 2014).

고객은 기업에 있어서 가장 중요한 주체이며 상품과 서비스 소비의 주체이며 목적이기도 하다. 일방적으로 기업이 공급하는 상품이나 서비스를 구매하던 시대와 다르게 지금은 치열하게 기업 간 경쟁이 이루어지고 있다. 따라서 고객의 가치와 개념은 더욱 확대되어 이해되고 있다.

顧(돌아볼 고) 客(손 객)

고객

- 기업의 입장에서는 다시 와 주었으면 하는 사람
- 기업으로부터 상품과 서비스를 제공받는 사람
- 기업으로부터 상품과 서비스를 습관적으로 구매하는 소비자들로부터 기업과 직간접적으로 거래하고 관계를 맺는 모든 사람들을 포함한다. (김화연 · 최은영 · 윤세남, 2014)

2) 고객과의 접점

(1) 진실의 순간(Moments of Truth)

진실의 순간이란 고객이 상품과 서비스에 대한 호감이나 만족 또는 불만, 실망을 인식하는데 결정적인 역할을 하는 최초의 15초를 의미한다. 스웨덴 마케팅학자 리처드 노먼(Richard Norman)이 제시한 개념으로 고객과의 접촉에 있어 '가장 중요한 순간'이라는 의미이다.

진실의 순간은 언제인가?

상품의 광고를 접하거나, 이용한 서비스나 상품에 대한 청구서를 받을 때, 상품을 구매하기 위해 방문한 주차장에 차를 주차할 때, 상품이나 서비스를 판매하는 직원을 만나는 순간 등을 진실의 순간이라고 한다. 이때 고객으로부터 호감을 얻게 되면, 상품과 서비스를 판매할 수 있고 재구매도 유도할 수 있다. 반대로 이때 고객의 마음에 들지 못하게 되면 상품과 서비스 판매 기회를 놓치게 된다.

고객과 접점의 순간 작은 것 하나라도 나쁜 인상을 주게 되면 고객은 그것으로 그 상품과 서비스, 기업의 이미지를 결정하기 때문에 발생할 수 있는 모든 접점의 순간을 분석하여 관리할 필요가 있다.

MOT(Moments Of Truth)

- 고객이 기업의 종업원 또는 특정 자원과 접촉하는 순간
- 서비스 품질에 대한 인식에 결정되는 역할을 함
- 고객이 인식하는 서비스 품질이나 만족도는 곱셈의 법칙이 적용됨

고객접점

- 고객접점이란 고객과의 모든 순간순간을 뜻
- 영어로는 MOT(moment of truth)라고 표현
- 종업원이 고객과 접하는 최초의 15초
- 고객과의 접점에 있는 현장 종업원의 서비스가 얼마나 중요한가를 의미
- 고객 만족은 고객과 접하는 짧은 시간에 결정
- 시작부터 끝까지 전 과정에서 다양한 고객 접점이 발생

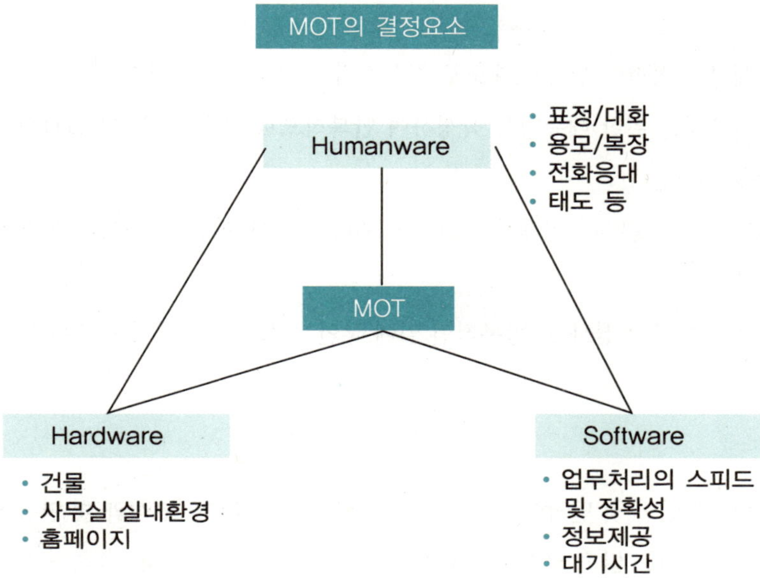

출처 : 원융희(2013), 고객 서비스 테크닉, 백산출판사.

2 고객응대

고객응대란 상품과 서비스를 이용하고자 하는 고객에게 행해지는 종사원들의 모든 행동을 의미한다. 여행 업무처럼 인적 서비스에 대한 의존도가 높은 업무일수록 종사원들의 태도가 고객 만족도에 큰 영향을 미치기 때문에 여행 업무에 있어서 고객응대는 무엇보다도 중요하다.

1) 고객의 기대심리

❶ 고객은 차별받지 않고 타인과 공평한 서비스를 받고 싶어 한다.

❷ 고객은 지불한 비용과 관계없이 최상의 서비스를 받고 싶어 한다.

❸ 고객은 본인이 중요한 사람으로 기억되고 싶어 한다.

2) 고객응대 태도

❶ 언제나 긍정적인 생각과 태도로 정성스럽게 고객을 응대한다.

❷ 고객응대를 위한 매뉴얼을 작성하여 반복적으로 연습함으로써 일관된 태도로 고객을 응대한다.

❸ 업무지식을 충분히 이해하여 고객이 원하는 정보를 신속, 정확하게 제공할 수 있도록 한다.

❹ 작은 일에도 조심하고, 반복적인 일에 본인 스스로가 지치지 않도록 노력한다.

3) 표정관리

고객응대에 있어 첫 만남이나 표정은 중요한 요소가 된다. 고객과 첫 만남에 있어 호감을 주기 위해서는 밝고 긍정적인 표정을 보여줄 수 있어야 한다. 특히 웃는 얼굴은 좋은 이미지를 전달할 뿐만 아니라 상대방에게 호감을 줄 수 있고, 긍정적인 반응을 기대할 수 있다.

미소를 띤 밝은 표정은 고객에게 호감을 주기도 하지만, 고객을 응대하는 직원 스스로에게도 자신감과 긍정적인 태도를 가질 수 있어 고객과 원만한 관계를 가질 수 있다.

4) 음성 관리

음성은 표정과 함께 첫인상을 결정하는 중요한 요소이다. 타고난 음성은 바꾸기 어렵지만 음성의 톤이나 분위기는 노력을 통해 바꿀 수 있다. 고객응대를 할 경우에는 무기력하거나 퉁명스럽지 않게 응대하는 것이 중요하다. 또한 너무 낮거나 높은 톤의 목소리도 듣기 불편하기 때문에 주의해야 한다. 고객응대에 적당한 음성을 위해서는 자세를 바르게 하고, 생동감 있는 톤으로 말하는 것이 중요하다. 또한 발음을 정확하게 전달하려고 노력하고 너무 빠르거나 느리지 않게 말하는 것이 중요하다.

5) 고객응대 대화법

대화란 단순히 서로 지식이나 정보, 감정 등을 교환할 뿐 아니라 상대를 배려하고 수용하는 표현이다. 대화는 언어적인 요소와 시각적 요소, 청각적 요소로 이루어진다. 표정이나 행동 등의 비언어적인 내용이 의미 전달에 중요한 영향을 미친다. 따라서 고객을 응대할 때는 다음 내용에 유의해야 한다.

❶ 고객이 말하는 것에 집중하라

❷ 고객과 편안하게 눈 맞춤을 한다.

❸ 고객이 말하는 내용에 공감이나 이해의 표시를 한다.

❹ 고객이 말하는 내용을 메모하고 의문사항은 바로 질문하도록 한다.

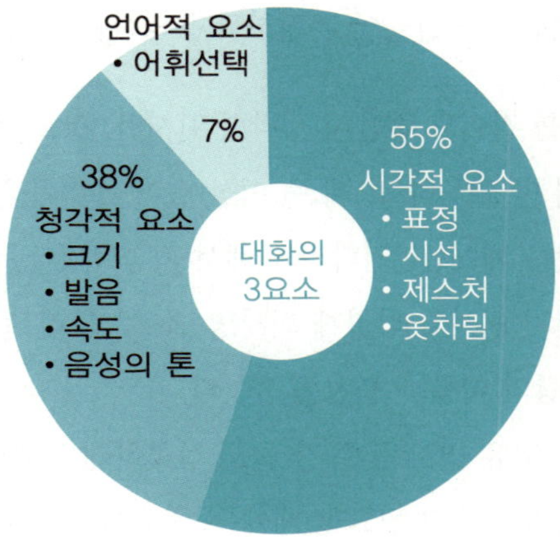

메라비언의 법칙(Mehrabian, 1971)

일상표현	올바른 표현
그건 안 되는데요.	죄송합니다만, 말씀하신 것은 어렵습니다. 다른 날짜에 출발 가능한지 곧 알아보겠습니다.
지금 안 계십니다.	지금은 안 계십니다만, 5시 이후에는 들어오실 예정입니다.
그건 제가 잘 모르는데요.	OO건은 OOO가 담당하고 있습니다. 담당자가 연락드릴 수 있도록 안내해 드리겠습니다.

부정적인 표현	긍정적인 표현
또 늦었네요. 어디 계셨어요?	다음에 늦게 되시면 미리 연락주시면 감사하겠습니다.
잘 모르겠습니다.	정확한 내용을 확인 후 연락드리겠습니다.
죄송합니다. 모든 상품이 마감되었습니다.	죄송합니다. 출발 가능한 상품이 있는지 알아보도록 하겠습니다.

6) 전화 응대

전화는 정보화 시대에 중요한 의사교환 수단이다. 전화는 상대가 보이지는 않지만, 고객에게 충분히 호감을 줄 수 있다. 전화 응대는 회사의 첫 인상을 결정하는 중요한 요소로, 고객접점의 순간이 된다. 직원의 예의 바르고 성의 있는 전화 응대는 회사의 이미지와 신뢰도에 긍정적인 영향을 미칠 수 있다.

전화는 언제 어디서나 응대할 수 있지만, 음성에만 의지하고 상대의 표정을 알 수 없기 때문에 오해나 부주의로 잘못된 상황이 발생할 수 있다. 따라서 고객을 응대 전화를 잘 하려면 전화 응대 매뉴얼을 만들어 훈련하고 주의하는 것이 필요하다.

❶ 상대방에게 전화를 걸어도 좋을지 생각한다(시간, 장소, 상황 고려).
❷ 벨이 울리면 즉시 받도록 하고, 세 번 이상 벨이 울리지 않도록 한다.
❸ 시간이 걸려 받았을 때에는 “기다리게 해서 죄송합니다.”라고 정중히 사과한다.
❹ 수화기를 들면 먼저 인사말과 함께 회사명, 소속, 그리고 이름을 상대방에게 명확히 알리고, 그 사람의 이름과 용건을 묻는다.
❺ 금액, 일시, 숫자, 고유 명사 등은 잘 듣고 정확하게 전달한다.
❻ 항상 필기구를 준비해 두고 필요할 때에는 즉시 메모한다.
❼ 메모를 전달을 부탁받았을 때에는 상대방(고객)의 성함과 용건을 정확하게 메모한다.
❽ 전화를 끊을 때는 밝고 명랑한 소리로 끝 인사를 한다.
❾ 고객이 먼저 수화기를 놓은 다음에 조용히 놓는다.
❿ 통화 중 전화가 끊어졌을 때에는 비록 상대방에게서 걸려온 전화라 하더라도 먼저 다시 건다. “통화 중에 전화가 끊어져서 죄송합니다.”라고 인사한 후 통화를 계속한다.

7) 방문고객 응대

여행사 방문 고객에게 상담 직원의 친절하고 매너 있는 태도는 회사의 좋은 이미지를 가지게 하고, 여행상품 구매에 긍정적인 영향을 미친다. 따라서 직원은 언제나 좋은 첫인상과 친절한 태도로 응대할 수 있도록 해야 한다.

1. 남성이나 여성모두 직장에서 다른 사람에게 불쾌감을 주지 않도록 청결상태를 유지한다.
2. 단정하고 세련미를 나타낼 수 있는 정장과 헤어스타일을 유지하도록 한다.
3. 화려한 염색이나 지나친 액세서리 사용을 자제한다.
4. 메이크업은 자연스럽게 한다.
5. 옷차림에 맞는 구두를 착용한다.

8) E-MAIL 응대

인터넷 사용의 보편화로 E-MAIL응대는 전화응대만큼 많은 고객들이 이용하고 있다. E-MAIL의 경우도 고객을 대면하지 않은 상태에서 응대하게 됨으로 전화응대만큼 세심한 주의가 필요하다.

1. 간결하고 명확하게 전달하고자 하는 내용을 쓴다.
2. 메일을 받은 후 빠른 시간 안에 답장하도록 하며, 부득이한 경우 언제까지 답장을 하겠다는 회신을 한다.
3. 회사 메일을 사적인 용도로 이용하지 않는다.
4. E-MAIL의 경우 맞춤법이나 문장의 내용이 정확한지 반드시 확인 후 발송한다.
5. 메일주소가 정확한지 확인 후 발송하고, 수신 여부를 확인하여 문제가 발생할지 않도록 한다.

3 여행상담 화법

1) 친밀감 형성

고객에 대한 관심을 나타내는 표현법	네 고객님! 무엇을 도와 드릴까요? 전화 주셔서 감사합니다. 제가 바로 도와 드리겠습니다.
유일한 고객으로 모셔라	고객의 말에 맞장구를 쳐라. 000 상품으로 가능합니다. 탁월한 선택이십니다.
적극적인 표현 연출 (목소리, 말투)	전화 통화 시에도 "미소"유지 자신감 있게 확실하게 말한다.
신뢰를 받을 수 있는 전문가적인 모습 유지	완전한 문장으로 말한다. 바른 자세로 적절한 경어사용

출처 : 하나투어 여행인재 양성과정

2) 질문 기법

상담질문에 있어 유용한 질문기법이 SPIN기법이다. SPIN기법이란 상황(Situation), 문제(Problem), 시사(Implication), 욕구충족(Needs-Payoff)에 관한 질문으로 상담하는 방법을 뜻한다. '상황' 질문을 통해 고객의 현재 상황을 이해하고, 고객의 관심과 욕구를 이해하기 위한 첫 단계의 질문형태이다. '문제' 질문은 고객의 잠재적 욕구와 요구를 파악할 수 있는 질문형태이다. '시사' 질문의 경우 잠재욕구를 개발시키고 인지시키기 위한 질문이며, '욕구충족' 질문은 고객의 욕구를 확인하고 대안을 제시할 수 있는 질문형태이다.

- 해외여행은 처음이십니까? 여권은 발급받으셨습니까?(상황 질문)
- 특별히 선호하시는 호텔이 있으십니까?(문제 질문)

3) 고객입장의 FAB 응대

- 여행상품의 특징(Features)을 설명한다.
- 동일한 다른 상품과 비교해 상대적으로 우수한 장점(Advantages)를 설명한다.
- 효과적인 특징설명은 고객의 관심을 집중시킬 수 있다.
- 여행상품의 특징과 장점을 적절하게 설명하여 고객이 받을 수 있는 혜택(Benefits)을 설명한다.
- 고객의 의사결정을 유도하는 가장 강력한 설명방법이다.

출처 : 하나투어 여행인재 양성과정

제9장

상품 추천

내 생의 증거는 언제나 여행에 있었다. 내가 살아있음을 가장 잘 증명해 줄 수 있는 것은 곧 여행이었다. 여행 중일 때, 나는 그 어느 때보다 나 자신일 수가 있었다. 류시화

여행을 떠날 각오가 되어 있는 자만이 자기를 묶고 있는 속박에서 벗어나리라. 헤르만 헤세 : 유리알 유희 중

어느 길로 가야할지 더 이상 알 수 없을 때 그때가 비로소 진정한 여행의 시작이다. 나짐 히크메트

일 년에 한번은, 전에 전혀 가보지 않았던 곳을 찾아가라. 탄트라 토템

제9장

상품 추천

1 고객 정보와 여행패턴 파악하기

1) 데이터베이스에 대한 고객 욕구의 파악

데이터베이스를 통해 개별 고객의 생활과 경험에 바탕을 둔 특화된 욕구는 고객들의 상품구입 활동으로부터 파악될 수 있다. 예를 들어 소비자의 상품 구매 현장을 살펴보도록 하자. 소매점의 점원은 소비자가 제시하는 카드를 판독기를 통해 읽고, 다음으로 소비자의 구입 상품을 바코드로 읽으며 상품을 포장하고 소비자에게 이것을 인도하는 과정을 거치게 된다. 이때 소매점은 고객이 제시하는 카드를 읽음으로써 언제, 누가, 어느 점포에서 상품을 구입한 기록을 얻게 된다. 소비자가 선택한 상품을 바코드로 읽음으로써 고객이 어떤 종류의 상품을 얼마만큼 구입했는가를 파악할 수 있다. 이와 같이 개별 고객의 포괄적인 데이터의 축적을 데이터베이스로 부른다. 오늘날 여행사 · 호텔 · 항공사 등에서도 고객의 데이터베이스를 구축하는 것이 가능해짐에 따라 관광기업은 고객의 욕구를 용이하게 파악할 수 있게 되었다.

2) 데이터베이스의 유형

기본적으로 데이터베이스는 두 가지 형태로 구분된다. 데이터베이스는 상품을 기준으로 한 데이터베이스와 고객을 기준으로 한 데이터베이스 등 두 가지 형태로 유형화된다. 상품을 기준으로 한 데이터베이스는 편의점이나 백화점에서의 상품 판매량이나 판매 시기, 판매 종류 등 상품이 판매될 때 상품의 판매 정보를 기록하여 상품을 기준으로 데이터베이스를 기록하게 된다. 그러나 고객 중심으로 기록되는 데이터베이스는 누가, 언제, 어디에서, 어떤 가격으로, 무엇을, 얼마만큼 구입했느냐에 대한 고객을 기준으로 데이터베이스를 구축하는 유형이 된다.

그렇다 보니 최근 데이터베이스 마케팅이 대상으로 하는 데이터베이스는 상품 기준보다는 오히려 고객 기준 데이터베이스가 주축을 이루고 있다. 상품 기준 데이터베이스보다 고객기준 데이터베이스가 중심이 되는 이유는 데이터베이스 설계의 용이성과 효율적 사용 가능성뿐만 아니라 고객과의 관계를 상세히 파악함으로써 고객 지향이라는 마케팅 이념에 적합하기 때문이다.

3) 데이터베이스 구축의 주요 내용

① 고객의 성명과 주소, 전화번호
② 고객에 대한 촉진 활동(메일 발송 등) 기록
③ 고객의 촉진 활동에 대한 응답 활동
④ 최초의 고객 반응을 얻기 위한 접촉 매체
⑤ 구입하고자 하는 상품 종류, 구입 금액, 1회 평균 구입액
⑥ 상품 구입 수단(전화, 인터넷, 모바일, 직접 방문 등) 지불 방법
⑦ 거래 활동이나 질문지에 의한 조사를 통하여 기록되어 있는 개인 정보
⑧ 거래 활동이나 시장 실사를 통해 기억하고 있는 고객의 상품 사용과 관련된 정보

4) 여행객의 여행 패턴

(1) 여행객 연령별 기준

① 청년층은 활동력이 왕성하고 신비한 것에 대한 호기심도 많으며, 지식 욕구 또한 강할 뿐만 아니라 타의에 의해 행동하기보다 자발적인 활동과 생활을 즐기려는 경향이 있다. 따라서 이들은 새로운 곳에서 탐험을 즐기고 단체 여행보다는 자유롭게 행동할 수 있는 개인 여행을 선호한다. 따라서 여행사는 젊은 층의 이러한 공통적인 욕구와 여행 패턴에 주목해서 FIT(개별 자유 여행, 배낭여행, 캠프 여행, 자전거, 낚시 동호회 여행 등)의 상품 개발이 바람직하다. 이때의 숙박 시설은 유스 호스텔이나 특이한 지방색을 가진 것을 권장하는 것이 좋다.

② 장 · 노년층은 활동력이 상대적으로 위축되고 새로운 것에 대한 열망보다 안정성에 관심이 많고, 가족 수도 줄어들며 신체적 변화도 많다. 따라서 이들은 안락하고 편안한 여행에 관심이 많으므로 투어 가이드가 동반하는 단체 여행과 보양 관광을 선호한다.

③ 45세 미만 여행객들은 자녀들과 함께 움직이는 관광이 주류를 이루고 있고, 여행 상품 선택 기준으로는 의사소통 능력, 교통과 호텔 서비스의 질, 접근의 편리성, 상품의 가격, 다양성 등의 요인을 중요하게 고려하고 있다. 45세 이상의 여행자들은 자녀를 제외한 부부만의 여행이 주류를 이루고 있으며, 호텔서비스의 질, 접근의 편리성, 광고, 가격, 예약 서비스 요인 등을 여행 상품선택 시 중요하게 고려하고 있다

④ 여행 형태에 따라 여행 상품 선택 요인 또한 달라지고 있고, 여행 상품의 내용, 즉 여행 상품의 호텔 및 교통 등 서비스 수준이 여행 상품에 많은 영향을 미치고 있다. 여행사 자체가 여행 상품을 결정하는 데 영향을 미치고 있으며, 여행사 직원의 인적 요소도 아주 중요한 요소로 자리 잡아 가고 있다.

(2) 여행객 성별 기준

① 지금까지 패키지 투어는 남녀의 특성을 주목하지 않은 것이 대부분이었지만, 이제는 여성 중심의 상품이 적극 개발될 필요가 있다. 여성들의 높은 교육 수준과 취업 기회 확대 등으로 사회적 지위가 전반적으로 향상되고 있어 패키지 투어를 개발할 때에는 여성을 둘러싼 환경 변화를 고려해야 한다.

② 여성의 사회적 역할을 주목하고 있는 학자들은, 여성(부인)의 사회 진출 적극화가 가족 구조의 변화 유도, 사회와 가정에서의 역할과 결정권 제고, 지위향상 등을 가져올 것이라고 전망하였다. 한편 가전제품의 보급 확대는 여성의 가사 능률 향상과 여가 시간을 증대시켰고, 이는 여행 욕구를 자극시키는 요인으로 작용하고 있다.

③ 여성은 대체로 감정적이고 온화하며 미적 탐구에 대한 관심이 높다. 그리고 그들은 아름다운 곳의 이미지를 오래 간직하고자 하며, 개인보다 집단행동을 선호하므로 그들만을 위한 상품, 즉 쇼핑과 패션쇼, 각국 전통 요리를 경험할 수 있는 패키지 투어가 바람직할 것이다.

④ 남성만을 위한 것도 개발 가능하다. 남성은 열정적인 체험과 신기하고 새로운 것에 관심이 많다. 세계적으로 스포츠 관람 여행이 최근 성행하는 것도 이와 무관하지 않다. 따라서 건강에 유익한 여가 활동 중심의 상품 개발도 좋을 것이다.

(3) 여행객 교육 수준 기준

① 여행사의 여행 상품은 여행객의 교육 수준에 따라 선호하는 여행 상품이 달라짐을 알 수 있다. 먼저 고학력자들은 지적 욕구가 대체로 강해 새로운 관광지에 관심이 높고 여행 과정에서 다양한 체험을 기대한다. 이 경우 생태 관광, 문화유산 탐방 여행, 문화 민속 관광, 학술 세미나 참가 등 인센티브 주문형 여행 상품을 선호한다.

② 저학력자들은 공통적으로 새로운 것에 대한 도전보다 익숙한 것을 선호하고 행동도 의존적이므로 통상적인 일정의 상품, 인기 코스 중심의 상품이 효과적일 수 있다.

2 고객 정보 기록과 업데이트하기

1) 개인정보의 개념

생존하는 개인에 관한 정보로서 당해 성명 · 주민등록 번호 등에 의하여 당해 개인을 식별할 수 있는 정보(당해 정보만으로는 특정 개인을 식별할 수 없더라도 다른 정보와 용이하게 결합하여 식별할 수 있는 것을 포함한다)를 말한다.(국방과학기술용어사전, 2011. 국방기술품질원)

2) 개인정보 보호지침(문화체육관광부 훈령)

1. 목적

「개인정보 보호지침」은 문화체육관광부가 (개인 정보 보호) 제12조 제2항 및 안전행정부의 「표준 개인정보 보호지침」에 따라 개인 정보 처리자가 준수하여야 하는 개인 정보의 처리에 관한 기준, 개인 정보 침해의 유형 및 예방 조치 등에 관한 세부적인 사항을 규정하는 것을 목적으로 한다. 개인 정보 보호 책임자를 소속 공공 기관은 임원 또는 그에 준하는 직원으로 지정한다.

2. 개인 정보 보호 원칙

(1) 개인 정보 처리자는 개인 정보 처리 목적을 명확하게 하고 그 목적에 필요한 범위에서 최소한의 개인 정보만을 적법하고 정당하게 수집하여 직접적으로 필요한 범위 내에서만 개인정보를 처리하여야 하며, 그 목적 외의 용도로 활용하지 않아야 한다.

(2) 개인 정보 처리자는 개인 정보의 처리 목적에 필요한 범위에서 개인 정보의 정확성, 완전성 및 최신성이 보장되도록 해야 한다.

(3) 개인 정보 처리자는 개인 정보의 처리 방법 및 종류 등에 따라 정보 주체의 권리가 침해받을 가능성과 그 위험 정도를 고려하여 적절한 기술적 · 관리적 및 물리적 보안조치를 통하여 개인 정보를 안전하게 관리하여야 한다.

(4) 개인 정보 처리자는 개인 정보 처리 방침 등 개인 정보의 처리에 관한 사항을 공개하며, 열람 청구권 등 정보 주체의 권리를 보장하여야 한다.

(5) 개인 정보 처리자는 정보 주체의 사생활 침해를 최소화하는 방법으로 개인 정보를 처리하여야 한다.

(6) 개인 정보 처리자는 개인 정보의 처리에 관한 정보 주체의 동의를 얻은 경우라도 구체적인 업무의 특성상 가능한 경우에는 특정 개인을 알아볼 수 없는 형태로 개인 정보를 처리 하여야 한다.

3. 개인 정보의 수집 원칙

(1) 개인 정보의 '수집'이란 정보 주체로부터 직접 이름, 주소, 전화번호 등의 정보를 제공받는 것뿐만 아니라 정보 주체에 관한 모든 형태의 개인 정보를 취득하는 것을 말한다.

(2) 개인 정보 처리자는 다음 각 호의 경우에 개인 정보를 수집할 수 있으며, 그 수집 목적의 범위에서 이용할 수 있다.

(가) 정보 주체로부터 사전에 동의를 받은 경우

(나) 법률에서 개인 정보를 수집 · 이용할 수 있음을 구체적으로 명시하거나 허용하는 경우

(다) 법령에서 개인 정보 처리자에게 구체적인 의무를 부과하고 있고, 개인 정보 처리자가 개인 정보를 수집 · 이용하지 않고는 법령에서 부과하는 구체적인 의무를 이행하는 것이 불가능하거나 현저히 곤란한 경우

(라) 개인 정보를 수집 · 이용하지 않고는 법령 등에서 정한 소관 업무를 수행하는 것이 불가능하거나 현저히 곤란한 경우

(마) 개인 정보를 수집 · 이용하지 않고는 정보 주체와 계약 체결 또는 체결된 계약의 내용에 따른 의무를 이행하는 것이 불가능하거나 현저히 곤란한 경우

(바) 정보 주체 또는 제3자(정보 주체를 제외한 그 밖의 모든 자를 말한다.)의 생명, 신체, 재산에 대한 피해를 방지해야 할 급박한 상황이어서 개인 정보를 수집 · 이용해야 할 필요성이 명백히 인정됨에도 불구하고, 정보 주체 또는 그 법정대리인이 의사 표시를 할 수 없는 상태에 있거나 주소 불명 등으로 연락을 취할 수 없는 상황이어서 사전에 동의를 받을 수 없는 경우

(사) 개인 정보 처리자가 법령 또는 정보 주체와의 계약에 따른 정당한 이익을 달성하기 위하여 필요한 경우로서, 명백하게 정보 주체의 개인 정보의 수집 · 이용에 관한 동의 여부 및 동의 범위 등을 선택하고 결정할 권리보다 우선하는 경우

(3) 개인 정보 처리자가 정보 주체로부터 직접 명함 또는 그와 유사한 매체(이하 '명함 등' 이라고 함.)를 제공받음으로써 개인 정보를 수집하는 경우 정보 주체가 동의 의사를 명확히 표시하거나, 그렇지 않은 경우 명함 등을 제공하는 정황 등에 비추어 사회 통념상 동의 의사가 있었다고 인정되는 범위 내에서만 이용할 수 있다.
(4) 개인 정보 처리자가 인터넷 홈페이지 등 공개된 매체 또는 장소(이하 '인터넷 홈페이지 등' 이라고 함.)에서 개인 정보를 수집하는 경우, 해당 개인 정보는 본인의 개인 정보를 인터넷 홈페이지 등에 게시하거나, 게시하도록 허용한 정보 주체의 동의 의사가 명확히 표시되거나 인터넷 홈페이지 등의 표시 내용에 비추어 사회 통념상 동의 의사가 있었다고 인정되는 범위 내에서만 이용할 수 있다.
(5) 개인 정보 처리자는 계약 등의 상대방인 정보 주체가 대리인을 통하여 법률 행위 또는 의사 표시를 하는 경우, 대리인의 대리권 확인을 위한 목적으로만 대리인으로 부터 또는 의사 표시를 하는 경우 대리인의 개인 정보를 수집 · 이용할 수 있다.
(6) 근로자와 사용자가 근로 계약을 체결하는 경우, 「근로기준법」 제2조 제5호의 임금 지급, 교육, 증명서 발급, 근로자 복지 제공을 위하여 근로자의 동의 없이 개인정보를 수집 · 이용할 수 있다.

3) 여행사의 개인정보 처리 방침

(1) 개인정보 수집 및 이용목적

회사는 여행상품의 예약 및 여행관련 서비스 제공 등의 업무처리를 위하여 고객으로부터 최소한의 필수정보를 수집하며, 제공한 모든 개인정보는 별도의 동의가 없는 한 해당목적 이외의 다른 목적으로 사용하지 않는다. 회사는 수집한 개인정보를 다음의 목적을 위하여 사용한다.

❶ 서비스 제공에 관한 계약 이행 및 서비스 제공에 따른 요금정산

여행상품 예약, 여행자보험가입, 항공권/호텔 등의 예약 및 출입국 정보 확인, 예약내역의 확인 및 상담, 콘텐츠 제공, 여행서비스 이용 시 회원의 우대, 마일리지 적립/조회/사용 및 이에 관한 안내, 회원카드발급, 구매 및 요금결제, 물품배송 또는 청구서 등 발송, 본인인증 및 금융서비스 등

❷ 회원관리

회원제 서비스 이용을 위한 본인확인, 개인식별, 불량회원의 부정 이용 방지와 비인가 사용방지, 가입 의사 확인, 이용 및 이용횟수 제한, 연령확인, 만14세 미만 아동 개인정보 수집 시 법정 대리인 동의 여부 확인, 분쟁조정을 위한 기록보존, 불만처리 등 민원처리, 고지 사항전달 등

❸ **이용자 편의 증진 및 신규상품, 서비스 개발을 위한 통계/분석**

서비스 이용 통계기록과 접속/빈도/구매패턴 등의 분석을 통해 신규서비스 및 맞춤형 특화상품개발, 고객마케팅 기획등 이용자 혜택/편의증진 서비스 개선/고도화에 활용

(2) 개인정보 수집 항목

❶ 회사는 적법한 절차와 법적 기준에 의거하여 고객의 개인정보를 수집하고 있으며, 고객의 서비스이용에 필요한 최소한의 정보만을 수집하고 있다. 정보통신망법과 개인정보보호법에 의거하여 수집, 이용을 제한하고 있다.

❷ 회사는 고객의 인권을 침해할 우려가 있는 민감한 개인정보항목(인종, 종교, 사상, 정치적 성향, 건강상태, 성생활정보 등)은 수집하지 않는다.

(3) 보유 및 이용기간

❶ 회원의 동의하에 수집된 개인정보는 회원이 회원자격을 유지하는 동안 보유 및 이용된다.

❷ 회원탈퇴 혹은 자격을 상실하는 경우 해당 개인정보는 파기된다. 단, 아래의 각호의 경우는 예외로 한다.

❸ 계약 또는 청약철회 등에 관한 기록 : 5년(전자상거래 등에서의 소비자보호에 관한 법률)

❹ 대금결제 및 재화 등의 공급에 관한 기록 : 5년(전자상거래 등에서의 소비자보호에 관한 법률), 소비자의 불만 또는 분쟁처리에 관한 기록 : 3년(전자상거래등에서의 소비자보호에 관한 법률)

출처 : 하나투어, http://www.hanatour.com/asp/member/me-00000.asp?hanacode=main_TNB_member
모두투어, http://www.modetour.com/Member/Info/Join_Step2_Agree.aspx?MGu=0&NextUrl=#none

4) 고객정보 업데이트

여행사마다 고객의 여행 빈도 수, 지역, 여행유형(자유여행, 패키지여행) 등으로 고객의 정보를 파악하거나 직업이나 나이, 성별 등의 따른 여행상품 선호도에 대한 빅데이터를 수집하는 방법으로 고객정보를 업데이트 하고 관리한다. 그러나 개인정보 보호

법 시행령(2017년 9월 30일 시행)으로 여행사마다 일정 기간 이외에는 고객의 정보를 유지하기가 어렵다.

3 여행상품 추천하기

여행상품의 구매하는 과정을 이해하고 상품의 지식을 갖는 것은 효과적인 판매를 향한 중요한 단계이다. 그러나 이것만으로 충분하지 않으며 여행사가 효과적인 판매기법에 친숙하게 적응하는 것이 필수적이다. 불행히도 여행사는 그들 자신을 판매원이라기보다 서비스맨 또는 고객의 요구수령자로 보고 있다. 즉 그들의 직무가 고객의 구매행동을 이끌어내기보다 고객의 요구에 부응하는 걸로 생각하고 있다. 그 이유는 많은 사람들과 같이 판매원에 대한 부정적 이미지 즉 공격적이고, 탐험적이고, 욕심내고, 자기 자신이 잘났다고 하는 것과 같은 부정적 이미지를 갖고 있다. 자동차 판매원이 그런 전형적인 예이다. 여행사는 그런 전형적인 판매원이 되어서는 안 된다.

그러나 판매과정은 정교할 필요는 없다. 사실 오늘날 소비자들은 구식의 경성적 판매기법을 인지하고 있으며 거부하고 있다. 고객의 요구에 민감하고 고객과 지속적인 관계를 만들려는 그런 판매자를 좋아한다. 고객에게 일을 하는 것이 아니라 고객을 위해, 고객과 함께 하는 그런 판매원을 좋아한다.

이러한 패러다임이 여행상품의 판매에 매우 적합하다. 여행상품은 즐거운 감정을 불러 일으켜야 한다. 긴장완화, 마음대로 할 수 있다는 것, 즐거움이 여행상품에 관한 모든 것이다. 판매과정은 그런 감정과 일치한다. 여행경험은 여행이 시작됐을 때 발생하는 것이 아니라 친구들로부터 여행에 대한 긍정적인 이야기를 듣거나 브로슈어를 읽거나 보았을 때, 기사를 읽을 때 그들의 마음에서 시작된다. 그리고 그들의 소망이 현실화되려고 할 때 여행사의 업무가 시작되는 것이다.

여행사의 시각에서 전 판매과정을 조사하고 가장 훌륭한 여행상담자가 어떤 일을 하는지 살펴보자.

1) 판매개시

대부분의 사람들은 누군가를 보았을 때 6초 안에 좋고 나쁨을 결정하게 된다. 스탠포드 대학의 연구에 따르면 판매원은 우호적인 인상과 고객을 편하게 해주는 2가지의 요건을 가져야 한다고 한다. 예상고객이 여행사를 방문했다고 하자. 만약 당신이 여행사직원이라면 어떻게 할 것인가?

❶ 일어서서 고객에게 인사한다. 고객을 위한 진지한 행동이 커뮤니케이션되어야 한다.
❷ 고객과 눈맞춤을 하라. 웃으면서, 도와줄 수 있는 기회의 즐거움을 전달하라.
❸ 이름을 먼저 이야기하고 그 다음 고객의 이름을 받아라.
❹ 악수하라.
❺ 앉기를 권하라. 사무실의 배치가 허락한다면 당신 옆쪽에 고객을 앉혀라. 고객과 마주 앉는 것보다 더 친절한 제스츄어가 될 것이다.

전화에 의한 판매는 당신과 고객이 서로 볼 수 없기 때문에 더 큰 도전이다. 당신의 목소리로 모든 것을 전달하여야 하는 바, 그 방법은 다음과 같다.

❶ 4개의 부분으로 나누어 인사하라

"안녕하십니까, 회사 이름, 본인 이름, 어떻게 도와 드릴까요"이다. 전문가들은 4가지의 인사법이 가장 효과적인 방법으로 보고 있다. 몇몇 여행상담전문가들은 전화통화가 끝날 때쯤 "제가 고객에게 도움이 되었는지 모르겠군요", "당신의 휴가계획에 제가 도움이 되었으면 합니다"와 같은 애교 어린 말을 사용함으로서 고객으로부터 주문을 이끌어낸다. 이렇게 끝을 내는 방법은 고객으로부터 긍정적인 답변을 이끌어낼 수 있을 것이다.

❷ 웃어라

전화를 거는 사람은 전화상이지만 상대방의 웃음을 다소나마 인식할 수 있기 때문이다.

❸ 열과 성을 다해 의사소통하라

고객은 여행을 하는 가능성에 대해 흥분되고 있기 때문에 당신이 소유한 열정을 거기에 쏟아 부어야만 한다.

2) 고객에 대한 질문내용과 질문방법

(1) 고객에 대한 질문내용

판매에 있어 전문용어로 qualifying이란 질문을 통해 드러나지 않은 고객의 필요를 밝히는 것으로 질문형태는 왜 고객이 당신을 찾아왔는지를 밝히는 과정이라고 볼 수 있다. 여행사에서는 일반적으로 3가지의 시나리오를 구성하여 대처하고 있다.

〈시나리오 1〉
"고객은 그들이 원하는 휴가의 종류에 대해 매우 애매한 생각을 갖고 있다"

고객들은 어떠한 곳에서 어떠한 것을 경험해야 하는지에 대해 서로의 생각이 다른 것이 일반적이라고 볼 수 있다. 그런 고객에게는 많은 질문을 통해 그들의 필요를 만족시켜줄 수 있다. 처음에는 해외여행을 해본 적이 있는지? 해외여행 경험이 있다면 어느 지역을 여행했는지를 물어보아야 할 것이다. 그들의 대답은 아마 UNWTO의 Tourism Vision2020에서 분류한 관광 유형 중 하나가 될 것이다. 즉 자연추구형, 모험추구형, 문화체험형, 테마관광형, 크루즈관광형 인지를 판단할 수 있을 것이다. 이 유형들의 특성들을 이해하고 있으면 고객의 필요에 대해 적절한 지도를 할 수 있기에 판매과정의 통제수단이 될 수 있을 것이다.

〈시나리오 2〉
"고객은 그들이 원하는 것에 대해 대략적인 생각을 갖고 있다"

해외여행에 관해 관심이 있기는 하지만 구체적인 여행상품에 대해 알지 못하는 경우이다. 아니면 벌써 목적지를 선택하였지만 목적지를 경험하는 방법에 대해 알지 못하고 있는 경우이다. 시나리오 1에서와 같이 고객의 여행스타일의 질문을 통해 그들의 필요를 파악할 수 있을 것이다. 이들에게도 적절한 분류 노력을 해야 하며 이를 통해 적절한 여행지를 추천해줄 수 있다.

〈시나리오 3〉
"고객은 그들이 원하는 것을 정확하게 알고 있다"

고객이 왔을 때 시간을 절약하기 위해서는 적절한 가격을 제시하거나 고객이 알고 있는 정보를 입증해 주어야 한다. 그들의 마음속에는 구체적인 여행상품을 가지고 있다. 이들 고객은 시간의 부족으로 여행사를 방문한 것이다. 그들이 원하는 것을 잘 알고 있다 하더라도 2~3가지의 질문을 해 보아야 하는데 어떤 경우에는 알고 있는 상품이 그들의 필요와 전혀 어울리지 않는 경우도 있다. 심지어 숨어 있는 필요를 깨닫지 못하고 있는 경우도 있다. 이런 사람들에게는 고객이 알고 있는 점을 간결한 질문을 통해 알아보아야 한다.

만약 고객이 구체적인 여행상품을 이야기하면서 전화를 한 경우, 가격이 얼마인지를 묻게 될 것이다. 이런 경우 판매의 가능성은 낮으며 그들이 원하는 최상의 가격수준으로 이를 때까지 전화를 계속할 것이다. 고객에게 가격을 이야기해 주고 더 이상 질문을 하지 않는다면 잘못된 것이다. 고객이 원하는 상품의 특성이나 가격을 말해 주기 전에 질문을 하게 되면 다른 여행사를 찾게 될 것이다. 이것은 판매하는 상담자의 자세가 아니다. 자기 여행사의 상품을 판매하기 위해서는 자기 여행사와 거래하는 것이 얼마만큼의 혜택이 있는지, 고객의 여행에 관해 관심을 보여주고 고객의 필요를 찾아내려는 시간을 갖고자 할 때 고객에게 상품구매를 이끌어낼 수 있다. 상담자는 고객이 상품을 구매할 때까지 고객에게 적합한 여행상품을 추천해 주려는 최선의 노력을 보여 주어야 한다. 만약 의견이 일치되었을 경우 구매자는 여행상품 구매확정을 할 것이다.

(2) 판매기술상의 질문방법

고객의 필요를 결정하는 질문에는 폐쇄형과 개방형질문이 있는데 폐쇄형 질문에는 사실에 입각한 응답이 필요하다. 질문은 위에서의 3가지 시나리오 하에 질문을 하는 것이 필수적이다. 폐쇄형의 고전적 질문에는

- 누가 여행을 하는지
- 마음속에 가지고 있는 여행은 어떤 것인지
- 언제 가길 원하며 얼마동안 머물길 원하는지
- 어느 지역으로 가고 싶은지
- 여행경비는 어느 정도인지

대답을 통해 예약서 작성으로 들어가는데 여행예약신청서에 기입한 후 고객이 말한 내용을 기록해야 한다. 고객이 응답하는 것이 얼마나 중요한지를 알 수 있으며 빠뜨리기 쉬운 점을 확인하는데 도움을 준다.

메모를 하는 것은 개방형 질문을 할 때 중요하다. 복잡한 것을 이끌어내고 고객에게 대답할 때 유용하다. 좋은 개방형 질문은 상담자가 고객필요에 대한 실마리를 제공하는데 중요하다. 특히 그들이 원하는 것에 대해 애매한 생각을 갖고 있는 고객에게는 더더욱 그러하다. 심지어 그들이 원하는 것에 대해 대략적이거나 정확하게 아는 고객일지라도 2~3개의 개방형 질문들을 할 수 있다. 다음은 7개의 고전적인 개방형 질문들이다.

- 고객이 생각하고 있는 여행은 어떤 것인지?
- 고객이 주로 하는 여행은 어떠한 것인지?
- 고객이 경험했던 가장 좋은 여행은 어떤 여행이며 왜 그렇게 생각하는지? 가장 나빴던 여행경험은 무엇이며 그 이유는?
- 인솔자가 동행한 여행을 해 보았는지? 포괄여행의 리조트였는지? 재미가 있었는지?
- 휴가기간 동안 하고 싶은 일은 무엇인지?
- 지난 휴가기간에는 무엇을 했는지? 어디에서 머물렀는지? 이번 휴가기간에는 유사한 것을 선택할는지 아니면 전혀 다른 유형을 선택할는지?
- 해외여행을 해 본 적이 있는지? 해외여행에 대해 가장 좋아했던 것은 무엇이며 좋아한 이유는? 또한 별로였던 것은 무엇인지? 별로였다면 그 이유는?

상담자는 라이프스타일에 대한 질문들을 할 수 있는데 몇 개는 폐쇄형 질문들로 보여지지만 결과는 개방형으로 나온다.

- 어디에 살고 있는지
- 생계수단은 무엇인지
- 소유하고 있는 차종은
- 외식 시 가장 선호하는 장소는 어디이며 그 장소를 선호하는 이유는
- 선호하는 호텔의 유형은
- 휴가기간 동안 차로 이동하는 것을 좋아하는지

제10장

여행상품 계약

익숙한 것들과 이별해야 하는 시간이고 전혀 새로운 세계로 들어서는 시간이다. 새로 시작하는 길, 이 길도 나는 거친 약도와 나침반만 가지고 떠난다. 길을 모르면 물으면 될 것이고 길을 잃으면 헤매면 그만이다. 중요한 것은 나만의 목적지가 어디인지 늘 잊지 않는 마음이다. 한비야 : 중국견문록 중에서

여행은 늘 사람들에게 새로운 길을 열어 준다. 다른 문화를 이해하고 서로 돕는 것이다. 나에게 여행이란 사람을 만나는 것이다. 토니 휠러

나로서는 어느 목적지에 가고자 여행하는 것이 아니고 그저 가기 위해서 여행한다. 나는 여행을 위해서 여행한다. 중요한 것은 이동하는 것이다. 로버트 루이스 스티븐슨

제10장

여행상품 계약

1 계약 서류 작성하기

1) 여행계약서

여행업자는 관광진흥법 제14조 2항에 따라 여행자와 계약을 체결하였을 때에는 그 서비스에 관한 내용을 적은 여행계약서를 여행자에게 내주어야 한다. 여행계약서는 여행일정표 및 약관, 보험가입을 증명할 수 있는 서류를 포함한다. 여행약관과 계약서는 기본적으로는 공정거래위원회에서 2019년 8월 30일 개정 승인한 국내 · 국외 표준여행약관과 계약서를 사용하고 있다. 일반적으로 약관은 여행업자와 여행자의 계약에 대한 구체적인 책임과 의무에 대한 내용이며, 계약서는 기본적인 거래 내용으로 구성되어 있다. 여행계약서에서 중요한 여행 일정표는 여행일정뿐 아니라 가격과 서비스에 대한 자세한 내용으로 구성되어 있다.

「관광진흥법」 제14조(여행계약 등) 2015년 5월 18일 개정안

① 여행업자는 여행자와 계약을 체결할 때에는 해당 여행지에 대한 안전 정보를 제공하여야 한다.
② 여행업자는 여행자와 여행계약을 체결하였을 때에는 그 서비스에 관한 내용을 적은 여행계약서(여행일정표 및 약관을 포함한다. 이하 같다) 및 보험가입 등을 증명할 수 있는 서류를 여행자에게 내주어야 한다.
③ 여행업자는 여행일정을 변경하려면 여행자의 사전 동의를 받아야 한다.

2) 여행 계약서 작성

여행 표준계약이란 여행업체와 여행자 간에 체결하는 계약으로 여행 상품 및 관련 상품을 여행자에게 판매하고 필요한 제반자료를 제공하는 것을 약정하는 문서이다. 여행 표준계약이란 국외 여행업을 전문으로 하는 여행업자와 국외 여행을 원하는 여행자 간에 국외 여행 상품을 판매하고 이에 따른 여행경비를 지급하고 여행에 관한 권리와 의무를 규정하는 계약을 말한다.

여행 표준계약서에 포함되는 내용은 여행목적지, 여행일정, 출발 장소와 시간, 이동수단, 숙박, 인솔자 동반 여부, 최저 · 최대 행사인원, 식사횟수, 여행 요금, 현지 여행업자 등이다.

여행 계약서 포함내용	
국외여행 표준 계약서	여행목적지, 여행상품명, 여행일정, 출발 장소와 시간, 이동수단, 숙박, 인솔자 동반 여부, 현지 가이드 유무, 최저 · 최대 행사인원, 식사횟수, 여행 요금, 현지 여행업자, 여행조건과 요금의 변경, 여행출발 전 · 후 계약 해지, 여행사 보증보험가입 여부, 여행자 보험, 여행의 시작과 종료, 기타 사항이다.

(1) 지불해야 하는 가이드/기사 팁

잘못된 표기	권장 표기
○ '권장됩니다' 라는 용어는 모호 "1인당 $00의 가이드/기사 팁이 **권장됩니다.**" • 소비자(여행자)가 지불해야 하는지, 안해도 되는지 판단 기준이 모호합니다.	**○ 의무적 지불인 경우** "1인당 전 일정 $00의 가이드/기사 경비를 **현지에서 지불해야 합니다.**" • 여행상품가격 '불포함 내역'에 금액 및 의무적으로 지불해야 함을 명확하게 표현해주세요. • 의무적 지불인 경우, 해당 경비는 상품가격에서 제외하여 표시해주세요. • 단순한 식당 팁 등 매너팁의 경우, 동 사항과 병기할 수 있습니다. 단, 문구는 아래의 '선택적 지불인 경우'를 차용하되, '가이드/기사' 또는 '가이드/기사 팁'의 문구는 사용할 수 없습니다.(이중 기재 금지)

○ 선택적 지불인 경우

"매너팁은 소비자의 자율적 선택사항으로 **지불여부에 따른 불이익은 없습니다.**

* 매너팁 : 식당, 가이드/기사 등 서비스에 대한 단순 감사의 표시로, 소비자(여행자)의 의사에 따라 자율적으로 지불하는 비용"

• 소비자가 선택할 수 있는 경우, 금액 및 발생여부는 표기해서는 안되며, 지불하지 않아도 됨을 명확히 고지하세요.

용어정의	
	가이드/기사 경비 : 기존에 '가이드/기사 팁'으로 표기하였지만, 의무적 비용의 성격이 컸던 비용
	매너팁 : 서비스에 대한 단순 감사의 표시로, 소비자(여행자)의 의사에 따라 자율적으로 지불하는 비용

출처 : 2014 국외여행상품 정보제공 표준안 매뉴얼

(2) 추가 지불하고 참가해야 하는 옵션관광

잘못된 표기

"
보다 즐거운 여행을 위해
현지에서 선택관광 참가비용이
발생할 수 있습니다.
"

○ 의사와 상관없는 추가비용 발생과 소비자의 혼란

- 소비자의 의사와 관계없이 추가비용을 지불하고 의무적으로 참여해야 하는 선택관광(사실상의 필수관광)임에도 불구하고, 마치 소비자의 자유의사에 따라 참가하지 않아도 되는 것처럼 표현되어 소비자가 혼란을 느낄 수 있습니다.

권장 표기

"
선택관광을 참여하지 않는 데 대한
추가적인 비용 또는 일정상 불이익은
없습니다.
"

○ 필수옵션 폐지 및 여행상품가격에 반영

- 케이블카, 관광용 크루즈, 보트 등 여행 중의 이동과 밀접히 관련되어 소비자가 선택하지 않을 경우, 여행불편이 예상되기 때문에 대다수의 소비자가 이용할 수 밖에 없는 선택관광(소위 '필수옵션'이라는 용어로 통용)은 여행상품가격에 포함시켜야 하며, '필수옵션'이라는 용어나 제도는 폐지합니다.

※ 한국여행업협회(KATA)를 중심으로 12개 표준안 참여여행사는 기존의 필수옵션으로 판매되고 있는 사항을 파악하여, 단계적으로 상품가격에 반영하기로 합의함

출처: 2014 국외여행상품 정보제공 표준안 매뉴얼

(3) 숙박시설 안내

잘못된 표기

숙박시설 미정

" 0성급 호텔 혹은 동급에 투숙할 **예정입니다.** "

- 어떠한 숙박시설에 투숙하게 될 지 확정되지 않은 상태로 이해될 수 있습니다.
- '0성급', '동급' 용어를 소비자의 이해를 돕기 위해 사용하고 있지만, 오히려 소비자들의 불만을 초래하는 주 원인이 되기도 합니다.

권장 표기(3가지 중 선택 가능)

숙박시설 미정

1 " 본 여행상품의 숙박시설은 **현재 미정입니다.**
출발 0일전까지 OO(홈페이지, 유선 등 고지방법 기재)를 **통해 알려드리겠습니다.** "

- 숙박시설이 확정되지 않은 경우, '미정'이라고 간단 명료하게 표현해주세요.
- 숙박시설이 확정되는 기한(출발 ~전)과 고지 방법을 알려주세요.

예정 숙박시설 다수

2 " 본 여행상품의 숙박시설은 예상 숙박시설(A호텔, B호텔, C호텔) 중 결정됩니다.
출발 0일전까지 OO(홈페이지, 유선 등 고지방법 기재)를 **통해 알려드리겠습니다.** "

- 해당 숙박시설을 복수로 표기, 숙박시설이 확정되는 기한(출발 ~전)과 고지 방법을 알려주세요.
- 숙박시설의 명칭, 주소(현지주소), 연락처(대표전화번호), 홈페이지 주소(URL)를 알려주세요.

숙박시설 확정

3 " 본 여행상품의 숙박시설은 **A호텔(리조트 등)입니다.** "

- 숙박시설의 명칭, 주소(현지주소), 연락처(대표전화번호), 홈페이지 주소(공식 영문 URL)를 알려주세요.
- 기재사항 중 명칭은 국문, 영문으로, 주소는 영문으로 표시해주세요.
- 기재사항 중 연락처는 '(국가번호)-(지역번호)-(해당 숙박시설 전화번호)'로 구분하여 알려주세요.

출처 : 2014 국외여행상품 정보제공 표준안 매뉴얼

3) 국외여행상품 필수 고지 정보

(1) 상품 판매자 및 여행업자 정보와 책임

필요성

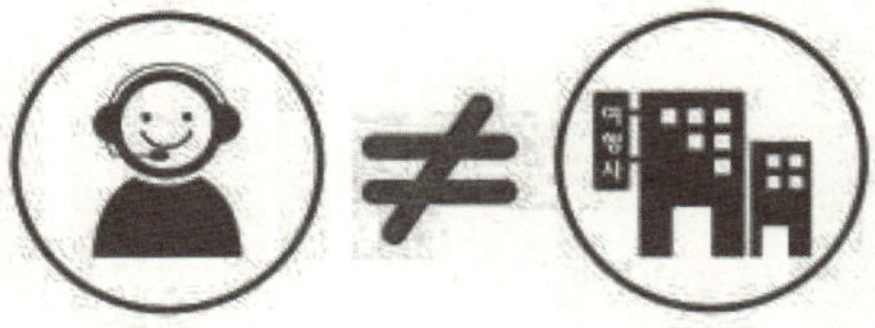

o 판매자와 여행업자가 다를 경우 책임 소재 구분

- 여행상품 판매 채널이 다양해지면서 여행상품 판매자와 여행업자(여행실행 주관사)가 상이한 상품들이 증가하고 있습니다. 판매자와 여행업자가 다를 경우, 상품 정보 제공에 대한 책임, 여행 주관에 대한 책임이 분리될 수 있습니다.

o 여행상품 정보에 대한 소비자의 충분한 이해 제고

- 소비자가 본인이 구매하는 여행상품의 정보제공 측면과 여행 주관 측면에서의 책임자를 정확히 인지하고, 단독 또는 연합상품에 대한 이해를 바탕으로 상품을 구매하여, 향후 불편/피해 발생시 피해 보상 주체가 누구인지 명확 하게 규정할 필요가 있습니다.

권장 표기

o 상품 판매자 및 여행업자 정보 고지

- 상품 판매자와 여행업자가 다를 경우에만 기재합니다.

> **예 시** 본 여행상품은 OO여행(소셜커머스, 홈쇼핑 등)이 판매하고 실제 여행 주관은 XX여행이 담당합니다.

o 여행상품 정보 제공과 여행 주관 책임 정보 고지

- 상품 판매자와 여행업자가 다를 경우에만 기재합니다.

> **예 시** 본 여행상품 정보제공에 대한 책임은 OO여행(소셜커머스, 홈쇼핑 등)에 있으며, 실제 여행 주관에 대한 책임은 XX여행에 있습니다.

o 단독상품 또는 연합상품 여부 고지

- 연합상품인 경우에만 기재합니다.

> **예 시** 본 여행상품은 타 여행사와 공동으로 진행하는 연합 상품입니다.

※ '핵심정보 일괄표시제'에 기재될 경우, 상품 상세 페이지에 기재하지 않아도 표준안을 충족한 것으로 간주

출처 : 2014 국외여행상품 정보제공 표준안 매뉴얼

(2) 최소출발 인원 미 충족 시 계약해제 사항

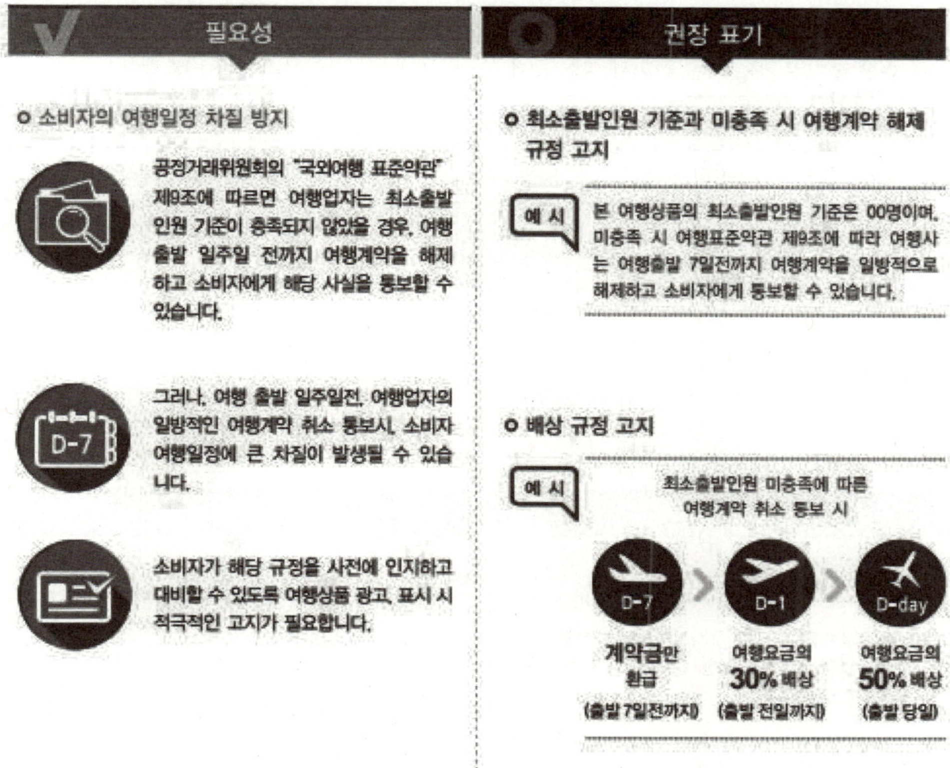

출처 : 2014 국외여행상품 정보제공 표준안 매뉴얼

(3) 여행 출발 전 여행자 계약 취소 수수료

여행계약은 일반적으로 계약금을 납입한 후 계약이 성립된다. 여행자의 개인사정으로 취소하는 경우에는 다음과 같은 취소 수수료가 발행하며, 특별약관에 따른 계약은 별도의 취소 수수료가 부과되기 때문에 여행 상품별 계약조건을 자세하게 알아보고 계약해야 한다.

기간	내용
여행 출발일 30일 전까지 취소 요청 시	계약금 환급
여행 출발일 20~29일 전까지 취소 요청 시	여행 요금의 10% 배상
여행 출발일 10~19일 전까지 취소 요청 시	여행 요금의 15% 배상
여행 출발일 8~9일 전까지 취소 요청 시	여행 요금의 20% 배상
여행 출발일 1~7일 전까지 취소 요청 시	여행 요금의 30% 배상
당일 취소 통보 시	여행 요금의 50% 배상

※ 공정거래위원회 고시 제2014-4호 소비자분쟁해결기준에 의한 것으로 제15조의 변경사항은 2014년 3월 21일 여행상품예약자부터 적용

출처 : 2014 국외여행상품 정보제공 표준안 매뉴얼

필요성

ㅇ 여행사-소비자간 취소수수료 분쟁 방지

- 여행 계약 체결(계약금 입금 시점) 이후 소비자 또는 여행업자의 여행계약 해제 요청시, 귀책사유에 따라 취소수수료가 발생합니다.
- '국외여행표준약관 제15조 소비자분쟁해결규정(공정거래위원회)' 에서는 취소수수료 부과 기준을 명시하고 있지만, 취소수수료에 대한 별도의 특별약관 설정 시, 특별약관 기준이 우선 적용됩니다.
- 취소수수료에 대한 특별약관이 설정된 여행상품은 비교적 높은 부과 기준을 설정하고 있어, 이를 미처 인지하지 못한 소비자들의 불만 사례가 지속적으로 발생되고 있습니다.
- 소비자가 취소수수료 규정을 정확하게 인지하고 상품을 구매하도록 유도하여, 소비자-여행사간 분쟁 발생을 미연에 방지할 필요가 있습니다.

권장 표기

ㅇ 취소수수료의 발생 시점과 부과 기준 정보 고지

예 시 | 본 여행상품은 계약금 지불 시점부터 계약이 체결되며, 계약해제 요청 시 귀책사유에 따라 취소수수료가 부과됩니다. 취소수수료 부과 기준은 (국외여행표준약관/특별약관)에 따릅니다.

※ 특별약관 적용의 경우, 표준약관보다 높은 취소수수료가 부과될 수 있으니 취소수수료 부과 세부 기준을 반드시 확인하세요.

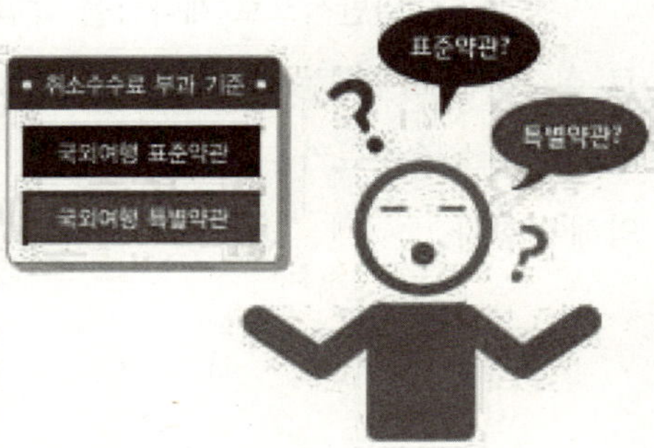

출처 : 2014 국외여행상품 정보제공 표준안 매뉴얼

(4) 선택 관광 미 참여시 대체 일정

필요성	권장 표기
○ 정규 여행일정의 이동과정 중 설정되어 있는 선택관광에 있어, 미참가자에 대한 편의 제고 • 소비자가 선택관광에 참가하지 않을 경우, 어떤 장소에서 무엇을 할 수 있는지에 대한 사전정보는 소비자가 상품선택을 하거나 현지 대응을 할 때 중요한 포인트가 되므로 이에 대한 정확한 고지가 필요합니다.	○ 정규일정 내 선택관광의 경우, 미참가자의 대기 장소, 소요시간, 가이드 또는 인솔자 동행여부 등 대체일정 고지 예 시 : 야시장 관광을 선택하지 않을 경우, 약 2~3시간 동안 야시장 내 자유행동 시간이며, 가이드나 인솔자가 동행하지 않습니다.

출처 : 2014 국외여행상품 정보제공 표준안 매뉴얼

(5) 주요 사항의 확정/미정

필요성

항공 숙박 여행일정

여행상품 구성 주요 항목이 확정되지 않은 상태

미확정된 여행상품이 소비자에게 광고/판매되고 있음

소비자들은 여행상품 광고를 확인하는 시점에서 확정되지 않은 주요 사항을 인지하고 상품 구매 결정에 참고할 수 있어야 합니다.

권장 표기

○ 주요 항목의 확정/미정 정보 고지

예 시 본 여행상품을 구성하는 주요 항목 중, 현 시점에서 확정되지 않은 사항이 있을 수 있습니다. 세부 정보는 아래를 참고하시기 바랍니다.

주요 항목	구 분	
출발	확정	미정
여행일정	확정	미정
상품가격	확정	미정
항공	확정	미정
숙박	확정	미정
인솔자	동반	미동반
가이드	있음	없음

※ '핵심정보 일괄표시제'의 필수기재 항목이므로, 상품 상세페이지에 기재하지 않아도 표준안을 충족한 것으로 간주

출처 : 2014 국외여행상품 정보제공 표준안 매뉴얼

(6) 쇼핑 세부 정보

■쇼핑 품목 정보(아래 중 3곳 선택)

잡화점/토산품 점 : 찰롱 오거리에서 왓찰롱 사원 지나 우측 300m(약 40~50분 소요)
라텍스(에코 라텍스) : 찰롱 오거리에서 센트럴 백화점 방향(약 40~50분 소요)

■쇼핑 시 유의사항

- 물품의 교환 및 환불신청은 물품 수령 후 한 달 이내에만 가능하며 영수증을 첨부하셔야 합니다.
- 교환 및 환불 처리소요시간은 물품 도착 시점으로부터 7일~최대 30일입니다. 카드구입 시 환불금액은 환율 차에 의해 달라질 수 있으며, 또한 환불수수료는 물품 구입가의 5%가 부과됩니다.
- 고객님의 단순 변심, 사용 후 및 훼손 후의 교환 및 환불은 어떠한 경우에도 불가합니다(단, 물품의 하자로 인한 교환 및 환불 제외).

■해외여행 시 US$600 초과 구입한 물품은 입국 시 관세가 부과될 수 있습니다.

필요성

o 과도한 쇼핑 일정시 소비자들의 상품 만족도 저하 및 불만 야기

o 소비자가 상품 구매 단계에서 해당 상품의 쇼핑 세부일정을 명확하게 인지할 수 있어야 함

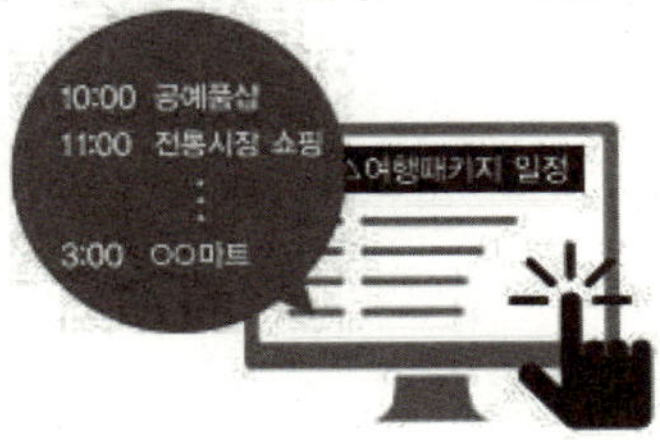

권장 표기

o 쇼핑 횟수, 품목, 장소 및 소요시간, 환불여부에 대한 세부 정보 고지

예 시 본 여행상품은 총 3회의 쇼핑일정이 포함되어 있습니다. 단, 5곳 중 3곳을 선택하여 진행합니다. 쇼핑 세부정보는 아래와 같습니다.

구분	쇼핑 품목	쇼핑 장소	소요시간	환불여부
1				
2				
3				
4				
5				

o 쇼핑 품목에 대한 환불 정보 고지

- 환불에 관한 유의사항, 현지 환불 정보, 귀국 후 환불 절차를 기재하세요.

출처 : 2014 국외여행상품 정보제공 표준안 매뉴얼

(7) 여행지의 안정정보

필요성

○ 소비자의 안전을 위한 여행지 안전정보 제공 의무

- 여행사는 관광진흥법 등에 의거, 소비자에게 여행지의 안전정보를 제공할 의무가 있습니다. 그러나 실제 여행지의 여행경보단계(외교부 시행)를 직접 기재하지 않고 외교부로의 단순 링크 등으로만 표기하고 있습니다.
- 이는 해당 법 취지에 충분하지 않을 뿐 아니라, 소비자의 안전을 위해서도 여행지의 안전정보는 보다 명확하고 구체적으로 제공되어야 합니다.

권장 표기

○ 실제 여행지의 여행경보단계 등 안전정보의 구체적 고지

예 시 본 여행상품의 여행지에 대한 여행경보단계 등 안전정보는 다음과 같습니다.

(기준일자 : 2014. 3. 10)

여행경보단계		여행지(국가 또는 지역)
1단계	여행유의(일부)	방콕 및 논타부리 주 전역
2단계	여행자제(일부)	–
3단계	여행제한(일부)	–

※ 여행경보단계는 여행유의/자제/제한/금지 등 4단계로 구분되며, 외교부 '해외안전여행' 사이트(www.0404.go.kr)에서 상세정보를 확인할 수 있습니다. 또한, 출국 전 동 사이트의 해외여행등록제 '동행'에 가입하시면 안전정보를 수시로 제공받을 수 있습니다.

- 여행경보단계는 실제 여행지(국가 또는 지역)에 대한 여행경보단계를 구체적으로 제공해야 합니다. 단, 예시로 제시한 양식은 각 사의 상황에 따라 변경할 수 있습니다.

출처 : 2014 국외여행상품 정보제공 표준안 매뉴얼

4) 핵심정보의 일괄표시

(1) 핵심정보 일괄표시

여행객에게 알기 쉽고 명확하게 정보를 제공함으로써 국외여행 상품의 투명성을 제고하고 여행사와 소비자 간 분쟁을 미연에 방지해 여행 산업 발전을 도모하기 위해 핵심정보 일괄표시 표준안이 마련되었다.

필요성

o 정보분산시 소비자 이해부족 초래

- 정보 제공 기준에 따라 표기하더라도 표기된 정보가 분산되면, 소비자가 이를 종합적으로 인지하고 판단하기 까지는 다수의 확인절차가 필요하여, 이미 고지된 사항에 대해서 이해하기 힘들게 됩니다.
- 여행상품의 모객 효과 등 마케팅적 요소를 고려한 상품 일정 및 방문지와 관련된 정보는 이미지, 글자체, 색상, 명도 등을 활용하여 부각시키고 있으나, 여행요금 결제, 여행 취소 및 확정되지 않은 상품정보 등에 관한 내용은 상대적으로 그 내용을 이해하기 어렵다는 문제점이 제기 되어 왔습니다.

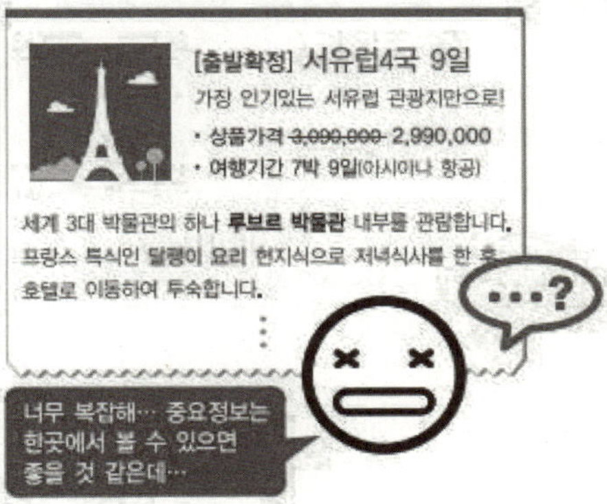

권장 표기(일괄표시)

o 핵심정보 일괄표시의 개념

- 소비자가 여행상품을 구매·소비하기 전 핵심정보를 일괄적으로 인지하고, 판단할 수 있게 하는 것

o 일괄표시 기재항목

- **상품 일반 정보** : 상품명, 여행기간, 단독 또는 연합 상품 여부, 영업보증보험, 기획여행보증보험
- **여행경비 총액** : 상품가격(기본 상품가격, 유류할증료, 제세공과금), 현지 필수경비(가이드/기사 경비)
- **최소 출발 인원 및 취소수수료 정보** : 최소 출발 인원 기준, 취소수수료 부과 기준(표준 또는 특별 약관 여부)
  - 세부 항목 확인 고지 추가 : 취소수수료는 부과 기준 시점, 세부 기준 확인 고지
- **주요 확정/미정 정보** : 출발, 여행일정, 상품가격, 항공, 숙박, 인솔자/가이드 동행 여부
- **쇼핑 정보** : 일정에 포함된 쇼핑 횟수
- **여행지 안전정보** : 실제 여행지의 여행경보단계

출처 : 2014 국외여행상품 정보제공 표준안 매뉴얼

국외여행상품 정보제공 표준안 매뉴얼

핵심정보 일괄표시(예시)

상품명	홍콩 5일 패키지 투어		
여행기간	2014. 00. 00 ~ 2014. 00. 00	상품종류	☑ 단독상품 ☐ 연합상품
영업보증보험	가입	기획여행 보증보험	가입

여행경비 총액

		성 인	아 동	유 아
상품가격	· 기본 상품가격	399,000 원	299,000 원	199,000 원
	· 유류할증료	150,000 원	150,000 원	150,000 원
	· 제세공과금	25,000 원	25,000 원	25,000 원
	소계	**574,000 원**	**474,000 원**	**374,000 원**
⊕ 현지 필수 경비	· 가이드/기사 경비	50 $	50 $	50 $
	소계	**50 $**	**50 $**	**50 $**

※ 유류할증료 및 제세공과금은 유가와 환율에 따라 변동될 수 있습니다.

최소출발인원 및 취소수수료 정보

최소출발인원 기준	4 명	취소수수료 부과 기준	☐ 표준 약관 적용 ☑ 특별 약관 적용

※ 최소출발인원 미충족시 여행약관 제9조에 따라 여행출발 7일전까지 여행사는 여행계약을 일방적으로 해제하고 여행자에게 통보할 수 있습니다.
※ 취소수수료는 계약금 입금일부터 적용됩니다. 취소수수료 부과 세부 기준을 반드시 확인하세요.
※ 특별약관 적용의 경우, 표준약관보다 높은 취소수수료가 부과될 수 있습니다.

주요 확정/미정 정보

출발	☑ 확정	☐ 미정	여행일정	☐ 확정	☑ 미정
상품가격	☑ 확정	☐ 미정	항공	☑ 확정	☐ 미정
숙박	☐ 확정	☑ 미정	가이드	☑ 있음	☐ 없음
인솔자	☐ 동반	☑ 미동반			

쇼핑 정보

일정에 포함된 쇼핑 횟수	2 회

※ 쇼핑 품목, 장소, 소요시간, 환불여부 등 세부항목은 상세페이지에서 반드시 확인하세요.

여행지 안전정보

여행경보단계		여행지(국가 또는 지역)
1단계	여행유의(일부)	방콕 및 논타부리 주 지역
2단계	여행자제(일부)	–
3단계	여행제한(일부)	–

※ 여행경보단계는 여행유의/자제/제한/금지 4단계로 구분되며, 외교부 '해외안전여행' 사이트(www.0404.or.kr)에서 상세정보를 확인할 수 있습니다.

출처 : 2014 국외여행상품 정보제공 표준안 매뉴얼

(2) 가격 정보의 분명한 표시

필요성

o 전체적 여행상품 가격정보가 불명확하면,

- **소비자는 지불해야 할 최종 상품가격에 대해 오해할 수 있습니다.**
- **상품 간의 객관적 비교를 불가능하게 하여 합리적 소비를 어렵게 합니다.**
  - 상품가격에 유류할증료 미포함&제세공과금 합계 미기재
  - 상품가격 외 별도비용 분산 기재

세부 5일 - [오전출발]특급 리조트와 호텔 + 획기적 구성과 가격 제공

"자연 친화적이며 전통적인 필리핀을 느낄수 있는 특급리조트"

- 여행기간 **4박 5일**
  한국출발 : 2014년 0월 0일 (토) 08:30
  한국도착 : 2014년 0월 0일 (수) 06:30
- 상품가격
  성인(만 12세이상) 679,000원
  아동(만 12세미만) 611,100원
  유아(만 2세미만) 150,000원
  유류할증료 : 122,600원 (성인/아동동일, 별도가격)
  유류할증료 및 항공TAX는 유가와 환율에 따라 수시 요금 변동될 수 있습니다.

상품가격 외에 이렇게 큰 금액 지출이??

- **포함내역**
  ① 인천 출국공항세+관광진흥개발기금 28,000원, 항공 TAX+전쟁보험료, 현지공항세(550페소)
  ② 1억원 여행자 보험

내역만 기재되어 있고… 합계는?

- **불포함내역**
  ① 가이드 및 기사팁 : 성인1인 $30 / 아동1인 $20 권장사항입니다.
  ② 기타 개인경비
  유류할증료 별도 (+출발전 입금부탁드립니다.)

권장 표기(일괄표기)

- **여행상품가격은 항목별로 기재해야 하며, 소비자가 인지할 수 없는 의무/필수적으로 지불되는 추가 비용이 없어야 함**

- **여행상품 가격에는 "항공운임 등 총액"을 포함시켜야 하며, 유가 및 환율 등에 변동가능 여부를 표시하여야 함. "항공운임 등 총액"은 기본운임, 유류할증료, 제세공과금 등으로 구성됨**
  (국토교통부의 '항공법' 개정에 따른 '항공법 시행령 및 시행규칙' 개정안 반영)

• **여행상품 단순 광고 시(인터넷 광고 등) :**
상품가격에 "항공운임 등 총액" 포함, 변동가능 여부 표시

예시
상품가격 000,000원
(유류할증료 등 항공운임 총액 포함)
※ 유류할증료 및 제세공과금은 유가와 환율에 따라 변동될 수 있습니다.

• **출발, 도착도시 및 일자, 항공권 종류 등 구체적인 여행 일정이 표시된 광고 시(홈페이지 상품조회, 예약 상세 페이지 등) :**
상품가격에 "항공운임 등 총액" 포함, 유류할증료, 제세공과금 합계 기재, 변동가능 여부 표시

예시
상품가격 000,000원
(유류할증료 등 항공운임 총액 포함)
- 기본상품가격 : 000,000원
- 유류할증료 : 000,000원, 제세공과금 : 00,000원
※ 유류할증료 및 제세공과금은 유가와 환율에 따라 변동될 수 있습니다.

- **현지 필수 경비 별도 표시 : 가이드/기사 경비**

※ 단체비자 발급비(중국상품, 일부 여행객), 현지비자수수료(일부 동남아 상품) 등 비공통사항은 기존 불포함 내역에 표시
※ 공동경비(유럽상품)는 가이드/기사 경비로 대체하여 표시하고, 기존 불포함 내역에는 기재 금지

- **상기 항목별 개별 비용은 비용 및 가격정보 외의 다른 정보와의 혼합기재를 지양하고, 일괄 기재하여 소비자의 판단이 용이하도록 하여야 함**

국외여행상품 정보제공 표준안 제도 참여여행사

내일투어 노랑풍선 redcap투어 롯데관광 LOTTE TOUR
모두투어 sejoong 여행박사 참좋은여행
TOUR 2000 하나투어 한진관광 HYUNDAI 현대드림투어

5) 여행 계약 해제

국외여행 표준약관 제15조 여행출발 전 계약해제에 관한 조항에 따르면 여행업자 또는 여행자는 여행 출발 전 이 여행계약을 해제할 수 있다. 이 경우 발생하는 손해액은 '소비자피해보상규정'(재정경제부고시)에 따라 배상해야 한다. 여행업자 또는 여행자는 여행출발 전에 다음에 해당하는 사유가 있는 경우 상대방에게 손해배상액을 지급하지 아니하고 이 여행계약을 해제할 수 있다. 여행 해제 사항은 다음과 같다.

여행 해제 사항	
여행업자가 해제할 수 있는 경우	가. 제12조 제1항 제1호 및 제2호 사유의 경우 나. 다른 여행자에게 폐를 끼치거나 여행의 원활한 실시에 현저한 지장이 있다고 인정될 때 다. 질병 등 여행자의 신체에 이상이 발생하여 여행에의 참가가 불가능한 경우 라. 여행자가 계약서에 기재된 기일까지 여행요금을 납입하지 아니한 경우
여행자가 해제할 수 있는 경우	가. 제12조 제1항 제1호 및 제2호의 사유가 있는 경우 나. 여행자의 3촌 이내 친족이 사망한 경우 다. 질병 등 여행자의 신체에 이상이 발생하여 여행에의 참가가 불가능한 경우 라. 배우자 또는 직계존비속이 신체이상으로 3일 이상 병원(의원)에 입원하여 여행 출발 전까지 퇴원이 곤란한 경우 그 배우자 또는 보호자 1인 마. 여행업자의 귀책사유로 계약서 또는 여행일정표(여행 설명서)에 기재된 여행 일정대로의 여행실시가 불가능해진 경우 바. 제12조제1항의 규정에 의한 여행요금의 증액으로 인하여 여행 계속이 어렵다고 인정될 경우

제12조(여행조건의 변경요건 및 요금 등의 정산)

① 계약서 등에 명시된 여행조건은 다음 각 호의 1의 경우에 한하여 변경될 수 있습니다.
1. 여행자의 안전과 보호를 위하여 여행자의 요청 또는 현지사정에 의하여 부득이하다고 쌍방이 합의한 경우
2. 천재지변, 전란, 정부의 명령, 운송 · 숙박기관 등의 파업 · 휴업 등으로 여행의 목적을 달성할 수 없는 경우

② 여행사가 계약서 등에 명시된 여행일정을 변경하는 경우에는 해당 날짜의 일정이 시작되기 전에 여행자의 서면 동의를 받아야 합니다. 이때 서면동의서에는 변경일시, 변경내용, 변경으로 발생하는 비용이 포함되어야 합니다.

③ 천재지변, 사고, 납치 등 긴급한 사유가 발생하여 여행자로부터 여행일정 변경 동의를 받기 어렵다고 인정되는 경우에는 제2항에 따른 일정변경 동의서를 받지 아니할 수 있습니다. 다만, 여행사는 사후에 서면으로 그 변경 사유 및 비용 등을 설명하여야 합니다.

④ 제1항의 여행조건 변경 및 제11조의 여행요금 변경으로 인하여 제10조 제1항의 여행요금에 증감이 생기는 경우에는 여행출발 전 변경 분은 여행출발 이전에, 여행 중 변경 분은 여행종료 후 10일 이내에 각각 정산(환급)하여야 합니다.

⑤ 제1항의 규정에 의하지 아니하고 여행조건이 변경되거나 제16조 내지 제18조의 규정에 의한 계약의 해제 · 해지로 인하여 손해배상액이 발생한 경우에는 여행출발 전 발생 분은 여행출발이전에, 여행 중 발생 분은 여행종료 후 10일 이내에 각각 정산(환급)하여야 합니다.

⑥ 여행자는 여행출발 후 자기의 사정으로 숙박, 식사, 관광 등 여행요금에 포함된 서비스를 제공받지 못한 경우 여행사에게 그에 상응하는 요금의 환급을 청구할 수 없습니다. 다만, 여행이 중도에 종료된 경우에는 제18조에 준하여 처리합니다.

제 11 장

항공기초 업무

먼 곳으로 가고 싶을 때가 있다. 혼자 혹은 이웃과 함께. 여행은 어디로 가는 것이라고 해도 좋지만 사실은 어디로 되돌아가는 것이라고 해도 된다. 여행은 나로부터 밖으로 나가는 것이 아니라, 이 땅의 무수한 삶을 찾아 헤매는 절실함으로 내 안으로 들어가면서 사색하는 행위일 터이다. 여행의 목적지가 다르다고 해도 되돌아오는 곳은 같다. 바로 자기 자신이다. 여행은 자기 자신을 기억하는 행위이다. 안치운 : 그리움으로 걷는 옛길 중에서

정처없이 여행을 해 보라. 늘 아는 길만 다니는 것은 안전하기는 해도 지루하다. 모르는 길을 헤매면서 새로운 것을 많이 배운다. 박광철 : "부끄러운 A학점보다 정직한 B학점이 낫다" 중에서

지도 밖으로 행군하라. 한비야

제 11 장

항공기초 업무

1 여행사와 항공여행

전통적으로 항공사는 자사의 판매영업부서, 제휴항공사의 판매망, 여행사, GSA 등 오프라인 유통경로를 통해 항공권을 판매하고 있다. 최근에는 새로운 유통경로로서 인터넷을 통한 B2C, B2B, M2M의 방식을 이용하여 온라인으로도 판매하고 있다.

항공사의 매출 중 여행사를 비롯한 대리점에서의 판매비중이 약 70% 정도이기 때문에 여행사가 가장 중요한 판매경로가 된다. 그런 점에서 여행사와 항공사의 관계는 악어와 악어새의 관계 즉 서로 공생관계에 있다.

1) 국내선 발권

일반적으로 각 항공사는 예약과 발권절차에 관한 필요요건과 규제를 가지고 있는바 여행사들은 항공사들이 요구하는 기본적인 요건을 갖추고 있어야 에이전트의 역할을 수행할 수 있다.

〈표 11-1〉은 우리나라 대표 항공사인 대한항공과 아시아나항공의 국내대리점 체결을 위한 구비서류이다.

표 11-1 **국내선 항공권 판매대리점 신규 등록 구비서류**

구비서류	대한항공	아시아나
국내선 항공권 대리점 계약신청서	O	O
대표자 및 발권담당직원 이력서	O	O
법인등기부등본(3개월 이내)	O	O
법인인감증명서	O	O
영업장 사진(배치도) 및 약도	O(외내부 각 2장)	
사업자등록증사본	O	O
연간판매계획서	O	
3,000만원 이상 지급계약 보험보증증권		O
사용인감		O
개인정보 수집에 이용에 관한 동의서	O	O
법인통장사본	O	
임직원 명단 및 영업조직표	O	O

2) 국제선 발권

여행사가 국제선 항공여행을 판매하기 위해서는 우선 IATA의 BSP 에이전트에 가입을 해야 한다. BSP(Billing and Settlement Plan)란 IATA가 인가한 여객판매대리점의 판매, 보고 및 송금절차를 간소화를 목적으로 개발한 에이전시 프로그램이다. 항공사와 여행사 간의 항공운임 관련사항을 제외한 판매보고서 및 판매대금 정산업무를 국제적 기준으로 표준화된 절차와 양식에 의해 중립적 은행이 담당하여 수행하는 여행사 관리제도를 말한다. BSP 운영방법은 크게 발권업무, 판매보고, 판매대금정산이라는 3개의 절차로 나누어진다.

여행사는 IATA(국제항공운송협회)에 BSP가입함으로서 다음과 같은 효과를 달성할 수 있다.

- 표준항공권 사용
- 판매보고 및 정산절차의 간소화
- 인력 및 경비절감

- 여행객에게 신속한 서비스 제공
- 대고객 인지도 향상

현재 BSP 에이전트에 가입하기 위해서는 다음과 같은 조건을 충족하여야만 한다. 하기의 조건을 갖추면 IATA에 가입할 수 있으며 승인까지는 1개월 정도 소요된다.

▣ 재무

① 납입자본금 1억 이상(국외여행업, 일반여행업 모두 해당)

② 담보제공 및 재정보증인 설정 : 최소담보액 2억, 재산세 10만 원 이상 납부한 재정보증인 1인 설정, 최소담보액 2억

③ 최소 6개월 이상 여행사로서 영업한 여행사

④ 직전 연도(1년간) 재무제표 제출(재무제표상의 자본금은 1억 원 이상이어야 함)

▣ 발권직원

자격 있는 직원확보　IATA에서 인증된 기관의 IATA/UFTAA과정 또는 발권교육과정을 이수한 발권자격증보유자를 최소 2명 보유

- 경력자 1명 이상 필수　BSP여행사 또는 항공사 국제선 발권경력, 최근 4년 이내의 2년 이상의 경력(증명서 첨부)
- BSP교육기준　최근 2년 이내에 BSP훈련을 성공적으로 이수한 직원을 최소한 1명 이상 보유

▣ 기타내용

① 임직원 중 불명예스러운 사건이나 부도 전력이 없어야 함

② IATA나 항공사의 이름이나 코드가 동일한 경우 사용 불가능

③ 외국항공사의 GSA는 신청불가

④ 모든 신청대리점은 관광사업자 등록증을 소지

표 11-2 **IATA BSP가입 구비서류**

구비서류
• 인가신청서 • 관광사업자등록증 사본 • 주주명부(원본대조필 후, 법인인감 반드시 날인) • 법인인감증명서 1부(발행일 3개월 이내) • 법인등기부등본 • 사업자등록증사본 • 재무제표, 대차대조표 및 손익계산서(국문) • 임직원 현황표 • 직원자격 증빙서류 : 경력직원 전직장경력증명서, 발권자격증 사본(2명), BSP Training Certificate 사본 • 의료보험 가입증명서(직원의 경우) • 사진 : 건물전경(간판포함), 사무실 전경을 신청대리점의 letter지에 부착하여 제출 • 임대차계약서 사본(임대사무실인 경우) 또는 건물등기부등본(본사사옥일 경우)

(1) 호스트와 에이전트 계약체결에 의한 발권

CRS는 미국 아메리칸 항공에서 1964년 만든 세이버(SABRE)가 그 시초이며, 당시에는 항공업무자동화를 위해 항공사 측에서 개발한 전산예약시스템이었다. 최근에는 항공뿐 아니라 여행사, 호텔 및 렌터카, 정보제공 등으로 영역을 확대해 '여행에 관한 종합적인 서비스를 제공하는 전산예약시스템' 을 의미하게 되었다.

일반적으로 CRS의 소유자를 호스트라고 부르며 여행사의 경우 일정 수수료를 지급하게 되면 CRS 호스트 참여 항공사 이외의 다른 호스트참여 항공사의 비행스케줄, 요금정보 등의 정보를 제공받을 수 있다. 이들 항공사들을 공동호스트(cohost)라 하며 일반적으로 각 CRS 소유자(host)는 3~4개의 공동호스트를 가지고 있다. 참여수준이 높을수록 공동호스트에게 더 많은 비용을 지불하지만 더 많은 데이터를 여행사에게 제공해 줄 뿐 아니라 직접적 접속이 가능하며 가장 최근의 예약가능좌석에 대한 정보를 제공해 준다. 여행사입장에서 보면 직접 접속은 NOREC과 같은 것을 오류를 줄여줄 수 있는 장점이 있다.

세계적으로 IT기업인 아마데우스(AMADEUS), 갈릴레오, 세이버, 아바쿠스(ABACUS) 등의 호스트들이 존재하고 있다. 우리나라에서는 대한항공의 TOPAS Sellconnect(토파스 셀커넥)와 아시아나세이버(SABRE), 갈릴레오(GALILEO), 월드스팬(WORLDSPAN)이 널리 이용되고 있다.

표 11-3 **국내 주요항공사 국제선 BSP판매대리점 신규등록 구비서류**

구비서류	대한항공	아시아나
IATA 가입승인서 사본	○	○
IATA 가입 시 제출한 담보물 사본	○	○
국제여객대리점 등록신청서	○	
법인등기부등본	○	○
법인인감증명	○	○
사업자등록증사본	○	○
관광사업자등록증사본	○	○
판매계획서	○	○
대표자 및 발권담당자 이력서	○	○
임직원명단	○	○
영업장 사진(내 · 외부 각 2장씩)	○	
영업장약도	○	○
영업조직표	○	○
법인통장사본	○	
개인정보 수집에 이용에 관한 동의서	○	○
요청공문(자유형식)		○

표 11-4 **CRS호스트, 코호스트, 직접접속과 최근의 좌석이용가능성**

호스트	자동적/직접적 접속, 가장 최근의 예약가능좌석에 대한 정보 제공
공동호스트 레벨 1	자동적/직접적 접속, 가장 최근의 예약가능좌석에 대한 정보 제공
공동호스트 레벨 2	직접적 접속과 최근의 예약가능좌석 상황을 위해서는 2번째 포맷이 요구
공동호스트 레벨 3	직접적 접속이 허용되지 않으며, 최근의 예약가능좌석을 위해서는 항공사에 전화를 하여야 함
공동호스트 레벨 4	스케줄과 요금정보는 디스플레이되지만 비행이용가능성 즉 예약을 하기 위해서는 항공사로 전화를 하여야 함

(2) GSA에 의한 국제선 발권

여행사가 국제선 항공권을 판매하는 또 하나의 방법은 항공사의 GSA를 통하는 것이다. 예컨대 현재 중국의 항공사 길상항공 · 오케이항공 · 북경수도항공 · 럭키항공의 GSA와 사천항공 · 에어마카오의 PSA를 맡고 있는 범아항운(주)의 경우 ATR형태로서 티켓팅이 이루어지고 있으며 CA의 예약시스템을 이용하고 있다.

이 방법을 이용하는 이유는 모든 항공사가 IATA에 가입되어 있는 것이 아니기 때문에 일부 저가항공사나 신규 취항항공사의 경우에는 제휴항공사의 판매망을 이용하거나 해당항공사에서 직접 발권을 하거나 또는 GSA를 통해야만 가능하기 때문이다.

2 여행사의 자동화

여행사에 있어 자동화란 사무자동화로서의 의미를 갖는다. 예약, 발권, 회계, DSR, 고객관리, 인사에 이르기까지 컴퓨터의 도움으로 행해지는 것을 의미하지만 좁은 의미로는 항공예약의 자동화를 의미한다. 최근의 여행사 자동화는 이에 그치지 않고 온라인 상에서 상품과 서비스를 제공하고 판매하는 형태의 시스템구축까지도 포함하고 있다.

좁은 의미로서의 사무자동화인 항공예약발권 자동화는 PNR작성을 의미한다. PNR로 알려진 예약, 렌트카, 호텔뿐만 아니라 다른 상품들이 컴퓨터로 만들어진다. 자동화된 여행사의 대부분은 CRS나 GDS를 선택하여 이용하고 있다. CRS가 항공예약 및 판매와 렌터카, 호텔예약을 할 목적으로 개발된 컴퓨터시스템이라면 GDS는 스케줄, 객실정보, 요금 및 관련서비스에 대한 정보까지 포함하고 있는 시스템이다.

CRS는 여행사가 예약, 티켓발행 등을 해주는 소프트웨어 프로그램으로 문서작성, 데이터 베이스, 인터넷, 이메일 등의 부가적인 작업도 수행할 수 있다. 대부분의 여행사는 CRS 소프트웨어를 운용할 수 있는 표준 PC를 가지고 있다. PC 하드웨어는 모니터, CPU, 키보드, 프린터로 구성되어 있는데 대부분의 여행사는 하드웨어를 CRS측으로부터 리스를 하고 있다. 최근에는 인터넷이 급속히 보급되면서 인터넷기반 서비스와

CRS의 융합이 촉진되어 현재 대부분의 여행사에서는 이 웹기반 시스템을 사용하고 있다. 각 여행사들은 sine 또는 sign이라는 고유의 번호를 가지고 있으며 이 번호를 통해 접속하여 모든 예약을 수행한다. CRS는 항공, 렌츠카, 호텔, 크루즈, 관광의 예약이 가능하며 추가적으로 e메일, 팩스 등의 기능을 갖고 있다는 점에서 여행사에 있어서 가장 가치 있는 도구라고 볼 수 있다.

국비 지원받아 'CRS · DCS' 자격증 무료 취득

청년 실업률이 15년 만에 최고치인 10.2%를 기록하는 등 취업난이 심화되고 있는 가운데서도 취업의 수요와 공급이 가장 활발하게 진행되고 있는 분야가 바로 항공서비스 직종이다.
2017년도에는 총4조9천억 원이 투입된 제2여객터미널이 완공 될 예정인데, 제2여객터미널이 운영에 들어가면 연간 1,800만 명의 여객을 추가로 처리할 수 있어 인천공항의 전체 여객처리 능력은 기존의 4,400만 명에서 6,200만 명으로 늘어나게 된다.
항공사마다 국제노선 확대와 신규기종 영입으로 전문 인력의 수요 또한 급격히 늘어날 것으로 전망되고 있어 항공사 지상직승무원 취업시장의 열기가 어느 때보다 더 뜨거워지고 있다.
항공사는 실무에 빠르게 투입 가능한 역량 있는 맞춤형 인재들을 선호하기 때문에 업무의 이해도가 높은 'CRS(Computer Reservation System)' 자격증 소지자 위주로 채용한다.
올해 하반기 채용예정이 많은 만큼 준비된 인재가 합격될 가능성이 높고, 인재상과 항공실무를 토대로 항공사지상직 채용에 맞춰 체계적으로 준비를 해야 한다.
CRS, DCS자격증은 항공실무의 기초이며 항공사취업의 필수적인 조건이 됐다. 항공사취업에 필수적인 CRS자격증을 교과과목으로 채택해 교육하고 있는 대학이 늘고 있는 추세로, 지상직은 전공제한이 없는 채용이 대부분인 만큼 비전공자라도 자격증 취득을 통해 지상직취업을 얼마든지 준비할 수 있다.
CRS는 컴퓨터 예약, 발권 시스템을 말하며 온라인 단말기로 좌석의 빈자리를 문의하거나 예약해 티켓을 발매하는 기능, 여행정보, 항공기 운송정보, 호텔 및 렌터카 예약 항공운임 자동 산출까지 항공사 영업 전반에 걸쳐 사용되고 있는 부가가치 통신망이다.
'DCS(Departure Control System)' 는 공항 내의 항공사 카운터에서 승객의 예약 데이터를 수신하고 체크인(탑승수속) 및 탑승권 발급과 수하물처리를 수행하는 프로그램이다.

이와 관련해 강남 아이비지상직학원에서는 가장 점유율이 높은 CRS인 아시아나 애바**카스와 토파스** 셀커넥트 교육을 모두 진행 중이며, 항공사&공항서비스 실무과정(CRS자격증, DCS자격증, 항공실무)을 전문적으로 운영해 지원자들의 합격을 돕고 있다.
지상직전문교육원 아이비는 고용노동부 국비교육원으로서 '내일배움카드제' 계좌제교육을 시행 중이다. 실업자와 비정규직 재직자는 100%까지도 지원 가능하며, 정규직 재직자는 20% 본인부담으로 CRS자격증과 DCS자격증, 항공실무 과정을 모두 익힐 수 있다. (주)아이비코리아에서 진행되는 '항공사&공항서비스 실무과정'은 오는 8월 19일, 9월 18일 개강을 앞두고 있다.
이 밖에도 항공사지상직채용에 바로 응시할 수 있도록 자소서, 발성, 표정, 개별PT준비, 역량면접, 그룹토의면접, 한국어/영어인터뷰, 인·적성검사 등 국내항공사 일반직공채면접교육도 함께 진행 중이다.
아이비지상직학원 권현정 원장은 "최근 수강생들은 과거에 비해 외국어, 인턴경험, 해외연수 등 기본적인 스펙이 많이 향상됐지만 지원하는 항공사와 직무에 맞게 자신의 강점을 말하는 것이 약한 경향이 있다. 때문에 학원수업에서도 스토리텔링 기법 등 면접을 통해 개인의 강점을 어필할 수 있는 스킬에 교육초점을 맞추고 있다"고 전했다.
항공사지상직 취업의 전망, 비전, 준비방법 이외에도 궁금한 점이 있다면 아이비GS홈페이지(www.ivygs.com)에서 동영상과 각종 면접 자료를 확인할 수 있다.

2015년 07월 29일 16:27:23 온라인뉴스팀 datanet@datanet.co.kr

3 항공사/도시명 코드

1) 항공사 코드

ICAO가 사용하고 있는 3문자 코드가 있긴 하나 현재의 모든 항공사들은 IATA에 규정한 2문자 코드를 사용하고 있다. 2문자에는 5J와 같이 숫자를 포함하고 있는 항공사들도 있다. 이는 항공사의 식별을 쉽게 하기 위함이고 이 코드는 티켓발권이나 환불 시 이용된다. 2문자는 항공사 이름은 아니지만 여행사, 항공사 예약담당자, 수하물 취급자, 항공통제시스템에서 이용되고 있으며 여행관련잡지(OAG), 비행스케줄, CRS에서도 사용되고 있다. 현재에는 코드쉐어로 인해 복수지정항공사로 인쇄되는 바, 항공사 코드가 여행객들에게 다소 혼란을 일으키기도 하는데 여행사는 이들에 대해 적절하게 설명할 수 있어야 한다.

표 11-5 주요 항공사 코드

아시아

국가명	항공사명	영문이름	항공사코드
네팔	네팔항공	Royal Nepal Airlines	RA
대만	대만항공	China Airlines	CI
말레이시아	말레이시아항공	Malaysia Airlines	MH
베트남	퍼시픽항공	Pacific Airlines	BL
싱가포르	싱가포르항공	Singapore Airlines	SQ
인도	에어인디아	Air India Limited	AI
인도네시아	가루다항공	Garuda Indonesia Airways	GA
일본	재팬에어시스템	Japan Air System	JD
	일본항공	Japan Airlines	JL
	전일본공수	All Nippon Airways	NH
중국	중국국제항공	Air China	CA
	중국북방항공	China Northern Airlines	CJ
	중국남방항공	China Southern Airlines	CZ
	중국동방항공	China Eastern Airlines	MU
	중국서남항공	China Southwest Airlines	SZ
필리핀	세부항공	Cebu Pacific Air	5J
	필리핀항공	Philippines Airlines	PR
파키스탄	파키스탄항공	Pakistan International	PK
태국	타이항공	Thai Airways Int'l	TG
한국	대한항공	Korean Air	KE
	아시아나항공	Asiana Airlines	OZ
홍콩	캐세이퍼시픽항공	Cathay Pacific	CX

미주

국가명	항공사명	영문이름	항공사코드
미국	아메리칸항공	American Airlines	AA
	알로하항공	Aloha Airlines	AQ
	알라스카항공	Alaska Airlines	AS
	컨티넨탈항공	Continental Airlines	CO
	델타항공	Delta Airlines	DL
	유나이티드항공	United Airlines	UA
캐나다	에어캐나다	Air Canada	AC
	캐나디안에어라인	Canadian Airlines Int'l	CP
멕시코	멕시코항공	Aero Mexico	AM
브라질	바스피브라질항공	Vasp Brazilian Airlines	VP
	베리그브라질항공	Varing Brazilian Airlines	RG
아르헨티나	아르헨티나항공	Aerolines Argentinas	AR
칠레	칠레항공	Lan Chile	LA
페루	에어로페루	Aero Peru	PL

대양주

국가명	항공사명	영문이름	항공사코드
뉴질랜드	에어뉴질랜드	Air New Zealans	NZ
호주	안셋호주항공	Ansett Australia Airlines	AN
	콴타스항공	Qantas Airways	QA
피지	에어퍼시픽	Air Pacific	FJ

구주

국가명	항공사명	영문이름	항공사코드
그리스	올림픽항공	Olympic Airways	OA
네덜란드	네덜란드KLM항공	KLM Royal Dutch Airlines	KL
독일	루프트한자	Luftansa	LH

국가명	항공사명	영문이름	항공사코드
독립국가연합(구소련)지역	에어로플로트항공(러시아)	Aeraflot Russian Int' I	SU
	몽골리안항공(몽고)	Mongolian Airlines	OM
	우즈베키스탄항공(우즈베키스탄)	Uzbekstan Airways	HY
	사할린항공(러시아)	Sakhalinskie Aviatrassy Airlines	HZ
스웨덴	스칸디나비아항공	Scandinavian Airlines System	SK
스위스	스위스항공	Air swiss	SR
스페인	이베리아항공	alberia Airlines	IB
이탈리아	알리탈리아항공	Alitalia Airlines	AZ
영국	영국항공	British Airlines	BA
	영국미들랜드항공	British Midland Airlines	BD
체코	체코슬로바키아항공	Czechoslovakian Airlines	OK
포르투갈	포르투갈항공	Air Portugal	TP
폴란드	폴란드항공	Lot Polish Airlines	LO
프랑스	에어프랑스	Air France	AF
핀란드	핀란드항공	Finn Air	AY

중동 · 아프리카

국가명	항공사명	영문이름	항공사코드
바레인 외 3국	걸프항공	Gulf Air	GF
사우디아라비아	사우디아라비아항공	Saudi Arabian Airlines	SV
이스라엘	이스라엘항공	EI AI Israel Airlines	LY
이집트	이집트항공	Egypt Air	MS
쿠웨이트	쿠웨이트항공	Kuwait Airways	KU
터키	터키항공	Turkish Airlines	TK

2) 도시명 코드

모든 도시와 공항은 스위스의 제네바에 위치하고 있는 ISO(International Standards Organization : 국제표준기구)에서 지정한 3문자 코드를 가지고 있다. IATA도 ISO에서 규정된 코드명을 이용하고 있다. 이들 코드들은 예약에서 수하물의 꼬리표, 항공교통관제 레이더스크린상에 이르기까지 모든 것에서 이용되고 있다.

일반적으로 한 도시에 공항이 하나인 경우 하나의 코드를 사용하지만 한 도시에 2개 이상의 공항이 있을 경우 공항별 코드를 사용한다.

국제선의 도시 및 공항명 3코드는 아래의 예에서 보는 바와 같이 5가지의 기본 원칙에 의해서 사용된다.

① ROM Type – First Three letters of city name
CHI – Chicago, Ill., USA

② BKK Type – Selected three letters from the city name, starting with the first letter HKG – Hong Kong

③ YUL Type – Three letter codes for all the Canadian cities start with letter 'Y' YVR – Vancouver

④ Miscellaneous(기타) LAX – Los Angeles, USA

⑤ APO Codes in Metropolitan Area – 한 도시에 공항이 둘 이상 있는 공항의 코드

표 11-6 **복수공항을 가진 도시(Multiple Airport)**

CITY	MULTIPLE AIRPORT
NYC	JFK-John F Kennedy, EWR-Newark, LGA-La Guardia
CHI	ORD-O' hare, MDW-Midway
WAS	DCA-National, IAD-Dulles, BWI-Baltimore
BER	TXL-Tegel(West) SXF-Schoenefeld(East)
LON	LHR-Heathrow, LGW-Gatwick
MIL	LIN-Linate, MXP-Malpensa
PAR	ORY-Orly, CDG-Charles De Gaulle
TYO	HND-Haneda, NRT-Narita

CITY	MULTIPLE AIRPORT
JKT	CGK-Soekarno-Hatta, JKT-Kemagoran
RIO	GIG-Galaeo, SDU-Santos Dumont
SAO	GRU-Guarulhos, CGH-Congonhas, VCP-Viracopos

표 11-7 세계주요도시 코드

아시아

국가명	도시명		도시코드 공항코드
대만	타이페이(Taipei)		TPE
말레이시아	코타 키나바루(Kota Kinabalu)		BKI
	쿠알라룸푸르(Kuala Lumpur)		KUL
베트남	하노이(Hanoi)		HAN
	호치민(Hochiminh)		SGN
싱가포르	싱가포르(Singapore)		SIN
인도	뭄바이(Mumbai)		BOM
	뉴델리(New Deli)		DEL
인도네시아	발리(Bali)		DPS
	자카르타(Jakarta)		CGK
일본	가고시마(Kagoshima)		KOJ
	고마쯔(Komatsu)		KMQ
	나고야(Nagoya)		NGO
	니이가타(Niigata)		KIJ
	다카마쓰(Takamatsu)		TAK
	동경(TYO)	하네다(Hanada)공항	HND
		나리타(Narita)공항	NRT
	마쓰야마(Matsuyama)		MYJ
	삿포로(Sapporo)		SPK
	센다이(Sendai)		SDJ

<table>
<tr><th>국가명</th><th colspan="2">도시명</th><th>도시코드
공항코드</th></tr>
<tr><td rowspan="9">일본</td><td colspan="2">아오모리(Aomari)</td><td>AOJ</td></tr>
<tr><td rowspan="2">오사카(OSA)</td><td>간사이(Kansai)공항</td><td>KIX</td></tr>
<tr><td>이따미(Itami)공항</td><td>ITM</td></tr>
<tr><td colspan="2">오이타(Oita)</td><td>OIT</td></tr>
<tr><td colspan="2">오카야마(Okayama)</td><td>OKJ</td></tr>
<tr><td colspan="2">오키나와(Okinawa)</td><td>OKA</td></tr>
<tr><td colspan="2">후쿠오카(Fukuoka)</td><td>FUK</td></tr>
<tr><td colspan="2">히로시마(Hiroshima)</td><td>HIJ</td></tr>
<tr><td colspan="2" style="display:none"></td></tr>
<tr><td rowspan="9">중국</td><td colspan="2">대련(Dalian)</td><td>DLC</td></tr>
<tr><td colspan="2">북경(Beijing)</td><td>PEK</td></tr>
<tr><td colspan="2">상해(Shanghai)</td><td>SHA</td></tr>
<tr><td colspan="2">심양(Shenyang)</td><td>SHE</td></tr>
<tr><td colspan="2">연대(Yantai)</td><td>YNT</td></tr>
<tr><td colspan="2">장춘(Changchun)</td><td>CGQ</td></tr>
<tr><td colspan="2">천진(Tianjin)</td><td>TSN</td></tr>
<tr><td colspan="2">청도(Qingdao)</td><td>TAO</td></tr>
<tr><td colspan="2">하얼빈(Harbin)</td><td>HRB</td></tr>
<tr><td rowspan="2">필리핀</td><td colspan="2">마닐라(Manila)</td><td>MNL</td></tr>
<tr><td colspan="2">세부(Cebu)</td><td>CEB</td></tr>
<tr><td rowspan="2">태국</td><td colspan="2">방콕(Bangkok)</td><td>BKK</td></tr>
<tr><td colspan="2">푸켓(Phuket)</td><td>HKT</td></tr>
<tr><td>홍콩</td><td colspan="2">홍콩(Hong Kong)</td><td>HKG</td></tr>
</table>

미주

<table>
<tr><th>국가명</th><th colspan="2">도시명</th><th>도시코드
공항코드</th></tr>
<tr><td rowspan="3">미국</td><td rowspan="3">뉴욕(NYC)</td><td>JFK공항</td><td>JFK</td></tr>
<tr><td>뉴왁(Newark)공항</td><td>EWR</td></tr>
<tr><td>라과디아(La Guardia)공항</td><td>LGA</td></tr>
</table>

<table>
<tr><th>국가명</th><th colspan="2">도시명</th><th>도시코드
공항코드</th></tr>
<tr><td rowspan="17">미국</td><td colspan="2">댈러스</td><td>DFW</td></tr>
<tr><td colspan="2">덴버</td><td>DEN</td></tr>
<tr><td colspan="2">디트로이트</td><td>DTT</td></tr>
<tr><td colspan="2">라스베이거스</td><td>LAS</td></tr>
<tr><td colspan="2">로스엔젤레스</td><td>LAX</td></tr>
<tr><td colspan="2">마이애미</td><td>MIA</td></tr>
<tr><td colspan="2">보스턴</td><td>BOS</td></tr>
<tr><td colspan="2">샌프란시스코</td><td>SAN</td></tr>
<tr><td colspan="2">시애틀</td><td>SEA</td></tr>
<tr><td colspan="2">시카고 오헤어(O' hare)공항</td><td>ORD</td></tr>
<tr><td colspan="2">아틀랜타</td><td>ATL</td></tr>
<tr><td colspan="2">앵커리지</td><td>ANC</td></tr>
<tr><td colspan="2">올랜도</td><td>ORL</td></tr>
<tr><td rowspan="2">워싱턴(WAS)</td><td>덜레스(Dulles)공항</td><td>IAD</td></tr>
<tr><td>내셔널(National)공항</td><td>DCA</td></tr>
<tr><td colspan="2">필라델피아</td><td>PHL</td></tr>
<tr><td colspan="2">호놀룰루</td><td>HNL</td></tr>
<tr><td rowspan="7">캐나다</td><td rowspan="2">몬트리올(YMQ)</td><td>미라벨(Mirabel)공항</td><td>YMX</td></tr>
<tr><td>도르발(Dorval)공항</td><td>YUL</td></tr>
<tr><td colspan="2">밴쿠버(Vancouver)</td><td>YVR</td></tr>
<tr><td colspan="2">애드먼튼(Edmonton)</td><td>YEG</td></tr>
<tr><td colspan="2">오타와(Ottawa)</td><td>YOW</td></tr>
<tr><td colspan="2">캘거리(Calgary)</td><td>YYC</td></tr>
<tr><td colspan="2">토론토(Toronto)</td><td>YYZ</td></tr>
<tr><td rowspan="2">멕시코</td><td colspan="2">아카풀코(Acapulco)</td><td>ACA</td></tr>
<tr><td colspan="2">멕시코시티(Mexico city)</td><td>MEX</td></tr>
<tr><td>브라질</td><td colspan="2">리우 데 자네이로(Rio de Janeiro)</td><td>RIO</td></tr>
</table>

국가명	도시명	도시코드 공항코드
브라질	브라질리아(Brasilia)	BSB
	상파울로(San Paulo)	SAO
아르헨티나	부에노스아이레스(Buenos Aires)	BUE
콜롬비아	보고타(Bogota)	BOG
쿠바	하바나(Havana)	HAV
칠레	산티아고(Santiago)	SCL
페루	리마(Lima)	LIM

대양주 · 남태평양

국가명	도시명	도시코드 공항코드
미국(괌)	괌(Guam)	GUM
미국(사이판)	사이판(Saipan)	SPN
뉴질랜드	오클랜드(Auckland)	AKL
	웰링턴(Wellington)	WLG
	크라이스트처치(Chrischurch)	CHC
호주	멜버른(Melbourne)	MEL
	브리스베인(Brisbane)	BNE
	시드니(Sydney)	SYD
	캔버라(Canberra)	ABR
피지	나디(Nadi)	NAN

구주

국가명	도시명	도시코드 공항코드
네덜란드	암스텔담(Amsterdam)	AMS
그리스	아테네(Athens)	ATH
독일	뮌헨(Munich)	MUS
	프랑크루르트(Frankfurt)	FRA

<table>
<tr><th>국가명</th><th colspan="2">도시명</th><th>도시코드
공항코드</th></tr>
<tr><td>덴마크</td><td colspan="2">코펜하겐(Copenhagen)</td><td>CPH</td></tr>
<tr><td rowspan="6">독립국가연합
(구소련)지역</td><td colspan="2">모스크바(Moscow)</td><td>MOS</td></tr>
<tr><td colspan="2">블라디보스토크(Vladivostok)</td><td>VVO</td></tr>
<tr><td colspan="2">하바로프스크(Khabarovsk)</td><td>KHV</td></tr>
<tr><td colspan="2">크라스노야르스크(Krasnoyarsk)</td><td>KJA</td></tr>
<tr><td colspan="2">타쉬켄트(Tashkent)</td><td>TAS</td></tr>
<tr><td>벨기에</td><td colspan="2">브뤠셀(Brussel)</td><td>BRU</td></tr>
<tr><td rowspan="2">스위스</td><td colspan="2">취리히(Zurich)</td><td>ZRH</td></tr>
<tr><td colspan="2">제네바(Geneva)</td><td>GVA</td></tr>
<tr><td rowspan="2">스페인</td><td colspan="2">마드리드(Madrid)</td><td>MAD</td></tr>
<tr><td colspan="2">바르셀로나(Barcelona)</td><td>BCN</td></tr>
<tr><td>오스트리아</td><td colspan="2">비엔나(Vienna)</td><td>VIE</td></tr>
<tr><td rowspan="3">이탈리아</td><td colspan="2">로마(Roma)</td><td>LOM</td></tr>
<tr><td colspan="2">베니스(Venezia)</td><td>VCE</td></tr>
<tr><td colspan="2">밀라노(Milano)</td><td>MIL</td></tr>
<tr><td rowspan="2">영국</td><td rowspan="2">런던(LON)</td><td>히드로(Heathrow)공항</td><td>LHR</td></tr>
<tr><td>케트윅(Gatwick)공항</td><td>LGW</td></tr>
<tr><td>체코</td><td colspan="2">프라하(Prague)</td><td>PRG</td></tr>
<tr><td>포르투칼</td><td colspan="2">리스본(Lisbon)</td><td>LIS</td></tr>
<tr><td>폴란드</td><td colspan="2">바르샤바(Warsaw)</td><td>WAW</td></tr>
<tr><td rowspan="2">프랑스</td><td rowspan="2">파리(PAR)</td><td>샤를드골(Charles de Gaule)공항</td><td>CDG</td></tr>
<tr><td>오를리(Orly)공항</td><td>ORY</td></tr>
</table>

중동 · 아프리카

국가명	도시명	도시코드 공항코드
남아프리카 공화국	케이프타운(Cape Town)	CPT
모로코	카사블랑카(Cassblanca)	CAS
이집트	룩소(Luxor)	LXR
	카이로(Cairo)	CAI
터키	앙카라(Ankara)	ANK
	이스탄불(Istanbul)	IST

4 항공사의 정책

대부분의 항공사들은 특별서비스에 대한 원가가 다르더라도 대개 국제항공운송약관 측면에서 비슷한 형태의 정책을 가지고 있다.

1) 유아

유아(만 2세 미만)의 경우 좌석을 점유하지 않는 범위 내(무릎 위에 앉힘)에서 성인요금의 10%를 부과하고 있으며 안전을 위해 유아용 좌석을 사용할 경우 성인동반자 근처에 둔다는 전제로 성인요금의 50%를 부과한다.

2) 소아

소아(만 2세 이상~만 12세 미만)의 경우 좌석을 점유하는 조건이지만 소아용 특별요금이 주어진다. 이코노미 클래스 정상요금에서 할인을 받는 것이 원칙이며 항공사에 따라 다르게 적용된다. 비동반 소아(혼자 여행하는 만 5세 이상~만 12세 미만의 소아 : 국내선의 경우 만 13세 미만, 국제선의 경우 만 17세 미만)의 경우 목적지에서 인도할

어른의 이름, 주소, 전화번호, 소아와의 관계가 항공사에 전달되어야 하며 성인요금을 적용받는다. 직행(직항)일 경우 $30~50까지 추가비용을 지불하여야 하며 비행기를 갈아타야 하는 경우는 $60~100까지 추가비용을 지불하여야 한다.

3) 애완동물

애완동물의 경우 여행사는 항공사에 특별요청을 하여야 하며 항공사로부터 승인을 받아야 한다. 어떤 나라들은 자국의 검역 안전을 위해 애완동물을 승객과 함께 수송하는 것을 금지하기도 한다. 영국이나 영국 연방 혹은 예전에 영국연방이었던 나라들과 홍콩이 대표적인 경우다.

일반적으로 작은 애완동물의 경우 케이지에 넣고 수송한다는 전제하에 승객 바로 앞 좌석 밑에 넣고 갈 수 있다. 큰 애완동물의 경우 대부분의 항공사는 항공기의 화물칸에 싣고 갈 수 있도록 하고 있다. 맹인인도견의 경우는 재갈을 물린 상태에서 주인의 발아래 둔다는 전제하에 기내에 들여올 수 있으며 병이나 냄새로부터 자유로워야 탑승시킬 수 있다. 그리고 예방접종서가 있어야 한다.

4) 휠체어 승객

걸어 다닐 수 없는 승객의 경우 일반휠체어와는 달리 기내용 휠체어서비스가 제공되는데 승무원들은 휠체어 승객을 비행기 안으로 데리고 들어가고 좌석에 착석하는데 도움을 준다.

5) 특별식

어떤 승객의 경우 다이어트, 문화적 이유 또는 종교적 이유들로 특정음식을 먹지 않는다. 이들을 위해 여행사는 승객을 위한 특정 음식을 요청해야 한다. 당뇨, 저칼로리, 무소금, 채소, 코셔, 힌두, 무슬림을 포함하는 특별 음식을 요청해야 한다.

6) 좌석 재확인

대부분의 항공사들은 사전에 좌석을 지정하는 정책을 가지고 있는데 그 정책에 따라 승객은 좌석을 점유해야 한다. 가능한 한 여행사는 CRS에서 좌석을 지정을 할 수 있도록 해야 한다. 일반적으로 좌석의 재확인은 24시간 이전에 해야 하는데 그 이유는 만약 항공편명, 출발시간, 도착시간이 변경되었다면 여행사는 고객에게 알려 주어야 할 의무가 있기 때문이다. 이는 집으로 돌아오기 전, 목적지에서도 마찬가지다. 국제항공인 경우 출발 2~3일 전에 예약을 재확인하여야 한다.

7) 수하물규정

각 항공사는 위탁수하물의 개수, 크기, 무게에 제한을 두고 있다. 그리고 휴대수하물의 경우는 좌석이나 선반에 보관할 수 있는 정도의 크기만을 허용한다. 초과수하물의 경우 항공사마다 그 정책이 다르다. 이들 정보는 CRS에서 얻을 수 있으며 OAG에서도 얻을 수 있다.

8) 체크인 시간

일반적으로 승객들은 출발비행시간 적어도 1시간 전에 도착하여 탑승권을 교부받아야 한다.

9) 자주 이용하는 고객

대규모 항공사들은 자주 이용하는 상용고객을 대상으로 한 FFP(frequent flyer programs)을 운영하고 있는데 제휴 항공사, 렌트카, 호텔 등도 그 대상이 된다. 이들이 제휴항공사를 이용하더라도 이 같은 서비스가 제공되며 마일리지 축적도 가능하다. 마일리지는 좌석의 업그레이드하거나 무료항공여행에 사용될 수 있으며 각 항공사의 웹사이트를 통해 정보를 얻을 수 있다.

항공사 특별 기내서비스

"하늘 길 여행이 더 즐거워진다"

해외여행이 일반화되면서 항공사가 제공하는 기내 서비스에 대한 관심도 높아지고 있다. 특히 최근에는 각국의 항공사들이 경쟁적으로 특별 기내 서비스를 도입하고 있기 때문에, 같은 값으로 여행하는 승객이라면 관심을 가져볼 만하다.

그럼에도 대부분의 승객들은 아직까지 항공사가 제공하는 기내 서비스에 대해 잘 알지 못하고 있다. 기껏해야 사전 예약을 하면 보다 특별한 기내식을 받을 수 있다는 정도다. 그렇다고 항공사가 제공하는 기내식에 대해서 모두 알고 있는 것도 아니다. 이번 주에는 국내 항공사가 제공하는 특별 기내 서비스에 대해서 알아본다.

대한항공

종교, 건강, 식습관, 연령 등의 이유로 음식을 가리는 승객들을 위해 특별기내식을 준비해 놓고 있다. '단순한 채식' 이 아니라 서양식 채식, 동양식 채식, 인도식 채식, 엄격한 인도식 채식 등으로 채식만 5가지 서비스를 제공하고 있다.

이외에도 건강식은 당뇨병, 다이어트, 심장병, 비만 등 9가지로, 종교식은 힌두교식, 유대식 등 3가지로 세분화했고, 이유식, 아동식도 별도로 준비해 뒀다.

칵테일을 원하는 승객이 있다면 메뉴판에 칵테일이 없더라도 재료가 있는 한 칵테일을 만들어 준다.

특히 일부 1등석 노선에서는 고급 한정식 코스를 사전에 주문하는 '일등석 한정식 사전 주문 서비스' 를 이용할 수 있고, 계절별로는 2가지 주요리 중에서 선택 주문할 수 있다. 무료함을 달래기 위해 서적 몇 권을 준비하는 것을 깜빡했다면 '기내 도서관' 도 이용해 봄직하다.

대한항공은 미국, 유럽, 중동 및 대양주 등 장거리 노선을 중심으로 소설, 비소설, 만화, 아동용 도서 등 최근 베스트셀러 중심으로 기내도서관을 운영 중에 있기 때문이다. 비행 중 승무원에게 요청하면 도서목록 안내문과 함께 서비스를 받을 수 있다. 마찬가지로 장거리 노선에서는 요청 시 바둑이나 체스도 즐길 수 있다. 고마운 분들에게 깜짝 선물을 할 수 있는 '하트 투 하트(Hear t To Heart) 서비스' 도 운영 중이다.

부모, 연인, 친구, 동료 등과 같은 지인이 대한항공으로 해외여행을 떠날 때 인터넷을 이용해 기내 면세품을 주문하면 감사의 메시지와 함께 탑승 고객에게 전달해 준다.

이용 고객의 스케줄에 맞춰 대한항공 사이버 스카이숍에 신청하면 된다.

조기유학이 잦아지면서 '플라잉 맘(Flying Mom) 서비스' 도 마련했다. 보호자가 없는 아이들을 탑승권을 받는 순간부터 도착지 보호자를 만나기까지 신변보호를 책임지는 것이다.

국제선은 만 5~12세 미만, 국내선은 만 5~13세 미만 어린이에게 적용된다. 다만 편도당 60달러의 추가 요금이 부과된다. 이용 고객은 출발 24시간 전까지 사전 예약해야 한다.

장애인에 대한 이동편의 서비스도 제공한다.

탑승 수속부터 도착까지 승무원이 개인적인 서비스로 운행을 도와주는 것이다. 물론 휠체어 등 장애인을 위한 보조기구와 관련된 수하물은 전액 무료다. 인천, 김포, 제주 공항에는 장애인의 탑승을 위한 별도의 특장차도 마련해 뒀고, 개인 휠체어가 없는 고객에게는 항공사가 휠체어를 대여해 준다.

한편 대한항공은 지난해 10월부터 개인용 주문형 오디오 · 비디오(AVOD) 시스템인 '비욘드' 를 선보이고 있다. 승객이 원하는 비디오 등을 자신의 시간에 맞춰 즐길 수 있는 것이다.

아시아나항공

아시아나는 1998년 3월부터 기내 플라잉 매직 서비스(Flying Magic Service)연출팀을 운영하고 있다. 아시아나 항공 캐빈 승무원 70명, 5개 팀으로 구성된 플라잉 매직 서비스 팀은 생일, 결혼기념일, 기타 기념일을 위해 축하 노래 및 마술 등으로 흥겨운 분위기를 연출해 준다. 어린이 고객을 위해서는 얼굴에 그림을 그려주는 페이스페인팅 및 풍선마술로 시선을 끈다. 생일, 기념일 등을 맞은 고객에게는 특별 서비스로 자체 제작한 칵테일을 만들어주기도 한다.

아시아나항공은 또 지난해 5월부터 민감성 피부를 가진 장거리 여행객들을 위한 피부미용 서비스인 '차밍서비스' 를 제공한다. 승객이 요청하면 간단한 화장은 물론 보습마스크 팩 등을 이용할 수 있다. 장시간 비행 후에도 깔끔한 모습을 선보일 수 있게 됐다. 기내에서 상영하는 뻔한 영화나 오디오 프로그램이 불만이라면 아시아나의 '국제단편영화제' 를 눈여겨볼만하다.

아시아나항공은 국내에서 유일하게 전 세계 단편 영화들이 경쟁하는 '국제경쟁영화제' 를 개최하는데, 영화제 종료 이후 기내 상영을 함으로써 평상시에 접하기 어려운 영화들을 선보인다.

1등석 고객에게는 한차원 수준을 높인 기내 서비스 용품을 제공하고 있다. 정전기가 적고 부드러운 촉감을 살려서 제작된 고급 사양의 기내 간편복과 탑승 기념 선물을 제공한다. 일부 1등석 노선에 제공하는 '기내 세프(CHEF) 서비스' 도 소비자들의 좋은 반응을 얻고 있다. 항공기 기내에 요리사가 직접 탑승해 즉석에서 만든 요리를 승객에게 제공한다.

이로써 참치, 도미, 연어, 게, 새우 등으로 만들어 신선함이 생명인 초밥 등을 비행기 안에서도 즐길 수 있게 됐다. 인천~뉴욕 노선에서는 일반석 승객도 라면 서비스를 이용할 수 있다.
만 2세 유아를 동반한 국제항공 고객에게는 '유아용 요람(Baby Bassinet)' 을 제공하고, 탑승구에서 유모차를 빌려주는 '게이트-투-게이트(Gate-to-Gate)서비스' 를 실시한다.
또 아시아나 항공도 몸이 불편한 노약자 및 장애자들을 위해 (전동)휠체어, 전동차 등을 지원하며, 탑승구에서 휠체어를 위탁하면 도착지에서도 탑승구에서부터 휠체어를 바로 이용할 수 있다.
패밀리서비스도 무료로 제공한다. 7세 미만의 유아나 소아를 2명 이상 동반한 여성 탑승자, 보호자 없이 여행하는 70세 이상의 노약자, 당일 타 항공사로 연결되는 탑승객 중 언어 소통 등 도움이 필요한 손님 등을 탑승 수속에서부터 도착까지 보호해주는 서비스다.
이외에도 아시아나항공은 전 탑승객을 대상으로 기내 탑승 모습을 촬영해 이메일로 보내주는 서비스도 실시하고 있다.
(경인일보, 2007년 08월 07일)

5 항공사의 비행기 기종

오늘날의 비행기는 크기와 디자인 면에서 많이 다르다. 엔진도 제트엔진에서 터보엔진, 피스톤엔진에 이르기까지 다양하다. 이들 정보는 OAG Flight Guide에 자세히 수록되어 있다. 크기에 상관없이 모든 비행기들은 동체의 폭이 좁은 것과 동체의 폭이 넓은 것으로 구분해 볼 수 있다. 동체의 폭이 좁은 비행기는 비행기의 중간에 통로가 하나이며 승객의 캐빈은 1개 아니면 2개로 되어 있으며 보통 퍼스트 클래스, 이코노미 클래스라는 2개의 섹션으로 구성되어 있다. 반면 동체의 폭이 넓은 비행기는 통로가 2개이며, 퍼스트클래스, 비지니스클래스, 이코노미클래스라는 3개의 섹션으로 구성되어 있다. 통상적으로 대형 항공사들은 몸체가 넓은 비행기를 이용하고 있으며 주로 장거리여행에 투입된다.

비행기의 형태와 크기가 승객들의 편안함과 좌석의 선호도에 직접적으로 영향을 미친다. 대형 비행기일 경우 기압에 문제가 없으나 아주 작은 비행기일 경우 고도에 따라 기내의 기압을 정상적으로 유지하기 힘들게 된다. 정상적인 기압을 유지하지 못하면 귀와 목의 통증을 일으키는 원인이 되며 특히 유아와 소아의 경우는 더욱 더 그러하다. 그런 점에서 여행사의 상담원은 이 같은 사실을 염두에 두고 있어야 한다.

좌석지정 시 유의할 점

- 비상구 앞좌석은 비상시 탈출구를 막기 때문에 가급적 피할 것
- 비행기 날개 주위의 좌석은 안정성이 확보되지만 엔진 소음이 있을 수 있음
- 뒷좌석은 진동이 심하고, 멀미의 여지가 있으며 엔진소음이 있을 수 있음
- 벌크헤드의 경우 다리를 뻗을 수 있는 공간이 확보되어 있음
- 비상구 뒷좌석의 경우 다리를 뻗을 수 있는 공간이 확보되어 있음
- 비상구 주변의 좌석은 사고에 대비하여 여행경험이 많은 사람을 배치할 것
- 몇몇 항공사들은 그들의 상용고객을 위해 앞쪽 열을 미리 지정하는 경우가 있음

표 11-8 **오늘날 인기 있는 항공기**

항공기	코드	넓은 동체폭	엔진형태, 개수 및 위치	승객	좌석구조
Airbus Industrie A300	AB3	예	제트, 2, 날개	220-375	2/4/2
Airbus Industrie A320	320	아니오	제트, 2, 날개	131-156	3/3
Airbus Industrie A380	380	예	제트, 4, 날개	840	3/4/3
Airbus Industrie A330	330	예	제트, 2, 날개	404-440	2/4/2
Airbus Industrie A340	340	예	제트, 4, 날개	440	2/4/2
Airbus Industrie A350	350	예	제트, 4, 날개	440	2/4/2
Airbus Industrie A350 XWB	350	예	제트, 2, 날개	280-440	3/3/3
Airbus idustrieA321 neo	321	아니오	제트, 2, 날개	185-280	3/3
Boeing 717	717	아니오	제트, 2, 동체	106-117	2/3
Boeing 727(all series)	727	아니오	제트, 3, 동체와 꼬리	125	3/3
Boeing 737(all series)	737	아니오	제트, 2, 날개	103	3/3
Boeing 747(all Series)	747	예	제트, 4, 날개	452-548	3/4/3
Boeing 757-200	757	아니오	제트, 2, 날개	178-239	3/3

항공기	코드	넓은 동체폭	엔진형태, 개수 및 위치	승객	좌석구조
Boeing 767(all series)	767	예	제트, 2, 날개	216-290	2/3/2
Boeing 787 드림라이너	787	예	제트, 2, 날개	242-381	3/3/3
Boeing 777	777	예	제트, 2, 날개	231-375	2/5/2
Boeing 737 MAX 10	737 MAX 10	아니오	제트, 2, 날개	230	3/3
Boeing 777X	777X	예	제트, 2, 날개	365-400	3/3/3
Fokker 100	100	아니오	제트, 2, 동체	107-119	2/3
Fokker F28	F28	아니오	제트, 2, 동체	55-85	2/3
Lockheed L-1011(all series)	L10	예	제트, 3, 날개와 꼬리	256-400	3/4/3
Lockheed L-1011-500	L15	예	제트, 3, 날개와 꼬리	256-400	2/5/2
McDonnell Douglas MD-80	M80	아니오	제트, 2, 동체	172	2/3
McDonnell Douglas DC-10(all series)	D10	예	제트, 3, 날개와 꼬리	255-380	2/5/2
McDonnell Douglas DC-9(10& 20 series)	DC9	아니오	제트, 2, 동체	90	2/3
McDonnell Douglas MD-11	M11	예	제트, 3, 날개와 꼬리	250-400	2/5/2

6 공항서비스

오늘날 공항은 가능한 한 즐거운 공간에서 승객들이 시간을 보낼 수 있게 노력하고 있다. 출발을 기다리는 승객들을 위해 다양한 쇼핑시설들과 레스토랑, 스낵바 등을 운영하고 있으며 최근에 건설되는 공항들은 헬스클럽도 운영하고 있다. 모든 공항들은 기본적으로 휴게시설, 수하물보관, 정보센터를 운영하고 있으며 국제공항인 경우 면세점, 환전, 세관, 출입국심사시설 등을 갖추고 있다.

최근에 들어서는 주요 공항에서 AA의 Admirals Club, UA의 Red Carpet Club과 같은 항공사 클럽이라는 특별편의시설이 생겼다. 이들 항공사는 클럽 가입자들에게 1년에 $150~200 정도의 멤버십 요금을 부과한다. 클럽멤버들은 개인대기실, 비즈니스센터, 간단한 음식물, 항공사직원서비스를 받는 혜택을 누린다. 그리고 샤워시설, 운동시설을 구비해 놓고 있다.

일반적으로 공항은 항공사 소유가 아니라 도시, 국가가 운영의 주체가 된다. 각 항공사는 카운터 공간, 게이트 공간을 임대해서 사용하며 비행기의 이착륙이 있을 때마다 비용을 지불하며 공항 내에 위치해 있는 각종 상점들도 공항당국으로부터 임대해 사용하고 있다.

공항당국은 공항 내의 안전에 대해 책임을 지고 있는데 수하물 X-레이 및 금속 탐지기 운용, 순찰, 마약탐색 등의 역할을 수행한다.

최근 국제적으로 안전에 관한 공항에서의 활동이 강화되고 있는데 폭발물이 들어 있을 수 있다는 이유로 쓰레기통을 없애고 있는 경우도 있다.

7 비행패턴과 여행의 유형

1) 비행유형

모든 비행 스케줄은 논스톱, 직항(경유)편, 연결편이라는 3개의 범주로 나누어지며 출발도시가 그 기준이 되어 비행의 형태가 결정된다.

(1) 논스톱(non-stop flight)

출발도시와 목적지도시 사이에 한 번의 쉼도 없이 이루어지는 비행을 말한다.

(예) ICN → SYD

(2) 직행편(direct flight or through flight)

종종 경유비행으로도 불린다. 출발도시와 목적지도시 사이에서 한번 또는 그 이상의 경유를 포함하나 비행기를 갈아타지 않는 비행이다. 대부분의 여객이 말하는 직행은 논스톱비행을 말한다.

(예) ICN → KIX → SYD

(3) 연결편(connection)

연결편이라고 하는 것은 출발도시와 목적지도시 사이에서 적어도 1번 이상 비행기를 갈아타는 비행이다. 1번 비행기를 갈아타는 것을 싱글 커넥션(single connection)이라고 하며 2번 비행기를 갈아타는 것을 더블 커넥션(double connection)이라고 한다.

(예) ICN → KIX
KIX → SYD

2) 여정의 유형

일반적으로 여행의 유형에는 편도여행, 왕복여행, 가위벌린여행, 순환(일주)여행이라는 4가지가 있다.

(1) 편도여행(one-way travel)

편도여행은 가장 비싼 여행의 형태로 출발도시에서 목적지도시까지의 여행이다.

(예) ICN → TYO

(2) 왕복여행(round-trip travel)

왕복여행은 가장 일반적 형태의 여행으로 모든 여행의 85% 정도가 왕복여행형태를 취한다. 왕복여행은 출발도시에서 목적지도시까지 여행한 후 다시 출발도시로 돌아오는 여행이다. 항공요행이 정상요금(normal fare)일 경우 논스톱이든, 직행편이든, 연결편이든 간에 문제가 되지 않으나 회유요금(excursion fare)일 경우 동일 비행기를 이용하게 되며 노선에 대한 제한이 있다.

(예) ICN → TYO
ICN ← TYO

(3) 가위벌린여행(open-jaw travel)

가위벌린여행(open Jaw)이란 여행 도착지와 돌아오는 출발지가 다른 경우, 또는 출발지와 돌아오는 여행 도착지가 서로 다른 경우를 말한다. 가위벌린여행은 출발도시와 2곳의 목적지 도시로 구성되며 2곳의 도시 중에 하나는 상업적 항공여행이 아닌 다른 교통수단(기차, 선박, 버스, 열기구 등)의 여행이다. 예를 들어, 인천에서 동경으로 여행한 후 돌아올 때는 오사카에서 인천으로 오는 경우로서 이 경우, 가위벌린여행 구간은 동경에서 오사카가 된다.

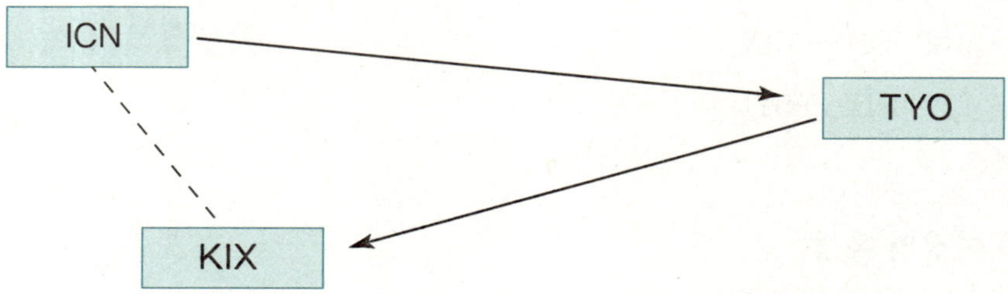

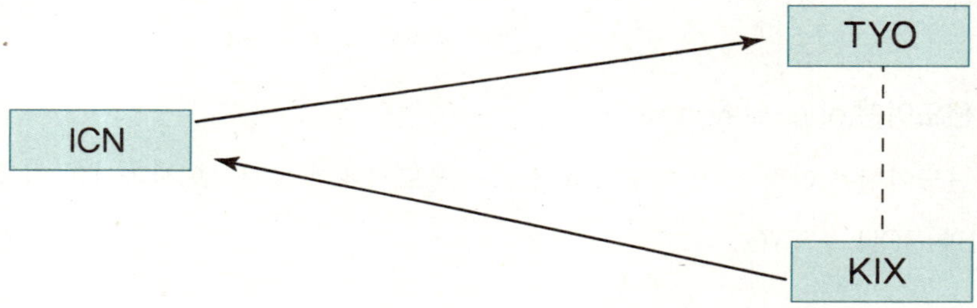

(4) 순환여행(circle-trip travel)

순환여행은 2개의 목적지를 가지는데 이용되는 요금의 유형에 의해 결정된다. 만약 정상요금일 경우 순환여행은 2개 또는 그 이상의 목적지를 갖게 되며 모두 항공에 의해 이루어진다. 만약 회유요금으로 여행을 하게 된다면 2개의 목적지만 가지며 항공에 의해 이루어진다. 왕복여행이나 가위벌린여행처럼 순환여행도 동일의 비행패턴이나 노선에 적용된다.

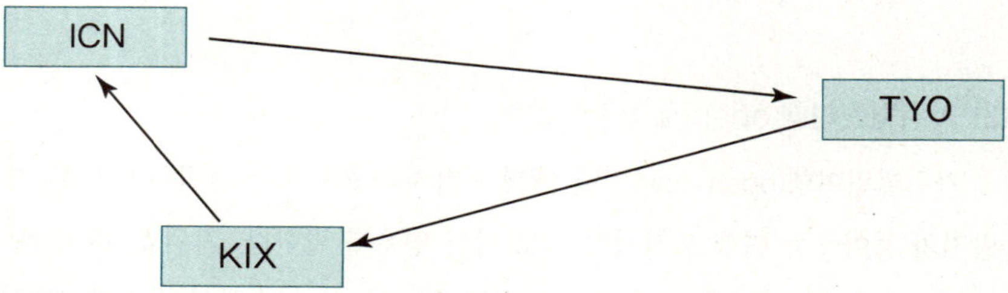

Circle Trip(정상요금) 전 여정이 항공기를 이용하여 연속적으로 이루어지고, Origin 도시로 되돌아오는 여정. 2개의 운임마디를 가지면서 Round Trip이 아닌 여정도 포함한다.
Circle Trip(특별요금) 전 여정이 항공기를 이용하여 연속적으로 이루어지고, Origin 도시로 되돌아오며, 반드시 2개의 국제선 운임마디를 가져야 한다. 단, Round Trip 여정만이 해당된다.

8 비행스케줄 선택

여행객의 여행 스케줄이 결정되면 그 다음단계는 비행스케줄을 선택하게 된다. 비행스케줄은 통상적으로 CRS를 통해 확보되지만 자동화가 되어 있지 않은 여행사의 경우 OAG를 이용해야 한다.

1) OAG

OAG의 경우 북미판과 세계판이 있지만 우리의 경우 매달 발간되는 세계판을 이용하면 된다. OAG는 또한 온라인으로 그 운항정보를 제공하고 있는데 www.oag.com을 이용하면 된다. 우리나라의 경우도 OAG성격의 월간지가 발간되고 있다. 에어타임스와 로드스카이는 한국을 입출국하는 항공편을 대상으로 운항스케줄을 정리하여 매월 간행물을 발간하고 있다.

2) CRS

우리나라에서 이용되고 있는 CRS의 대부분은 대한항공의 TOPAS나 아시아나의 ABACUS이다. 각 항공사들이 사용하고 있는 CRS는 자기 고유의 포맷을 가지고 있지만 기본적으로는 같다고 볼 수 있다.

시차

현재 우리나라에서 사용되고 있는 한국 표준시는 KST이다. "Korea Standard Time" 즉 "대한민국 표준시"라는 뜻이다. KST의 타임존은 UTC/GMT +9 이다. 즉 그리니치 천문대가 있는 곳의 시간인 세계협정시(세계표준시)에서 9시간을 더하면 한국시간이 된다. 반대로 한편, 현재 한국시간에서 9시간을 마이너스하면 세계협정시가 된다. 물론 날짜가 넘어가면 날짜까지 증가시켜야 한다.

외국인들은 KST를 흔히 "서울(Seoul) 시간"이라고 부른다. "South Korea 시간"이라고는 하지 않는다. 왜냐하면 한 나라 안에서도 여러 가지 표준시가 사용되는 나라들이 있기에, 나라별 시간이라는 개념이 존재하기 힘들기 때문이다.

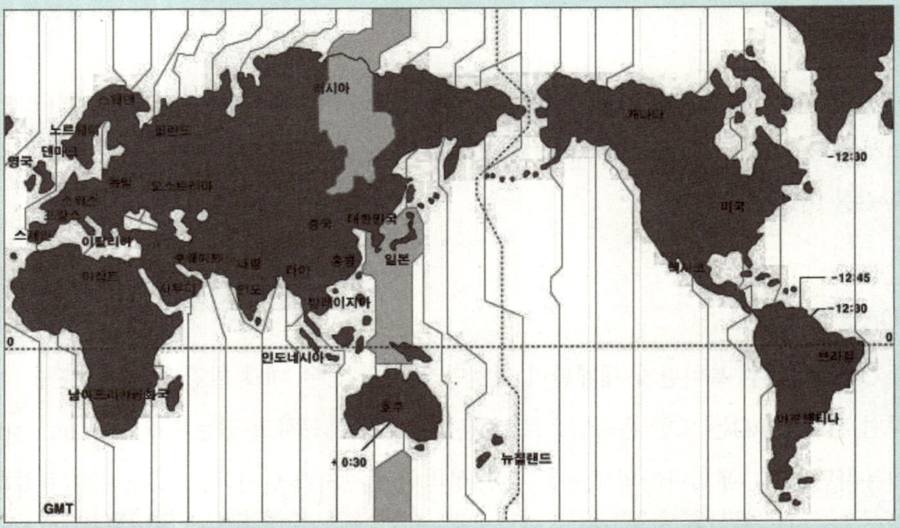

−10	−9	−8	−7	−6	−5	−4	−3	−2	−1	한국	+1	+2	+3	−20	−19	−18	−17	−16	−15	−14	−13	−12	−11
	마드리드·런던	베를린·로마·파리	카이로·아테네	바그다드	테헤란	켈커타+30분 칼라치	랑군+30분	방콕	홍콩·북경·마닐라	동경·서울	멜버른·시드니	오호츠크	웰링턴	사모아·미드웨이	호놀루루		시애틀·샌프란시스코	피틱스·덴버	멕시코시티·시카고	마이애미·뉴욕	구수베이·조지타	리오데자네이	

9 비행 예약방법

비행스케줄이 선택되면 예약으로 이어지는데 일반적으로 예약은 CRS에서 예약이 이루어진다. 그러나 몇몇 항공사들은 CRS로 예약을 받지 않기 때문에 전화로 예약을 하여야 하는 경우가 있다. 그리고 때에 따라 CRS에서 예약이 완료된 것으로 나오지만 항공사에 전화통화를 통해 좌석을 확보할 수 있는 경우도 있으며 때에 따라 CRS가 다운되어 발생하는 경우도 있기 때문에 전화를 이용하기도 한다.

1) CRS 예약

예약을 위해서는 우선적으로 PNR field라고 알려져 있는 PNR의 각 영역이 생성되는데 각 PNR영역에는 여정, 이름, 전화번호, 예약날짜, 여행사명 등의 하위영역이 생성된다. CRS예약이 이루어지면 컴퓨터에 비행스케줄이 예약되며 PNR itinerary가 만들어진다. CRS의 PNR itinerary에는 렌트카, 호텔, 관광, 크루즈 등의 상품예약도 포함되어 있다. 가위벌린여행일 경우 ARUNK 또는 ARNK로 표기된다.

PNR의 name field에는 승객의 성명을 기록하는데 예약자가 주의해야 할 점은 여권에 나와 있는 영문이름과 일치된 이름을 받아야 한다는 점이다. phone field에는 여행사의 전화번호와 여행자의 집 전화번호가 필수적으로 기입되어야 하며 휴대전화 및 팩스 번호도 기입할 수 있다. ticket date field에는 티켓이나 전자항공권 발권유효기간을 표시하며 하나의 PNR에 2명 이상의 손님이 있을 경우 항공권 번호는 승객과 연결을 한다. received from field는 취소, 변경 등 중요한 사안에 대하여 책임소재를 명확히 하기 위하여, 나중에 기억하기 쉽게 하기 위해 누구로부터 요청받아서 그 일을 수행했는지 기입하는 field이다. 이것은 승객 그 자신일 수 있으며 가족구성원, 비서 등과 같은 다른 사람일 수 있다.

기타, 다른 field는 PNR이 저장되기 전에 요구되는 사항이 아니므로 선택적 PNR field라고 볼 수 있다. 선택적 PNR field에는 지불형태, 승객의 주소, 좌석지정, 특별요청, 참고사항에 관한 것이다. 이것으로 PNR의 저장하면 거래가 완료되는데 예약 메시지는 전자적으로 해당 항공사에 보낸다.

PNR

PNR은 Passanger Name Record의 약자로서 한국어로 번역하면 '승객 예약기록' 정도가 될 것이다. PNR은 승객의 성명, 일정, 전화번호 등 기초내용과 특정한 서비스 사항 등의 정보도 포함한다.

PNR은 여행사나 항공사에서 컴퓨터 시스템을 통해 좌석확보, 대기자 등록 등의 항공 예약을 넣으면서 만들어진다. PNR은 하나의 파일로 저장되기 때문에 나중에 항공 날짜나 여정, 기타 서비스 내용이 변할 시 항공예약을 담당하는 직원은 그 파일을 꺼내 변경만 하면 된다. 즉 동일인의 예약에 대해선 변동사항이 생기더라도 처음의 PNR은 그대로 유지되는 것이다.

한 가지 재미있는 것은 한 개의 PNR은 99명까지 승객에 관한 내용을 모두 기록할 수 있다는 것이다. 단체로 항공권을 구입하고 여정이 같을 때 승객들은 모두 하나의 PNR 안에 들어있게 된다. 이런 이유로 단체항공권으로 할인항공권을 구입한 자유여행자들은 가끔 자기도 모르는 사이에 생면부지의 사람들과 같은 단체로 취급당하는 경험을 하게 되기도 한다.

여행자들이 자신의 PNR을 대면하는 곳은 보통 항공티켓 표지에서이다. 영어로 자잘하게 씌여진 글씨가 있고, 스태플러로 항공티켓에 붙여진 흰 종이가, 아니 그 안의 기록이 내 PNR이다. PNR을 자세히 보면 전혀 의미가 없는 몇 개의 스펠링과 숫자가 붙어있는 것이 보이는데 이것을 PNR 넘버라고 부른다.(여행사 직원들은 손님에게 티켓을 주기 전에 보통 PNR 넘버를 형광사인펜으로 색칠해 놓는다.)

여행지에서 전화 등을 통해 예약확인을 하거나 내용을 변경할 때 여행자가 PNR 넘버를 불러주면 항공사 직원이 예약기록을 쉽게 찾을 수 있다. 이름과 출발일 등의 정보를 불러주어도 되지만 PNR 넘버가 가장 빠르고 확실한 정보라는 데는 이견이 있을 수 없다.

2) 전화예약

여행사가 전화로 예약을 하는 가장 일반적인 이유는 CRS에서 예약이 되지 않는 경우이다. 이럴 경우 비행기 예약가능좌석과 요금에 관한 문의가 되며 고객과 상의 후 실질적인 예약이 이루어진다. 전화상으로 항공예약을 할 경우 항공사명, 항공편명, 좌석등급, 출발날짜와 도착날짜, 승객수 등의 구체적인 사항을 고객들로부터 받아야 한다. 그리고 예약을 위해 성명, 지불형태, 전화번호를 받아야 한다. 여행사는 예약번호를 받아 두어 기록을 잘 유지하여야 한다.

온라인 중복예약에 여행사 '진땀'

-성수기 온라인 취소율 20~30% 발생

겨울 성수기를 맞아 바쁜 여행사들이 '중복예약(dupe)' 암초에 걸려 시달리고 있다. 특히 여러 여행사에 다리를 걸어놓는 중복예약은 온라인여행사에서 피해가 가시화되고 있다.

중복예약은 패키지 여행상품보다는 항공권에서 빈번히 발생하고 있다. 인터파크 임재현 마케팅 팀장은 "중복예약이 성수기 인기 있는 날은 20~30%까지 차지할 때가 있다"며 "항공권 발권의 경우 같은 패턴 예약을 항공사마다 걸어 놓는 경우도 있다"고 밝혔다. 임 팀장은 또 "자체 조사 결과 한 사람이 최소한 7개 이상 사이트에 접근하는 경향이 있지만 온라인 확인절차로 실수요를 확인하는 데는 어려움이 있다"고 전했다.

이밖에 여행사에 따라 급하게 발권하고 나중에 상담하는 경우가 있는 데 이럴 경우 피해보기 십상이라고 덧붙였다. 이밖에 무리한 발권을 한 후 연락이 안 되거나 취소 후 수수료를 물지 않는 경우도 빈번하게 발생하고 있다.

가장 큰 문제는 실구매자도 아닌 고객을 처리하는데 드는 업무의 비효율성. 투어익스프레스 김홍렬 팀장은 "온라인 예약이 들어오면 결재 기한을 둔 안내 메시지를 보내지만 기한 내 결재를 하지 않아도 자동 취소가 되지 않는 경우가 대부분"이라며 "고객과 통화를 하고 항공사에 좌석을 풀어달라고 요청한 후 취소가 생기기도 해 신뢰를 잃는 것도 문제"라고 밝혔다.

이에 따라 인터파크는 주말, 야간 시간대 예약 비율이 높기 때문에 다음 날 오전 내로 통화를 하는 등 최대한 빠른 연결이 관건이라고 강조했다. 임 팀장은 "어차피 중복예약이면 수작업이 따르더라도 빨리 연결해 실구매자로 유치하는 게 중요하다"며 "프로그램 개발은 비용대비 효과가 검증되지 않아 아직은 준비 중"이라고 말했다. 더불어 "회사 인지도 및 신뢰도가 높을수록 취소율이 적은 경향이 있어 회사의 신뢰를 높이는 노력도 빼놓을 수 없다"고 밝혔다.

한편 고객들이 그만큼 시스템 이용에 익숙해졌다는 긍정적인 평가도 있다. 넥스투어 고기동 영업이사는 "온라인 영업 초기에는 50% 정도였던 취소율이 20~30%대로 낮아져 온라인 예약 기반이 다져진 것으로 보고 있다"며 "온라인 예약이 시각적 취소율은 높지만 온라인여행사이기 때문에 그렇다고 말하기는 어렵다"고 밝혔다.

고 이사는 "항공권뿐만 아니라 호텔, 랜터카, 상품 등 온라인 예약 절차가 여전히 오프라인 결제를 통해야 하는 한계가 있다"며 "쇼핑몰처럼 여행상품도 직접구매가 가능하도록 반복 구매를 통한 소비자 학습과 실시간 결재 시스템의 기술이 뒷받침돼야 할 것으로 보인다"고 강조했다.

여행신문 2005-12-21

10 요금의 종류

국제선 항공요금은 일반적으로 등급과 여행조건에 따라 분류된다. 등급에 따라 퍼스트 클래스, 비즈니스 클래스, 이코노미 클래스 3종류의 요금이 있다. 그리고 같은 등급이지만 항공사는 수요관리를 위해 가격과 조건을 달리하여 같은 등급이라 할지라도 다양한 등급으로 구분한다.

1) 정상요금(normal fare)과 회유요금(excursion fare)

정상요금은 IATA의 국제항공운임협정에 의해 규정된 요금 체계로서 정상요금은 편도기준으로 요금이 책정되는데 만약 정상요금의 왕복여행이라면 편도요금의 2배가 되는 것이다. 일반적으로 정상요금은 가장 값비싼 여행의 형태이나 정상요금을 부과하는 경우는 드물다. 정상요금의 왕복항공권 유효기간은 여행개시일로부터 1년이며 도중체류가 자유롭고 예약 및 여정변경, 항공사 변경에 제한이 없다. 이 경우 등급과 가격에 따라 퍼스트 클래스, 비즈니스 클래스, 이코노미 클래스 3종류로 구분된 단순한 요금체계를 갖는다. 여기에 승객의 타입에 따라 IN90, CH25 할인이 적용된다.

반면 회유요금은 왕복여행 항공요금으로 편도기준으로는 이용을 할 수 없다. 회유요금은 가격이 싼 요금이며 제한사항이 많다. 또한 동일비행기에 한하며 예약과 요금지불은 여행 전에 이루어져야 한다. 최소/최대 체재기간에 대한 제한이 있으며 환불이 되지 않으며 노선변경을 할 경우 페널티가 있다. 그리고 대기자 명단에 올리지 못하며 오픈티켓으로 발행되지 않는다는 조건이 붙는다.

2) 요금기초코드와 예약 클래스

모든 요금은 요금기초코드(FBC : fare basis code)에 의해 구분되는데 FBC는 하나의 문자이거나 문자들 또는 숫자들의 결합으로 이루어진다. 일반적으로 첫 번째 오는 문자는 부킹클래스코드이다.

R supersonic(국제선에 한함)

P 또는 F first class

A discounted first class

J 또는 C business class

D 또는 Z discounted business class

Y, S, W coach(economy) class

B, H, K, L, M, N, Q, T, V discounted coach class

기타, 다른 위치에 포함되어 있는 FBC는 아래와 같다.

W weekend

X weekday

P peak travel times

N night

H high season

L low season

EE excursion fare

-ZZ youth fare(만 12세 이상 25세 미만)

-PX APEX fare(사전구입요금)

-RT round-trip fare

NR nonrefundable

IP instant purchase, nonrefundable

예) YHWEE1M 이코노미/성수기/주말출발/익스커젼/유효기간 1개월

MHXPX15 이코노미/성수기/주중출발/APEX/유효기간 15일

YRT/SD25 이코노미/왕복/학생할인 25%/유효기간 1년

QSTR 이코노미/왕복/학생할인요금/유효기간 1년

11 항공권의 종류

일반적으로 발권은 티켓리스, 전자항공권, 종이항공권이라는 3가지의 유형으로 분류한다.

1) 티켓리스

티켓리스 서비스란 고객이 전화로 항공편 예약 시 신용카드번호로 항공운임 지불을 요청하면 따로 항공권을 구입하지 않아도 출발 당일 공항에서 곧바로 탑승권을 교부받을 수 있는 시스템으로 엄밀히 말하면 전화발권서비스라 할 수 있다. 이 제도는 예약과 발권이 동시에 이뤄지며 특히 항공권구입기한제도(TTL)의 제약을 받지 않아 예약이 취소되는 일이 없다. 또한 할인대상 승객(장애인 및 학생, 군인, 국가유공자 등)도 증빙서류 없이 전화예약이 가능하다. 단 공항에서 증빙이 되는 신분증을 반드시 제시해야 한다.

그리고 무엇보다 대고객 서비스 및 여행사/대리점과 항공사 간의 항공권 판매관리, 재고관리, 기존발권으로 인한, 매표 보고 등의 번거로움이 없다. 여행객의 경우 항공권 구입 시 소요되던 시간과 교통비가 감소되고 발권 후 항공권보관 및 분실우려가 없는 장점이 있다.

환불은 특별한 경우가 아니면 양항공사 모두 예약을 받은 해당 점소에서 실시하며 환불금은 전화발권 서비스 신청 시 사용한 신용카드구좌로 환불된다. 어떠한 전체 여정 취소 시에도 자동 환불 조치되며 일부 여정을 탑승한 후 환불요청도 이미 탑승한 구간의 통상운임을 공제한 금액이 환불된다. 단 소정의 예약 취소료가 적용되는 경우는 환불금액에서 공제한다.

예약은 CRS나 전화로 이루어진다. 전화예약일 경우 고객의 크레디트 카드번호를 요구하며 요금은 항공사에서 부과하며 예약번호를 주게 된다. 경우에 따라 항공사는 여행사에게 예약카피본과 여정에 관해 팩스로 송부하는 경우가 있다. 여행사는 예약번호와 팩스카피본을 고객에게 주어야 한다.

CRS예약일 경우 고객의 크레딧 카드정보를 항공사에게 제공하여야 한다.

2) 전자항공권(e-ticket)

전자항공권이란 인터넷을 기반으로 한 티켓리스로서 공항 체크인 카운터에서 간단한 정보입력으로 보딩패스 발급과 수하물 탁송 등이 가능한 항공권을 말한다. 고객의 눈에는 티켓리스와 같은 것으로 보일지 모르지만 여행사의 CRS에서 좌석지정이 바로 만들어진다는 점과 티켓의 accounting coupon과 고객의 receipt coupon이 바로 여행사에서 발행된다는 점에서 상기의 티켓리스와 차이가 있다. accounting coupon발행 시 신용카드로 요금이 부과된다. 고객의 관점에서 보면 전자항공권의 장점은 티켓분실에 대하여 걱정할 필요가 없으며 여정/운임안내서를 고객의 e-mail을 통하여 수신받아 인쇄하기 때문에 종이항공권 수령 시 발생할 수도 있는 부대비용이(우편료/택배비/퀵비) 발생하지 않으며 항공사마다 전자티켓에 대하여 특별 할인 요금을 운영하므로 일반항공권에 비하여 저렴하며 발행 수수료가 없다는 점이다.

전자티켓 사용시 주의해야 할 점

- 발권 후 e-mail로 송부하는 여정 · 운임영수증(ETR : e-ticket receipt)을 인쇄해 귀국 시까지 반드시 소지해야 한다. 이 영수증은 출입국 심사와 세관수속 시 필요하며 마일리지 입력 시 그리고 해외 공항 수속에서도 제시를 요구받을 수 있기 때문이다. 또한 여권의 영문이름과 여정 · 운임영수증의 영문이름이 같아야 하며 반드시 여권과 동시에 소지해야 사용할 수 있다.
- 한 사람이 대표로 여러 명을 예약하여 전자티켓으로 구매한 경우라 하더라도 여정 · 운임영수증은 전원 개별 소지하여 한다.

e-티켓 영수증

복사된 사본

1인 여행자

이름: Kim, Hyeohnms (3)	주소: 기록에 주소 없음	배송 주소: 기록에 주소 없음

e-Ticket Receipt - 13122490168 (1) - JL 8834 - 9 Nov 2006 - GMP

Today's Date: 8 Nov 2006

여행사 정보 (2)
WHY PAY MORE
Rm901 Kwangil Bldg 11 Mookyo-Dong
Seoul 100-170
KOREA
여행사 전화: 318-6585 KWONMIJA
Agency IATA Number: 173128

Passenger Name:
KIM, HYEOHNMS
e-Ticket Number : (1)
1312249016852

(4) Reservation Number: MP20
(6) Ticket Issue Date: 7 Nov 2006
(5) Billing Address: No Address On Record

Flight Information (7)

9 Nov 2006
Japan Airlines International (JL) 8834 (Q) (8)

Depart:	Gimpo Intl Arpt (GMP) Seoul	19:40 (9)	
		(11) Departure Terminal:	2
		(13) Baggage:	20 Kilos
		(14) Fare Basis:	BPX14
		(22) Not Valid Before:	9 Nov
		(23) Not Valid After:	9 Nov
Arrive:	Haneda Arpt (HND) Tokyo	(10)	
		(12) Arrival Terminal:	I

(15) Status: Confirmed

Fare Information (16)

Fare Calculation:

SEL JL TYO M293.50BPX14 JL SEL M293.50BPX14 NUC587.00END ROE957.39

(20) Form of Payment: Miscellaneous MSNS-CASH-RTM

Fare:	KRW	562000	(17)
Taxes/Fees/Charges:	KRW	27000 BP	(18)
	KRW	16500 SW	
	KRW	27200 YQ	
Total:	KRW	632700	(19)

Endorsement Information: (21)
VALID JL ONLYNON RERUT
NO RSVN CHNG

e-티켓을 소지한 여행객을 위한 중요 정보 - 반드시 읽어 보십시오.
미국 이외 지역의 승객의 경우, 이 e-티켓 영수증은 미국의 항공사가 정한 모든 기준 또는 공항 보안 검색 증거 기준에 부합하지 않을 수 있습니다. 출발하기 전에 여행사에 연락하여 올바른 문서를 갖추었는지 확인하십시오.

항공사가 제공하는 항공운송 및 기타 서비스는 여기에 참고로 추가된 항공운송 조건에 따라 다릅니다. 이러한 조건은 발권 항공사에서 얻을 수 있습니다.

	항목	내용
1	e-Ticket Receipt	전자티켓 발행번호, 공항 또는 항공사에서 예약확인 시 사용
2	여행사 정보/여행사 전화	발권한 여행사의 정보 및 연락처
3	이름	탑승자의 영문 이름(반드시 여권과 동일해야 함) 성을 먼저 표기하고 이름을 뒤에 기재하며 성과 이름 사이는 "/"로 구분되는 것이 일반적이다.
4	Reservation Number	예약번호, 여행사에서 예약확인 시 사용된다.
5	Billing Address	요금 청구지 주소
6	Ticket Issue Date	항공권을 발행한 날짜

	항목	내용
7	Flight Information	항공일정에 관한 정보
8	날짜, 항공사, 편명, 좌석등급	해당하는 날짜, 항공사, 편경, 좌석등급의 표시
9	Depart	출발하는 도시, 공항명과 출발시간
10	Arrive	도착하는 도시, 공항명과 도착시간
11	Departure Terminal	출발하는 터미널 번호
12	Arrival Terminal	도착하는 터미널 번호
13	Baggage	수화물의 무게 제한
14	Fare basis	구매한 항공권의 종류와 요금규정에 관련 정보코드
15	status	좌석의 상태, confirmed는 확정을 말한다.
16	Fare Information	요금정보
17	Fare	항공료
18	Taxes/Fees/Charges	유가할증료 및 공항세 기타 제반비용
19	Total	합계
20	Form of Payment	지불 형태, 현금이나 여행자 수표일 경우 CASH, 신용카드로 지불했을 경우 CC 할인 항공권 이용에 따른 다양한 제한사항.
21	Endorsement Information	NON-ENDS는 타인 양도 불가를, NON-RSVN은 예약변경 불가를 각각 뜻한다.
22	Not Valid Before	여행 시작이 가능한 날짜
23	Not Valid After	여행 종료기간을 표시. 이 란에 적힌 날짜가 곧 항공권의 유효기간

12 항공예약기록

1) PNR

Passenger Name Record란 승객의 항공, 호텔, 렌트카 및 부대서비스 예약 정보가 항공예약 프로그램을 이용하여 저장한 예약기록이다.

2) PNR의 구성 요소

PNR은 성명, 여정, 전화번호 등 여러 부분들로 이루어져 있다. 이러한 각 부분을 Element라고 부르는데, 각각의 Elements별로 정해진 형식에 따라 작성해야 한다.

Topas SellConnect에서 PNR의 필수항목은 전화번호, 여정, 승객이름, 발권 예정일이다. 예약의뢰자, 항공사 정보 등은 선택항목으로 추가적으로 입력할 수 있다.

항목	Elements	용도
필수 항목	Name	승객 이름(여권과 기재된 철자와 반드시 동일해야 함)
	Itinerary	항공 여정 및 부대여정
	Phone	승객 전화번호
	Ticket arrangement	항공권 발권 예정일 입력(필수 항목이나 자동으로 입력되도록 프로그래밍되어 있어 추가로 입력할 필요는 없음)
선택 항목	Received from	예약 작성자, 예약내용 변경 의뢰자
	OS	승객에 관련된 일반적인 정보를 항공사에 전달
	SR	승객의 여정관련 서비스 요구사항(식사, 아기바구니 등)

3) 나이에 따른 승객 구분 및 PNR 작성에 필요한 Title

	성인(ADULT)	소아(CHILD)	유아(INFANT)
탑승일 기준	만 12세 이상	만 2세 이상~ 만 12세 미만	생후 14일 이상~ 만 2세 미만 (좌석 비점유)
성별에 따른 Title	MS(여), MR(남)	MISS(여아), MSTR(남아)	MISS(여아), MSTR(남아)
직업에 따른 Title	PROF(Professor), CAPT(Captain : 기장 또는 선장), DR(Doctor : 반드시 의사), REV(Reverend : 성직자)		

4) PNR 판독

(ㄱ) Office ID(Responsible Office)

(ㄴ) Agent Sign / Duty Code

(ㄷ) PNR 작성 또는 최종 업데이트 날짜와 시각

(ㄹ) Recode Locator(예약번호)

1-2 승객이름

3-4 여정

5 여행사 전화번호

6-7 1번 승객 휴대폰 번호, 이메일주소

8 여행사 발권시한

9-10 보호자 승객인 1번 승객에게 연결하여 항공사에 유아 생년월일 전송

11 2번 소아 승객 생년월일 항공사에 전송

12-13 소아 식사 피자 신청

14-15 유아식사 신청

16-17 유아 바구니 신청

18-19 항공사 발권시한

```
 --- RLR ---
㉠RP/SELK13900/SELK13900          ㉡AA/SU㉢28OCT16/1042Z ㉣35DMVU
㉣1123-1244
   1.WON/BINMR(INF/JIHOO/09FEB15)
   2.LEE/NAYOUNGMISS(CHD/16DEC14)
   3  KE 601 K 01MAR 3 ICNHKG HK2  1345 1650  01MAR  E  KE/35DMVU
   4  KE 602 K 05MAR 7 HKGICN HK2  1800 2230  05MAR  E  KE/35DMVU
   5 AP SEL - TOPAS TRAINING - A
   6 AP M011-123-1234/P1
   7 AP E TAHOE00@NAVER.COM/P1
   8 TK OK28OCT/SELK13900
   9 SSR INFT KE HK1 WON/JIHOO 09FEB15/S3/P1
  10 SSR INFT KE HK1 WON/JIHOO 09FEB15/S4/P1
  11 SSR CHLD KE HK1 16DEC14/P2
  12 SSR CHML KE HN1 PIZZA/S3/P2
  13 SSR CHML KE HN1 PIZZA/S4/P2
  14 SSR BBML KE HK1/S3/P1
  15 SSR BBML KE HK1/S4/P1
  16 SSR BSCT KE HN1/S3/P1
  17 SSR BSCT KE HN1/S4/P1
  18 OPW SELK13900-10NOV:1900/1C7/KE REQUIRES TICKET ON OR BEFORE
         11NOV:1900/S3-4
  19 OPC SELK13900-11NOV:1900/1C8/KE CANCELLATION DUE TO NO
```

DOCS(APIS KEYWORD)

APIS란 사전 입국 심사를 뜻하는 것으로 승객의 PASSPORT DATA를 PNR에 입력하면 해당 항공사에서 관계당국에 자료를 사전 통보하여 해당 국가 도착 시 신속하게 입국 심사를 받을 수 있도록 하는 제도이다.

EBS APIS(Enhanced Border Advance Passenger Information System)

강화된 APIS 규정으로 도착 도시가 미국인 경우 APIS 정보뿐만 미국 첫 번째 도착지 주소 정보를 입력하여야 한다. 만약 탑승자가 미국 시민권자인 경우 비자 정보도 추가적으로 입력이 필요하다.

5) 항공권 판독

편명 Flight **KE0012** (예약번호:**2PI36H**) Operated by **KE(KOREAN AIR)**

출발 Departure	**로스엔젤레스(LAX/Los angeles)**	**07FEB17(화)**	**23:30 Local Time**	Terminal No. : B Tom Bradley Int'l
도착 Arrival	서울(ICN/Incheon intl)	09FEB17(목)	06:00 Local Time	Terminal No. : -

예상비행시간	Flight Time	13H 30M	SKYPASS 마일리지	SKYPASS Miles	5973
예약등급	Class	M (일반석)	항공권 유효기간	Not Valid Before	-
좌석 타입	Seat Type	-		Not Valid After	26JAN18
예약상태	Status	OK (확약)	수하물	Baggage	2PC
운임	Fare Basis	MKXEKA	좌석번호	Seat No.	38A
기종	Aircraft Type	AIRBUS INDUSTRIE A380-800			

* 할인 또는 무임 항공권의 경우 예약 등급에 따라 마일리지 적립률이 상이하거나 마일리지가 제공되지 않습니다.
* 항공기 기종은 사전고지 없이 항공사 사정으로 변경될 수 있으니 탑승수속 시 재확인해 주시기 바랍니다.
* 모든 정보는 항공사나 공항 사정에 의해서 변경될 수 있습니다.
* **수하물 정책 - 미국을 여행하시는 승객은 아래 사이트를 방문해 주시기 바랍니다:**
KOREAN AIR

법적고지문 제외 인쇄 | 법적고지문 포함 인쇄

sejoong

e-Ticket Itinerary & Receipt
Provided by **TOPAS**

조일상 (Tel 02-2145-3487)
oh132@sejoong.com

1309 / 24JAN17

승객성명	Passenger Name	**LEE/EUNHEE MS** KE11452734****
예약번호	Booking Reference	8581-3371
항공권번호	Ticket Number	**1801256563534**

여정 Itinerary

편명 Flight **KE0017** (예약번호:**2PI36H**) Operated by **KE(KOREAN AIR)**

출발 Departure	**서울(ICN/Incheon intl)**	**26JAN17(목)**	**15:00 Local Time**	Terminal No. : -
도착 Arrival	로스엔젤레스(LAX/Los angeles)	26JAN17(목)	09:00 Local Time	Terminal No. : B Tom Bradley Int'l

예상비행시간	Flight Time	11H 00M	SKYPASS 마일리지	SKYPASS Miles	5973
예약등급	Class	M (일반석)	항공권 유효기간	Not Valid Before	-
좌석 타입	Seat Type	-		Not Valid After	26JAN18
예약상태	Status	OK (확약)	수하물	Baggage	2PC
운임	Fare Basis	MKXEKA	좌석번호	Seat No.	36H
기종	Aircraft Type	AIRBUS INDUSTRIE A380-800			

편명 Flight **KE7955** (예약번호:**2PI36H**) Operated by **AM(AEROMEXICO)**
* **AEROMEXICO** 항공기로 운항하는 공동운항편입니다. **AEROMEXICO** 의 탑승수속 카운터를 이용하시기 바랍니다.

출발 Departure	**로스엔젤레스(LAX/Los angeles)**	**26JAN17(목)**	**11:28 Local Time**	Terminal No. : 2
도착 Arrival	멕시코 시티(MEX/Mexico city)	26JAN17(목)	17:05 Local Time	Terminal No. : 2

예상비행시간	Flight Time	03H 37M	SKYPASS 마일리지	SKYPASS Miles	1545
예약등급	Class	M (일반석)	항공권 유효기간	Not Valid Before	-
좌석 타입	Seat Type	-		Not Valid After	26JAN18
예약상태	Status	OK (확약)	수하물	Baggage	2PC
운임	Fare Basis	MKXEKA	좌석번호	Seat No.	24A
기종	Aircraft Type	BOEING 737-800 SCIMITAR WINGLETS			

* 공동운항(CODE SHARE)편 이용 시 실제 운항 항공사에 따라서 마일적립 가능 여부가 달라질 수 있습니다.

편명 Flight **KE7942** (예약번호:**2PI36H**) Operated by **AM(AEROMEXICO)**
* **AEROMEXICO** 항공기로 운항하는 공동운항편입니다. **AEROMEXICO** 의 탑승수속 카운터를 이용하시기 바랍니다.

출발 Departure	**멕시코 시티(MEX/Mexico city)**	**07FEB17(화)**	**18:20 Local Time**	Terminal No. : 2
도착 Arrival	로스엔젤레스(LAX/Los angeles)	07FEB17(화)	20:30 Local Time	Terminal No. : 2

예상비행시간	Flight Time	04H 10M	SKYPASS 마일리지	SKYPASS Miles	1545
예약등급	Class	M (일반석)	항공권 유효기간	Not Valid Before	-
좌석 타입	Seat Type	-		Not Valid After	26JAN18
예약상태	Status	OK (확약)	수하물	Baggage	2PC
운임	Fare Basis	MKXEKA	좌석번호	Seat No.	20A
기종	Aircraft Type	BOEING 737 ALL SERIES PASSENGER			

* 공동운항(CODE SHARE)편 이용 시 실제 운항 항공사에 따라서 마일적립 가능 여부가 달라질 수 있습니다.

항공권 운임정보 Ticket/Fare Information

연결항공권	Conj.Ticket No.	-
운임산출내역	Fare Calculation	SEL KE X/LAX KE MEX968.85KE X/LAX KE SEL968.85NUC1937.70END ROE1167.753000 XF LAX4.5
Tour Code	Tour Code	6SDQCSSMS
산출운임	Fare Amount	KRW 2262800 (Paid Amount KRW 2262800)
지불화폐	Equiv. Fare Paid	
세금/항공사 부과 금액	Taxes/Carrier-imposed Fees	Paid Amount KRW 166500
* 세금	Taxes	KRW 28000BP 13000YC 9400XA 16600XY 13200AY 52300XD 28700UK 5300XF * 한국 출발 세금(BP)에는 국제여객공항이용료(인천/김포 공항 17,000 원, 기타 12,000원), 출국납부금 10,000원, 국제질병퇴치기금 1,000원이 포함되어 있습니다.
* 유류할증료	Fuel Surcharge	KRW
부가수수료	Service Fees	0
총산출금액	Total Amount	KRW 2429300 (Total Paid Amount KRW 2429300)
지불수단	Form of Payment	CCAX XXXXXXXXXXXX2565 / 1217/00
발행일 발행처	e-Ticket Issue Date/Place	24JAN2017 / 17300054 / SELKP3420

* 지불금액은 (Total Paid Amount)에 표기된 금액을 확인하시기 바랍니다.

항공권 제한사항 Ticket Restriction

항공권 유효기간 > 2018년 01월 26일

타 항공사로 항공권 양도 > 본 항공권은 타 항공사로 양도하여 사용할 수 없습니다.

환불

환불위약금 (Penalty)은 구매 항공권의 운임 규정에 따라 부과 됩니다.

단, 한국 출발의 경우 환불위약금 (Penalty)은 전체 미사용 항공권의 경우 환불 접수 시점 별로 차등 부과되며, 부분 사용 항공권의 경우 항공권의 운임 규정에 따라 부과됩니다.
2017년 1월1일부 신규 발권된 항공권부터 적용

[환불 접수 시점 별 환불 위약금 금액]

예약 클래스	거리별	출발일 기준 환불 접수일					
		~91일 이전	90~61일 이전	60~15일 이전	14~4일 이전	3일 이내~	부분환불 /재발행
D,I 클래스	단거리	무료	3만원	10만원	12만원	15만원	10만원
	중거리			10만원	12만원	15만원	10만원
	장거리			30만원	36만원	45만원	30만원
M 클래스	단거리			5만원	6만원	8만원	5만원
	중거리			7만원	9만원	11만원	7만원
	장거리			15만원	18만원	23만원	15만원
S,H,E,K,L,U,Q,N,T 클래스	단거리			7만원	9만원	11만원	7만원
	중거리			10만원	12만원	15만원	10만원
	장거리			20만원	24만원	30만원	20만원

- 결합 항공권인 경우 높은 환불위약금이 적용됩니다.
- 재발행된 항공권은 부분 환불위약금과 동일하게 적용 됩니다.
- 장거리 : 미주, 유럽, 대양주, 중동, 아프리카행
  중거리 : 동남아, 서남아, 타슈켄트행
  단거리 : 일본, 중국, 홍콩, 타이페이, 몽골, 이르쿠츠크, 블라디보스톡행

재발행 > 재발행 수수료가 부과됩니다. (수수료 **KRW 100,000**)

예약부도 위약금 > 항공편 출발 이전까지 예약취소 없이 탑승하지 않거나 탑승수속 후 탑승하지 않는 경우 예약부도 위약금이 부과됩니다. (재발행수수료 또는 환불위약금은 별도 규정에 따라 적용됩니다.)

지역별 적용 금액
>[장거리 - 미주/유럽/중동/대양주/아프리카] : **KRW 120,000**
>[중거리 - 동남아/서남아] : **KRW 70,000**
>[단거리 - 한국/일본/중국/홍콩/대만/몽골/블라디보스토크/이르쿠츠크] : **KRW 50,000**

* 예약부도 위약금은 출발지국에 따라 다르게 적용 될 수 있습니다.

마일리지 > 대한항공편 탑승 시, 예약 등급별 마일리지 적립률
R 200%, P 165%, F 150%, J 135%, C/D/I 125%, Z 100%, Y/W/B/M/S/H/E/K/L/U 100%, G 80%, Q/N/T 70%, 적립불가 A/O/X 50% 이상 할인된 항공권 (A: 보너스 항공권 혹은 적립 불가 조건인 경우 적립 불가)

기타 제한사항 1.

예약 변경 동일한 조건 (운임, 유효기간, 예약등급) 내 날짜 변경 및 편명 변경

재발행 예약변경 이외의 항공사 변경, 구간 변경, 도중체류 변경, 유효기간 연장 등 기타 변경

종이항공권

조만간 (종이) 항공권은 수집가의 품목으로만 남게 될지 모르겠다.
"여보세요. 개나리 여행사인데요" "아! 네~"
"이번에 여행하시는 데 필요한 항공권 발행했습니다. 직접 오셔서 받으시겠습니까? 아니면 집으로 보내드릴까요?" "집으로 보내주시면 고맙겠습니다만.." "네. 알겠습니다. 내일 오후까지 항공권을 보내드리겠습니다."
여행사와 고객 간의 대화다. 그러나 이런 식의 업무도 조만간 사라지게 될 것 같다. 그 동안 전통적으로 발행해 오던 종이항공권의 발행 규모가 점차 줄어들고 있기 때문이다. 이전에도 언급한 바 있듯이 시대가 변하고 기술이 발전함에 따라 우리가 그 동안 전통적으로 생각하고 있던 많은 것들이 그 목적과 의미를 간직한 채 그 형태가 변하고 있다. 항공업무에도 많은 변화가 있는데 그 중에 대표적인 것이 항공 여행을 함에 있어 필요한 "항공권"이라고 할 수 있다. 전통적으로 사용해 오던 종이 형태의 항공권에서 점차 전자항공권 형태로 그 흐름이 바뀌고 있는 것이다.
전 세계 민간 항공사의 연합체라고 할 수 있는 IATA(International Air Transport Association, 국제항공운송협회)는 이러한 시대의 흐름과 변화를 포착해 항공권에 전자 기술을 적용하기 위해 부단히 노력해왔다. 항공사 개별적으로 도입을 검토하고 있던 전자 항공권을 2004년 6월부터 적극적으로 각 항공사에게 사용을 권장하고 그 기술적 지원을 하는 등 전자항공권 사용에 드라이브를 걸어오고 있는 것이다.
당시 전자항공권 사용비율이 16%에 불과했으나, 3년이 지난 현재에 이르러서는 발행되고 있는 항공권의 약 84%가 전자항공권으로 발행되고 있는 성과를 거두게 되었다.
IATA는 전 세계 각 항공사가 발행하고 있는 항공권이 항공사 간 상호 정산 가능하도록 조직(IATA ICH : IATA Clearing House)을 운영하고 있다. 즉, A 항공사에서 판매한 B 항공사 구간의 항공권을 승객이 사용 후에는 A 항공사가 그 금액을 B 항공사에게 정산하도록 하고 있는 것이다. 항공사가 수백 개가 되다 보니 항공사 간 일 대 일 정산이 불가능하게 되었고 IATA는 ICH라는 조직을 통해 일괄적으로 비용 정산 작업을 하고 있는 것이다.
지난 27일 제네바에 본부를 두고 있는 이 IATA에서 드디어 2008년 5월 31일까지 전 세계 항공사와 공인 여행대리점이 사용할 종이항공권에 대해 마지막 발주를 냈다고 발표했다. 그 이후부터는 더 이상 종이항공권은 정산작업에 포함되지 않으며 오직 전자항공권에 대해서만 이전과 같은 항공사 간 정산작업이 가능할 것이라고 덧붙혔다.
그동안 IATA는 매년 4억 장 규모의 항공권을 발주해 왔으며, 이번 마지막 1,600만 장의 종이항공권 발주는 아직 항공권 전자 발행 능력이 미흡한 항공사나 여행대리점을 위한 것이며 2008년 6월부터는 더 이상 종이항공권은 발주하지 않게 된다.

IATA의 총재 겸 CEO인 Giovanni Bisignani는 "항공권 효율적 사용을 목표로 추진해 온 전자항공권 프로젝트는 시작한 지 38개월이 지났으며 앞으로 278일 후에 종이 항공권은 수집가의 품목으로만 남을 것이다"라고 언급했다.
"그리고 이러한 전자항공권 사용은 여행객, 여행대리점, 항공사 및 그 관련 산업에 가시적 이익을 가져다 줄 것"이라고 예측했다. 소비자인 여행객은 종이항공권을 사용하지 않음으로써 분실의 위험으로부터 해방 등 편익과 융통성을, 그리고 여행대리점이나 항공사에게는 그들의 사업범위를 확장하고 고객에 대한 원거리 서비스를 가능케 하는 등의 이익이 있을 것이라는 얘기다.
전자항공권은 종이항공권과 비교하여 1장을 사용하는데 최소 미화 9달러를 절약할 수 있으며 산업전반에 걸쳐 약 30억 달러에 이를 것이라고 언급했다. 또한 종이항공권을 없앰으로써 매년 약 50,000 그루의 나무를 살릴 수 있다고 하는 등 결국 전자 항공권 사용은 소비자나 공급자, 그리고 환경 등 모두를 위한 것이라고 했다.

항공사가 알려주지 않는 항공권의 비밀

조건이 까다로울수록 항공 요금은 낮아진다!

항공운임은 크게 3가지 종류로 구분되는데 △체류나 예약 변경, 여정 변경 등에 아무런 제약이 없는 정상운임 △학생이나 유아 등 승객의 나이나 신분에 따라 할인이 적용되는 할인운임 △최소 의무 체류 기간 등 여행 기간에 대한 제한 또는 예약 변경 불가 등 여행 조건에 대한 제한을 두는 판촉운임이다. 대부분의 소비자가 구입하는 항공권은 판촉운임이 적용된 항공권으로 '최소 의무 체류 기간' 또는 '최대 허용 체류기간' 등 여행 기간에 대한 제한과 함께 '사전 발권 조건'. '예약 변경 불가' 또는 '변경 횟수 제한' 등의 여행 조건과 여행 시기에 따라 요금이 달라진다.
실제로 인천에서 출발하는 뉴욕행 항공 요금을 비교해 보면 비수기 평균 요금이 85만 3천 9백 30원인 반면 성수기 평균 요금은 1백65만4백50원으로 무려 2배 정도 차이가 난다.
또한 출발일이나 귀국일을 변경할 때도 조건에 따라 요금 차이가 발생했는데 조건이 까다로울수록 가격은 낮아지고 좋은 조건일수록 높아진다.
예를 들면 인천발 뉴욕 왕복항공권의 경우 가장 낮은 가격의 A사 항공권(72만 원)은 귀국일을 변경할 시 약 10만 원 정도의 수수료를 부과하고 있다.

반면 가장 비싼 G사의 항공권(2백만 5천9백 원)은 별도이 수수료 없이 귀국일 변경이 가능함은 물론 출발일이 지난 항공권도 일정한 수수료를 공제한 금액을 환불하고 있다. 직항 또는 중도 경유 여부에 따라서도 항공 요금에 차이가 있는데, 일부 국가에서는 경유 항공편에 대해서 별도 비자를 요구하는 경우가 있어 반드시 비자 등 필요 서류를 확인해야 한다.

<table>
<tr><th>항공료</th><th>공항세</th><th>관광개발
진흥기금</th><th>국제빈곤
퇴치기여금</th><th>유류
할증료</th><th>전쟁
보험료</th><th>현지
공항세</th><th>합계</th></tr>
<tr><td>171,000원
(북경)</td><td rowspan="3">17,000원
(인천)</td><td rowspan="3">10,000원</td><td rowspan="3">1,000원</td><td>단거리노선
164$</td><td rowspan="3">1만 원
내외</td><td rowspan="3">3만 원
내외</td><td>403,000원</td></tr>
<tr><td>720,000원
(뉴욕)</td><td>장거리노선
370$</td><td>1,158,000원</td></tr>
<tr><td>320,900원
(동경)</td><td>일본노선
84$</td><td>472,900원</td></tr>
</table>

항공 요금은 숨겨진 비밀이 많다!

소비자가 인터넷 등에서 보는 항공 요금에는 숨겨진 비밀이 많다. 즉, 보여준 요금이 전부가 아니라는 뜻이다. 항공 요금에는 각종 세금과 유류할증료가 추가 요금으로 숨겨져 있다.

숨겨진 요금 중 가장 많은 금액을 차지하는 것이 유류 할증료인데, 기존에 매월 변동되던 방식에서 2008년 7월부터는 2개월에 1번씩 변동되는 방식으로 개선됐다. 이렇게 숨겨진 요금을 모두 합산해보면 왕복 기준 단거리노선은 약 23만 원, 장거리노선은 약 43만 원, 일본노선은 약 15만 원의 숨겨진 요금을 갖고 있어 전체 항공 요금이 2배 이상 올라가는 경우도 발생한다.

실제로 모 항공사의 비수기에 출발하는 중국 북경행 왕복요금은 17만 1천 원이지만 각종 세금과 유류할증료 등 추가요금을 합하면 약 40만 원이 됐다.

뉴욕행 항공권도 72만 원이 비수기 왕복요금이지만 추가요금을 합하면 약 1백15만 원이 되며 일보노선도 비수기 왕복요금이 32만9백 원이지만 추가요금을 합하면 약 47만 원이 됐다.

손해 없이 취소? NO!

불가피하게 항공권을 예약한 후 취소하게 될 경우 부과되는 수수료는 크게 국제항공운송협회(IATA)에서 규정한 환불 수수료, 환불 Penalty, 발권을 대행한 여행사 등의 자체 위약금 등이 있다.

국제항공운송협회(IATA)에서 정한 한국지역 내 환불수수료는 1매당 3만 원인데 '유아항공권' · '마일리지보너스 항공권' · '기상정비 등의 사유로 항공편 운항불가' 등의 제한적인 경우를 제외하고는 대부분 부과된다.

'환불 Penalty'는 환불수수료와는 별도로 항공사에서 자체적으로 정하는 위약금으로 통상 가격이 싼 항공권의 경우 부과되는 금액도 높다.

아울러 예약 및 발권을 대행한 여행사도 통상 2만 원에서 5만 원 정도의 자체 위약금을 부과하는 경우가 많아 예약 취소 시에는 상당한 금전 손해를 볼 수 있다. 특히 여러 가지 제약 조건을 두고 항공 요금을 할인하는 항공권의 경우 환급에 있어서도 다른 항공권과 달리 환급 자체가 안되는 경우도 있어 주의해야 한다.

일부 항공사의 경우 왕복항공권을 구매하고 편도만 이용한 경우에 잔여 구간에 대해 환급이 되지 않는 규정을 구입할 때는 여행 일정에 변경이 생기지 않도록 주의해야 한다.

같은 일반석에도 등급이 있다!

항공권에는 두 가지 등급이 있다. 첫 번째는 소비자들도 많이 알고 있는 운송등급(Cabin Class)인데 일등석 · 비즈니스석 · 이코노미석으로 분류된다.

두 번째 등급은 예약 등급(Booking Class)인데, 같은 이코노미석이라도 파냄 조건에 따라 다시 등급이 달라진다.

예를 들어 단체여행에 많이 사용되는 패키지 좌석은 'G', 마일리지 승객은 'U', 경유 항공을 이용하는 경우는 'B', 출발이나 귀국일 변경이 불가능한 경우는 'X' 등으로 등급을 나누는 방법이다.

예약 등급은 A~Z까지 항공사별 자체 기준에 따라 분류하고 다시 각 알파벳에 숫자를 붙여 A1, A2 등으로 분류하기도 한다.

같은 운송 등급이라도 좋은 조건의 예약 등급은 그만큼 좌석을 많이 확보하고 있고 여행객들이 선호하는 자리가 많아 비교적 예약도 쉽게 되고 좋은 좌석을 확보할 수 있다는 장점이 있지만 다른 예약 등급에 비해서 항공권 가격이 비싸다는 단점이 있다.

(한국소비자보호원, 월간소비자시대, 2008년 11월)

할인항공권 요주의!

-발권 후 취소수수료 25%는 과다해-

지난 7월 한국소비자원은 여름 휴가처를 맞이해 항공서비스와 관련한 피해가 늘어나자 주요 피해 유형과 다양한 사례를 제시하며 피해를 입지 않도록 상담속보를 냈다.

주요 피해 유형은 항공편 운항 지연 및 취소(27.3%), 항공권 변경 · 취소 시 수수료 발생문제(15.4%), 취소한 항공권의 대금 환급 지연(13.2%), 위탁수하물(8.5%) 관련 등이다. 이 가운데 할인항공권 취소수수료 과다 조항에 대한 공정거래위원회의 시정 조치 내용을 집중적으로 알아보기로 한다.

■ 부당약관 알아보기

취소수수료, 판매가의 25% 징수

사전 구매 할인항공권(Advance Purchase, AP항공권)은 비수기에 고객이 체류 기간 45일 이내인 왕복 항공권을 출발일 7일 · 14일 · 30일 · 45일 이전에 구입할 경우 일반항공권에 비해 최소 15%~최대 34% 할인되는 항공권이다.

이 할인항공권은 대한항공이나 아시아나항공 홈페이지, 기타 여행사 등을 통해서 구매가 가능하다. 가격이 저렴한 대신 여러 조건이 붙고 취소수수료 또는 페널티의 기준도 상이하다.

예를 들어 '예약 72시간 이내 발권, 14일 전 구매조건, 취소수수료는 출발 전의 경우 판매가의 25%'라는 문구가 있다. 이는 예약 72시간 이내 발권해야 한다는 의미이고, 14일 전이란 비행기 출발일을 기준으로 정한 발권 마감 시한(또는 발권 완료일)이다. 취소수수료는 발권 후 비행기 출발 전에 취소할 경우 판매가의 25%라는 의미이다.

예약은 아직 대금을 지불하고 항공권을 수령하지 않은 단순한 예약 상태를 말하고, 발권이란 항공사 또는 여행사에 대금을 지불하고 항공권을 본인이 수령한 상태 즉 티켓팅한, 구매한 상태를 말한다.

'예약발권, 14일 전 (사전) 구매 조건' 이라는 문구도 있는데 예약 발권이란 예약과 동시에 발권하는 것을 말한다. 예약만 한 상태에서는 발권이 이루어지지 않으므로 취소수수료나 환불위약금은 없다. 그동안 국내의 유명 항공사들은 미주 노선 사전 구매 할인항공권과 관련하여 고객이 항공권을 발권(구매)한 후 비행기 출발일 전까지 취소하면 취소수수료(또는 환불위약금)로 판매가의 25%를 징수했다.

항공사들의 주장은 AP항공권의 경우 사전에 고정 고객을 확보할 목적으로 일반항공권에 비해 더 저렴한 가격으로 판매하기 때문에 고객이 출발 일에 임박해 환불하게 되면 항공권 판매 기회가 상실되는 등 일반항공권보다 더 큰 기회 손실을 입게 돼 취소수수료 25%가 과중하지 않다는 주장을 했다.

이에 대해 공정거래위원회는 AP항공권은 고객에게 저가로 항공권을 공급함으로써 소비자 후생의 증대 효과가 있는 반면, 항공사는 사전에 고정 고객을 확보할 수 있는 이점이 있고 항공사가 엄격한 판매 조건을 부가하지 않으면 고객은 더 저렴한 할인항공권이 나올 경우 다른 항공사로 이탈할 수 있다고 보았다.

한편 발권 이후 비행기 출발일까지 고객의 계약 취소 시점을 불문하고 판매가의 25%를 일률적으로 위약금으로 징수하는 것은 약관법에 위반된다고 판단했다.

이는 손해배상예정액(약관법에서는 취소수수료나 환불위약금을 손해배상예정액으로 봄)의 경우 실손해의 크기, 계약 이행을 담보할 수 있는 적정 수준 등을 감안하여 합리적으로 결정되어야 하는데, AP항공권 발권 후 발권 마감 시한(발권완료일, Deadline) 이전의 손해배상예정액을 통상적인 손해배상예정액(10%)보다 초과해 징수하는 것은 부당하다고 보았기 때문이다.

이에 대해 항공사들은 발권 이후 발권 마감 시한까지는 판매가의 10%, 발권마감 시한 이후 출발일까지는 판매가의 25%로 약관을 시정했다.

■ 항공서비스 이용 시 체크포인트

고가의 위탁 수하물은 종가요금 제도 활용

한국소비자원에 2006년부터 2008년 6월까지 접수된 소비자상담 및 피해사례를 살펴보면 위탁 수하물의 파손, 분실 등의 피해사례가 많은 것으로 나타났다.

국내 항공사들은 몬트리올 협약이 적용되는 운송의 경우 위탁 수하물에 대해 1인당 1,000SDR을 한도로 하고 있고, 이외 운송의 경우는 kg당 250프랑스(미화 약 20불)로 하고 있다.

다만, 고객이 사전에 이러한 책임 한도보다 높은 가격을 신고해 종가요금을 지불한 경우에는 신고 가격이 책임 한도가 된다. 따라서 고가품인 경우에는 항공사에 신고해 분실시 피해를 방지하는 것이 바람직하다.

몬트리올 협약은 1999년 5월 28일 몬트리올에서 개정된 '국제항공운송에 있어서의 일부 규칙 통일에 관한 협약'으로 우리나라는 작년 12월에 가입했다. 종가요금 제도는 고객이 추가 요금(예 : 신고 금액 100불당 0.5달러)을 지불하면 손해배상 시 신고한 금액까지 보상하는 제도를 말한다.

할인항공권 구매 시 여행 일정 고려

할인항공권은 일반 항공권보다 가격이 싼 대신 여러 가지 조건이 붙는다. 일부는 출발일을 변경할 수 있는 것도 있으나 대부분 출발일을 변경하지 못한다. 항공권을 발권받은 후에는 출발일이 변경되면 취소해야 하므로 유의해야 한다.

(한국소비자보호원, 월간소비자시대, 2008년 9월)

제 12 장

수속 업무

여행자를 5등급으로 나눌 수 있다. 5등급 여행자는 남에게 관찰 당하는 사람이다. 그는 여행의 대상이며 장님이나 마찬가지다. 4등급 여행자는 자기가 세상을 관찰하는 사람이다. 3등급 여행자는 관찰한 결과의 어떤 것을 체험하는 사람이다. 2등급 여행자는 경험을 가려 뽑아 몸에 지니는 사람이다. 1등급의 여행자는 최고의 능력을 갖춘 사람이다. 그는 관찰한 것을 모두 몸에 지니고 체험한 뒤, 집에 돌아와 그것을 다시 여러 가지 행위나 일 속에서 발휘해 나가는 사람이다. 니체

완벽한 지도가 있어야 길을 떠날 수 있는 것은 아니다. 새로 시작하는 길, 이 길도 나는 거친 약도와 나침반만 가지고 떠난다. 길을 모르면 물으면 될 것이고 길을 잃으면 헤매면 그만이다. 이 세상에 완벽한 지도란 없다. 있다 하더라도 남의 것이다. 나는 거친 약도 위에 스스로 얻은 세부사항으로 내 지도를 만들어갈 작정이다. 중요한 것은 나의 목적지가 어디인지 늘 잊지 않는 마음이다. 한시도 눈을 떼지 않는 것이다. 그리고 그곳을 향해 오늘도 한 걸음씩 걸어가려 한다. 끝까지 가려한다. 그래야 이 길로 이어진 다음 길이 보일 테니까. 한비야 : 중국견문록 중에서

제12장

수속 업무

1 여권 업무

여권이란 오늘날 국제여행용의 신분증명서를 지칭하는 말로 쓰이고 있으며, 이는 영어의 passport를 지칭한다. passport의 어원은 중세 프랑스의 파스포르(passeport)에서 기원하고 있으며, 그것은 "passer"(출입한다)와 "port"(항구)의 합성어로서 원래는 선박의 출항 또는 입항의 허가증을 가르키는 말이었다. 처음의 패스포트는 1매 양식(표창장형)의 것을 사용하였으나 현재와 같이 사진을 첨부한 책자형의 것이 각국에서 채용되게 된 것은 1920년대에 들어와서부터이다.

일반적으로 여권이란 정부(우리나라의 경우, 외교부장관)가 상대국에 자국 여행자의 보호와 편의를 요청하고, 신분을 증명하여 주는 서류로서 국제여행용의 공식적인 신분증명서(identification card)로 볼 수 있다(nationality, identity, facilitation, protection and return ticket을 보증하는 기능을 가짐).

이외에도 여권의 형태를 띠고 있는 것은 자국에 장기간 거주하고 있는 외국인이나 무국적자에게 발급되는 외국인 패스포트(alien passport), 국제연합직원 등에 발급되는 국제연합통행증(United Nations laissez-passer)과 같은 여러 종류의 것이 있다.

1) 여권의 종류

여권의 종류는 일반적으로 일반여권, 관용여권, 외교관여권, 긴급여권으로 구분되나 이외에도 여권에 준하는 여행증명서가 있다.

구분		발급대상자	발급기관	유효기간
일반여권	단수	• 여권발급 신청인이 요청하는 경우 • 여권발급거부 또는 제한대상자로서 긴급한 인도적 사유가 있을 시(여행목적에만 사용) • 만 25세 이상의 병역을 마치지 아니한 사람 • 유학생의 학사일정에 따른 출국 등 부득이한 사유로 국외여행을 하여야 할 필요가 있다고 인정되는 사람(단, 문화체육관광부장관의 추천을 받은 우수문화예술인과 국가대표 체육선수에게는 유효기간 1년의 복수여권을 발급할 수 있음) • 긴급여권을 발급하는 경우	외교통상부, 각시도여권계	1년 이하
	복수	단수여권발급대상자가 아닌 경우 (단, 18세 미만인 사람: 5년/18세 이상 37세 미만으로 병역준비역, 승선근무예비역, 보충역 또는 대체역에 해당하는 사람: 5년)	외교통상부	10년
	거주	• 우리나라를 떠나 외국에서 거주(이민)하고자 하는 자 • 국입양허가를 받은 자 • 해외장기체류자 • 외국인과 혼인한 자 또는 그의 동거자녀 등	외교통상부	10년
관용여권		• 공무로 국외에 여행하는 사람과 해당 기관이 추천하는 그 배우자, 27세 미만의 미혼인 자녀(27세 이상의 미혼인 동반자녀로서 정신적 · 육체적 장애가 있거나 생활능력이 없는 경우 포함) 및 생활능력이 없는 부모 – 공무원 – 한국은행, 한국수출입은행, 그 밖에 공공기관으로서 외무부장관이 정하는 기관의 임원 · 집행간부 또는 직원 • 한국은행, 한국수출입은행, 그 밖에 공공기관으로서 외무부장관이 정하는 기관의 국외 주재원과 그 배우자 및 27세 미만의 미혼인 자녀 • 정부에서 파견하는 의료요원, 태권도사범, 재외동포 교육을 위한 교사와 그 배우자 및 27세 미만의 미혼인 자녀 • 재외공관에 두는 업무보조원과 그 배우자 및 27세 미만의 미혼인 자녀 • 외교통상부 소속 공무원(기능직공무원 제외), 재외공관에 근무하는 다른 국가공무원이 가사 보조를 받기 위하여 동반하는 사람 • 그 밖에 원활한 공무수행을 위하여 특별히 관용여권을 소지할 필요가 있다고 외무부장관이 인정하는 사람	외교통상부	5년

구분	발급대상자	발급기관	유효기간
외교관여권	• 대통령(전직 대통령 포함), 국무총리와 전직 국무총리, 외무부장관과 전직 외무부장관, 특명전권대사, 국제올림픽위원회 위원, 외교통상부 소속 공무원, 재외공관에 근무하는 다른 국가공무원 – 대통령, 국무총리 배우자와 27세 미만의 미혼인 자녀 – 외무부장관, 특명전권대사, 국제올림픽위원회 위원, 공무로 국외여행을 하는 외교통상부 소속 공무원, 재외공관에 근무하는 다른 국가공무원의 배우자, 27세 미만의 미혼인 자녀 및 생활능력이 없는 부모 – 전직 국무총리와 전직 외무부장관이 동반하는 배우자. 다만, 외무부장관이 인정하는 경우에만 해당 – 대통령, 국무총리, 외무부장관, 특명전권대사와 국제올림픽위원회 위원을 수행하는 사람으로서 외무부장관이 특히 필요하다고 인정하는 사람 • 국회의장과 전직 국회의장 – 국회의장의 배우자와 27세 미만의 미혼인 자녀 – 전직 국회의장이 동반하는 배우자. 다만, 외무부장관이 인정하는 경우에만 해당 – 국회의장을 수행하는 사람으로서 외무부장관이 특히 필요하다고 인정하는 사람 • 대법원장, 헌법재판소장, 전직 대법원장, 전직 헌법재판소장 – 대법원장과 헌법재판소장의 배우자와 27세 미만의 미혼인 자녀 – 전직 대법원장과 전직 헌법재판소장이 동반하는 배우자. 다만, 외무부장관이 인정하는 경우에만 해당 – 대법원장과 헌법재판소장을 수행하는 사람으로서 외무부장관이 특히 필요하다고 인정하는 사람 • 특별사절 및 정부대표와 이들이 단장이 되는 대표단의 단원 • 그 밖에 원활한 외교업무 수행이나 신변 보호를 위하여 외교관여권을 소지할 필요가 특별히 있다고 외무부장관이 인정하는 사람	외교통상부	5년
긴급여권	여권을 발급받거나 재발급받을 시간적 여유가 없는 경우로서 여권의 긴급한 발급이 필요하다고 인정되어 발급하는 여권	외교부	1년

참고적으로 여행증명서는 여권에 준하는 증명서로 출국하는 무국적자, 해외입양자, 「남북교류협력에 관한 법률」 제10조에 따라 여행증명서를 소지하여야 하는 사람으로서 여행증명서를 발급할 필요가 있다고 외교부장관이 인정하는 사람, 국외에 체류하거나 거주하고 있는 사람으로서 여권의 발급 · 재발급이 거부 또는 제한되었거나 외국에서 강제 퇴거된 경우에 귀국을 위하여 여행증명서의 발급이 필요한 사람, 「출입국관리법」 제46조에 따라 대한민국 밖으로 강제퇴거되는 외국인으로서 그가 국적을 가지는 국가의 여권 또는 여권을 갈음하는 증명서를 발급받을 수 없는 사람, 긴급하게 여행증명서를 발급할 필요가 있다고 외교부장관이 인정하는 사람으로서 그 유효기간은 1년이다.

2) 여권의 내용

우리나라 여권의 규격은 가로 8.8㎝×세로 12.5㎝로 표지의 상단에는 한글로 하단에는 영문으로 되어 있으며 각각 대한민국 국호와 여권종류가 표기되며 표지의 중앙에는 나라문장이 표기되어 있다. 개인정보가 전자적으로 수록된 여권의 경우에는 국제민간항공기구에서 정하는 기준에 따라 정보가 전자적으로 수록된 여권임을 상징하는 표식을 표지의 하단에 추가한다.

여권의 내용은 여권의 종류, 발행국, 국적, 인적사항(성명, 성별, 생년월일, 신장), 여권번호, 발행관청, 여권의 발급일과 유효기간, 병기된 동반자녀란, 여권기간 연장 · 개정 및 제한란, 사증란 등으로 구성되어 있다.

일반여권은 남색(단수여권은 14면, 복수여권은 26면 또는 56면), 관용여권은 진회색(26면 또는 56면), 외교관여권은 적색(26면 또는 56면), 긴급여권은 청색(12면), 여행증명서는 검정색(12면)으로 구성되어 있다.

3) 여권발급

(1) 신원조회

여권발급은 여권과 자체업무 이외에도 병무업무, 주민등록업무, 경찰업무(신원조회) 등이 상호 관련되어 있다.

우리 국민이 해당 여권발급기관에 여권발급을 신청하면 전산 확인을 통해 신원조회를 거친 후 빠르면 당일에도 발급받을 수 있으며, 통상 2~3일에 여권을 발급받을 수 있다. 단, 신원조사가 「미회보」로 분류된 경우 다소 시일이 소요될 수 있으나, 특별한 사정이 없는 한 30일 이내에 신원조회가 처리되도록 규정되어 되도록 빠른 시일 내 여권을 발급받을 수 있도록 편의를 도모하고 있다. 여권발급절차를 아래와 같다.

신청서 작성 → 신청서접수(민원실) → 신원조회확인 → 경찰청(민원실) → 조회회보 → 여권 서류 심사 → 여권 교부 → 여권제작

(2) 여권발급 및 서류

일반여권을 발급받으려는 사람은 다음의 서류를 외교부장관에게 제출하여야 한다. 다만, 외교부장관은 여권을 발급받으려는 사람이 국외에 체류 중인 때에는 외교부령으로 정하는 바에 따라 일부 서류의 제출을 면제할 수 있다.

❶ 여권 발급신청서

❷ 여권용 사진(여권발급 신청일 전 6개월 이내에 모자 등을 쓰지 않고 촬영한 천연색 상반신 정면 사진으로 머리(턱부터 정수리까지)의 길이가 3.2센티미터 이상 3.6센티미터 이하인 가로 3.5센티미터, 세로 4.5센티미터의 사진을 말함) 1장

❸ 그 밖에 병역관계 서류 등 외교부령으로 정하는 서류

(3) 여권재발급 및 서류

여권을 발급받은 사람은 다음 각 호의 어느 하나에 해당하면 외교부장관에게 여권의 재발급을 신청할 수 있다.

❶ 유효기간이 만료되었거나, 만료되기 이전에 새로운 여권발급을 희망하는 경우,

❷ 여권 수록정보의 정정, 변경 (한글성명 변경, 주민등록번호 변경, 로마자성명 변경, 여권사진 변경)

❸ 여권 분실 및 훼손

❹ 행정기관 착오

여권에 영문으로 표기한 성명(이하 "영문성명"이라 한다)을 정정하거나 변경하려는 사람은 다음 각 호의 사유 중 어느 하나에 해당하는 경우에 여권 재발급을 신청할 수 있다.

❶ 여권의 영문성명이 한글성명의 발음과 명백하게 일치하지 않는 경우

❷ 국외에서 여권의 영문성명과 다른 영문성명을 취업이나 유학 등을 이유로 장기간 사용하여 그 영문성명을 계속 사용하려고 할 경우

❸ 6개월 이상의 장기체류나 해외이주 시 여권에 영문으로 표기한 성(이하 "영문 성"이라 한다)을 다른 가족구성원의 여권에 쓰인 영문 성과 일치시킬 필요가 있는 경우

❹ 여권의 영문 성에 배우자의 영문 성을 추가 · 변경 또는 삭제하려고 할 경우

❺ 여권의 영문성명이 명백하게 부정적인 의미를 갖는 경우

(4) 여권기재사항 변경

여권기재사항 변경은 사증란의 추가, 동반 자녀의 분리, 구(舊) 여권번호의 기재나 거주여권의 명의인에 대한 국내 체류기간의 연장 등을 위하여 여권의 기재사항 변경을 신청하려는 사람은 다음 각 호의 서류를 외교부장관에게 제출하여야 한다. 기재사항의 변경 중 사증란의 추가는 한 차례만 할 수 있다.

❶ 여권 기재사항 변경신청서

❷ 기재사항 변경신청의 사유가 발생하였음을 증명하는 서류

(5) 벌칙

❶ 여권 등의 발급이나 재발급을 받기 위하여 제출한 서류에 거짓된 사실을 적은 사람, 그 밖의 부정한 방법으로 여권 등의 발급, 재발급을 받은 사람이나 이를 알선한 사람은 3년 이하의 징역 또는 3천만 원 이하의 벌금에 처한다.

❷ 다른 사람 명의의 여권 등을 사용한 사람, 사용하게 할 목적으로 여권 등을 다른 사람에게 양도 · 대여하거나 이를 알선한 사람은 2년 이하의 징역 또는 2천만 원 이하의 벌금에 처한다.

❸ 다른 사람 명의의 여권 등을 양도받거나 대여받은 사람, 채무이행의 담보로 여권 등을 제공하거나 제공받은 사람은 1년 이하의 징역 또는 1천만 원 이하의 벌금에 처한다.

2 비자 업무

비자는 라틴어의 "본다"라는 뜻의 동사 videre의 반복형인 visere(조사하다)의 과거분사로서 carta visa(the document〈has been〉 examined)의 단축형이다.

우리나라에서는 이를 査證이라고 표현하고 있으며, 이는 "조사하여 증명해 주는 것"이라는 뜻을 가지고 있다.

통상적으로 비자라고 하는 것은 그 나라의 입국 · 체재허가의 성격을 띠고 있으나 한국, 일본 및 미국 등에서는 입국허가의 신청요건 가운데 하나 내지는 예비심사로 보는 경우도 있다. 예컨대 범죄인, 전염병자 또는 부정한 방법으로 비자를 취득하는 경우 해당 출입국관리소에서 입국 · 체재거부를 당할 수 있기 때문이다.

사증은 여권에 스티커나 스탬프로 찍히고 영사의 서명으로 표시하는 것이 통례이나 미국과 캐나다, 미국과 멕시코 간에는 사증대신 관광객 카드(tourist card)로 대신하는 경우도 있다. 그리고 러시아의 경우도 별도의 용지에 사증을 발급하며 중국의 경우도 단체일 경우 별도로 단체사증을 발급한다.

1) 비자의 종류

비자는 크게 그 나라의 재외공관에서 취득하는 입국비자(entry visa)와 입국 후에 그 나라의 이민국이나 경찰 등으로부터 부여되는 출국비자(exit visa)로 분류할 수 있다. 거의 모든 국가에서는 입국비자제도를 채택하고 있지만 아프가니스탄, 리비아 등에서는 상사 주재원 등 일정 기간 이상 체재한 외국인에게 납세의무의 이행 등을 조건으로 출국비자를 발급하는 경우도 있다.

입국비자는 일반적으로 입국목적별로 통과비자, 관광비자, 상용비자, 취업비자, 유학비자, 외교비자, 관용비자, 영주비자 등으로 구분되나 나라에 따라 단기비자, 장기비자 또는 일반비자와 외교 · 관용비자로 구분하는 국가도 있다. 그리고 관광비자, 업무비자 및 외교 · 관용비자의 세 가지 정도로 분류하는 국가도 있다. 우리나라의 경우는 입국목적에 따라 통과사증, 관광사증, 체류사증, 상용사증으로 구분하여 발급하고 있다.

비자(VISA)의 종류는 방문목적, 체재기간, 사용횟수 등에 따라 다음과 같이 분류한다.

(1) 사용횟수에 의한 분류

❶ 단수비자(single entry visa)

❷ 복수비자(multiple entry visa)

(2) 입국목적 및 체재기간에 의한 분류

❶ 입국비자(entry visa)

❷ 통과비자(transit visa)

(3) 방문목적에 의한 분류

❶ 관광비자(tourist visa)

❷ 유학비자(study visa)

❸ 상용비자(commercial visa)

❹ 이민비자(emigration visa)

❺ 취업비자(employment visa)

2) 비자면제협정국가와 무사증 입국

일반적으로 일반여행자의 왕래에 관하여 국가 간의 상호비자면제를 통하여 자유로운 여행을 보장하는 제도를 채택하고 있는데 이것이 비자의 상호면제협정이다. 우리나라와 비자면제협정을 맺은 국가에 대해서는 일정 기간 내에서 방문하게 되는 경우에 비자의 발급이 면제되는 것이다. 현재 2022년 말 현재 비자없이 우리나라 여권으로 방문할 수 있는 국가나 지역은 189개국으로 세계 2위를 기록하고 있다.

한편 우리나라와 비자면제협정을 맺고 있지 않더라도 국가에 따라 관광객을 유치할 목적으로 무사증입국이 가능하게 하고 있는 국가들도 많이 있다. 하지만 사증면제국가 여행시 예컨대 미국 입국/경유시에는 ESTA라는 전자여행허가를, 캐나다와 호주, 뉴질랜드는 eTA/ETA 라는 전자여행허가를 꼭 받아야 하며, 영국 입국시에는 신분증명서, 재직증명서, 귀국항공권, 숙소정보, 여행계획을 반드시 지참해야 한다.

현재 우리나라와 상호비자면제협정을 체결한 국가와 무사증입국이 가능한 국가는 다음과 같다.

표 12-1 무사증 입국 가능 가능한 국가/지역

2023년 4월 기준

지역	국가	무사증 입국 가능 여부 및 기간			무사증 입국 근거	비고
		외교관여권 소지자	관용여권 소지자	일반여권 소지자		
아시아 · 태평양	괌	X	X	45일/VVIP 90일	협정	
	뉴질랜드	90일	90일	90일	협정	
	대만	90일	90일	90일	상호주의	
	동티모르	최대 90일	최대 90일	X	협정/일방적 면제	
	라오스	90일	90일	30일	협정/일방적 면제	
	마셜제도	30일	30일	30일	상호주의	
	마카오	90일	90일	90일	상호주의	
	말레이시아	90일	90일	90일	협정	
	몽골	90일	90일	90일('22.6.1.~'24.12.31.까지 한시적 면제)	협정/일방적 면제	
	미얀마	90일	90일	X	협정	
	마이크로네시아	30일	30일	30일	상호주의	
	바누아투	90일	90일	30일	협정/일방적 면제	
	방글라데시	90일	90일	X	협정	
	베트남	90일	90일	15일	협정/일방적 면제	
	브루나이	30일	30일	30일	상호주의	
	북마리아나 제도(사이판)	X	X	45일/VVIP 90일	상호주의	
	사모아	90일	90일	90일	상호주의	
	솔로몬제도	45일	45일	45일	상호주의	
	싱가포르	90일	90일	90일	협정	
	인도	90일	90일	X	협정	
	인도네시아	30일	30일	X(무사증 입국정지 중)	협정/일방적 면제	
	일본	○	○	90일	협정/일방적 면제	
	중국	30일	30일	X	협정	
	캄보디아	60일	60일	X	협정	
	쿡제도	31일	31일	31일	일방적 면제	
	키리바시	30일	30일	30일	상호주의	
	태국	90일	90일	90일	협정	
	통가	30일	30일	30일	상호주의	
	투발루	30일	30일	30일	상호주의	
	파키스탄	3개월	3개월	X	협정	
	팔라우	30일	30일	30일	상호주의	

지역	국가	무사증 입국 가능 여부 및 기간			무사증 입국 근거	비고
		외교관여권 소지자	관용여권 소지자	일반여권 소지자		
아시아·태평양	피지	4개월	4개월	4개월	상호주의	
	필리핀	무기한	무기한	30일	협정/일방적 면제	
	호주	90일	90일	90일	상호주의	
	홍콩	90일	90일	90일	상호주의	
미주	가이아나	30일	30일	30일	상호주의	
	과테말라	90일	90일	90일	협정	
	그레나다	90일	90일	90일	협정	
	니카라과	90일	90일	90일	협정	
	도미니카공화국	90일	90일	90일	협정	
	도미니카연방	90일	90일	90일	협정	
	멕시코	90일	90일	90일	협정	
	미국	X	X	90일	상호주의	
	바베이도스	90일	90일	90일	협정	
	바하마	90일	90일	90일	협정	
	베네수엘라	30일	30일	90일	협정	
	벨리즈	90일	90일	90일	협정/일방적 면제	
	볼리비아	90일	90일	X	협정	
	브라질	90일	90일	90일	협정	
	세인트루시아	90일	90일	90일	협정	
	세인트빈센트그레나딘	90일	90일	90일	협정	
	세인트키츠네비스	90일	90일	90일	협정	
	수리남	90일	90일	90일	협정	
	아르헨티나	90일	90일	90일	협정/일방적 면제	
	아이티	90일	90일	90일	협정	
	안티구아바부다	90일	90일	90일	협정	
	에콰도르	임무수행기간	90일	90일	협정/상호주의	
	엘살바도르	90일	90일	90일	협정	
	온두라스	90일	90일	90일	상호주의	
	우루과이	90일	90일	90일	협정	
	자메이카	90일	90일	90일	협정	
	칠레	90일	90일	90일	상호주의	
	캐나다	6개월	6개월	6개월	상호주의	
	코스타리카	90일	90일	90일	협정	
	콜롬비아	90일	90일	90일	협정	
	트리니다드토바고	90일	90일	90일	협정	
	파나마	90일	90일	90일	협정	

지역	국가	무사증 입국 가능 여부 및 기간			무사증 입국 근거	비고
		외교관여권 소지자	관용여권 소지자	일반여권 소지자		
미주	파라과이	90일	90일	90일	협정	
	페루	90일	90일	90일	협정	
유럽	그리스	90일	90일	90일	협정	
	네덜란드	90일	90일	90일	협정	
	노르웨이	30일	30일	30일	협정	
	덴마크	180일 중 90일	180일 중 90일	180일 중 90일	협정	
	독일	90일	90일	90일	협정	
	라트비아	90일	90일	90일	협정	
	러시아	90일	90일	60일(180일 중 90일, 1회 연속체류 최대 60일) 협정	협정	
	루마니아	180일 중 90일	180일 중 90일	180일 중 90일	협정	
	룩셈부르크	90일	90일	90일	협정	
	리투아니아	90일	90일	90일	협정	
	리히텐슈타인	90일	90일	90일	협정	
	모나코	90일	90일	90일	협정	
	몬테네그로	90일	90일	90일	상호주의	
	몰도바	90일	90일	6개월 중 누적 90일	협정/일방적 면제	
	몰타	90일	90일	90일	협정	
	벨기에	90일	90일	90일	협정	
	벨라루스	90일	90일	90일	협정/일방적 면제	
	보스니아헤르체고비나	90일	90일	90일	협정/일방적 면제	
	북마케도니아	180일 내 90일	180일 내 90일	180일 내 90일	일방적 면제	
	불가리아	180일 내 90일	180일 내 90일	180일 내 90일	협정	
	사이프러스(키프러스)	90일	90일	90일	협정/상호주의	
	산마리노	90일	90일	90일	상호주의	
	세르비아	90일	90일	90일	상호주의	
	스웨덴	90일	90일	90일	협정	
	스위스	90일	90일	90일	협정	
	스페인	90일	90일	90일	협정	
	슬로바키아	90일	90일	90일	협정	
	슬로베니아	90일	90일	90일(비상용목적)	상호주의	
	아르메니아	180일 일방적 면제(협정상은 90일)	180일 일방적 면제(협정상은 90일)	180일 일방적 면제	협정/일방적 면제	
	아이슬란드	90일	90일	90일	협정	
	아일랜드	90일	90일	90일	협정	
	아제르바이잔	30일	30일	X	협정	
	안도라	90일	90일	90일	일방적 면제	

지역	국가	무사증 입국 가능 여부 및 기간			무사증 입국 근거	비고
		외교관여권 소지자	관용여권 소지자	일반여권 소지자		
유럽	알바니아	90일	90일	90일	상호주의	
	에스토니아	90일	90일	90일	협정	
	영국	6개월	6개월	6개월	협정	
	오스트리아	180일	180일	90일(비상용목적)	협정	
	우즈베키스탄	60일	30일	30일	협정/일방적 면제	
	우크라이나	90일	90일	90일	협정	
	이탈리아	90일	90일	90일	협정	
	조지아	90일	90일	1년	협정/일방적 면제	
	체코	90일	90일	90일	협정	
	카자흐스탄	90일	90일	30일	협정	
	코소보	90일	90일	90일(비상용목적)	일방적 면제	
	크로아티아	90일	90일	90일(비상용목적)	협정/상호주의	
	키르기즈공화국	30일	30일	60일(관광목적)	협정/일방적 면제	
	타지키스탄	90일	90일	30일	협정/일방적 면제	
	투르크메니스탄	30일	30일	X	협정	
	튀르키예	180일 중 90일	180일 중 90일	180일 중 90일	협정	
	포르투갈	180일 중 90일	180일 중 90일	180일 중 90일	협정	
	폴란드	90일	90일	90일	협정	
	프랑스	90일	90일	90일	협정	
	핀란드	90일	90일	90일	협정	
	헝가리	90일	90일	90일	협정	
중동·아프리카	가봉	90일	90일	X	협정	
	남아프리카공화국	30일	30일	30일	상호주의	
	라이베리아	90일	90일	X(일시 정지 중)	협정	
	레바논	3개월	3개월	X	상호주의	
	레소토	60일	60일	60일	협정	
	모로코	90일	90일	90일	협정	
	모리셔스	90일	90일	90일	상호주의	
	모잠비크	90일	90일	60일(*, **)	협정/일방적 면제	
	베냉	90일	90일	X	협정	
	보츠와나	90일	90일	90일	상호주의	
	상투메프린시페	15일	15일	15일	일방적 면제	
	세네갈	90일	90일	90일	상호주의	
	세이쉘	30일	30일	30일	일방적 면제	
	아랍에미리트	90일	90일	90일	협정	
	앙골라	30일	30일	X	협정	

지역	국가	무사증 입국 가능 여부 및 기간			무사증 입국 근거	비고
		외교관여권 소지자	관용여권 소지자	일반여권 소지자		
중동·아프리카	알제리	90일	90일	X	협정	
	에스와티니(스와질랜드)	60일	60일	60일	상호주의	
	오만	90일	90일	30일	협정/상호주의	
	요르단	90일	X	X	협정	
	이란	90일	90일	X	협정	
	이스라엘	90일	90일	90일	협정	
	이집트	90일	90일	X	협정	
	잠비아	30일	30일	30일	일방적 면제	
	적도기니	90일	90일	X	협정	
	카보베르데	90일	90일	90일	협정	
	쿠웨이트	180일 중 90일	180일 중 90일	X	협정	
	탄자니아	180일 중 90일	180일 중 90일	X	협정	
	튀니지	90일(협정에는 30일)	90일(협정에는 30일)	90일(협정에는 30일)	협정	

※ 벨라루스 : (1) 러시아를 제외한 제3국으로부터, (2) 민스크, 브레스트, 비쳅스크, 고멜, 그로드노, 모길료프 국제공항을 통해 출입국 하는 경우에만 무사증입국 가능(1년에 최대 90일까지 인정)
※ 인도 : 관광, 상용, 회의, 의료목적으로 입국 시 도착비자 발급(체류기간 60일 이내 2회 입국 가능)
※ 인도네시아 : (일반여권) 도착비자 발급 필요
※ 미국 : 인터넷 상 전자여행허가(ESTA) 발급 사전 신청 필요
※ 캐나다 : 인터넷 상 전자여행허가(eTA) 발급 사전 신청 필요
※ 호주 : 인터넷 상 전자여행허가(ETA) 발급 사전 신청 필요
※ 뉴질랜드 : 전자여행허가(NZeTA) 발급 사전 신청 필요

표 12-2 기타 사증관련 협정 체결현황

적용대상	대상국가/지역
복수사증(14개) (협정 및 상호주의에 의거)	독일(주재, 투자 등), 러시아(단기 복수), 몽골 미국(단기 종합), 브라질(상용, 투자, 취재), 사우디아라비아, 아르헨티나(상용), 우즈베키스탄(상용 등), 우크라이나(상용,주재 등), 인도(상용 · 고용 · 관광), 일본, 중국, 캐나다(상용), 호주(상용)
취업관광사증(24개)	네덜란드, 뉴질랜드, 대만, 덴마크, 독일, 벨기에, 스웨덴, 스페인 아르헨티나, 아일랜드, 영국, 오스트리아, 이스라엘, 이탈리아, 일본, 체코, 칠레, 캐나다, 포르투갈, 폴란드, 프랑스, 헝가리, 호주, 홍콩
항공기승무원양해각서	중국, 러시아

3) 인바운드 관광객 비자

어떠한 목적이든지 간에 한국에 체재하고자 하는 외국인은 입국 전에 재외 한국대사관이나 총영사관에 신청하여 사증을 발급받아야 한다. 미수교국가 국민의 경우는 법무부장관의 승인을 얻어 사증을 발급받을 수 있다. 다만, 국제연합기구 또는 각국 정부간의 국제기구가 주관하는 행사에 참석하는 자와 법무부장관이 따로 정하는 자에 대하여서는 체류기간 90일 이하의 외국인입국허가서 또는 사증을 발급한다.

외국인이 관광목적(관광, 통과, 요양, 친지방문, 친선경기 등)으로 입국하기 위해서는 C3 비자나 B2 비자를 받은 사람이어야 한다. 단, 사증면제협정체결국가의 관광객일 경우는 그러하지 아니하다. 재외공관에서 관광 등의 목적으로 비자를 발급받은 외국인은 90일 이하의 범위 내에서 체재할 수 있다.

- 관광통과여객　30일 범위 내에서 체류기간이 부여되며 최대 90일 초과하여 연장불가
- 외국인승무원　15일의 범위에서 승무원의 상륙 허가
- 관광목적의 여객운송선박　3일의 범위에서 승객의 관광상륙을 허가
- 단체사증　재외공관의 장은 일시 방문하는 외교사절단, 국제행사참가단체, 수학여행단체 기타 이에 준하는 여행객 단체로서 단체의 구성원이 동일한 선박 · 항공기 · 기차 · 자동차 기타의 교통기관으로 입국하고자 하는 때에는 단체사증을 발급
- 긴급상륙허가　선박 등에 타고 있는 외국인(승무원 포함)이 질병이나 그 밖의 사고로 긴급히 상륙할 필요가 있다고 인정되면 30일 범위 내에서 상륙허가
- 조난상륙허가　조난을 당한 선박 등에 타고 있는 외국인(승무원을 포함한다)을 긴급히 구조할 필요가 있다고 인정하면 30일 범위 내에서 상륙허가
- 임시상륙허가　선박 등에 타고 있는 외국인이 난민협약에 규정된 이유나 그 밖에 이에 준하는 이유로 그 생명 · 신체 또는 신체의 자유를 침해받을 공포가 있는 영역에서 도피하여 곧바로 대한민국에 비호(庇護)를 신청하는 경우 그 외국인을 상륙시킬 만한 상당한 이유가 있다고 인정되면 90일 범위 내에서 난민 임시상륙허가

(1) 우리나라 사증의 종류

우리나라는 입국목적에 따라 크게 외교비자, 비영리 단기비자, 취업비자, 장기체류비자, 동반거주비자로 구분된다.

❶ 외교비자

A-1(외교비자), A-2(공무비자), A-3(협정비자)

❷ 비영리단기비자

C-1(일시취재비자), C-2(단기상용비자), C-3(단기종합비자)

❸ 취업비자

C-4(단기취업비자), E-1(교수비자), E-2(회화지도비자), E-3(연구비자), E-4(기술지도비자), E-5(전문직업비자), E-6(예술흥행비자), E-7(특정활동비자), E-9(비전문취업비자), E-10(내항선원비자), H-1(관광취업비자)

❹ 장기체류비자

D-1(문화예술비자), D-2(유학비자), D-3(산업연수비자), D-4(일반연수비자), D-5(취재비자), D-6(종교비자), D-7(주재비자), D-8(기업투자비자), D-9(무역경영비자), G-1(기타비자)

❺ 동반거주비자

F-1(방문동거비자), F-2(거주비자), F-3(동반가족비자), F-4(재외동포비자), F-5(우리나라에 영구적으로 체류하는 외국인 대상)

(2) 우리나라에 무사증입국이 가능한 국가

외국인 일반여권 소지자가 우리나라 방문시 무사증으로 입국이 가능한 국가는 아래와 같다.

표 12-3 **무사증 입국(인바운드)**

구분	국가/지역		
아주지역 (9개)	대만(90일/상호주의)	브루나이(30일/상호주의)	일본(90일/상호주의)
	마카오(90일/상호주의)	싱가포르(90일/협정)	홍콩(90일/상호주의)
	말레이시아(3개월/협정)	태국(90일/협정)	뉴질랜드(90일/협정)
미주지역 (32개)	가이아나(30일/상호주의)	브라질(90일/협정)	온두라스(30일/상호주의)
	과테말라(90일/협정)	세인트루시아(90일/협정)	우루과이(90일/협정)
	그레나다(90일/협정)	세인트빈센트그레나딘(90일/협정)	자메이카(90일/협정)
	니카라과(90일/협정)	칠레(90일/협정)	도미니카(공)(90일/협정)
	세인트키츠네비스(90일/협정)	캐나다(6개월/상호주의)	도미니카(연)(90일/협정)
	수리남(90일/협정)	코스타리카(90일/협정)	멕시코(3개월/협정)
	아르헨티나(90일/상호주의) *22.10.1.부터 적용	콜로비아(90일/협정)	미국(90일/상호주의)
	아이티(90일/협정)	트리니다드토바고(90일/협정)	바베이도스(90일/협정)
	안티구아바부다(90일/협정)	파나마(90일/협정)	바하마(90일/협정)
	에콰도르(90일/상호주의)	파라과이(30일/상호주의)	베네수엘라(90일/협정)
	엘살바도르(90일/협정)	페루(90일/협정)	교황청(30일/일방적 면제)
	몰타(90일/협정)	그리스(3개월/협정)	벨기에(3개월/협정)
	알바니아(30일/상호주의)	네덜란드(3개월/협정)	보스니아ㆍ헤르체고비나(30일/상호주의)
	에스토니아(180일 중 90일/협정)	노르웨이(180일 중 90일/협정)	사이프러스(30일/상호주의)
	덴마크(180일 중 90일/협정)	산마리노(30일/상호주의)	영국(90일/협정)
	독일(90일/협정)	세르비아(90일/상호주의)	오스트리아(90일/협정)
	라트비아(90일/협정)	불가리아(90일/협정)	이탈리아(90일/협정 및 상호주의)
	러시아(60일, 180일 기간 중 누적 90일/협정)	스웨덴(180일 중 90/협정)	체코(90일/협정)
	스위스(3개월/상호주의)	카자스흐탄(30일/협정)	루마니아(90일/협정)
	크로아티아(90일/상호주의)	터키(90일/협정)	룩셈부르크(3개월/협정)
	스페인(90일/협정)	포르투갈(180일 중 90일/상호주의)	리투아니아(90일/협정)
	슬로바키아(90일/협정)	폴란드(90일/협정)	리히텐슈타인(3개월/협정)
	슬로베니아(90일/상호주의)	프랑스(90일/협정)	모나코(30일/상호주의)
	아이슬랜드(180일 중 90일/협정)	핀란드(90일/협정)	몬테네그로(30일/상호주의)
	아일랜드(90일/협정)	헝가리(90일/협정)	모로코(90일/협정)
	에스와티니(스와질랜드) (30일/상호주의)	라이베리아(90일/협정) *2019.7.18.(목)부터 사증면제협정 일시중지	모리셔스(30일/상호주의)
	오만(30일/일방적 면제)	레소토(60일/협정)	세이쉘(30일/상호주의)
	카타르(90일/협정)	이스라엘(90일/협정)	사우디아라비아(30일/일방적 면제)
	쿠웨이트(90일/일방적 면제)	튀니지(30일/협정)	아랍에미리트(90일/협정)
	바레인(30일/일방적 면제)	남아프리카공화국(30일/상호주의)	보츠와나(90일/상호주의)
대양주 (13개)	괌(90일/상호주의)	나우루(30일/일방적 면제)	뉴질랜드(3개월/협정)
	마샬군도(30일/상호주의)	마이크로네시아(30일/상호주의)	사모아(30일/상호주의)

구분	국가/지역		
대양주 (13개)	솔로몬군도(30일/상호주의)	키리바시(30일/상호주의)	통가(30일/상호주의)
	투발루(30일/상호주의)	팔라우(30일/상호주의)	피지(30일/상호주의)
	호주(90일/일방적 면제)		

4) 미국 비자

미국 비자는 크게 비이민비자와 이민비자 두 가지가 있다. 이민비자(그린카드 또는 영주권)는 미국에 일을 하거나 학교를 다니며 미국에 영구히 거주하려는 목적을 지닌 사람에게 발급되는 비자이다. 비이민비자는 관광객, 사업인, 학생 또는 단기 취업 등 목적으로 미국에 체류하고자 하는 사람들에게 발급되는 비자로, 목적 또는 기한이 종료된 이후 자국으로 반드시 돌아간다는 전제 하에 발급해주는 비자로서 방문 목적에 따라 상용/관광 비자, 취업 비자, 학생 비자, 취재 비자, 교환방문 비자, 경유/선원 비자, 상사 주재원 비자, 투자자 비자 등이 있다.

미국에 방문하기 위해서는 비자를 발급받거나 "전자여행허가(ESTA: Electronic System of Travel Authorization)"를 취득하여야 하는데 미국 정부는 국경보안, 출입국관리, 비자거부율 등을 감안하여 약 30~40개국에게 90일간 관광 · 상용 등의 목적으로 비자 없이 입국 · 체류할 수 있는 VWP 가입국 지위를 부여하고 있다. 단, ESTA는 전자여권에만 적용되며, 전자여권이 아닌 여권은 별도의 비자를 받아야 한다

우리나라는 2008년 11월 17부터 VWP를 적용받아 우리 국민의 무비자 미국 방문이 가능해졌으나 한 번 VWP 가입국이 되었다고 해서 그 지위가 계속 유지되는 것은 아니다. 미 정부에서 2년마다 우리나라의 대테러대책, 출입국관리 및 여권관리 현황, 불법체류 · 입국거부자 숫자 등을 감안하며 가입국 지위 연장 여부를 결정하게 된다.

ESTA(Electronic System for Travel Athorization)

Visa Waiver Program을 통한 미국 여행 시 보안을 강화하기 위해 무비자 여행의 요구 조건이 강화되었다. Visa Waiver Program에 가입된 국가의 국민들은 여전히 비자 없이 여행할 수 있지만, 미국 여행 전에 여행에 대한 승인을 받아야 한다.

전자여행허가제(ESTA)는 Visa Waiver Program(VWP)을 통해 미국을 여행할 수 있는지와 그 여행이 치안 및 안보에 위협이 되는지를 결정하는 데 사용되는 자동화 시스템이다.

이 시스템을 이용해 필수 인적사항과 여행 정보 및 결제 정보를 입력하면 신청인의 Visa Waiver Program을 통해 무비자로 미국 여행을 할 수 있는지의 여부를 결정한다. VWP를 통해 미국 여행을 하는 여행객은 ESTA 승인을 받아야 항공기에 탑승할 수 있다. 민간 항공사는 비자 면제 프로그램에 가입된 항공사여야 한다. 허가 신청은 탑승 전 언제든지 할 수 있지만, CBP(U.S. Customs and Border Protection)는 여행을 시작하기 최소 72시간 전에 할 것을 권고한다. 대부분의 경우, 신청서를 제출하자마자 즉시 답변을 받을 수 있다.

ESTA는 비자가 아니다. 유효한 미국 비자를 소지한 여행객은 해당 비자가 발급된 목적에 따라 그 비자를 통해 미국을 여행할 수 있다. 유효한 비자를 통해 여행하는 여행객은 ESTA를 신청할 필요가 없다. 유효한 비자가 미국 입국을 보장하지 않듯이 ESTA 승인 자체가 미국 입국을 보장하지는 않는다.

ESTA 신청이 승인되면 향후 2년 또는 여권 만료일까지 유효하며, 여행객이 ESTA를 재신청할 필요 없이 여러 번 미국을 방문할 수 있다. ESTA 승인을 통해 미국을 여행하는 경우 한 번에 최대 90일까지만 체류할 수 있다. 만약 미국에 있는 동안 본인의 ESTA가 만료된다 하더라도 출국에 영향을 미치지는 않는다.

2010년 9월 8일부터 Travel Promotion Act of 2009(Section 9 of the United States Capitol Police Administrative Technical Corrections Act of 2009, Pub. L. No. 111-145)에 따라 수수료가 붙는다. 수수료는 다음과 같이 두 부분으로 구성되어 있다.

- 접수료 : 전자여행허가를 신청하는 모든 신청자에게 신청서 처리에 관한 수수료가 부과되며, 비용은 미화 $4.00이다.
- 승인 요금 : 귀하의 신청이 승인되고 Visa Waiver Program을 통해 미국 여행을 할 수 있는 허가를 받게 되면 미화 $10.00의 추가 요금이 귀하의 결제 방법을 통해 추가되며, 만일 전자여행허가가 거부되는 경우, 접수료만 부과된다.

다음과 같은 경우 ESTA 승인을 새로 받아야 한다.

- 새 여권을 발급받은 경우
- 이름을 변경한 경우(이름 및/또는 성)
- 성별을 변경한 경우(현재 ESTA 신청서에는 성별 X란이 없다. 여행객 본인이 가장 편하게 여기는 성별을 선택할 것을 추천한다. ESTA는 단지 신청서에 선택된 성별에만 근거해 승인을 거부하지 않는다.)
- 국적이 변경된 경우
- 부도덕적인 범죄로 인해 유죄 판결을 받거나 전염병에 걸리는 등 상황이 변경된 경우. 이러한 변화가 생길 경우, 미국 여행을 위해 비자를 발급받아야 할 수도 있다. 반드시 재신청해야 하며 신청서에 변경된 상황을 반영해야 한다. 그렇지 않으면 미국 도착 시 입국이 거부될 수도 있다.

(출처: https://esta.cbp.dhs.gov/esta/application.html?execution=e1s1)

5) 중국 비자

중국 VISA는 방문 목적에 따라 VISA의 종류와 관련 서류가 다르기 때문에 방문 목적에 맞는 비자와 서류를 잘 준비해야 한다.

비자종류		신청인의 범위
C		승무, 항공, 해운업에 종사하는 국제열차 승무원, 국제항공기 직원, 국제항해선박 선원 및 선원과 동반한 가족, 국제도로운송업에 종사하는 운전기사
D		중국에서 영구 거류하고자 하는 자
F		중국에서 교류, 방문, 답사 활동 등을 하려는 자
G		중국을 경유하려는 자
J	J1	중국에서 상주(180일 이상 체류)하는 외국 언론기관의 특파원
	J2	취재 · 보도를 목적으로 단기 입국(180일 이내 체류)하는 외국 언론기관의 기자
L		중국에서 여행을 하려는 자
M		중국에서 상업무역활동을 하려는 자
Q	Q1	가족과 동거하기 위해 중국에서의 거류를 신청하려는 • 중국국민의 가족 구성원(배우자, 부모, 자녀, 자녀의 배우자, 형제자매, 조부모, 외조부모, 손자녀, 외손자녀 및 배우자의 부모) • 중국 영구거류자격을 보유한 외국인의 가족구성원(배우자, 부모, 자녀, 자녀의 배우자, 형제자매, 조부모, 외조부모, 손자녀, 외손자녀 및 배우자의 부모) • 위탁양육 등의 사유로 거류하고자 하는 자

비자종류		신청인의 범위
Q	Q2	중국에서 단기간(180일 이하) 친지를 방문하고자 하는 자 •중국 국내에서 거주하는 중국 국민을 방문하려는 가족 •중국 영주권을 보유한 외국인을 방문하려는 가족
R		중국 정부가 필요로 하는 외국 고급 인재 및 인재 충원을 위해 초빙하는 전문가
S	S1	취업, 유학 등의 사유로 중국에 거류 중인 외국인의 배우자, 부모, 18세 미만의 자녀, 배우자의 부모 및 기타 개인 사정으로 중국에서의 거류가 필요한 자로서, 중국에 장기간(180일 초과) 방문하려는 자
	S2	취업, 유학 등의 사유로 중국에 거류 중인 외국인의 가족구성원(배우자, 부모, 자녀, 자녀의 배우자, 형제자매, 조부모, 외조부모, 손자녀, 외손자녀, 배우자의 부모) 및 기타 개인 사정으로 중국에서의 체류가 필요한 자으로서, 중국에 단기간(180일 이내) 방문하려는 자
X	X1	중국에서 장기간(180일 초과) 유학하려는 자
	X2	중국에서 단기간(180일 이하) 유학하려는 자
Z		중국에서 취업하려는 자

(1) 기본 구비 서류

구분	내용
여권	유효기간이 6개월 이상 남은 것으로, 빈 사증 면이 있는 여권 원본 및 여권 사진과 인적 사항을 확인할 수 있는 여권 사본 1부.
비자 신청서 및 사진	중화인민공화국비자신청서 1부 및 신청서에 부착할 최근에 정면으로 촬영한 옅은 배경색의 탈모한 여권용 칼라 사진 1장.
합법 체류 혹은 거류 증명	자국 이외의 국가에서 비자 신청을 하는 신청인은 체류국가에서 발급하는 체류, 거주, 직업, 학업과 관련된 유효 증명 혹은 유효 비자의 원본과 사본을 제출해야 한다.(자국 이외의 국가에서 비자 신청을 하는 신청인에 해당)
이전 중국 여권 혹은 중국 비자 소지자	처음 중국 비자를 신청하는 경우, 이전 국적의 중국 여권 및 여권 사진과 인적 사항을 확인할 수 있는 여권 사본을 제출해야 한다. 이전 여권에 중국 비자를 발급받은 후 새 여권으로 교체한 외국 국적의 비자 신청인은 구 여권의 사진과 인적 사항을 확인할 수 있는 여권 사본 및 구 여권상에 있는 중국 비자 사본을 제출한다.(새 여권에 기재된 성명이 구 여권과 불일치하다면, 정부가 발급한 개명증명서를 제출한다)(자국 이외의 국가에서 비자 신청을 하는 신청인에 해당)

(2) 주요 비자의 제출 서류

비자종류	제출서류
F	중국 국내의 관련기관 및 개인이 작성한 초청장이 있어야 하며, 초청장은 반드시 아래의 사항들을 포함하고 있어야 한다. (1) 피초청인의 개인정보 : 성명, 성별, 생년월일 등 (2) 방문 관련 정보 : 방문사유, 중국 입 · 출국예정일, 방문지역, 초청기관 또는 초청인과의 관계, 여행경비 부담 주체 등 (3) 초청기관 및 초청인 정보 : 초청기관명칭 또는 초청인의 성명, 연락처, 주소, 기관 도장, 법인 대표 또는 초청인 서명 등
L	왕복비행기표 예약확인서, 호텔 예약확인서 등 관광 스케줄 관련 서류, 또는 중국 국내 기관 혹은 개인이 작성한 초청장을 준비해야 하며 초청장은 반드시 아래의 사항을 포함해야 한다. (1) 피초청인의 개인정보 : 성명, 성별, 생년월일 등 (2) 피초청인의 여행 일정관련 정보 : 중국 입 · 출국 예정일, 여행지역 등 (3) 초청기관 및 초청인 정보 : 초청기관 명칭 또는 초청인의 성명, 연락처, 주소, 기관 도장, 법인 대표 또는 초청인 서명 등.

출처: 중화인민공화국 대사관_http://www.chinaemb.or.kr/kor/lshyw/lsk_qz/QZGD/t1071377.htm

3 여행보험수속 업무

여행자보험이란 한마디로 여행 시 발생할 수 있는 질병이나 사고, 휴대품 손해 등 각종 손해를 보상해주는 것으로서 크게 국내여행보험과 해외여행보험으로 나눈다.

국내여행보험은 국내여행 중 불의의 사고로 발생한 상해, 질병, 배상 책임, 휴대품 손해 등을 보상하며, 가족담보특약에 가입하면 가족 모두 이 위험을 보상받을 수 있다.

이 보험은 기본계약인 상해손해와 선택계약인 질병, 휴대품, 배상책임손해로 구분되며 보험기간이 종료되면 보험료를 환불받지 못하는 소멸성 보험이므로 상대적으로 보험료가 저렴한 것이 특징이다. 또한 20명 이상 단체로 가입할 경우 5%에서 최고 20%까지 보험료 할인 혜택을 받을 수 있다.

해외여행보험은 집을 떠나 여행을 마치고 집에 도착할 때까지 발생한 불의의 사고에 대한 손해를 보상한다. 보상하는 손해는 국내여행보험과 유사하나 국내여행보험에 없는 특별비용특약과 항공기 납치특약이 선택계약으로 되어 있다. 이 보험은 여행 기간 동안 한시적으로 보장되는 보험이므로 보험료가 저렴하고 가입할 때 신체검사 등 복잡한 절차 없이 청약서 작성 후 서명만으로 간편하게 가입할 수 있으며, 공항 출국장에도 판매하므로 해외여행을 떠나기 전에 가입할 수도 있다. 그리고 여행사의 여행 상품을 구매할 경우 자동으로 가입되는 경우가 있고, 보험회사는 인터넷으로도 가입을 받고 있어 가입이 간편한 것이 특징이다.

여행사에 있어서 보험이 중요한 이유는 우선, 고객의 재무적 손실을 막아주고, 고객의 재무적 손실로부터 파생되는 여행사의 도의적 책임을 막아주며, 보험상품 판매로 인해 10~40% 수수료를 생산하기 때문이다.

1) 보상하는 손해

(1) 사망 · 후유장애

사고로 사망하거나 신체의 일부분을 잃거나 그 기능이 마비되었을 때 보험금을 지급한다.(단, 사고일로부터 1백80일 이내에 발생한 사망 · 후유장애에 한한다).

(2) 질병 치료실비

질병특약은 여행 중 발생한 질병으로 의사의 치료가 필요하거나 사망할 경우 보험가입금액 한도 내에서 보상받을 수 있다. 여행 도중 발생한 질병으로 보험 기간과 보험 기간 만료 후 30일 이내에 의사의 치료를 받기 시작했을 때 그 날로부터 1백 80일 한도로 보상한다.

(3) 질병 사고

여행도중 사고를 입어 의사의 치료를 필요로 할 때 피해일로부터 1백80일 한도로 보상한다.

(4) 질병 사망

여행도중 발생한 질병으로 사망했거나 질병이 원인이 되어 보험기간과 보험기간 만료 후 30일 이내에 사망한 경우 보상한다.

(5) 휴대품 도난 및 파손

본인 과실이 없는 도난 및 파손 사고가 발생했을 때 보상된다. 휴대품손해특약은 여행 중 피보험자의 휴대품에 생긴 도난, 파손, 화재 등 손해로 인한 실비나 대체비 등 실손해액을 증권에 기재된 보험가입 금액 내에서 1조 1쌍당 20만 원 한도 내에서 보상되며, 역시 자기부담금 1만 원이 있다. 단 현금, 유가증권, 동식물, 콘택트렌즈 등 도덕적 위험이 있는 품목이나 가치를 산정하기 어려운 품목은 보상하지 않으므로 약관을 주의 깊게 살펴보아야 한다. 본인의 부주의로 분실했을 경우는 보상이 되지 않는다.

(6) 특별비용

탑승한 항공기나 선박이 행방불명 또는 조난되거나, 사고 · 질병으로 2주 이상 입원한 경우 가입자(환자) 본국 후송 시 소요되는 제반 비용과 보호자의 왕복 항공료 등을 보상된다. 특히 해외여행보험은 피보험자가 탄 항공기나 선박이 조난 또는 행방불명이 돼 90일이 지나도 발견되지 않을 경우에 사망보험금에 준하는 보험금을 받을 수 있다.

특별비용담보 특별약관은 해외여행 보험에만 있는 특약으로 피보험자가 여행 중 탑승한 항공기나 선박이 행방불명 또는 조난되거나 산악 등반 중 조난된 경우, 여행 중 현지에서 상해로 1백 80일 이내에 사망하거나 14일 이상 계속 현지에 입원할 때, 여행 중 질병으로 현지에서 사망하거나 1백40일 이상 계속 입원할 때에 발생하는 비용을 담보한다.

이 경우 2명한도 내에서 피보험자의 법정상속인의 현지 왕복교통비, 14일 이내의 현지 숙박비, 피보험자를 주소지까지 이송하는 비용 또는 호송 비용, 10만 원 한도 내에서 법적상속인의 출 · 입국 절차비용과 통신비가 보상된다.

항공기납치특약은 여행 도중에 피보험자가 탑승한 항공기가 납치되어 예정지에 도착하지 못하는 동안 1일 7만 원씩 20일을 한도로 보험금을 지급하는 특약이다.

(7) 배상책임특약

여행 중 우연한 사고로 타인의 신체나 재물에 손해를 끼쳐 손해 배상 책임을 지는 경우로 이때는 손해배상금과 소송비용을 보험 증권에 기재된 보상한도액 내에서 보상된다. 배상책임특약은 자기부담금 1만 원이 있다.

2) 보상되지 않는 손해

- 보험계약자나 피보험자의 고의로 발생한 상해
- 피보험자의 자해, 자살, 자살미수 또는 폭력행위로 발생한 상해
- 피보험자의 뇌질환, 질병 또는 심신 상실
- 피보험자의 의수, 의족, 의안, 의치 등 신체보조장구에 입은 손해
- 폭동, 소요, 내란 등과 여행 중에 여행지에서 발생한 전쟁이나 이와 유사한 사태로 인하여 입은 상해
- 지진, 해일 또는 이와 유사한 천재지변
- 전문등반, 스쿠버다이빙, 스카이다이빙, 행글라이더 등 이와 유사한 위험한 운동이나 경기로 인해 발생한 상해

3) 보험분쟁 사례

사례1

청구인은 A여행사를 통해 유럽을 다녀오던 중 여행사의 부주의로 김포공항에서 휴대품(1백 80만 원 상당)을 도난당했다. 항공사에서 1kg당 20달러의 보상을 받고 여행사를 통해 가입한 여행자보험의 손해배상을 청구하자 휴대품 손해에 대한 보험에 가입한 금액이 40만 원이므로 이만큼만 보상한다고 해 분쟁이 발생했다.

여행을 떠났다가 휴대품을 도난당한 경우 여행자보험에서 일정 금액을 보상받을 수 있다. 그러나 여행사는 소비자를 유치하기 위한 경쟁이 치열해 여행자보험을 가입할 당시 경비를 줄이기 위해 보험료가 싼 상품을 선택해 사고가 발생할 경우 분쟁이 많다. 소비자도 여행을 떠나기 전 보험 가입 여부 및 세부내용을 인지해야 분쟁을 미연에 방지할 수 있을 것이다.

사례2

청구인 오 ○○는 여행사를 통해 태국 파타야로 신혼여행을 떠났다. 투숙한 호텔이 어두워 전면유리를 보지 못하고 충돌해 왼쪽 무릎에 부상을 입고 치료 후 무릎부위에 10cm 정도의 흉터가 생겨 귀국 후 보험회사 측에 보험금 지급을 청구했으나 보험회사 측은 사고 난 날짜가 보험개시일자 전으로 보험금을 지급할 수 없다고 해 분쟁이 발생했다.

이 건은 보험개시일자 전에 사고가 발생한 경우로 여행사 측은 분쟁이 야기되자 보험 가입은 전적으로 소비자의 권한이므로 여행사는 보상책임이 없다고 주장했다. 이처럼 여행자보험 가입을 여행사에 일임하는 경우 나중에 책임소재를 판명하는 것이 어려우며 여행사가 적극적으로 손해를 보상하지 않는 한 보상받기까지 상당한 어려움을 겪게 된다. 그러므로 반드시 가입 사실 및 책임개시일자 등을 확인할 필요가 있다. 보험혜택은 여행기간 첫날의 오후 4시부터이므로 이보다 먼저 출국시간이 정해질 경우 반드시 가입한 보험회사에 이러한 사실을 알려 보험개시시간을 출국시간으로 변경해야 한다. 위 사례처럼 여행을 떠나는 날과 보험증권상의 여행기간이 다를 경우 보상금을 한 푼도 못 받을 수 있으므로 반드시 보험증권상의 보험가입기간을 확인하도록 한다.

사례3

청구인 김○○는 설악산으로 단체관광을 신청해 관광버스로 강릉을 가던 중 영동 고속도로 상행선에서 다른 차량이 관광버스를 충격하는 사고가 발생했다. 부상을 입어 치료를 받은 후 청구인이 별도로 가입한 여행자보험의 보험금을 청구했으나 보험회사 측은 의료비는 중복보상이 불가능하다는 이유로 보험금 지급을 거절해 분쟁이 발생했다.

보험회사는 같은 취지의 보험인 경우 의료비를 중복 지급하지 않고 실손해액을 산정하여 보험금을 지급하고 있다. 이는 상해보험이나 운전자보험 등을 여러 개 가입한 후 고의적인 사고 또는 입원기간 연장 등을 통해 보험금을 편취하려는 도덕적 위험이 존재하기 때문이다. 이 건의 경우는 청구인이 보상받은 자동차보험과 여행자보험의 보험금은 같은 취지의 보험이 아니므로 공제한다는 보험회사 측의 주장은 부당하다. 소비자도 보험회사 측이 보상을 거절할 경우 사유를 명확히 알아보고 한국소비자 보호원 같은 분쟁조정기관의 상담을 받아볼 필요가 있다.

사례4

청구인은 호주 퀸즐랜드주 보웬의 도로 옆 인도를 보행하던 중 후미에서 진행해온 차량에 의해 충격되어 부상을 입어 치료를 받았다. 귀국하여 청구인이 별도로 가입했던 여행자보험에 치료비의 지급을 청구하자 피청구인은 치료비 영수증 및 치료비 내역서가 없어 보험금을 지급할 수 없다며 보험금 지급을 지연해 분쟁이 발생했다.

여행자보험 약관 제 15조에 "피보험자가 실제로 지급한 비용을 의료비보험금으로 드립니다"라는 규정이 있다. 이 건의 경우 청구인이 치료받은 호주병원에서 치료사실 및 치료비용을 확인할 수 있는 서류를 발급받지 않아 발생했다. 여행자보험은 보험금을 지급받으려면 사고사실 및 손해를 입증할 수 있는 서류를 갖추는 것이 중요하다. 갖추어야 할 서류는 사고증명서, 진단서 또는 사체검안서, 치료비 영수증 및 명세서 등이 있다. 보험에 가입했기 때문에 모든 것을 보험회사가 처리하리라 믿고 귀국했다가는 신속히 보험금을 지급받지 못해 이중의 손해를 볼 수도 있다. 특히 해외여행지에서 사고가 발생한 경우 대부분 보험회사가 현지에서 직접 보상처리를 하므로, 보험회사가 운영하는 우리말지원서비스(수신자부담)에 연락해 보험사고 접수 및 처리절차를 안내받는 것이 좋다.

사례5

청구인의 동생은 여행사를 통해 일본 관광을 하던 중 교통사고를 당하여 췌장(이자)이 천공돼 일본 센다이 국립병원에서 수술치료를 받은 후 1천 4백만 원의 병원비를 지급했다.
귀국해 여행자보험을 가입한 보험회사 측에 치료비 지급을 여구하자 보험회사측은 치료비 가입 금액이 5백만 원이므로 이를 넘어서는 9백만 원은 청구인의 동생이 부담해야 한다고 했다.

여행자보험은 가입금액이 정해진 보험으로 이를 초과하는 손해가 발생한 경우에는 소비자가 부담해야 한다. 실제 손해를 모두 담보하는 여행자보험은 없으므로 불의의 사고를 대비하기 위해 보험료의 차이가 있더라도 보장 내용이 많은 상품을 선택할 필요가 있다. 보험은 사고가 발생하지 않을 경우를 대비하는 것이 아니라 사고가 날 경우를 대비해 가입하는 것이므로 사고가 발생하지 않아 보험료가 아깝다고 할 것이 아니라 최소한의 안전장치를 했기 때문에 즐거운 마음으로 여행을 할 수 있었다고 생각하는 것이 중요하다.

제 13 장

여정작성과 원가계산 업무

여행이 인간의 삶에 주는 의미는 권태로운 일상으로부터 벗어나는 즐거움과 동시에 무언가를 새롭게 느끼고 배우는 지적 충만으로 이어진다는 데 큰 미덕이 있다. 유홍준

자기와 다른 사람들을 개선하려고 나라를 떠나는 자는 철학자이지만, 호기심이란 맹목적인 충동에 사로잡혀 여행을 떠나는 자는 방랑자에 지나지 않는다. 고울드 스미스

여행은 힘과 사랑을 그대에게 돌려준다. 어디든 갈 곳이 없다면 마음의 길을 따라 걸어가 보라. 그 길은 빛이 쏟아지는 통로처럼 걸음마다 변화하는 세계. 그곳을 여행할 때 그대는 변화하리라. 잘랄루딘 루미

친구를 알고자 하거든 사흘만 같이 여행을 해라. 서양 속담

제13장

여정작성과 원가계산 업무

1 여정작성 업무

여정작성 업무는 여행사 업무 중에서도 가장 기본적이고 중요한 업무 중에 하나로서 무형의 상품을 유형의 상품으로 만드는 과정이라고 볼 수 있다. 여정작성 시에는 여행객의 요구조건, 여행목적, 여행비용, 여행시기, 여행기간, 팀컬러, 여행경험 등을 고려하여 작성하여야 한다.

1) 아웃바운드 여정작성

여행사에게 국외여행에 대해 여정을 작성해야 되는 경우는 2가지 유형이 있다. 우선 고객의 주문상품을 제의받아 1차적으로 여행사에서 기본적 일정을 작성을 하는 경우 둘째, 고객에게서 의뢰받은 일정에 대해 지상수배업자에게 연락하여 여정을 받아 내는 경우이다.

여행상품의 판매력을 제고시킬 수 있는 훌륭한 여정작성을 위해서는 첫째, 여행조건서에 기재된 사항들을 정확히 수배하여 고객의 요구사항이 누락되지 않도록 작성하여야 한다. 둘째, 여행 종류, 고객의 예산, 단체의 구성내용(인원, 성별, 연령 등) 등을 참고로 작성해야 한다.

셋째, 항공편을 갈아타는 경우에는 MCT(minimum connecting time) 등을 고려하여 작성해야 한다. 넷째, 고객과의 충분한 의사교환을 통하여 여행자들이 가장 희망하는 중점사항을 확인하고 그들의 욕구가 충족됨으로서 만족감을 느낄 수 있는 여정이 되도록 해야 한다.

(1) 여정작성 시 유의사항

- 특정 항공사이용을 원하는지? 그리고 몇 시경에 목적지에 도착하기를 원하는지?(호텔 예약 시 체크인 시간 통보에도 필요)
- 선택할 수 있는 교통기관이 많을 경우, 어느 교통기관을 이용하는 것이 시간적, 경제적으로 유리한가?
- 항공교통을 이용할 경우 일기에 의해 여정변경을 필요로 할 경우도 있으므로 제2안도 생각해둔다.
- 시간을 촉박하게 하게 하는 일정을 짜서는 안 되며 쇼핑이나 사진촬영 등의 시간을 고려한다.
- 교통기관의 환승, 이동도보거리 등을 생각하여 여유 있게 시간을 조정한다(특히 유년, 노년을 포함한 가족, 소그룹, 단체 등은 충분한 시간을 고려해야 한다.)
- 너무 이른 출발, 심야도착은 가능한 한 피한다.
- 호텔에의 체크인시간은 가능한 한 16~18시가 되도록 신경 쓴다.
- 일주일 이상의 장기여행이 될 때, 최종일은 가급적 편안한 일정으로 구성하여 심신의 피로를 풀게 한다.
- 관광지의 휴관일자(박물관, 특정지역 등)를 확인한다.
- 회사입장에서 보아 수익성을 고려하여 작성한다.
- 일정표는 여행경비의 산출 시 기준이 되므로 명확하게 작성해야 한다.

(2) 여행자 유형별 유의사항

- 가족여행의 경우　어린이나 노약자 동반 시에는 연령을 고려하여 작성하여야 하며, 여행일정은 특별한 주문이 없는 한 가장 연소자를 기준으로 작성하여야 한다. 그리고 가족끼리 즐길 수 있는 공간이 있는 호텔을 선택하여야 하며, 어린이 동반 시에는 어린이를 위한 오락시설이 있는 숙박시설을 선택(여름철에는 풀장)하는 것이 좋다.
- 단체여행의 경우　교통편의 환승 시 충분한 여유를 두어야 하며, 호텔의 방 배정을 위해 남녀별 인원구성을 확인하여야 한다. 그리고 부인회나 중년부인들의 단체여행에는 관광보다도 쇼핑, 식사시간 등을 충분히 가지는 여정을 고려하여야 하며,

중년남자들의 경우 엔터테인먼트적인 요소가 강한 여정을 고려해야 하며, 청소년 단체인 경우에는 보다 많은 목적지와 많은 활동을 고려하여 작성하여야 한다.

- 신혼여행의 경우　결혼시간 및 피로연 종료예정시각을 확인하고 교통기관을 결정하여야 하며 제1일째는 밤늦게 호텔에 체크인하지 않도록 배려하여야 한다. 그리고 숙박시설은 조용한 환경으로 단체전문의 호텔은 되도록 피하는 것이 좋으며, 목적지는 복합형 리조트를 선택하여 작성하는 것이 좋다.

지상수배업자 선정 시 고려사항

- 적정한 가격
- 인지도
- 수배능력과 전문성

(3) 여행일정표 작성의 실제

❶ 여행일정표의 작성요령

- 일자란에는 출발일을 제1일, 제2일로 기입하여, 일자란에 여행하는 월, 일 및 요일을 기입한다.
- 교통편에는 교통기관의 이용편 및 편명을 기록하여야 하며, 시간은 정확하게 기입하여야 한다.
- 일정란에는 가급적 오전, 오후로 구분하거나 예정 시간대별로 특징적인 관광자원을 중심으로 기입한다.
- 숙박란에는 숙박호텔명과 전화번호 등을 기입하고, 숙박지가 열차나 항공기, 배 등일 때는 기내숙박, 선내숙박 등의 표시를 한다.
- 식사란에는 조중식으로 나누어 가급적 식사의 종류를 기입하고, 식사가 불포함인 경우에는 자유식이라 표시하여 식사의 제공유무를 명확하게 함으로서 오해가 없도록 해야 한다.

❷ 여행일정표 작성의 사례

고객으로부터 접수한 여행의뢰조건에 따라 지상수배업자에게 수배를 요청하는 전에 고객의 의뢰요구조건을 충족시키는 여정을 작성하여야 한다. 고객으로부터 들은 최초의 여정은 여행상품의 원가계산과 여행조건서 작성의 기초자료가 되므로 고객의 요구조건을 잘 듣고 작성해야 된다. 지상수배업자가 보내온 수배확인서 및 견적서(offer sheet)를 받아 수정 및 보완을 거쳐, 확정통보서(confirmation sheet)를 받은 후에 여행작성업무가 완료되는 것이다.

예 13-1 **수배/견적 의뢰서**

수배/견적의뢰서

T　O : PHILIPPINE TOURS　　　　　　　　DATE : 10 DEC. 2008
ATTN : 김ㅇㅇ 부장님
FROM : YH TRAVEL AGENCY

단체명	ㅇㅇㅇPTY	일 정	4박 5일	인 원	15+1(T/C)
여행기간	2009년 1월 1일~2009년 1월 5일				
• 숙박조건 : 1등급 호텔(2인1실) • 현지교통수단 : 미니버스 1대			• 식사조건 : 여정참조 • 현지안내원 : 1인(한국어)		

일자	지역	교통편	시간	일 정	식사
제1일 1/1 (토)	인천 마닐라	 KE621	06:30 08:30 11:25 14:00 18:00	인천공항 ㅇㅇ앞 집결 인천출발 마닐라 도착 후 라구나로 이동 곽상한 카누타기, 폭포관광 마닐라 귀환 석식 및 호텔 투숙	조 : 기내식 중 : 한정식 석 : 현지식
제2일 1/2 (일)	마닐라 깔리보 보라카이	 PR026 선편	오전 13:40 14:40 오후	조식 후 시내관광 (리잘공원, 산티아고요새) 마닐라 출발 깔리보 도착 후 까띠끌란 경유 보라카이로 이동 석식 및 호텔 투숙	조 : 호텔식 중 : 한정식 석 : 현지식
제3일 1/3 (월)	보라카이		전일	해변에서 휴식 및 자유시간 (선택관광 : 호핑투어, 체험다이빙, 트라이시클 등)	조 : 호텔식 중 : 한정식 석 : 현지식
제4일 1/4 (화)	보라카이 깔리보 마닐라	버스 PR026	 15:10 16:10	조식 후 해변휴식 및 자유시간 중식 후 국내선 공항으로 이동 깔리보 출발 마닐라 도착 후 UN묘지 관광 석식 및 호텔 투숙	조 : 현지식 중 : 현지식 석: 잠보앙가
제5일 1/5 (수)	 마닐라 인천	 KE622	 12:30 17:45	조식 후 공항으로 이동 마닐라 출발 인천국제공항 도착	조 : 호텔식 기내식

예 13-2 **수배확인 및 견적서**

OFFER SHEET

T O : YH TRAVEL AGENCY DATE : 15. DEC. 2008
ATTN : 나○○ 부장님
FROM : PHILIPPINE TOURS

단체명	○○○PTY	일정	4N5D	인원	15+1FOC=16PAX	기간	1.JAN.2009-5.JAN. 2009
TOUR FREE(P/P)	P/P US$ 200×15PAX	TOTAL TOUR FEE	US $3,000				
① • HOTEL NAME : 일정참조 ② • ROOM : TWN 8 ③ • MEAL : BRF(6) LUNCH(5) DINNER(6) ④ • GUID : KOREAN SPEAKING GUIDE				• PAYMENT : PUSAN • CONDITION : FULL PENSION • ADMISSION FEE : INCLUDE • TRANSPORTATION : BUS			

일자	지역	교통편	시간	일 정	식사
제1일 1/1 (토)	인천 마닐라	KE621	06:30 08:30 11:25 14:00 18:00	인천공항 ○○앞 집결 인천출발 마닐라 도착 후 라구나로 이동 곽상한 카누타기, 폭포관광 마닐라 귀환 석식 및 호텔 투숙	조 : 기내식 중 : 한정식 석 : 현지식
				WESTIN PHILIPPINE PLAZA	
제2일 1/2 (일)	마닐라 깔리보 보라카이	PR026 선편	오전 13:40 14:40 오후	조식 후 시내관광 (리잘공원, 산티아고요새) 마닐라 출발 깔리보 도착 후 까띠끌란 경유 보라카이로 이동 석식 및 호텔 투숙	조 : 호텔식 중 : 한정식 석 : 현지식
				PARADISE GARDEN	
제3일 1/3 (월)	보라카이		전일	해변에서 휴식 및 자유시간 (선택관광 : 호핑투어, 체험다이빙, 트라이시클 등)	조 : 호텔식 중 : 한정식 석 : 현지식
				PARADISE GARDEN	
제4일 1/4 (화)	보라카이 깔리보 마닐라	버스 PR026	15:10 16:10	조식 후 해변휴식 및 자유시간 중식 후 국내선 공항으로 이동 깔리보 출발 마닐라 도착 후 UN묘지 관광 석식 및 호텔 투숙	조 : 현지식 중 : 현지식 석: 잠보앙가
				WESTIN PHILIPPINE PLAZA	
제5일 1/5 (수)	마닐라 인천	KE622	12:30 17:45	조식 후 공항으로 이동 마닐라 출발 인천국제공항 도착	조 : 호텔식 기내식

예 13-3 **확정통보서**

CONFIRM SHEET

T　O : YH TRAVEL AGENCY　　　　　　　　DATE : 18. DEC. 2008
ATTN : 나○○ 부장님
FROM : PHILIPPINE TOURS

단체명	○○○PTY	일정	4N5D	인원	15+1FOC=16PAX	기간	1.JAN.2009-5.JAN. 2009
TOUR FREE(P/P)	P/P US$ 200×15PAX			TOTAL TOUR FEE	US $3,000		

⑤ • HOTEL NAME : 일정참조　　• PAYMENT : PUSAN
⑥ • ROOM : TWN 8　　• CONDITION : FULL PENSION
⑦ • MEAL : BRF(6) LUNCH(5) DINNER(6)　　• ADMISSION FEE : INCLUDE
⑧ • GUID : KOREAN SPEAKING GUIDE　　• TRANSFORTATION : BUS

일자	지역	교통편	시간	일 정	식사
제1일 1/1 (토)	인천 마닐라	KE621	06:30 08:30 11:25 14:00 18:00	인천공항 ○○앞 집결 인천출발 마닐라 도착 후 라구나로 이동 곽상한 카누타기, 폭포관광 마닐라 귀환 석식 및 호텔 투숙	조 : 기내식 중 : 한정식 석 : 현지식
				WESTIN PHILIPPINE PLAZA(551-6605)	
제2일 1/2 (일)	마닐라 깔리보 보라카이	 PR026 선편	오전 13:40 14:40 오후	조식 후 시내관광 (리잘공원, 산티아고요새) 마닐라 출발 깔리보 도착 후 까띠끌란 경유 보라카이로 이동 석식 및 호텔 투숙	조 : 호텔식 중 : 한정식 석 : 현지식
				PARADISE GARDEN(825-2266)	
제3일 1/3 (월)	보라카이		전일	해변에서 휴식 및 자유시간 (선택관광 : 호핑투어, 체험다이빙, 트라이시클 등)	조 : 호텔식 중 : 한정식 석 : 현지식
				PARADISE GARDEN(825-2266)	
제4일 1/4 (화)	보라카이 깔리보 마닐라	버스 PR026	 15:10 16:10	조식 후 해변휴식 및 자유시간 중식 후 국내선 공항으로 이동 깔리보 출발 마닐라 도착 후 UN묘지 관광 석식 및 호텔 투숙	조 : 현지식 중 : 현지식 석: 잠보앙가
				WESTIN PHILIPPINE PLAZA(551-6605)	
제5일 1/5 (수)	 마닐라 인천	 KE622	 12:30 17:45	조식 후 공항으로 이동 마닐라 출발 인천국제공항 도착	조 : 호텔식 기내식

※현지연락처 : (632)○○○-○○○○, H.P(0918)○○○-○○○○

2) 인바운드 여행일정표

인바운드의 일정표는 외국여행업자의 요청에 따라 일정표를 작성하게 된다. 인바운드 일정표는 내국인의 국외여행과는 달리 국외에 있는 여행업자로부터 입 · 출국 항공편의 날짜와 시간이 확정되어야 일정표의 작성이 가능하다.

인바운드의 여행일정표 작성의 일반적 유의점은 아웃바운드의 일반적 유의점과 유사하나 우리나라의 경우에서는 다음과 같은 사항은 고려하여 일정을 작성하여야 한다.

- 숙박과 식사의 배분은 지방색을 가미하고 내용의 변화를 추구한다.
- 교통이 혼잡한 성수기에는 시간적 여유를 충분히 고려하여야 한다.
- 계절적인 특성을 고려하여 일정을 작성한다.

PUSAN/KYUNGJU ITINERARY

#541 CHORYANG-DONG,
PUSAN, KOREA
○○TRAVEL AGENCY
TEL : 051-000-0000

DATE : 1. JAN 2009 - 5. JAN, 2009   GROUP NAME : LADY TOUR

DAY	DATE	TRANS PORTA TION	SCHEDULE	ITINERARY
1ST	1. JAN (SAT)	JL961	11 : 20	Arrival at Kimhae International Airport
		BUS	12 : 00	Transfer to Masan
			14 : 00	City Tour at KyungJu(Museum)
			17 : 00	Hotel Check-In
			18 : 00	Dinner at Restaurant(Bulgogi)
2ND	2. JAN (SUN)	BUS	07 : 00	Breakfirst(Hotel)
			10 : 00	City Tour at KyungJu(Bulkugsa,etc.)
			12 : 20	Lunch at Restaurant
			13 : 30	Transfer to Pusan
			14 : 30	City tour at Pusan(Yongdusan Park, etc.)
			17 : 00	Hotel Check
			18 : 00	Dinner at Restaurant
3RD	3. JAN (MON)	BUS	07 : 00	Breakfirst(Hotel)
			09 : 00	Free Time
			12 : 00	Lunch at Restaurant
			13 : 10	City tour at Pusan(Taejongdae, Jagalchi M)
			17 : 30	Dinner at Restaurant(Galbi)
4TH	4. JAN (TUE)	BUS	07 : 00	Breakfirst(Hotel)
			09 : 00	Free Time
			10 : 30	Transfer to Kimhae International Airport in Pusan for Departure
		JL962	11 : 00	Arrival at Kimhae International Airport
			12 : 30	Departure

2 원가계산 업무

1) 여행요금산출의 제반 여행조건

일반적으로 아웃바운드 여행경비산출은 원가요소인 항공운임을 비롯하여 숙박비 · 교통비 등 지상경비(land fee), 기타경비와 수수료로 구성된다. 인바운드의 경우는 현지지상에 관련된지상비용에 대한 산출이 되기 때문에 국제선 항공은 외국에 있는 여행업자가 예약 및 관리를 하기 때문에 원가계산항목에서 제외된다.

2) 아웃바운드 여행요금산출

전술한 바와 같이 아웃바운드의 여행의 원가요소는 크게 운임, 지상경비, 기타 필요경비와 수수료로 구별된다.

(1) 항공운임

항공운임은 출발지와 목적지 간의 요금으로 왕복여행요금을 적용한다. 우리나라의 경우 통상 공항세, 출국세, 전쟁보험료, 유류할증료, 현지공항세가 모두 포함되어 발권이 이루어진다. 항공요금의 산출은 마일리지 시스템에 의하여 산출된다. 장거리일수록 요금이 높아지며 그리고 여행목적지, 여행시기, 인원, 여행조건, 여행자의 신분, 여행경로, 이용항공사 등에 따라서 운임이 다르다.

(2) 지상비(land fee, ground charge)

지상비는 목적지 내에서 여행관련 이용시설 및 여행요소와 이에 관련된 서비스의 이용에 따른 비용을 말하는데, 이용시설의 종류와 여행요소 등의 내용이 다양하다. 지상경비의 구체적인 내용은 숙박비, 식사비, 지상교통비, 관광비, 가이드료, 세금, 팁, 기타비용 등으로 구성되어 있다.

❶ 숙박비(accommodation charge)

숙박시설의 종류, 위치, 등급, 규모 등의 조건에 따라 각각 다르다. 그리고 여행객의 규모, 여행 시기와 여행목적지지의 물가나 지불화폐가치에 따라서도 숙박비가 달라지는 경우도 있다. 숙박비는 객실요금에 세금과 봉사료가 첨부되어 요금이 산출되는데 호텔의 요금운영방식에 따라 다음과 같다.

- European Plan 객실요금만 징수하는 방식
- American Plan 객실요금에 2식의 식사를 포함하여 징수하는 방식
- Continental Plan 조식이 포함된 객실요금을 징수하는 방식

❷ 식사비(meal charge)

여행일정 중에 제공되는 식사횟수와 식사의 제공 장소 등에 따라 달라진다. Full Pension, Half Pension이냐, 식사를 어느 장소(호텔, 현지식당 등)에서 하느냐에 따라, 그리고 식사의 메뉴선택에 따라 여행경비에 영향을 미친다.

❸ 세금(tax charge)

여행 중에 부과되는 각종의 세금을 말하는데 공항세, 출국세, 통행세 등이 포함된다.

❹ 관광비용(tour charge)

관광비용에는 관광지의 입장료, 가이드 비용, 기념사진대금 등이며 여행목적에 따라 통역비, 전시회입장료 등이 포함된다.

❺ 지상교통비(ground transportation charge)

여행목적지에서의 지상교통이용에 따른 비용이다. 지상교통으로는 전세버스, 기차, 선박 등이 이용되나 800마일 이상일 경우 항공기 이용이 많은 편이다.

❻ 기타비용(Miscellaneous Expense)

관광비용에 포함시키는 비용과 포함시키지 않는 비용으로 구분되는데 아웃바운드의 경우는 다음과 같다.

- 관광비용에 포함시키는 비용

– 인솔자의 항공운임과 출장비

- 여행보험료
- 간접비용(인쇄비, 광고비, 접대비, 통신비 등)

• 관광비용에 포함시키지 않는 비용

- 여권수속비용과 비자비용, 초과수하물요금
- 싱글 객실을 사용할 경우의 추가 비용
- 인솔자 및 현지가이드, 운전기사 팁
- 개인의 비용(세탁비, 국제전화사용료, 선물비용 등)

3) 인바운드 여행요금산출

인바운드의 요금산출요소는 지상경비(land fee)에 관한 것으로서 호텔, 식사, 포터비, 입장료, 교통기관이용료, 운전사팁, 가이드팁, 기타비용으로 구성된다.

아웃바운드 여행상품 가격결정의 예

- 목적지 : 필리핀/보라카이
- 일정 : 4N5D
- 보험료 : ₩10,000
- 인솔자경비 : $30(하루당)
- 식사 : FULL PENSION
- 인원 : 15+1FOC=16PAX
- 환율 : 1$=1,200원
- 지상경비 : $200
- 항공료 : ₩480,000(유류할증료, TAX포함)

항목

항목	내역	원가(1인당)	원가(전체)	산출근거
항공료	SEL/MNL/SEL	₩480,000	₩480,000×15	15+1FOC
	TAX			
	유류할증료			
	소계(1)	₩480,000	₩7,200,000	
지상비		$200×1,200	$200×15×1,200	1FOC
	소계(2)	₩240,000	₩3,600,000	
기타경비	여행자보험료	₩10,000	₩10,000×16	
	인솔자경비	$30×5×1,200÷15	$30×5×1,200	
	공항수송료			
	비자비			
	접대비(광고비)			
	소계(3)	₩22,000	₩340,000	
원가합계(1+2+3)		₩742,000	₩11,140,000	
수수료(4)		₩74,200	₩1,140,000	10%
판매가격(1+2+3+4)		₩816,200	₩12,254,000	
여행사 수익	현지지상수익(5) (쇼핑/옵션)			
	항공수익(6)			
	총수익 (1+2+3+4+5+6)			

인바운드상품 가격결정의 예

- 일정 : 3N4D
- 인원 : 15+1
- 환율 : 1$=1,200원
- 공항세 포함
- 숙박 : LOT(2박), PBH(1박)

Tour Name : YH-100	Operator : YH TRAVEL AGENCY	
Date : From 1.JAN TO 4.JAN	(3nights 4days)	
NO of pax : 15 paying plus 1 free	(Rate : 1$/₩1,200, 100¥/₩1,000)	
ITEMS	DETAILS	AMOUNT
Hotel	₩90,000(1/2 Twin)×1Night ₩82,500(1/2 Twin)×2Nights	₩49,500 ₩82,500
Meals	Breakfast : ₩5,000×3Times Lunch : ₩10,000×3Times Dinner : ₩10,000×3Times	₩15,000 ₩40,000 ₩30,000
Porterage & Admission(p/p)	₩50,000	₩50,000
Surcharge for Free		
Unit Price(A) Total		₩267,000
Divisible Transportation	1ST : ₩200,000 2ND : ₩250,000 3RD : ₩200,000 4TH : ₩200,000	₩850,000
Driver's Tip	₩20,000×4	₩80,000
Guide Charge	₩50,000×4	₩200,000
Extra Expense	₩12,000(toll)	₩12,000
Divisible Total		₩1,142,000
Divide by Paying Pax Unit Price(B)	₩1,142,000÷15	₩76,133
Net Total Unit Price(A+B)		₩338,633
Company Handing Charge10% Unit Price(C)		₩38,863
Airport Tax Unit Price(D)		
Fixed Quotation (A+B+C+D)		₩377,496
Remarks :		US$ 315(P/P)

제 14 장

국외인솔 업무

프로는 여행가이고, 아마추어는 관광객이다. 이종선

여행은 인생을 새롭게 변화시키는 생활의 악센트다. 네이버 블로그, ID(원시인) : 여행자의 반려

여행은 다른 문화, 다른 사람을 만나고 결국에는 자기 자신을 만나는 것이다. 한비야

나만의 여행을 만드는 가장 쉬운 방법. 그것은 바로 골목 깊숙이 들어가는 것이다 일상이 지루할수록 골목 안 구석구석을 돌아다녀보라 그리고, 모퉁이를 돌아보라 예기치 않은 즐거움이 그곳에 있을지 모른다. 도연

여행이란 우리가 사는 장소를 바꾸어 주는 것이 아니라 우리의 생각과 편견을 바꾸어 주는 것이다. 아나톨 프랑스

제14장
국외인솔 업무

1 국외여행인솔자의 의의

1) 국외여행인솔자의 정의

국외여행인솔자(overseas tour escort)라고 불리는 명칭의 역사는 국민해외여행자 유화의 기조 아래 1982년 4월 1일 국외여행안내원 자격시험을 실시한 것으로 거슬러 올라간다. 당시에는 국외여행인솔자가 아니라 국외여행안내원으로 불렸다. 이후 1987년 7월 1일 국외여행안내원 및 통역안내사를 관광통역안내사로 단일화시키는 과정 속에서 국외여행안내원이라는 명칭이 폐지되었다가 1993년 12월 27일 관광진흥법 개정 때 '국외여행인솔자' 라는 이름으로 다시 제정되었고 이를 근거로 하여 1997년 12월 1일 국외여행인솔자의 자격요건이 마련되었다. 그 후 '국외여행인솔자 양성기관의 지정 등에 관한 요령' 이 1998년 1월 7일 문화관광부 고시령으로 제정되었다.

통상적으로 우리나라 여행업계에서는 국외여행인솔자를 투어 컨덕터(tour conductor : TC)라고 명명하고 있으며 유럽, 미주, 일본(TC의 다른 표현으로서 첨승원(添乘員)이라고 불리기도 한다) 등지에서도 가장 일반적인 용어로 사용되고 있다. 유럽의 일부국가와 동남아에서는 투어 리더 또는 투어 마스터(tour leader, tour master)로, 우리나라 관광진흥법에서는 현재 국외여행인솔자(tour escort)로 명명하고 있다. 이외에도 미주지역에서는 투어 매니저(tour manager), 투어 디렉터(tour director) 등의 다양한 용어로 사용되고 있지만 이들이 여정관리업무를 주목적으로 한다는 점에서는 같은 개념으로 보아야 할 것이다.

본 서에서는 국외여행인솔자를 다음과 같이 정의한다. 국외여행인솔자란 내국인의 국외단체여행(기획여행 및 수배여행)에 동행하여 소정의 일정과 수배내용, 여행계획에 의거하여 여행의 원활한 진행을 도모하기 위해 제반업무를 수행하는 자이다.

2) 국외여행인솔자의 유형

국외여행인솔자의 유형은 여행사소속 전문TC, 여행사 직원으로서의 TC, 촉탁(전속)직원으로서의 TC, 프리랜서로서의 TC, 협회소속으로서의 TC 등의 여러 유형들이 있다. IMF 이후에는 우리국민의 해외여행 빈도가 높은 근거리 지역(일본)을 중심으로 여행상품의 품질관리, 현지가이드 비용절감과 회사의 수익성 제고라는 차원에서 현지안내원 겸 TC(여행업계에서는 through guide로 불림)의 형태가 등장하게 되었다.

최근에는 국외여행인솔자도 전문성을 확보하여 지역 및 업무중심으로 세분화되고 있다. 유럽전문, 미주전문, 중국전문 등 특정지역을 중심으로 세분화되고 있으며 배낭여행TC, 크루즈전문TC 등과 같이 업무중심으로도 그 세분화가 진행되고 있는 추세이다. 한편 대형단체 인솔의 경우 2인 이상의 인솔자가 필요한데 이때 행사 총괄 TC를 선임TC(chief or main conductor 혹은 사수)이라고 하며 나머지 TC는 보조TC(sub or assistance conductor 혹은 부사수)라고 한다.

3) 국외인솔자의 자격요건

(1) 법적 자격요건

관광진흥법에서는 여행업자가 내국인의 국외여행을 실시할 경우 여행자의 안전 및 편의제공을 위하여 당해 여행을 인솔하고자 할 때에는 다음 중 하나의 자격을 갖춘 자를 두어야 한다고 규정하고 있다.

❶ 관광통역안내사 자격을 취득할 것

❷ 여행업체에서 6개월 이상 근무하고 국외여행경험이 있는자로서 문화체육관광부장관이 정하는 소양교육을 이수할 것(15시간 이상)

❸ 문화체육관광부장관이 지정하는 교육기관에서 국외여행인솔에 필요한 양성교육을 이수할 것(80시간 이상)

전문양성교육기관에서 양성교육을 이수하기 위해서는 관광관련 실업계고교 졸업예정자 이상, 관광관련 전문대 3학기 이상자 또는 졸업자, 관광관련 대학교 5학기 이상자 또는 졸업자, 관광관련 복수전공자, 부전공자, 학점은행제 관광관련 전공자 60학점 이상 이수자, 관광관련학과 석박사 과정 수료예정자 이상이어야 한다.

한편 상기와 같이 문화관광부령이 정하는 요건에 적합하지 아니한 자가 국외여행 인솔을 한 경우 해당 여행사는 1차 위반 시 사업정지 10일, 2차위반 시 사업정지 20일, 3차위반 시 사업정지 1월, 4차위반 시 3개월의 행정처분을 받게 되며 행정처분에 갈음하여 과징금으로 대체할 수 있는데 일반여행업의 경우 400만 원의 과징금, 국외여행업의 경우 300만 원의 과징금을 행정당국에 납부하여야 한다.

(2) 업무자격요건

❶ 훌륭한 서비스정신

서비스는 친절한 마음씨를 바탕으로 타인의 신변에 필요한 것을 주선하여 기쁨을 주는 것이며, 타인의 인격을 존중하고 상대방의 입장이 되어 주는 것이다. 국외여행인솔자 업무를 수행하기 위해서는 환대산업과 마찬가지로 좋은 서비스가 요구된다. 인솔자는 서비스정신의 구성요소라고 하는 sincerity(성실), smile(미소), smartness(단정함과 세련), speed(신속), sureness(확실)라는 5S 자세를 견지하여 인솔업무에 임해야 하며 또한 고객을 케어해 나가야 한다.

❷ 세련된 커뮤니케이션 기술과 행동

화자의 세련된 의사소통 과정이나 행동은 상대방을 편하게 하고 신뢰하게 만든다. 인솔자의 경우도 예외는 아니어서 인솔자가 어떠한 말을 하느냐, 어떠한 행동을 보이느냐에 따라 여행객들의 신뢰감과 만족도는 다르게 나타난다.

커뮤니케이션은 오감을 통해 측정된다. 가장 많이 영향을 주는 것이 시각 그 다음이 청각이다. 일반적으로 여행객은 시각을 통해 인솔자의 태도, 몸짓, 동작, 표현 등을 분석하고 청각을 통해 인솔자의 부드러움, 정중함, 공손하며 센스 있는 의사표현, 긍정적인 의사표현, 명령보다는 신뢰 가는 음성 등에 호감을 느끼게 된다.

그런 점에서 인솔자는 단순한 말에 집착하기보다 자신의 음성을 가꾸고 표정과 제스처 등의 비언어적인 부분에 대한 훈련과 유머감각을 키우거나 칭찬화법 및 동기부여적인 화법을 더 많이 구사할 수 있도록 노력해야 한다.

❸ 풍부한 여행업무 지식

인솔자는 풍부한 여행업무지식이 요구된다. 여행객은 방문국에 대한 호기심이 많다. 인솔자는 이러한 여행객의 호기심을 충족시켜줄 수 있는 적극적인 자세가 필요하다. 풍부한 여행업무지식이야말로 인솔자에 대한 신뢰와 능력으로 돌아온다. 예컨대 여행객을 위한 방문국의 정보인 기후, CIQ, 통화, 환율, 시차, 유명요리, 음료수, 정치, 경제, 문화, 종교, 관습, 쇼핑, 치안과 최근의 뉴스와 화제뿐만 아니라 방문국의 현재 생활사정까지도 파악해 두는 것이 좋다.

❹ 좋은 언어 능력

국외여행 시 의사소통의 기본이 되는 언어능력의 중요성은 아무리 강조해도 지나치지 않다. 언어능력의 문제는 자신의 문제(출입국 등)이기도 하지만 여행에 참여한 여행객의 전체의 문제가 되기도 하기 때문이다. 특히 교통기관의 파업, 사망사고 등 비상사태 발생 시 인솔자의 커뮤니케이션 능력이야말로 전 일정의 분위기를 좌우할 수 있고 일정의 차질을 초래할 수 있다. 그런 점에서 국외여행인솔자는 국제공용어로 통용되고 있는 영어에 대한 커뮤니케이션능력 하나쯤은 갖고 있어야 한다.

❺ 강한 책임감

강한 책임감이란 맡은 일에 최선을 다해 해내려는 적극적인 의지와 자기 역할에 대해 자각함으로서 생성된다. 책임감이 있는 사람이란 주어진 일을 설사 100% 완수하지는 못하더라도 최대한 그에 가깝게 정확히 하려고 노력하며 자신의 잘못으로 인해 회사와 조직에 손해를 끼치지 않으려고 노력한다.

인솔자는 여행사의 채무에 대한 대리인이다. 대리인 행위에 대한 법적 효과는 해당 여행사에 귀속된다. 인솔자의 실수, 고의 또는 과실로 인해 입은 여행객의 피해는 물론이고 현지여행사의 잘못이라도 그 효력은 해당 여행사에 미치게 된다. 그런 점에서 회사나 현지여행사의 잘못에 대해서도 전적으로 책임지려는 마음으로 임해야 되며 문제해결에 임해야 한다. 강한 책임감이야말로 여행객의 만족도와 여행사나 인솔자의 법적 · 도의적 책임을 줄여 줄 수 있는 강력한 수단이 된다.

⑥ 활동적이고 적극적인 라이프스타일

인솔자는 여행 중 에너지가 넘쳐흐르는 활동적이고 적극적인 라이프스타일을 견지할 수 있어야 한다. 대부분의 여행자는 인솔자의 제의 없이는 아무것도 안할 가능성이 높기 때문에 추천과 권고를 적극적으로 해야 한다. 여행객들에게 새로운 음식을 먹어보라고 권하기도 하고, 간략한 현지 언어를 배우게도 하고, 많은 이국문화체험을 하게 하는 것이 좋다. 그런 점에서 인솔자는 즐거운 여행이 될 수 있도록 항상 고민하고 연구해 나가야 한다.

⑦ 여행에 관한 열정

인솔자는 여행에 관해 열렬한 애정을 가지고 열중해야 한다. 같은 일정의 상품이더라도 다른 여행사의 상품과 차별화를 시도하려는 여행에 관한 열정으로 업무를 수행해 나가야 한다. 프로페셔널리즘(professionalism)이야말로 최고의 인솔자로 대우받게 해 줄 것이다.

⑧ 좋은 건강상태유지

인솔자의 업무는 여정관리가 주업무이기에 항상 긴장의 연속이다. 24시간 인솔여행객들과 같이 있어야 하는 인솔자는 고객들의 불편사항과 고충을 해결해야 하는 입장에서 있어 정신적인 노동뿐 아니라 시차극복, 수면시간의 부족 등 육체적 노동과도 싸워야 하는 입장이다. 인솔자의 나쁜 건강은 여행참가자들에 대한 올바른 서비스 제공뿐만 아니라 일정에 차질을 초래하여 회사에 피해를 줄 수 있다. 그러므로 인솔자의 건강이 대고객 여행서비스에도 큰 영향을 미친다는 점을 인식하고 건강상태의 유지 · 관리에 진력해 나가야 한다.

⑨ 원만한 성격

패키지의 경우 여행에 참여한 여행객들은 다양한 참여계층, 각기 다른 성격과 인구통계학적인 특성, 라이프스타일을 소유하고 있다. 이렇게 다양한 사람들이 모여 팀을 이루고 있는 상황에서 인솔자는 여행객 하나하나를 여행일정 동안 상대해 나가야 한다.

팀원이 많을수록 인간관계 형성은 더더욱 힘들다. 이런 조건에서 인솔자는 당해 여행이 쾌적하고 즐겁게 진행되도록 조정해 나가야 한다. 그러한 과정 속에 인내는 필수적이다. 이러한 일을 수행하기 위해서는 긍정적이고 적극적이어야 하며, 다양성의 조화를 찾아낼 수 있는 원만한 성격의 소유자여야 한다.

⑩ 합리적 리더쉽과 사고대처능력

국외여행인솔자는 보람 있고 즐거운 여행이 되게 하기 위하여 여행참가 구성원들의 참여와 협력을 이끌어내야 한다. 그리고 자발적 적극적 행동을 하도록 동기를 부여하고 영향력을 미치며 개인과 집단의 조정을 통하여 협동적 행동을 촉진 · 유도하도록 하여야 한다.

인솔자의 역량에 따라 여행분위기가 고조되기도 하고 가라앉기도 한다. '리더가 잘못된 오케스트라는 없다. 다만 무능한 지휘자가 있을 뿐이다' 라는 말을 명심하면서 단체를 이끌어 간다면 고객만족을 넘어 고객감동이나 고객행복으로 이어질 것이다.

그리고 여행 중에 여행계획과 달리 운송기관의 결항 · 파업, 자연재해, 초과예약, 여행객의 사고 등 인솔자가 통제하기 힘든 요소들이 나타나곤 한다. 특히 여행자의 신변에 이상이 생겼을 경우 심각한 문제를 야기시킬 수 있다. 여행사의 면책사항으로 다 밀어 붙일 수 있는 것은 아니다. 이들 상황에 대한 신속한 대처능력과 순간적인 결단력이 요구된다.

4) 국외여행인솔자의 역할

국외여행인솔업무는 여행상품과 서비스 질의 유지 못지않게 여행객의 안전을 책임지기 위한 최소한의 필요조건으로 작용하며 또한 여행을 쾌적하고 가치 있게 만들어 내는 업무라고 볼 수 있다. 이러한 역할은 결코 쉬운 것은 아니다. 이러한 역할을 수행하기 위해서는 인솔자로서의 기본자세, 능력과 경력이 중요시된다. 그 이유는 해외여행 시 소비자는 이러한 요소들을 가정하고 상품을 구매하기 때문이다.

인솔자는 단체여행에 동승하여 여정의 관리자와 지휘연출가로서, 때로는 여행전문가로서 상담역할을, 때로는 여행객과 현지인들과의 의사소통을 위한 통역사로서, 여행객의 질병 시 간단한 응급조치능력을 가진 간호사로서, 쓰루가이드가 없는 상황에서의 안내해설자로서, 때로는 세관통관 시 관세사로서의 역할을 여행 중에 수행하게 된다. 이렇게 볼 때 인솔자는 여행이 종료될 때까지 인솔이라는 하나의 역할이 아닌 여러 역할을 무난히 소화해낼 수 있는 멀티 플레이어(multi player) 또는 올 라운드 플레이어(all round player)로서의 역할이 중요시된다.

❶ 사업대리인

국외여행인솔자는 여행사를 대신하여 사업대리인으로의 역할을 한다. 대리인이란 조직을 대표하거나 대신하여 업무를 수행하는 자를 일컫는다. 사업대리인으로서의 역할은 여행사가 왜 계약을 했고 또한 여행객은 왜 여행요금을 지불했는지에 대한 이해에서 출발해야 한다. 이 의미는 국외여행인솔자는 여행사의 이익을 대변하고 여행자의 기대심리를 만족시켜줄 의무가 있다는 것을 함축하고 있는 것이다. 이런 점에서 인솔자는 비록 대리인이긴 하지만 여행기간 동안 회사를 대표하는 역할을 하게 되며 효력 또한 그렇게 나타난다. 인솔자는 회사의 얼굴로서 여행객들과 상호작용하게 된다는 것이다.

❷ 정보제공자

인솔자는 인솔 업무 전에 여행지정보, 흥미꺼리, 기타 여행지에 관련된 브리핑 정보를 준비하고 있어야 한다. 그리고 이러한 정보를 언제 이야기하고, 무엇에 대하여 이야기하고, 언제 침묵해야 할지를 알아야 한다. 뿐만 아니라 여행 중 여행정보와 오락을 적절하게 배분하여야 하며 여행객들이 빈번하게 질문하는 내용들에 대해 충분히 알고 있어야 한다.

그리고 여행사에게는 현지에서 알게 된 새로운 정보를 정리하여 다음 여행상품기획이나 똑같은 일정의 행사준비에 정보를 제공해줄 의무가 있다.

❸ 여행분위기 연출자

인솔자의 역할과 태도에 따라 여행의 좋고 나쁨이 결정된다고 볼 수 있다. 인솔자는 휴양, 사파리투어, 위락, 교육 등의 여행목적에 맞추어 여행의 효과를 극대화시키기 위해 일정을 관리하고 분위기를 연출하고 조정해 나가야 한다. 여행객의 기분을 고취시키고 즐거운 여행으로 이끌어내려는 노력을 게을리해서는 안 된다.

인솔자는 단체구성원들이 행복한 가족여행처럼 모든 여행객들이 여행한다는 느낌을 가지도록 일행을 하나로 통합해야 한다. 여행자 사이의 긴장감을 제거하고 생기 넘치고

활기 넘치는 여행이 될 수 있도록 분위기를 조성해 나가야 한다. 패키지의 경우 다양한 구성원들이 모여 하나의 팀을 형성하고 있다. 개인 하나하나를 단체의 구성원으로 참여할 수 있도록 조직화하여야 하며 이를 통해 여행기간 내내 구성원들 간에 화기애기하고 좋은 시간들이 될 수 있도록 해야 한다. 이는 쉬운 작업이 아니다. 고객들의 참여와 융화를 이끌어내기 위한 기술과 인내가 필요하다.

④ 여정관리자

인솔자는 계약상의 일정과 여행조건에 대해 대고객 약속 의무가 있다. 여행기간 동안 일정이 원활히 이루어질 수 있도록 사전에 운송기관을 재확인하고 그날그날의 일정들이 계획대로 진행될 수 있도록 여정을 관리해 나가야 한다. 그리고 인솔자는 불가항력적인 상황에서도 본래의 여정에 가까운 것을 여행참가자들에게 제공할 수 있도록 최선을 다하여야 한다.

여정관리는 판매결과에 대한 최종 마무리단계의 업무로서 여행객의 기대를 충족시켰을 때 비로소 완전한 것이 된다. 그런 점에서 인솔자는 현지 가이드와 상호협력을 통해 여행을 관리하고 통제해 나가야 한다.

⑤ 문화체험전도사

인솔자는 여행객들이 휴가를 마음껏 즐길 수 있도록 동기화시켜주고 도와주어야 한다. 다시 말해 투어를 자신의 이름을 걸고 창조적으로 이끌어내라는 것이다. 전술한 바와 같이 여행자는 인솔자의 제의 없이는 아무것도 안 할 가능성이 높다. 여행객들에게 새로운 음식을 먹어보라고 권하기도 하고 간략한 현지 언어를 배우게 하거나 여행지역의 특색을 반영하는 선택 관광에 참여케 하거나 자유시간을 활용하여 다양한 이국문화체험을 하게 하는 것이 좋다. 그런 점에서 인솔자는 여행객들이 현지의 문화를 많이 체험할 수 있도록 이끌어내는 문화체험전도사로서의 역할을 수행해야 한다.

2 국외여행인솔자의 업무내용

기본적으로 국외여행인솔자의 업무는 크게 여행 전, 여행 중, 여행 후로 구분되나 첨승 업무인 여행 중 업무가 국외여행인솔업무의 핵심이 된다고 볼 수 있다.[1)]

시간	관련 부서 · 업무	업무 내용
여행 전	판매부	• 단체의 성격 및 특성을 미리 파악 • 판매조건상의 특이사항이 있는가를 협의 • 이탈자 유무 및 이탈자의 개인 일정을 파악 • 패키지여행인 경우 소매업자의 특별 요청 유무 • 그룹여행인 경우 특별 수배사항유무 확인, 단체 오가나이저의 성격과 회사와의 관계 등을 파악
	수배부	• 현지 여행사의 회사명, 전화번호, 긴급연락망, 가이드현황 등을 숙지 • 항공권과 PNR, 바우처, 펀드 및 필요한 서류 인수 • 이탈자에 대한 수배사항과 지불범위 파악
	업무부	여권 및 비자 등 여행 관련 다큐멘트 수령 및 특이사항 파악
	인솔자 자신	• 현지 사정(여행지의 역사, 문화, 기후, 환율, 출입국수속상의 규제 등)의 연구와 숙지 • 이용 항공기의 기종, 도중 기착지, 실제 운항소요시간, 기내식 등의 파악, 현지호텔의 위치와 특성, 객실의 조건 등의 파악과 버스(회사명, 전화번호, 차량번호)와 식당, 관광의 내용 등에 대해 파악 • 참가자리스트, 객실배정표, 수하물꼬리표, 현지 출입국카드, 비상약, 전등, 계산기, 사무용품 등의 용품과 서류 준비
출발일	공항	• 집합시간 30분~1시간 전에 도착 후 항공좌석 배정 • 손님 집합 후 휴대수하물과 위탁수하물의 분리 • 전자항공권 교부 후 개인적으로 항공사 카운터에서 탑승권을 교부받도록 하고 수하물 탁송 후 수하물꼬리표 수령하도록 조처 • 여행참가자를 출국장으로 안내 후 세관신고 및 출입국심사를 거쳐 탑승게이트로 이동, 출발 20분 전까지 탑승
	기내	• 배정받은 좌석으로 안내, 동행 또는 일행이 떨어진 경우 항공기가 정상고도를 유지하면 좌석조정 • 기내 시설 및 기내 서비스, 기내식 메뉴에 대해 안내 • 운항승무원들과 협조체제 유지 및 입국서류 및 세관신고서 작성요령을 설명하고 안내

1) 본서에서는 출발지 공항에서 고객과의 미팅에서 시작하여 입국 시 공항에서 나와 해산하는 과정까지를 국외여행의 시간적 범위로 규정하며 국내교통수단 이동이 있을 경우 교통수단이 목적지에 도착하여 해산하는 과정까지를 포함한다.

시간	관련 부서 · 업무	업무 내용
출발일	기내	• 도중기착의 경우 트랜짓 라운지로 안내 및 재탑승 시 이용게이트를 안내 • 접속편일 경우 트랜짓 카운터에서 연결탑승절차 업무를 수행하고 손님들을 안전하게 인도하며, 수하물의 연결에 대해 탑승 전에 필히 해당 항공사에 확인
도착	공항	• 목적지에 착륙하면 항공기가 계류장에 완전히 도착할 때까지 착석을 유도하고, 기내분실물이 없도록 확인시킨 후 안전하게 하기토록 유도 • QIC 순으로 입국 수속을 안내하고, 여행객의 수속절차를 보조 • 도착수하물 확인과 통관 절차를 마치고 포터를 이용하여 짐을 운반시키고, 환전을 안내하며, 경우에 따라 세관에 보관하는 절차를 안내 • 라운지에서 현지 가이드나 여행사 직원과 미팅 후 버스에 탑승토록 안내, 단장 및 오가나이저 도착 인사 후 가이드 소개
	호텔	• 호텔에 도착, 로비에서 잠시 대기토록 안내한 후 숙박카드를 기재하고 객실열쇠 수령하여 객실을 배정 – 이때 노약자나 어린이는 승강기에서 가까운 방을 배정 • 호텔사용의 유의사항(현관 자동잠금장치, Safety Box, 미니바, 유료 TV, 욕조사용법 및 에티켓 등)안내 및 호텔네임카드 이용시기와 방법을 설명하고, 포터를 통하여 손님의 짐을 각 객실로 운반한 후 짐 운반 및 객실이상 유무를 확인 – 이상이 있을 때에는 수리하거나 객실을 교환토록 조치 • 식당 및 부대시설 이용방법을 확인한 후, 웨이크업 콜 등을 부탁 • 현지 여행사, 가이드와 여행일정 및 조건 등을 최종 점검하고, 항공기 재확인 방법 등을 상의하고 비상연락방법을 확인
현지	식당	• 식당 및 배정된 식탁의 위치를 확인하고 식사시간 등을 점검 • 메뉴 및 디저트의 내용을 확인하고 식사방법을 알아본 후 손님에게 안내 • 물, 음료수 등의 구분과 지불한도, 방법에 대해 종업원과 협의 후 안내
	관광지	• 예정된 일정대로 여행을 진행하며 현지가이드와 협조하여 쾌적하고 즐거운 여행이 되도록 노력하며, 손님에게 시간을 엄수토록 안내 • 좌석을 적절하게 배정하며, 앞좌석에 앉아 운전기사를 감독 • 팀이탈 시 합류방법 등을 안내하고, 임의선택관광을 적절하게 판매
	쇼핑 시	• 현지가이드와 협의 후 안내하되 쇼핑 시 지나친 개입 삼가 • 귀국 시 면세금액한도 및 통관 금지 품목 안내, 항공기 탑승 시 수하물 허용량에 대해 주지시킴 • 면세서류 작성시 보조적 역할과 면세혜택을 받을 수 있도록 안내 • 충동구매에 대해 주의를 환기시키고, 장시간 쇼핑으로 인하여 동행자에게 피해를 주지 않도록 조정관리

시간	관련 부서 · 업무	업무 내용
귀국	출국준비와 입국	• 출발 72시간 전에 항공예약 재확인 및 출국 당일 항공기 정시운항 여부 확인 • 체크아웃 시 개인비용 정산조치 및 객실과 Safety Box에 귀중품 방치 여부 확인 • 현지 여행사와 최종 정산업무 처리(지상경비청구서 확인, 옵션, 쇼핑정산) • 세관신고 및 면세품 인도, 세관 보관물품 반환과 재환전 안내, 좌석배정, 수하물탁송, 세관, 출국심사 순으로 출국을 안내
여행 후	보고 및 애프터 서비스	• 여행안내보고서 및 정산서를 작성 후 경리부서와 예비비 및 기타 수수료를 정산 • 단체의 문제점 및 개선책 등 전반적인 사항에 대하여 관련 부서에 보고 • 여행참가자들에게 귀국인사 및 정기적인 안부연락

3 국외여행인솔자의 사고대책 및 응급조치

1) 문제 또는 사고예방책

여행 도중 어떤 문제들과 사고들은 출발에서 귀국에 이르는 과정 동안 일어날 수 있다. 또한 이들 문제들은 통제 가능한 문제일 수도 있으며 통제 불가능한 문제일 수가 있다. 여행 도중 통제 가능한 문제들에 대해서는 이러한 문제를 줄여 줄 수 있는 방향에서 사전에 문제의 요소들을 인식하고 방지책을 마련하는 일이 중요하다. 통제 불가능한 문제들에 대해서는 인솔자의 임기응변, 결단력 등이 요구된다. 그런 점에서 여행객이 즐겁고 유쾌한 여행이 되기 위해서는 여행 중에 일어날 수 있는 문제를 사전에 최소화하거나 만약 문제가 일어났다면 인솔자의 문제해결능력의 유무는 여행의 질에 매우 중요한 요소가 된다.

국외여행인솔자는 우선적으로 사전에 일어날 수 있는 문제들과 위험요소들에 관한 구체적인 정보제공과 제반 주의사항을 인솔여행객들에게 전달하여 주지시키는 역할이 중요하다. 여권관리, 현지인의 관습이나 법규, 귀중품관리, 안전사고 등을 전달하여 여행객 본인들이 사고예방을 위한 노력을 기울이도록 하여야 한다. 그리고 시차와 기후의 차이에서 올 수 있는 건강의 문제를 체크하는 일도 고객의 사고를 예방하는 길이 될 뿐 아니라 고객의 인원 및 수하물 수의 확인, 시간준수, 예약 재확인 등을 이행함으로서 문제를 제거해 나갈 수 있다.

만약 문제들이 발생하였다면 인솔자는 우선, 문제의 사안에 따라 다르겠지만 문제의 사안이 큰 경우 여행객의 동요를 방지하기 위하여 침착하고 냉정하게 대처해야 한다. 인솔자 스스로의 판단에 의해 1차적 조치를 취하고 2차적으로 본사와 현지여행사의 협력 및 지원을 요청하는 것이 좋다. 사안이 급하지 않고 처리에 시간적 여유가 있을 경우에는 회사에 정확한 보고와 연락을 통해 지시를 받도록 한다. 문제들이 회사와 여행객의 책임을 따져야 할 상황의 문제라면 회사의 귀책사유인지 여행자의 귀책사유인지를 분명히 가려 고객의 이익 보호와 회사의 손해 방지에 힘써야 한다. 그러기 위해서는 인솔자는 여행약관의 이해와 면책사항을 확인하고 상대방 의무이행 주장과 회사의 권리주장, 정확한 상황 파악과 증거물을 확보해 두어야 한다.

2) 사고유형 및 대책

(1) 출발 전의 문제

❶ 항공편 지연의 문제

출발 전 항공편이 지연되고 있을 경우 인솔자는 다음과 같은 조치를 취하여야 한다.

■ 출발 전 탑승 재확인 과정에서 항공편의 연발착을 확인한 경우

- 장시간의 지연이 예상될 때는 우선 주최측(여행사)에 연락지시를 받는다.
- 고객의 집합시간을 변경해야 할 것인지 판단한다.(지연시간과 고객들이 공항까지 오는데 걸리는 시간을 고려하여 결정)
- 집합시간의 변경이 결정되면 즉시 연락하고(오거나이저 및 고객 전원의 자택 또는 그 대리인) 행사진행을 위해 예정대로 집합장소에 대기한다.(연락불능으로 집합한 고객 전송자에 대한 대응)
- 시간이 크게 지연되어 목적지에서의 첫날 여정에 지장을 줄 경우 그 대책에 대하여 현지의 지상수배업자(land operator)에게 지시한다. 그래야만 미팅미스가 없게 된다.

■공항도착 후 항공편의 연발착을 확인한 경우

- 인솔자는 우선 연발착의 원인이 무엇인지를 파악하여 여행참가자들에게 동요하지 않도록 설명해 주어야 한다. 이에 대한 방지책으로는 인솔자는 항공편 예정 출발시간 몇 시간 전에 항공사에 전화로 당일의 출발시간을 확인하는 것이 가장 현명하다.
- 2시간 이상 지연되면 인솔자는 해당 항공사 카운터로 가서 적절한 보상대책을 요구한다.
- 지상수배업자 또는 여행사에 연락하여 출발이 지연되는 현 상황을 설명하고 적절한 조치를 취하도록 한다.

■항공사의 고의 · 과실로 인해 예정된 항공편에 탑승하지 못한 경우

당해 항공편의 취소, 오버부킹, 노렉(NOREC)의 이유에서 나타나는 경우이다. 단, 기상상태, 공항사정, 항공기접속관계, 안전을 위한 예견하지 못한 정비 등 불가항력적인 사유로 인한 경우는 제외하고 항공사의 고의 · 과실로 인해 예정된 항공편에 탑승하지 못한 경우에 다음과 같은 소비자 피해규정이 있다.

소비자 피해규정(항공사)

대체편 제공유무	내용	
대체편 제공 시	4시간 이내 지역	4시간 이내 대체편 제공 시 US$100을 배상
		4시간 초과 대체편 제공 시 US$200을 배상
	4시간 초과 지역	4시간 이내 대체편 제공 시 US$200을 배상
		4시간 초과 대체편 제공 시 US$400을 배상
대체편 미제공 시	운임환급 및 US$400을 배상	

■항공사의 고의 · 과실로 인해 해당 항공편이 지연된 경우

재정경제부가 고시한 소비자피해보상규정에 의하면 2~4시간 이내 지연된 경우에는 운임의 10%를 배상, 4시간 이상 운송이 지연된 경우에는 운임의 20%를 배상(12시간 이상 시에는 30%)하도록 규정하고 있다. 단, 기상상태, 공항사정, 항공기접속관계, 안전을 위한 예견하지 못한 정비 등 불가항력적인 사유로 인한 경우는 제외

❷ 필요서류의 불구비

가. 여권의 불소지

- 고객이 집에 두고 왔을 때 시간이 있으면 가져오게 한다.
- 여권입수가 불가능할 경우 출발을 포기시킨다.

나. 비자의 불소지

- 원칙적으로 출발이 불가능하다. 다만 국가에 따라서는 일시 입국수속으로 입국이 가능할 수 있으므로 이용항공사의 담당책임자와 협의한다.
- 여행일정 및 재외공관의 사무취급일자도 같이 체크하여 가능하다고 판단되면 참가할 수 있으나 최악의 경우를 생각하여 고객에게 그 내용을 알려 이해시킨다.

다. 예방접종증명서의 불소지 또는 유효기간의 경과

- 접종가능한 시간대라면 공항 내의 검역소에서 접종을 받는다. 검인이 누락되었을 때에도 여기서 받는다.
- 불가능한 경우 이용 항공책임자와 협의한다.

라. 항공권의 불소지

- 출국 전 시내면세점에서 쇼핑을 위해 항공권을 가져간 후 항공권을 집에 두고 오는 경우들이 있다. 이를 경우 시간적으로 가능하면 회사에서 재발행하여 공항까지 전달토록 하든지, 아니면 항공사(공항)에서 재발행을 받는다.

세계보건기구(WHO)에서 정한 의무적 예방접종

아프리카 및 중남미 일부 국가는 황열 감염 위험지역으로 분류되어 있다. 이들 국가를 입국 · 경유하는 여행자는 입국 10일 전 황열예방접종을 받고 국제공인예방접종증명서(Yellow Card)를 휴대해야 한다. 일부 국가의 경우 출입국 수속 시 이 증명서를 확인하기 때문에 반드시 예방접종을 받고, 이 증명서를 지참하고 해당 국가를 방문하여야 한다. 예방접종 및 증명서는 국립인천공항검역소 등 전국 15개 검역소에서 받을 수 있으며 접종 유효기간은 접종 10일 후부터 약 10년간이며, 이 증명서는 분실 시 검역소를 방문하시면 재발급받을 수 있다.

1. 황열 백신

황열(yellow fever)은 모기가 매개하는 바이러스 질환으로 지역적으로 중부 아프리카와 남미 지역에서 집중적으로 발생한다. 특히 적도 중심으로 20도 내외의 지역에 호발한다. 황열이 발생하는 지역으로 고시되어 있는 다음의 국가를 방문하는 경우 예방접종을 받아야 한다.

아프리카　가나, 가봉, 감비아, 기니, 기니비사우, 나이지리아, 니제르, 라이베리아, 르완다, 말라위, 말리, 모리타니, 부르키나파소, 부룬디, 베냉, 상투메프린시페, 세네갈, 소말리아, 수단 남부, 시에라리온, 앙골라, 우간다, 에티오피아, 자 이레, 잠비아, 적도기니, 중앙아프리카공화국, 지부티, 차드, 카메룬, 카 보, 케냐, 콩고, 탄자니아, 토고, 보츠와나

중남미　가이아나, 기아나, 니카라과, 베네수엘라, 벨리즈, 볼리비아, 브라질, 수리남, 에콰도르, 온두라스, 콜롬비아, 코스타리카파나마, 페루, 과테말라, 트리니다드토바고

이 중 가나, 가봉, 기아나, 니제르, 라이베리아, 르완다, 말리, 몰리타니, 베냉, 부르키나파소, 상투메프린시페, 세네갈, 자이레, 중앙아프리카 공화국, 카메룬, 코트디부아르, 콩고, 토고 등은 국내에서 바로 출국할 때에도 반드시 황열 예방접종을 하여야 입국이 가능하다.

만일 이 지역에 입국할 때 증명서가 없으면, 입국을 거절당하거나 6일 정도 격리될 수 있다. 아울러 위에 열거한 황열 호발 국가들을 방문하는 경우 입국 절차만을 위해서가 아니라 황열에 걸리는 것을 예방하기 위하여 예방접종을 하여야 한다.

또한 기타 국가에서도 황열 발생지역을 거쳐서 입국할 때에는 예방접종 증명서를 요구하는 경우가 있으므로 여행계획에 따라 미리 예방주사를 맞을지 결정해야 한다.

황열 백신은 세계보건기구에서 인정하는 지정장소에서 맞아야 하며, 국내에서는 서울국제공항 검역소, 인천 검역소, 부산 검역소에서 맞을 수 있다. 백신은 반드시 여행출발 10~14일 전에 맞아야 하고 유효기간은 10년이다.

2. 콜레라 예방접종

콜레라 예방접종은 예방효과가 별로 없기 때문에 세계보건기구에 의하여 1988년부터 더이상 실시하지 않기로 하였다. 예방 접종보다는 위험지역을 여행하는 경우 음식과 물을 주의하는 것이 더 효과적이다.

그러나 경우에 따라 아직도 입국 시 콜레라 예방 접종을 요구하는 곳이 있으며 이 경우 1회 주사로 충분하다.

여행지에 따라 필요한 예방접종

1. 장티푸스 예방접종

장티푸스 예방접종은 아프리카, 동남아시아, 중남미 지역을 여행할 때 도시를 벗어나거나 장기체류할 경우 받는 것이 좋다. 예방접종은 주사용과 경구용 백신이 있다.
경구용 백신은 전신 부작용이 없고 약 70%의 예방효과가 있다. 복용법은 공복 시에 1회 1캡슐씩 하루 걸러서 총 3회 복용하며, 약은 냉장 보관하여야 한다. 6세 미만의 소아, 임산부, 면역저하 환자나 위장질환이 심한 환자 및 현재 항생제 치료를 받는 환자는 사용을 금한다. 경구용 백신의 경우 5년간, 주사용 백신은 3년간 유효하다.

2. 수막구균 백신

사하라 사막 이남의 중부 아프리카 지역(12월~6월), 사우디아라비아(성지순례 기간)의 지역을 여행하거나 장기체류하는 경우 수막구균 백신을 받는 것이 좋다. 가장 최근에는 네팔, 탄자니아, 부룬디에서도 집단 발생이 있었다.
수막염(뇌막염)은 일단 발생하면 매우 급속히 사망할 수 있는 병이므로 주의하여야 한다. 예방접종은 여행출발 14일 전에 1회 주사를 맞아야 한다.

3. 일본뇌염 백신

일본뇌염은 주로 아시아 온대지역(일본, 한국, 중국, 네팔, 방글라데시, 라오스, 미얀마, 캄보디아, 인도 북부)에서는 대개 7월부터 9월 사이에, 적도 지역(인도 남부, 타이, 필리핀, 대만, 인도네시아)에서는 연중 발생한다. 일본뇌염 모기가 전파하며, 예방법 역시 모기에 물리지 않도록 하는 것이 가장 중요하다. 우리나라 성인의 경우 일본뇌염 예방접종의 대상이 되지는 않으나 소아는 백신을 맞는 것이 좋다. 예방접종은 초회 접종인 경우 1주일 간격으로 3회 피하주사하며, 반복 접종은 2년마다 한다. 여행 전 10일 이전에 예방접종을 완료하여야 한다.

4. 광견병 백신

광견병은 일단 발생하며 100%의 치사율을 보이는 질병으로 동물에 물리거나 긁혀서 생긴다. 여행객이 걸릴 위험성이 높지는 않으나 아프리카, 동남아, 중남미 일부 지역에서 연중 발생한다. 따라서 이러한 지역에서는 애완동물이라도 만질 때 조심하여야 하며, 시골을 가는 경우, 동물과 접촉이 많을 것이 예상되는 경우 1달 이상 장기간의 여행을 하는 경우에 예방접종을 하는 것이 좋다. 예방접종은 어깨 근육에 3회 접종(0, 7, 21일)한다.

❸ 노-쇼우(no-show)

노쇼우란 예약자가 출발 당일 공항에 나타나지 않는 것을 말한다.

- 고객명단의 연락처를 활용하여 여행객의 휴대전화로 연락을 취하고 공항 내 안내소에 장내방송을 요청한다.
- 고객명단의 연락처를 활용하여 고객의 집으로 전화하여 출발시간을 묻는다.
- 여행사의 담당부서에 연락하여 취소나 출발변경의 유무를 확인한다.
- 교통사고나 체증으로 인한 지연인 경우, 많은 사람이 지연될 가능성이 있으므로 항공사와 상의하여 해당 항공편의 출발을 가능한 지연토록 한다.
- 나타나지 않은 이유를 밝히지 못한 채 출발할 경우에는 고객이 합류할 수 있는 가능성이 있으므로 항공사의 예약취소는 보류해 둔다.

(2) 여행 중의 문제

❶ 미팅 미스

- 현지대리점 또는 현지회사에 전화한다.
- 20~30분 기다려도 버스가 나오지 않을 때나 연락이 되지 않을 상황에는 택시에 분승하여 첫 번째 숙박예정지로 이동한다.
- 택시 한 대마다 행선지에 관한 메모를 손님 또는 운전사에게 넘긴다.
- 그룹으로 나누는 경우 외국어 가능자를 고려해서 배치한다. 인솔자가 2명일 때에는 한 명은 선두차에 타고 다른 한 명은 손님의 승차 및 수하물 적재사항을 확인한 다음 최종 승차한다.
- 인솔자가 한 명일 때는 손님에게 협조를 의뢰한다.
  - 택시의 선두차로 가는 인솔자는 호텔도착 후, 호텔입구에서 후속차를 기다려 수하물이 포터에게 전달되는가를 확인한 다음 손님을 인도한다.

❷ 항공권의 분실 및 도난

항공권을 분실하였을 경우 재발급을 받기 위한 절차와 과정은 생각보다 복잡하다. 보통 일반항공권은 해당항공사 현지사무실의 도움을 받아 처리할 수 있다. 단체항공권이나 할인항공권의 경우 분실 수수료가 비싸거나, 아예 환불이 안 되는 등 제한조건이 있으므로 현지에서 고가의 항공권을 다시 구입해야 하는 상황이 발생한다.

일반적으로 국제선 항공권을 분실했을 경우 분실환불(lost refund)이나 분실재발행(lost reissue)이라는 2가지 방법이 있다.

■ 대체항공권을 구입한 경우

현지에서 항공권을 새로 구입할 경우, 분실항공권의 미사용구간과 동일조건으로 항공권을 구입해야 전액 환불받을 수 있다. 귀국 후에 분실 항공권에 대한 발급확인서를 받고 새로 구입한 항공권의 승객용 티켓과 신분증을 가지고 해당 항공사(본사)에 가면 분실한 항공권 수수료를 제외하고 환불받을 수 있으나 항공사에 따라 약 3~6개월 정도 기간이 소요된다.

분실항공권은 최초 발행 항공사만 접수가능하며 신청일로부터 60일 이후 분실항공권의 미사용 여부를 확인하고 환불해준다. 전부 미사용항공권일 경우 지불금액 전부를 환불하며 일부사용 분실항공권일 경우 탑승구간 적용운임 공제 후 환불해준다.

■ 분실재발행(lost reissue)

해당 항공사의 현지 사무실로 가서 항공권 분실에 대한 분실항공권재발행(lost ticket reissue) 신청과 분실항공권에 대한 책임인수서(indemnity letter)에 서명하고 재발행을 기다린다. 이때 항공사는 항공권 발권지인 서울 사무실로 전문을 보내 재발행인가(reissue authorization)를 현지에서 받게 된다. 그 처리기간은 통상 3~4일 소요되며 재발급 비용은 티켓 1장당 약 US$ 50(항공사마다 차이가 있음)이다.

❸ 여권의 분실 · 도난 · 소실

- 가장 가까운 경찰서에 신고한 후 현지 관할경찰서가 발행하는 분실증명서(police report) 또는 도난신고서 또는 소실증명서를 취득한다.
- 관할 대사관, 영사관의 영사에 여권재발급 수속을 취한다.
- 이하의 상황을 염두해 두고 한국 재외공관에 재교부원을 낸다. 현재 여권은 발행치 않고 대부분의 경우 1회용 귀국을 위한 여행증명서(travel certificate)를 발행받는다. 기본적으로 여권을 분실하여 재발급을 받기 위해서는 2~10일 정도가 소요되기 때문에 재발급비용과 그때까지의 체재비는 본인이 부담해야 한다. 재발급을 받기 위해서는 다음과 같은 서류가 필요하다.

- 여권분실증명서(분실지 관할경찰서에서 발행)
- 사진 2매 (4㎝×5㎝) - 1장은 여유분
- 여권발급신청서(대사관이나 영사관에 비치)
- 여권분실신고서(대사관이나 영사관에 비치)
- 여권분실사유서(대사관이나 영사관에 비치)
- 신분확인서류(여권사본, 비행기티켓, 단체일정표 등)

여행증명서 발급 시 주의사항

여행증명서를 발급받을 때 주의해야 할 사항은 경유지란에 다음 목적지를 명기해야 한다는 것이다. 만약 경유지란을 공란으로 비워두면 다음 여행이 불가능하므로 곧바로 귀국해야 한다. 이 경우 다음 여행국의 비자관련 사항도 확인하여 비자가 필요할 시는 현지에서 다음 여행국의 비자를 받을 수 있도록 한다. 여권 분실로 인한 입국 확인(입국 스탬프)을 위해 사전에 또는 공항에서 출국 시 입국 스탬프를 받을 수 있는지를 확인해야 한다. 처리기간은 보통 1~3일, 길게는 1주일이 걸리는 경우도 있으므로 만약의 경우를 대비하여 여권의 복사본을 따로 보관했다가 제시하면 소요시간이 다소 단축될 수 있다. 귀국 후 여행증명서는 여권과에 반납하여야 한다.

여권분실횟수	유효기간
5년 이내에 2회 분실 시	5년으로 제한
5년 이내에 3회 이상 분실 시	2년으로 제한
1년 이내에 2회 이상 분실 시	2년으로 제한

④ 여행자수표의 분실 및 도난

- 여행자 수표를 분실했을 때는 우선, 현지 여행자 수표 발행처에 전화하여 분실신고를 하고 절차를 알아본다.
  - 분실 증명 확인서(police report)가 필요한 경우에는 현지 경찰서에 신고하여 받도록 한다. 대개의 경우 환급요구(refund claim)사무소가 나라별로 한 도시에 일원화되어 있다. 일반적으로 분실 경위, 장소, 수표 번호 등을 정확히 신고하고 나서 24시간 후에 희망 지역의 은행 또는 수표 발행처에서 재발급받을 수 있다.

- 여행자수표에는 반드시 여행자의 서명이 돼 있어야 하며(양쪽에 서명을 한 경우나 서명이 없을 경우 재발행이 되지 않는다) 정확한 수표 번호를 알고 있어야 하므로 여행자 수표 지참 시에는 반드시 서명과 수표 번호를 별도로 기재해 두어야 한다.

• 여행자수표 재발급서류는 여권 또는 이를 대신할 수 있는 신분증명서와 구입 시 은행에서 주는 영수증(여행자수표발행증명서) 사본이 필요하다. 만약 여행자수표 사본까지 잃어버렸다면 발행은행에 구입한 여행자수표번호를 문의하면 된다.

• 다음 사항을 해당 은행의 현지 사무소에서 분실신고서를 소정양식에 의거 기재한다. 현지에 해당 은행의 지점이 없을 때 해당 은행과 거래가 있는 가까운 은행에 수속을 한다.

- 성명, 주소, 분실, 도난, 파손 및 일시와 장소
- 해당 여행자수표의 번호 및 합계금액
- 여행자수표를 구입한 은행 또는 대리점과 구입일시
- 해당 여행자수표 소지인 서명이 없고 카운터사인(counter sign)의 유무
- 환불받고자 하는 은행명 또는 연락처

❺ 귀중품의 분실 및 도난

• 현장을 반드시 조사하여 분실자 본인의 착오인지 아닌지를 확인한다. 때로는 다른 곳에 두고 오거나 잘못 넣은 경우가 있다.

• 가장 가까운 경찰서로 가서 반드시 분실신고서를 받도록 한다. 만약 절도 사고를 당한 피해자가 여러 명이라면 분실한 여행객 인원수대로 각각 별도로 분실신고서(police report)를 작성해야 한다.

• 호텔인 경우 우선 호텔의 보안담당자에게, 그 다음 관할 경찰서에 피해를 신고한다. 그리고 분실도난증명서를 취득해 둔다(보험청구에 필요). 호텔 내에서 도난 발생 시에는 보통 숙박약관을 내세워 호텔측이 책임을 지지는 않으나 상황에 따라서 보험 등에서 커버될 수 있을 때 배상이 가능할 수가 있으므로 호텔의 보안담당자와 사건발생 시의 매니저와 일단 상의, 확인서를 받아놓는다.

- 보험으로 처리될 수 있는 휴대품 분실에 대한 보상은 최대 개당 20만 원이다. 가족이나 일행이 모두 도난을 당한 경우라면(도난품이 50만 원 이상의 고가 물

건일 경우) 반드시 나누어 보고해야만 피해액에 근접한 보상을 받을 수 있다. 경찰서에서 신분증 확인을 하므로 여권까지 분실한 경우는 본국에서 여권 카피본을 수령해야 한다. 보험 처리를 위한 서류는 다음과 같다.

- 분실신고서(police report)
- 손상품 수리 견적서(영수증 포함)
- 여권 복사본
- 본인 통장 사본 및 인적사항

– 보험 처리 시 주의할 점은 휴대품의 경우 여행자가 영수증을 보험 증빙 서류로 첨부할 수 없는 경우가 대부분이므로(영수증 미보관으로), 도난품의 품명 및 모델번호 등을 기재하는데 어려움이 있지만 보험 처리 시 보험사 직원이 이를 직접 확인하므로 가능한 한 정확히 기재해야 한다.

❻ 신용카드의 분실 및 도난

- 빠른 시간 내에 카드 발행은행이나 신용카드사에 전화해서 분실신고를 하고 카드를 정지시킨다. 분실신고를 할 땐 본인의 이름, 카드번호, 유효기간, 비밀번호 등을 알고 있어야 한다.
- 여행지에 있는 제휴회사, 제휴은행 등에서도 분실 신고를 할 수 있지만 한국으로 전화하는 것이 가장 빠르고 쉬운 방법이다.

– 신용카드 분실에 대비해 카드번호, 해외에서 연결되는 한국의 신용카드회사, 발행 은행의 분실신고 전화번호 등을 메모해두어야 한다.

– 국제현금카드 분실 · 도난을 대비해서 하루에 인출 가능한 한도액을 최소화해두는 것이 좋다.

- 신용카드 도난 신고를 하면 신고 시점 이후의 사용액은 전액이 보상되며 도난 신고가 접수된 날부터 45일 이전까지도 보상해 준다.

– 그러나 모든 신용 카드 회사가 모든 상황에서 보상을 해주는 것은 아니다. 현금서비스의 경우에는 비밀번호 누출의 책임을 물어 신고 전 사용분에 대해서는 보상해 주지 않으며, 타인에게 대여, 양도, 보관, 이용을 위임하여 도난, 분실된 경우는 보상받을 수 없다. 카드는 본인이 반드시 소지하여야 하며, 배우자 또는 가족에게 카드를 맡긴 후 분실하면 보상받지 못한다. 카드 뒤에 서명을 했으면 보

상이 가능하지만 만약 서명하지 않은 것이 밝혀지면 카드사는 보상책임이 없다. 따라서 카드소지자는 만일을 대비, 서명한 뒷면을 복사해두면 분쟁을 방지할 수 있다. 분실을 알고도 늦게 신고한 것이 명확해지면 15일 이내라도 보상을 받지 못한다. 분실신고는 사실을 안 즉시, 반드시 본인이 해야 한다. 사용하지 않는 카드는 분실 여부를 알기 어려워 대형피해가 예상되므로 해지하는 것이 좋다.

신용카드 사용법

환율이 떨어질 것 같으면 신용카드를 쓰는 것이 좋다.

현금서비스, 도난, 분실, 과소비, 흥청망청, 현금 서비스, 소득공제 등등. 뭐든지 과하면 좋지 않지만, 신용카드는 알맞게 사용하면 약이 될 수 있다. 특히 해외여행 시 신용카드사용은 더욱더 그러하다. 즐겁고 유익한 해외여행을 위한 신용카드 사용법을 알아두면 도움이 된다.

보통 환율이 올라갈 때는 신용카드사용을 줄이고 환전을 최대한 하는 것이 유리하다. 해외에 나가기 2~3일 전쯤 미리 단기 외화예금(제한이 없다)을 하는 것도 좋다. 하지만, 최근처럼 환율이 하락할 때는 현찰보다는 신용카드를 사용하는 것이 유리하다. 물론, 환율이 안정된 경우에도 이자와 환전수수료를 고려하면, 신용카드사용이 유리하다.

사진(포토)카드를 사용하면 분실 시 부정사용을 예방할 수 있다.

신용카드로 계산할 때 서명대조를 하지 않는 모습을 심심찮게 볼 수 있다. 만약에 신용카드에 사진과 서명이 선명하게 표시되어 있다면 카드를 받는 측에서 당연히 대조해 볼 것이다. 분실카드를 습득한 사람도 부정사용하기에는 부담스러워질 것이다. 사진(예쁘게 가족사진도 좋다. 가급적 최근 촬영한 사진)으로 포토카드를 만들면, 경우에 따라 연회비를 면제해 주기도 한다. 기념도 될 수 있고, 무엇보다 더 안전하게 사용할 수 있으므로 포토카드를 활용하는 것이 좋다.

해외에서 신용카드를 분실했을 때도 쉽게 해결할 수 있다.

해외 여행 시 간혹 신용카드를 분실하고는 어쩔줄 몰라 하는 경우가 있는 데, 걱정할 필요가 없다. 카드회사에 즉시 유선 신고하고, 귀국 후 2만 원 정도의 비용부담으로 제3자의 부정사용으로 인한 경우 청구분에 대해 환급형식으로 돌려받을 수 있다.

해외에서 신용카드를 사용할 때 각자 한도 제한이 있음을 주의해야 한다.

카드사마다 해외사용한도가 3,000불에서 6,000불까지 다양하다. 월간 이용한도는 이용대금 결제일에 관계없이 매월 1일부터 말일까지임을 유의해야 한다. 카드사용은 외환관리법상 통합한도로 관리되므로, 미리 점검해보고 가지 않으면 낭패를 볼 수 있다. 최근 (2002. 7. 1부터)에 해외에서 사용할 수 있는 신용카드 한도가 현재 건당 5천 달러인 신용카드를 이용한 대외거래의 국내결제한도가 폐지되었지만, 연간 미화 2만 달러를 초과하면 국세청, 관세청에 통보된다.

신용카드를 쓰면 이모저모 제법 혜택이 있다.

대부분의 카드회사는 항공사와 업무제휴로 스카이패스 마일리지 서비스를 제공하고 있다. 항공기 탑승 시 마일리지 계산하는 것을 잊지 말아야 한다. 마일리지가 쌓이면 제주도 항공권도 무료로 받을 수 있다. 일부 카드사에는 우량고객에게 1억 원에서 최고 5억 원까지 항공상해 보험에 가입해주기도 한다. 단, 항공권을 해당 카드로 구입한 경우에 한하는 조건이 있다. 단, 해외에서 신용카드를 사용하게 되면 신용카드 소득공제범위 내에 포함되지 않음을 유념하여야 한다. 따라서 어차피 살 물건이라면 출국 시 공항면세점에서 미리 카드를 사용하여 사는 것도 방법이라고 할 수 있다.

(www.emoney.co.kr)

❼ 유레일패스 분실

1993년 이전에는 유레일패스의 제일 윗장인 validation slip을 지참하고 있을 경우에는 재발행을 받을 수 있었으나 93년 이후부터 재발급을 해주고 있지 않다. 만약 유레일패스를 분실했다면 분실 후 잔여 여행기간에 따라 다시 비용을 지불하고 구입해야 한다.

- 환불의 경우는 여행 개시 전이나 낙서가 되어 있지 않다라는 조건으로 25% 이상의 수수료가 부과된다.
- 여행자가 해외여행보험에 가입하였다면 보상받을 수 길은 열려 있으나 현재까지 보험사들의 해외보험약관에는 유가증권으로 취급되어 보상을 해 주고 있지 않는 실정이다. 만약 보상을 받으려면 개인적으로 민사소송을 제기해야 한다.

유레일패스는 분실 시 보험금 지급

서울지법, 면책물품인 유가증권 아닌 증거증권

유레일패스는 유가증권이 아닌 증거증권 또는 면책증권이라는 판결이 나왔다. 그동안 보험사가"유레일패스는 보험약관의 면책물품으로 규정돼 있는 유가증권에 해당한다"는 이유로 보험금지급을 거절해왔으나 앞으로는 유레일패스를 잃어버린 여행객에게도 보험금을 지급해야만 하게 됐다.

서울지법 민사항소3부(재판장 睦榮埈부장판사)는 10일 김봉원 씨가 보험사 아메리칸 홈어슈어런스컴퍼니를 상대로 "유레일패스를 도난당했으므로 보험금을 지급해 달라"며 낸 보험금청구소송 항소심(2000나31990)에서 이같이 판시, 원심을 파기하고 김씨에게 보험금 20만 원을 지급하라는 원고 승소판결을 내렸다.

재판부는 판결문에서 "유레일패스는 발급할 때 사용자의 이름을 적고 사용할 때는 유레일패스와 여권을 대조해 다른 사람이 사용하지 못하므로 양도할 수 없고, 도난당했을 경우 재발급되지 않는다"며 "따라서 유레일패스는 가맹국의 열차를 이용할 수 있는 자격 · 법률상의 지위를 증명하는 증거증권 또는 채무자가 악의 또는 중과실없이 증권의 소지인에게 채무를 이행하면 채무를 면하게 되는 면책증권"이라고 밝혔다.

김씨는 지난해 12월 아메리칸보험회사와 해외보험계약을 맺고 유럽을 여행하는 중 유레일패스가 든 지갑을 분실해 보험금을 청구했으나 보험사가 "유레일패스는 해외여행 보통약관 중 휴대품손해담보 특별약관 제2조의 면책물품 중 유가증권에 해당"한다며 거절하자 소송을 냈다.

❽ 수하물의 분실 및 파손

• 공항에서의 수하물 사고

일반적으로 기상 악화, 수하물 위탁 시스템의 기술적인 문제 또는 수하물표 분실 등의 예기치 못한 상황으로 인해 수하물이 파손되거나 승객의 도착 시간에 맞춰 목적지 공항에 도착하지 않을 수 있다. 통상적으로 수백 개의 항공사가 제휴하고 있는 국제 수하물 추적 시스템으로 수하물을 추적하고 있기 때문에 1~2일 사이에 전달이 가능하다.

- 인솔자는 수하물의 수량이 부족한 경우 수하물 인환증(claim tag)을 가지고 분실물 보관소(lost and found desk)에 가서 잃어버린 수하물에 대해 근거서류를 받아 보관한다. 이때 인솔자는 손님을 대신하여야 하며 분실물의 형태, 내용물, 가격 등을 알려주어야 한다.

- 체재호텔, 여정을 알려 어디서 수하물을 받으면 좋은가를 확인한다.
- 수하물사고보고서(PIR) 또는 수하물 분실신고 확인서(lost baggage report confirmation) 1부를 받아(수령) 수하물을 발견할 때까지 보관한다.
- 발견할 때까지의 사이, 일상 생활용품 등에 관해서는 사서 주고, 후일 항공사에 청구한다. 지연보상금의 경우 항공사마다 다르지만 $50~100까지 지급되는데 요청하지 않으면 주지 않으므로 인솔자는 항공사에 반드시 요청하여야 한다.
- 고객의 위탁수하물의 분실, 파손에 관하여는 항공사의 책임이며 여행업자에게는 면책사항임을 납득시킨다.
- 수하물의 분실을 방지하기 위해서는 사전에 다음의 사항을 유의하여야 한다.
  - 튼튼하고, 특색 있고, 열쇠가 있는 가방을 준비한다.
  - 객실배정표에 나와 있는 손님의 번호를 수하물 꼬리표에 기입(key number)한다.
  - 수하물 꼬리표에 손님이름의 로마자는 반드시 인쇄체로 써야 하며 한자도 이중으로 기입한다.
  - 수하물의 증감을 반드시 인솔자에게 알려줄 것을 부탁한다.
  - 수하물 꼬리표를 확인을 한다. 또 항공회사의 수하물 꼬리표는 사용 후에는 반드시 풀어버린다.
  - 도착, 출발할 때 필히 개수를 체크한다.(집 또는 호텔에서 수하물 분실을 발견한 경우 21일 이내, 집 또는 호텔에서 수하물이 파손됐을 발견한 경우는 7일 이내에 신고하여야만 보상을 받을 수 있다.)

보상이 불가한 경우

- 깨지기 쉬운 물품이거나 부패하기 쉬운 물품, 건강과 관련된 의약품
- 너무 무겁거나 가방 용량에 비해 무리하게 내용품을 넣은 경우
- 하드케이스(전용 포장용기)에 넣지 않은 스포츠용품 및 위탁수하물로 접수된 악기류
- 노트북 컴퓨터, 핸드폰, 캠코더, 카메라, MP3 등 고가의 개인 전자제품 또는 그 데이타
- 현금, 보석이나 귀금속, 유가증권, 계약서, 논문과 같은 서류, 여권, 신분증, 견본(샘플), 골동품 등
- 가치를 따지기 어려운 귀중한 물건
- 보안검색 과정에서 X-RAY 통과로 인한 필름 손상
- 일상적인 수하물 취급과정에서 발생하는 경미한 긁힘, 눌림, 흠집, 얼룩 또는 스트랩, 외부 자물쇠, Name Tag, 액세서리 분실

분실 수하물의 보상한도액

항공편을 이용하면서 항공사에 위탁한 수하물(화물칸에 싣는 짐)이 분실되었을 경우에는 항공사마다 다르게 적용되는 것이 아니라 현재 269개 항공사가 가입되어 있는 국제항공운송협회(IATA)에서 채택한 국제 협약인 바르샤바협약 제3장 22조 2항에 근거하여 항공사마다 여객운송약관을 정하여 운영하고 있다.

물론 항공사 측의 재량에 따라서 보상금액을 상향조정할 수는 있지만 바르샤바협약이 적용되는 경우 위탁 수하물의 분실이나 손상 시 최대 배상액은 분실된 짐의 내용은 따지지 않고 무게로만 따져서 무게 1kg당 미화 20달러(또는 그 상당액)로 정해져 있다.

위 바르샤바협약을 적용할 경우 분실된 짐의 무게가 10kg이면 200달러(약 19만 원)밖에 안 된다. 항공사에선 사고가 발생하여 승객이 사망했을 때는 보상금이 국적에 따라서 다르게 적용되는 경우가 있지만 분실 수하물의 경우에는 승객의 국적에 따라서 보상금액이 다르게 적용되는 경우는 없다.

한편 바르샤바협약(1929)이 수십 년 전의 경제적 기준으로 책정되어 보상액이 낮다는 지적이 제기됨에 따라 1999년 ICAO 회원국은 몬트리올협약을 채택하였다. 우리나라는 2007년 몬트리올협약에 가입하였다. 몬트리올협약이 적용되는 경우의 책임한도는 아래와 같다.

- 사망 및 신체 상해에 대한 책임 한도액은 제한이 없다.
- 수하물의 파괴, 멸실, 훼손 또는 지연에 대해서는 통상 여객 1인당 1,000SDR(약 1,200유로 또는 미화 약 1,470달러)로 제한된다.
- 여객 지연으로 인한 손해에 대해서는 통상 여객 1인당 4,150SDR(약 5,000유로 또는 미화 6,000달러)로 제한된다.

EC 운송인은 모든 여객 및 수하물의 항공운송 시 몬트리올협약상의 책임제한규정 적용이 의무화되어 있으며 EC 운송인 이외의 다수 운송인들도 여객 및 수하물 운송에 대해 몬트리올협약을 따르고 있다.

실제 분실물에 해당하는 요금을 받기 위해서는 수하물 위탁 시 내용품에 대해 신고를 해야 되는데 대한항공의 경우 신고액 1백달러당 50센트의 추가 신고요금을 지불해야 하며 최고 2,500달러까지 신고할 수 있다.

• 호텔에서 객실에 짐이 도착하지 않았을 경우

– 수하물꼬리표의 탈락에 의한 배달 불능 : 벨 캡틴에게 올바른 객실배정리스트(room list)를 주어 수하물에 방 번호를 기입할 때 인솔자가 도와준다. 특히 혼동하기 쉬운 이름 등을 지적해서 알려준다.

– 객실배정리스트의 방번호(key number)를 수하물꼬리표에도 넣는다.

• 귀국 시

귀국편 분실인 경우 분실물 신고는 위와 같으나 다음에 유의한다.

– 인솔자는 여행객의 분실수하물이 발견될 것에 대비하여 대리통관을 항공사에 의뢰하고 열쇠를 맡긴다.

– 인솔자는 고객에게는 별송품 신고서의 작성을 안내하고 통관 후 고객의 연락처를 항공사에 제출한다.

• 관광지에서 분실을 하였을 경우는 빨리 포기하는 편이 좋으며 만약 보험에 가입이 된 경우는 현지경찰서의 분실확인서를 받아 두었다가 귀국 후 보험을 통해 보상받는 편이 좋다. 화물 발견 후의 대리통관을 의뢰하고 열쇠를 맡긴다.

❾ 재예약 확인 시 예약이 되어 있지 않을 때

• 동일 항공회사의 이용 예정편의 공석이 있는지 없는지를 확인한다.

• 해당 항공회사에 공석이 없을 경우 다른 항공사편의 공석 확인을 확인한다.

• 다른 항공사를 이용할 경우 이서(endorsement)가 필요하므로 항공권 발행회사에서 받도록 한다.

• 변경으로 인해 여행일정에 영향을 주는 지역의 현지 여행사에 연락하여 재수배를 의뢰한다.

• 오버부킹의 경우 항공사의 잘못이므로 예약 재확인을 한 것을 근거로 엄중히 항의하고 동일 항공편 이용이 불가능한 경우, 항공사의 책임하에 다른 편을 확보해 주도록 요구한다.

• 항공회사의 파업인 경우는 현지 여행업자와 철도, 버스 등 대체수단을 검토한다.

• 귀국편일 경우 본사에 연락하여 국내선을 재수배한다.

여행 도중 항공사파업 등의 이유로 탑승이 불가능한 경우

여행 도중 항공사파업으로 인한 결항의 경우 인솔자는 해당 항공사에 다른 항공사로의 이서(endorsement)나 스케줄재조정(rerouting)이 가능한지 여부를 확인하여야 한다. 가능하다면 다른 항공사를 이용하여 이동하면 된다. 대부분의 고객의 편의를 위해 해당 항공사에서 다른 항공사로의 이서(endorsement)가 가능하도록 협조를 아끼지 않는다.

다른 항공사로의 변경이 불가할 경우 인솔자는 항공사에게 추가대책(additional supplement)을 요구해야 한다. 당일연결이 불가할 경우 일반적으로 다른 교통편과 숙박시설을 제공한다. 이 모든 상황에 대해 인솔자는 참가 여행객들에게 상세히 설명하고 의논하여 결정하여야 한다.

⑩ 환자 발생 시

- 여행객이 호텔 내에 있을 때는 우선 호텔에 상주하는 의사(house doctor)의 진료를 받는다. 여행 도중일 경우에는 타고 있는 버스 또는 택시로 병원으로 이동하거나 구급차를 불러 병원으로 이송한다.
- 입원이 필요한 경우에는 호텔 또는 현지여행업자의 협력을 요청하여 입원에 필요한 수속을 하고 본사와 환자의 가족에게 연락한다.
- 비용에 관해서는 입원비용, 귀국비용 등은 개인부담이라는 것을 이해시키고 여행사에서 일괄적으로 해외여행 보험을 들었을 경우는 보험조건을 확인한다.
- 보험 청구를 위해 의사소견서 또는 병원 진단서, 치료비 영수증, 치료비 명세서 등을 받아두도록 한다.
- 인솔자를 포함한 단체가 환자를 남겨 두고 이동하게 될 경우 현지 여행사, 호텔 및 병원관계자, 재외공관 등에 협조를 요청하여 필요한 조치를 강구한다. 이동 후에도 현지 여행사 등을 통해 환자 또는 보호자 등과 연락을 계속 취하고 입원자의 회사에도 이를 보고하도록 한다.

⓫ 교통사고 발생 시

- 인솔자가 현장에 있었을 경우
  - 사고에 의해 사상자가 발생했다면 교통사고발생 현장에 의사 또는 구급차가 도착하기 전까지 부상자가 있는지 확인해보고 있을 시 깨끗한 수건으로 지혈시키면서 응급조치를 하여야 한다. 이때, 부상자를 함부로 움직이지 말고, 안전한 장소로 옮기는 것이 중요하다.
  - 신속히 구급차를 수배하고 구급차가 도착할 때까지 카메라와 스마트폰이 있을 경우 현장의 사진촬영과 가해자의 인적사항(주소, 성명 등)을 확보해 두어야 한다. 구급차가 오면 환자와 동승하여 병원으로 이송한다.
  - 경찰에 연락하여 입회하에 가해자의 주소, 성명, 사고발생장소, 사고내용 등을 기록한 사고조서를 작성하고 사고증명서를 교부받는다.

- 인솔자가 현장에 없었을 경우
  - 목격자나 통보자로부터 사고내용에 관한 진술과 신병을 확보한다.
  - 피해자가 있는 장소(병원, 경찰서 등)로 직행한다.
  - 경찰서에 피해자의 성명, 사고발생장소, 사고내용 등을 보고하고 사고확인서를 작성한다.
    - **병원에서 피해자의 용태** 등을 듣고 입원필요 여부와 기간 및 비용을 조사한다.

■ 관계기관으로의 연락
- 인솔자는 입원한 여행객의 사태를 고려하여 주재원 또는 현지 대리점, 호텔, 재외공관, 병원 관계자에게 연락하여 피해자 성명, 병원명, 용태를 알리고 조치에 대한 협조를 의뢰한다.
- 한국본사에 연락하여 지시를 받고 전화 등으로 상황을 상세히 설명하고 피해자 가족에게 연락을 의뢰한다.
- 여행객이 가입된 보험대리점에 전화로 사고내용을 상세히 전달하고 적절한 지시를 받는다.

■ 인솔자를 포함한 단체가 환자를 남겨 두고 이동하게 될 경우 현지여행사, 호텔 및 병원관계자, 재외공관 등에 협조를 요청하여 필요한 조치를 강구한다.

■ 기타
- 고객에게는 사고를 설명하고 인솔자 부재 중의 행동에 대한 적절한 지시와 더불어 협조를 구한다.
- 경찰서에서 사고증명서를 교부받는다(본사, 보험회사, 대사관, 병원 등에 제출하기 위해 5부 이상 복사를 해둔다).
- 가해자와의 교섭은 대사관원을 중재로 하여 경찰서에서 하고, 보상은 후유증 등의 관계로 결론을 내리지 않는다. 상대방에게 사고를 일으킨 것을 인정하는 문서를 쓰게 한다.

⑫ 사망 사고 시

- 의사에게 사망진단서를 발급받는다.
- 경찰서로 가서 검사진단서 및 경찰 사망증명서 등 필요서류를 발급받는다.
- 이후 한국 재외공관에 자세한 사항을 신고한다. 신고할 내용은 When(사망일시), Where(사망장소, 유해안치장소), Why(사망원인), Name(사망자의 성명), Address(사망자의 한국 주소, 본적지, 유족의 성명과 주소), Passport(여권번호와 발급일) 등이다.
- 이후에 여행 주관 회사(여행사)에 다음 사항을 보고 한다. 사망자의 성명, 사망일시, 사망장소, 사망원인, 유해의 안치 장소, 보험청구의뢰 등이다. 시신의 처리는 필히 유족의 의사를 존중해야 하므로 세심한 주의와 유족과의 연락이 필요하다. 보험 수속의 의뢰처리는 유족의 의사를 존중하여 그 지시에 따라 처리한다. 위임장이 없을 경우 유해인수 법정 대리인의 취지를 전보로 전달하여 위임장으로 대신하기도 한다. 주재원 및 현지 여행사, 현지 행사 주관 여행사와 긴밀히 연락해 최대한 협조를 요청한다. 장의사에게 부탁하면 이에 따른 제기관에 대한 신고 증명, 허가 수속, 기타 증명서류 취득을 대행해 준다. 또한 화장/매장 여부, 유해의 보관 항공 화물용, 유해의 방부보존처리, 항공 화물 수속대행 등 모든 업무를 맡길 수 있다. 여기에 소요되는 제반 비용은 해외여행 보험 가입자에 한해 처리가 가능하므로 반드시 해외여행 보험을 가입하고 가야 한다. 여행사의 패키지 상품을 이용하는 대부분의 단체여행 또는 허니문 상품의 경우 예약과 동시에 보험처리가 된다. 국내에서 보험 처리를 하기 위한 서류는 다음과 같다.
  - 사망진단서(또는 사체 검안서)
  - 피보험자의 호적등본(단, 자살은 보험 처리가 되지 않으며, 사망 시 보험 처리가 되지 않는 경우는 다음과 같다.)
  - 전쟁, 침략, 교전, 무력행사, 혁명, 내란, 반란, 계엄령, 폭동, 소요 등으로 인한 사망
  - 피보험자의 자살, 자살미수, 범죄행위, 폭력행위(정당방위는 제외)
  - 피보험자의 지병, 뇌질환 또는 심신상실로 인한 사망
  - 피보험자의 무면허 운전 및 음주운전으로 인한 사망

• 피보험자의 핵연료물질에 의한 사망
• 피보험자의 방사능 오염물질에 의한 사망

4 여행서비스제도

1) 여행경보제도

여행경보제도는 특정 국가(지역) 여행 · 체류 시 특별한 주의가 요구되는 국가 및 지역에 경보를 지정하여 위험수준과 이에 따른 안전대책(행동지침)의 기준을 안내하는 제도이다. 우리 국민의 안전에 대한 위험(위협)을 중요한 기준으로 해당 국가(지역)의 치안정세와 기타 위험요인을 종합적으로 판단하여 안전대책의 기준을 판단할 수 있도록 중 · 장기적 관점에서 여행경보를 지정 · 공지하고 있다. 이미 미국, 영국, 캐나다, 호주, 뉴질랜드 등의 국가에서 유사한 제도를 운영하고 있어, 안전한 해외여행에 기여하고 있다.

국민의 안전을 최우선으로 그 안전에 위협을 줄 수 있는 상황이 발생하게 되면 수시로 여행경보단계를 변경한다. 국가의 경보수준에 따라 정기적으로 짧게는 월, 길게는 반기별로 이미 지정된 여행경보단계의 적정성을 검토 및 변경하고 있다.

여행경보제도

출처 : https://www.0404.go.kr/callcenter/translation_service.jsp

2) 영사콜센터 제도

영사콜센터는 해외에서 사건 · 사고 또는 긴급한 상황에 처한 우리 국민들에게 도움을 주기 위해 연중무휴 24시간 상담서비스를 제공하고 있다.

해외 이용 시

휴대폰 자동로밍일 경우

현지 입국과 동시에 자동으로 수신되는 영사콜센터 안내문자([외교부] 해외 위급상황 시 영사콜센터(+82-2-3210-0404) 영, 일, 중, 불, 노, 서어 통역가능)에서 통화 버튼으로 연결

유선전화, 휴대폰 이용할 경우

유료연결 : 현지국제전화코드 + 82-2-3210-0404

01 무료연결 : 현지국제전화코드 + 800-2100-0404 / 800-2100-1304
02 무료연결 : 국제자동콜렉트콜(Auto Collect Call)
03 무료연결 : 국가별 접속번호 + 5번

출처 : https://www.0404.go.kr/callcenter/translation_service.jsp

3) 통역 서비스 지원 제도

영어, 중국어, 일본어, 프랑스어, 러시아어, 스페인어 등 6개 외국어에 대한 3자 통역서비스를 지원한다.

(1) 지원 범위

긴급 상황 시 현지 공무원 또는 관계자(경찰, 세관, 출입국 심사관, 의사 등 병원 관계자, 소방관 등)와의 제3자 통역을 지원한다.

통역서비스 불가 범위 : 번역, 일반 업무 관련 통역, 폭언, 현지 관계자가 없는 경우 등

(2) 지원 방식 : 3자 통화

영사콜센터 통역상담사가 민원인과 통화 후 옆에 있는 현지 관계자에게 통역하여 통화하는 방식으로 지원한다.

4) 동행서비스 제도

여행자에게 방문지의 안전정보를 메일로 발송하는 맞춤형 해외여행안전정보제공 서비스이다. 해외여행자가 해외안전여행홈페이지에 신상정보 · 국내비상연락처 · 현지연락처 · 일정 등을 등록하면 된다. 등록된 여행자가 사건 · 사고에 처했을 때 비상연락처 · 소재지 등 파악을 용이하게 할 수 있고, 재외공관(대사관)에서 미리 등록한 비상연락처를 바탕으로 신속하게 연락을 취할 수 있어, 보다 효율적인 영사 조력 제공도 가능하다.

부록

1. 여행사 용어해설
2. 국내 · 외여행표준약관
3. 세계 주요관광지

여행이란 우리가 사는 장소를 바꾸어 주는 것이 아니라 우리의 생각과 편견을 바꾸어 주는 것이다. 아나톨 프랑스

여행은 인간을 겸손하게 만든다. 세상에서 인간이 차지하는 영역이 얼마나 작은 것인가를 깨닫게 해준다. 프리벨

여행은 자기 자신에게서 도피하기 위한 것이 아니라, 자기 자신을 되찾기 위해서 하는 것이다. 장 그루니에

부록 1

여행사 용어해설

【A】

ACM(Air Credit Memo) 여행사에서 발권 시 실수로 해당요금보다 비싸게 발권함으로써 해당금액보다 많은 금액이 항공사에 입금된 것을 발견했을 때 차액반환청구 신청을 말한다.

AD(Agent Discount) 여행대리점 할인으로 여행대리점 사원의 연수를 목적으로 여행할 때 각 항공회사로부터 통상운임의 75%를 할인하여 항공권을 발권하는 것을 말하며, 유효기간은 3개월이다.

ADM(Air Debit Memo) 항공사에서 지정한 요금보다 여행사에서 싸게 발권함으로써 BSP에 항공요금보다 적게 입금되었을 때 그 차액을 여행사 측에 입금시킬 것을 청구하는 신청을 말한다.

Add-on 부가액을 말하는 것으로 이동량이 많은 관문공항과 그 주위의 소도시 사이의 연결된 구간에 부여되는 요금이다. 가령 부산에서 시드니로 가고자 할 때, 시드니행 항공기는 서울출발밖에 없으므로 부산에서 서울까지의 운임을 추가적으로 구입할 필요 없이 설정된 부가요금만을 추가해 이용할 수 있는 요금제도의 일종이다.

Advertised Tour 여행사가 고객을 상대로 여행상품에 대해서 주도권을 가지고서 행하는 주최여행 또는 모집여행을 말한다.

Airtel Air+Hotel을 줄인 단어로 고객이 간단한 업무상의 출장으로 외국에 나갈 때 또는 도착지에서 늦은 비행기로 도착하는 승객들을 위해서 공항 근처에 숙박시설을 갖추고서 고객에게 항공과 숙박을 함께 판매하는 것을 말한다.

ATR(Agent Ticket Request) 대리점용 항공권 다시 말해 대리점의 요청으로 발행되는 항공권이다. 여객대리점 중 담보능력의 부족으로 항공권을 자체적으로 보유하지 못하고 승객으로부터 요청받은 항공권을 해당 항공사 발권 카운터에서 구입하는 여행사대리점을 말한다. 항공권 이용 시 대금은 BSP와 달리 여행사는 항공권을 구매할 때마다 지불해야 하며 여행사가 ATR을 이용할 경우 고객이 대금지불 즉시 항공권 발행을 원했을 때 이에 대처할 수 없는 단점이 있다.

AUTH(Authorization) 항공담당자의 승인을 말한다. 통상 여행사가 항공사의 담당 세일즈맨에게 문의한 항공좌석이나 요금에 대한 승인을 일컬을 때 많이 사용된다. 대개의 할인요금은 조건이 붙게 되는데 여행사가 할인요금을 신청했을 경우 담당자는 해당조건에 적합한지를 판단하여 여행사에 투어코드나 오스넘버(AUTH number)를 넘기게 된다.

【B】

Back To Back Charter 항공기의 왕복을 연속하여 전세를 내는 것을 말한다.

Block 호텔의 객실, 항공기의 좌석 등 일구획을 한꺼번에 예약하는 것을 블록 예약이라 한다.

Bond 면세허용한도를 초과하였거나 그 나라에 체재 중 불필요한 물건, 그 나라에 반입이 금지된 물건에 대하여 보세예치하는 것을 말한다.

Brochure 여행상품판촉을 위한 유인선전물을 뜻하는 프랑스어로서 영어의 팜플렛에 해당된다.

BSP agent BSP에 가맹하고 있는 IATA 승인의 발권대리점(여행사)을 말한다. BSP agent는 BSP 가맹항공회사 공통의 운송권류와 발권기구를 보유하고 있어 여행자에게 직접 가맹항공회사 명의의 운송권을 발행할 수 있다.

【C】

Cancel charge 예약취소료(Cancellation Charge). 여행사를 비롯한 프린시펄에 의해 지정된 취소기간 중에 좌석 기타의 예약을 취소하지 않고, 그대로 예약된 상품이나 기타를 사용하지 아니한 것에 대해서 부과되는 요금이다.

Charter 차터항공편. 차터편의 대상으로는 여객, 화물, 우편이 있다. 차터편의 주류를 차지하는 여객 차터에는 예약자가 1機를 모아 놓으면 비행되는 ABC(advanced booking charter), 호텔·지상수송 등과 세트로 한 ITC(inclusive tour charter), 기업이 초대하는 경우와 같이 단독으로 1기를 빌리는 own use charter, 조사단·시찰단과 같은 여행목적으로 하지 않는 단체가 1기를 빌리는 affinity charter 등이 있다.

Child Fare 항공사에서 유아운임으로 만 2세 이상 만 12세 미만의 승객에게 적용되는 국제선 항공운임을 말한다.

CIQ(Customs, Immigration, Quarantine) 세관(customs), 출입국관리(immigration), 검역(quarantine)의 약자이다. 국제여행자가 출입국 시에 거치지 않으면 안 되는 출입국절차를 말하며, 이것을 합쳐서 government formalities 또는 entry procedure라고도 한다.

Codeshare 좌석공유 또는 공동운항이라고 하며 서로 다른 항공사 간에 구간 공유를 위해 항공좌석을 공유하는 것을 말한다. 즉 한 항공사에서 취항하지 않은 지역의 좌석확보를 위해 그 항공사가 미치지 못하는 특정 구간에 자사 항공좌석을 분할해 주고 자사의 항공구간이 미치지 못하는 부분을 받는 것을 말한다.

Comp complimentary의 약자로 호텔이 접대해야 할 사람이나 판매촉진을 목적으로 하는 고객에 대해 요금을 받지 않는 경우를 지칭한다.

Confirmation Sheet 지상수배업자에게 의뢰한 여행조건, 일정 등의 수배내용과 요금, FOC의 수 등의 내용이 최종적으로 결정된 최종 확정서를 말한다.

Connection Time 연결 항공편을 갈아타는데 소요되는 시간을 말한다.

CRS(Computerized Reservation System) 전산 예약 시스템을 말한다.

CRT(Cathode Ray Tube) 컴퓨터에 연결되어 있는 전산장비의 일종으로 TV와 같은 화면과 타자판으로 구성되어 있으며 메인 컴퓨터에 저장되어 있는 정보를 즉시 디스플레이해 보거나 필요 시 입력할 수 있다.

【D】

DBC(Denied Boarding Compensation) 해당 항공편 초과예약이나 항공사 귀책사유로 인해 탑승 거절된 승객에 대한 보상 제도를 말한다.

Deposit 항공좌석이나 객실의 판매가 확실하지 않거나, 차후 취소가능성 등을 고려하여 항공사나 호텔 측은 대량구매를 요구하는 측에게 그 좌석(객실)만큼의 돈을 요구하게 되는데 이때 주는 예치금을 말한다.

DFS(Duty Free Shop) 면세물품을 취급, 판매하는 상점이다.

DIY(Do-it-yourself) 자유시간이 많은 Free time형 상품을 다시 발전시킨 것으로 여행자 자신이 직접 숙박, 관광의 예약을 행하는 여행상품이다. 일반의 패키지여행(package tour)에 비해 일수가 긴 것이 특색이다. FIT형 상품은 패키지여행과 1인 여행의 중간에 위치하고 있다. DIY(개인여행자)의 증가가 해외여행의 조류로 되어 있지만 FIT化에의 대응이 여행업계의 긴급과제로 되어 있어 DIY형 상품은 그러한 움직임의 대응을 구하는 실험상품이라고 할 수 있다.

DIT(Domestic Independent Tour) 국내 포함 여행의 국내여행으로 일체를 미리 지급하고 하는 여행을 말한다.

D.M 직접우송광고(Direct Mail Advertising). 지명광고라고도 하며, 불특정 다수의 일반소비자

등을 대상으로 하지 않고 특정 예상고객에게 주는 우편에 의해 광고물을 직접 배포소구하는 것으로서 직접광고의 일종이다.

DSR(Daily Sales Report) 항공권 판매에 대한 일일판매보고서를 말한다.

Dupe Booking 동일한 승객이 동일 항공노선에 1회 여행에 대해 두 번 이상으로 중복하여 예약하는 경우를 말한다.

【E】

E/D card(Embarkation and Disembarkation card) 행정당국이 출입국 하는 외국인 여행자를 관리하기 위해서 제출을 요구하는 출입국카드를 말한다. ICAO(국제민간항공기구)는 기재사항을 규정하고 있는데 나라에 따라서 기재사항 형식이 다르다. 정부 2통제로 각각 왕복에 한 편씩 제출하는데 출입국수속 간소화의 세계적 요청에 의해서 폐지하는 경향에 있다.

ENDS(Endorsement) 항공회사 간의 항공권의 권리를 양도하기 위한 이서를 말한다.

ETA(Estimated Time of Arrival) 항공기의 도착 예정시간을 말한다.

ETD(Estimated Time of Departure) 항공기의 출발예정시각을 말한다.

Eurail pass 관광객 유치를 위하여 만든 특별할인 승차권으로 정해진 기간 내에 유럽 29개국의 국철노선을 1등석으로 자유롭게 원하는 어느 곳이나 승차횟수에 관계없이 매우 경제적이고 편리한 열차의 정기 승차권을 말한다.

Extra flight 추가비행 또는 임시편. 특히 여행이 많은 시기에 현존하는 정기적인 스케줄 이외의 비행기를 추가 운항하는 것을 말한다.

【F】

Fam tour familiarization tour의 약자로서 관광기관, 항공회사 등이 여행업자, 보도관계자 등을 초청해서 루트나 관광지, 관광시설, 관광대상 등을 시찰시키는 여행이다.

FBA(Free Baggage Allowance) 무료 수화물 허용량을 말한다.

Firming 항공사가 승객이 예약한 항공편의 탑승 여부를 확인하는 절차를 말한다.

FIT(Foreign Independent Tour) 개인으로 움직이는 여행 및 여행자로서 원래는 개인 또는 소수인으로 탑승원이 함께 았는 여행에 대한 호칭이었지만, 현재는 외국인 개인여행자를 말한다.

FOC(Free of Charge) 항공사나 지상수배업자 등이 판매촉진의 목적으로 단체에 한하여 여행사에게 무료의 좌석이나 지상경비를 무료로 제공하는 것을 말한다.

【G】

GIT(Group Inclusive Tour) 소정의 인원수 이상이 되는 단체의 포괄여행을 말하며, 관광여행수요를 유지해 주는 주축으로 수요의 동향에 따라서 그의 적용시기나 적용에 필요한 최소인원에 의하여 운임에 차이가 있다.

GMT(Greenwich Mean Time) 그리니치 표준시. 영국 런던 동쪽 10㎞ 템즈강 오른쪽 언덕에 있는 도시를 본초 자오선으로 정해서 경도 0으로 본 그리니치에서의 시간이며 전 세계의 지방시 또는 표준시의 기본이 된다.

Go Show(stand by) 만석 등의 이유로 인해 예약할 수 없는 승객이 여석이 생길 것을 기대하고 공항에 나와 탑승하려고 기다리는 것

GSA(General Sales Agent) 항공회사의 총대리점으로 인구 1만 이상의 일정 지역 내에 있어서 예약항공회사편의 판매에 관해 당해 항공회사에서 총대리행위를 위탁받은 개인 또는 법인이다.

GTR(Government Transportation Request) 미국정부가 정부기관의 공용여행운임을 후입한다는 전제하에 교통기관에 발권을 의뢰하기 위한 요구서에서 시작된 것으로, 공무로 해외여행을 하는 공무원 및 이에 준하는 사람들에 대한 운임할인 및 우대서비스로 공무항공 여행의뢰라고 말한다.

GV GIT운임을 적용하는 경우에 항공권면에 표시하는 코드로서 GV25라고 하면 25명을 최저 필요인원으로 하는 GIT요금이다.

【I】

IATA(International Air Transportation Association) 국제항공운송협회. IATA에 가입한 항공회사는 비가맹항공회사의 Non-IATA 캐리어와 구별되고 있다.

IIT(Inclusive Independent Tour) 관광지에서 안내원이 관광안내 서비스만을 행하고 그 외에는 관광객 단독으로 즐기는 관광이다. 일명 Local Guide System이라고도 한다.

ICT(Inclusive Conducted Tour) 안내원이 인솔하는 포괄여행 또는 에스코트가 여행의 전 여정에 따라다니며 여객의 안내, 기타 필요한 서비스를 제공하는 포괄여행 형태이다.

Inbound 해외에 있는 외국인 또는 재외국민이 국내로 들어오는 것을 말한다.

Incentive tour 포상여행으로 주로 일반기업, 단체가 판매실적이 우수하거나 큰 공헌을 했을 때 해당단체나 개인에게 포상하여 여행을 시켜 주는 것을 말한다.

Invoice 서비스제공에 따른 청구명세서이다.

IT fare(Inclusive Tour Fare) 미리 수배된 포괄여행으로 항공운임, 호텔비, 식비, 관광비 등이 정해져 판매되는 package tour를 말한다.

Itinerary 고객이나 승객이 여행하려는 일정을 말한다.

【L】

Land fee 통상 tour fee라고도 하며 현지 지상비를 일컫는 말이다.

Land operator 지상수배를 전문으로 하는 업자로서 투어오퍼레이터라고도 한다.

Late Cancellation 여행계획의 변경으로 출발 일시에 임박하여 예약을 취소하는 경우로서 통상 출발 몇 시간 이내의 취소를 말한다.

Local agent 현지에서 여행운영에 관해 직영 또는 재도급을 하는 업자를 말한다.

【M】

MCO(Miscellaneous Charges Order) 운송권류의 하나로서 손님이 미리 항공회사에 입금한 임의액에 대하여 발생되는 증표로서 항공운임, 초과수하물요금, IT여행의 지상비, 통행세, 환불액, PTA 등 지불의 수단으로 발행된다. 발행의 기재내용에 따라서 Specified MCO와 Unspecified MCO로 나누어진다.

Minimum Connection Time(MCT) 연결편을 탑승하는데 필요한 최소 연결 시간을 말한다.

Mileage 특정 항공사의 항공기를 이용하여 주행한 거리에 대해 포인트를 가산하여 제공하는 항공사의 고객보상제도를 말한다. 우수고객에 대한 차별화된 서비스를 위해 시행되었으며 렌트카, 호텔, 다른 항공사 등과 마일리지 제휴가 되어 있는 경우가 많다. 예컨대 대한항공의 경우 멕시코항공, 델타항공, 프랑스항공과 마일리지 제휴가 되어 있다.

【N】

NEGO(Negotiation) 여행사가 항공사 기타 프린시펄의 판촉담당자와 요금에 대한 가격 협상을 말한다.

No Show 공항의 탑승 명단에까지 예약이 되어 있으나 공항에 나타나지 않는 승객을 말한다.

No Record(NOREC) 승객이 여행사를 통해 예약을 하였으나 해당 항공사 쪽에는 예약이 접수된 기록이 없는 상태를 말한다.

Non-stop 무착륙 또는 도중기항하지 않는, 즉 목적지까지 중간기항지 없이 비행하는 것을 말한다.

【O】

OAG 여객정기항공편시각표(Official Airline Guide). 전 세계의 국내 · 국제선 항공사들의 정기 운항시간표를 중심으로 운임 또는 통화환산표 등 여행에 필요한 정보자료가 집성된 간행물이다. 각국의 도시에 대하여 직행편이나 간단한 연대운송 서비스가 가능한 모든 도시들로부터의 운송편과 요금을 명시해서 배부하고 있다.

Open jaw trip 여행형태의 하나로 왕복 여행시에 출발지와 도착지가 다른 여행을 말한다. 가령, 서울을 출발하여 동경을 돌아서 부산에 도착하는 경우를 말한다.

Open ticket 예약이 되어 있지 않은 항공권을 말한다.

Operation 수배의 의미로 수배에는 지상수배와 항공수배가 있다. 지상수배는 현지호텔, 차량, 가이드, 관광지, 식사 등 행사일정상의 예약 및 확인 등의 일련의 작업들을 말하며 항공수배는 항공편 예약 및 확인 등의 일련의 작업들을 말한다.

Optional tour 선택 관광 또는 임의관광을 말하며 여정상에 미리 정하지 않고 필요에 따라 행하는 관광이다.

Organized tour 여행사가 아닌 제 3자가 기획하여 조직한 여행을 말한다.

Other carrier 자국적이 아닌 타국적적선의 항공사를 일컫는 말이다.

Outbound 국내에 있는 내국인이 해외로 나가는 것을 말한다.

Over Booking 특정 비행편의 판매 가능한 좌석 수보다 많은 수의 여객의 예약이 접수된 상태를 말한다.

Overnight bag 항공회사와 wholesaler 등이 고객 또는 선전 등을 위하여 만든 가방이다.

Override 항공사, 여행도매상, 호텔 등이 보너스나 격려금으로 여행사직원에게 지불하는 초과수수료를 말한다.

【P】

Package 포괄여행으로 여행에 필요한 교통, 숙박, 식사, 팁, 관광 등의 일체의 비용을 포함하는 요금이다.

PAX 업계에서 Passenger의 약어로 주로 人數(사람 수)를 말할 경우에 사용되며, PSGR로도 쓰인다.

PNR(Passenger Name Record) 예약 접수된 승객의 예약 기록을 말한다.

Pick-up 차로 사람을 마중 나가는 일로 특히 여행업자가 공항에 여행자를 마중 나가는 일과 여행자의 수하물을 받아들이는 경우에 쓰인다. 호텔에서 공항에 가는 차편을 말할 때도 있다.

PIR(Property Irregularity Report) 수하물사고 보고서로 하물의 분실이나 파손 시 작성하는 항공사 규정서식을 말한다.

Principal 여행업계에서는 대리자로서의 여행업자에 대한 '본인' 의 의미로 항공회사, 선박회사, 철도, 버스회사, 호텔 등을 가리킨다.

PTA(Prepaid Ticket Advice) 항공운임을 지불하는 사람과 실제로 탑승하는 여객이 지리적으로 떨어져 있는 경우, 지불인으로부터 지불받은 항공회사가 탑승여객이 있는 지역의 항공회사에 항공권을 여객에게 넘겨주도록 의뢰하는 서비스이다.

【R】

Rebate 공급업자가 판매대리점 수수료에 대해서 판매 장려금으로 할인해 주는 제도를 말한다.

RCFM(Reconfirmation) 좌석 예약 재확인을 말한다.

Refund 환불. 구입자에게 사용하지 않은 운송 또는 서비스에 대하여 전체나 부분의 운임, 요율 및 요금을 되돌려 주는 것을 말한다.

Rep Representative의 약자이며, 업계 용어로서 호텔도매업자, 여행업 등의 주재원, 연락원을 말한다. 통상 현금의 수수행위는 하지 않고 예약의 접수, 수배, 선전, 판매촉진활동 만을 행한다.

Replacement 승객이 항공권을 분실하였을 경우 항공권 관련사항을 접수 후 항공사에 해당 점소에서 신고사항을 근거로 발행 점소에 확인 후 항공권을 재발행해 주는 것을 말한다.

Retailer 여행소매업자. 도매업자의 브랜드를 판매하기 위한 단순한 대리인 역할을 하는 업자이다. 도매업자를 대신하여 여행자와 주최 여행계약을 체결하는 책임과 역할을 한다.

Roominglist 입실명단. 단체객의 인적사항을 기록한 투숙고객의 명단이며, 단체객의 사전등록과 사전 객실배정을 위해 호텔에서 이를 필요로 한다.

【S】

Sending service 여행업자가 여행자를 출발시키기 위하여 행하는 일련의 서비스를 말한다.

Shuttle bus 근거리왕복버스를 지칭하는 것으로서 공항과 도심지역 사이를 정기적으로 다니는 버스를 말한다.

SIT(Special Interest Tour) 목적지의 주요관광지와 볼거리 위주의 관광코스가 아닌 보람 있는 경험, 몸과 마음을 풍요롭게 하는 경험, 모험성이 있는 경험, 교육적인 경험이라는 여행의 양보다 질적인 면이 강조되는 상품을 말한다. 교육여행, 예술 및 유적관광, 종족생활체험관광, 자연관광, 모험?스포츠, 건강관광상품에 이르기까지 다양하다.

Stopover 기항도중 하차, 途中降機. 여객이 항공사의 사전승인을 얻어 출발지와 도착지간의 1지점에서 상당기간(국내선-4시간 ; 국제선-24시간 이상) 동안 의도적으로 여행을 중지하는 여행의 계획적 중단을 뜻한다. "break of journey"라고도 한다.

【T】

Tariff 각종의 운임, 요금표로서 주로 여행사에서는 항공사의 운임을 말한다.

TIM(Travel Information Manual) 각국의 출입국수속(CIQ)에 관한 최신의 규칙을 모아놓은 것으로 각국의 출입국관리규칙, 사증, 검역(예방접종증명), 세금, 통관, 통화의 정보를 수록한 월간 간행물 종류이다.

Through check- in 위탁수하물의 일괄수속을 의미하는 것으로 승계지점에서 승계탑승이 24시간 이내이고 승계공항이 동일 공항일 경우 도중하강지점에 상관없이 목적지까지 직접 하물이 전달되는 것을 말한다.

TL(Ticket Time Limit) No Show 승객 발생 방지를 목적으로 예약이 일정 시점까지 항공권을 구입토록 하는 항공권 구매시한을 말한다.

TWOV(Transit Without Visa) 무사증통과. 나라에 따라 다르지만 일정 기간 내에 관광 등의 목적이면 사증없이 체재할 수 있는 제도를 말한다.

【U】

UM(Unaccompanied Minor) 최초 여행일 기준 만 3개월 이상 만 12세 미만의 유아나 소아가 성인의 동반 없이 혼자 여행하는 승객을 말한다.

Upgrade 좌석의 등급을 하위에서 상위로 변경하는 것을 말한다. 여행자의 의사에 따라 행하는 경우도 있으며 회사의 형편상 행하는 경우가 있다. 후자의 경우는 추가운임을 요구하지 않는다.

【V】

Voucher 증명서, 보증서, 각종의 증표로 쿠폰권과 사용방법이 똑같은데 권리를 표시하는 서면으로서의 성격이 쿠폰권보다 약간 강하다. 여행자가 여행지에서의 식사나 관광숙박 등의 서비스를 받기 위해서 미리 경비를 지불하고 그 대신에 여행업자가 발행하는 서면을 가리킨다.

【W】

Waiting List 이미 예약된 승객이 예약을 취소할 것을 기대하고 좌석을 확보하기 위하여 대기 예약자로 등록되어 있는 승객을 말한다.

Wholesaler 여행상품의 유통경로상의 도매(wholesale) 업무를 전문으로 하는 여행업자이다. 현재는 순수도매업자는 거의 없고 대부분이 불특정 다수를 상대로 한 판매업무를 병행하고 있다. 대부분의 도매업자들은 항공사와 밀접한 관계를 가지고 있다.

부록 2

국내 · 외여행표준약관

국내여행표준약관

표준약관 제10020호
【2019. 8. 30. 개정】

1. 국내여행약관

제1조(목적)

이 약관은 ○○여행사와 여행자가 체결한 국내여행계약의 세부이행 및 준수사항을 정함을 목적으로 합니다.

제2조(여행의 종류 및 정의)

여행의 종류와 정의는 다음과 같습니다.

1. 일반모집여행 : 여행사가 수립한 여행조건에 따라 여행자를 모집하여 실시하는 여행.
2. 희망여행 : 여행자가 희망하는 여행조건에 따라 여행사가 실시하는 여행.
3. 위탁모집여행 : 여행사가 만든 모집여행상품의 여행자 모집을 타 여행업체에 위탁하여 실시하는 여행.

제3조(여행사와 여행자 의무)

① 여행사는 여행자에게 안전하고 만족스러운 여행서비스를 제공하기 위하여 여행알선 및 안내 · 운송 · 숙박 등 여행계획의 수립 및 실행과정에서 맡은 바 임무를 충실히 수행하여야 합니다.

② 여행자는 안전하고 즐거운 여행을 위하여 여행자간 화합도모 및 여행사의 여행질서 유지에 적극 협조하여야 합니다.

제4조(계약의 구성)

① 여행계약은 여행계약서(붙임)와 여행약관 · 여행일정표(또는 여행 설명서)를 계약 내용으로 합니다.

② 여행계약서에는 여행사의 상호, 소재지 및 관광진흥법 제9조에 따른 보증보험 등의 가입(또는 영업보증금의 예치 현황) 내용이 포함되어야 합니다.

③ 여행일정표(또는 여행설명서)에는 여행일자별 여행지와 관광내용 · 교통수단 · 쇼핑횟수 · 숙박장소 · 식사 등 여행실시일정 및 여행사 제공 서비스 내용과 여행자 유의사항이 포함되어야 합니다.

제5조(계약체결 거절)

여행사는 여행자에게 다음 각 호의 1에 해당하는 사유가 있을 경우에는 여행자와의 계약체결을 거절할 수 있습니다.

1. 질병, 신체이상 등의 사유로 개별관리가 필요하거나, 단체여행(다른 여행자의 여행에 지장을 초래하는 등)의 원활한 실시에 지장이 있다고 인정되는 경우
2. 계약서에 명시한 최대행사인원이 초과된 경우

제6조(특약)

여행사와 여행자는 관련법규에 위반되지 않는 범위 내에서 서면(전자문서를 포함한다. 이하 같다)으로 특약을 맺을 수 있습니다. 이 경우 여행사는 특약의 내용이 표준약관과 다르고 표준약관보다 우선 적용됨을 여행자에게 설명하고 별도의 확인을 받아야 합니다.

제7조(계약서 등 교부 및 안전정보 제공)

여행사는 여행자와 여행계약을 체결한 경우 계약서와 여행약관, 여행일정표(또는 여행설명서)를 각 1부씩 여행자에게 교부하고, 여행목적지에 관한 안전정보를 제공하여야 합니다. 또한 여행 출발 전 해당 여행지에 대한 안전정보가 변경된 경우에도 변경된 안전정보를 제공하여야 합니다.

제8조(계약서 및 약관 등 교부 간주)

다음 각 호의 경우에는 여행사가 여행자에게 여행계약서와 여행약관 및 여행일정표(또는 여행설명서)가 교부된 것으로 간주합니다.

1. 여행자가 인터넷 등 전자정보망으로 제공된 여행계약서, 약관 및 여행일정표(또는 여행설명서)의 내용에 동의하고 여행계약의 체결을 신청한 데 대해 여행사가

전자정보망 내지 기계적 장치 등을 이용하여 여행자에게 승낙의 의사를 통지한 경우

2. 여행사가 팩시밀리 등 기계적 장치를 이용하여 제공한 여행계약서, 약관 및 여행일정표(또는 여행설명서)의 내용에 대하여 여행자가 동의하고 여행계약의 체결을 신청하는 서면을 송부한 데 대해 여행사가 전자정보망 내지 기계적 장치 등을 이용하여 여행자에게 승낙의 의사를 통지한 경우

제9조(여행요금)

① 여행계약서의 여행요금에는 다음 각 호가 포함됩니다. 다만, 희망여행은 당사자간 합의에 따릅니다.

1. 항공기, 선박, 철도 등 이용운송기관의 운임(보통운임기준)
2. 공항, 역, 부두와 호텔사이 등 송영버스요금
3. 숙박요금 및 식사요금
4. 안내자경비
5. 여행 중 필요한 각종 세금
6. 국내 공항 · 항만 이용료
7. 일정표 내 관광지 입장료
8. 기타 개별계약에 따른 비용

② 여행자는 계약 체결시 계약금(여행요금 중 10% 이하의 금액)을 여행사에게 지급하여야 하며, 계약금은 여행요금 또는 손해배상액의 전부 또는 일부로 취급합니다.

③ 여행자는 제1항의 여행요금 중 계약금을 제외한 잔금을 여행출발 전일까지 여행사에게 지급하여야 합니다.

④ 여행자는 제1항의 여행요금을 당사자가 약정한 바에 따라 카드, 계좌이체 또는 무통장입금 등의 방법으로 지급하여야 합니다.

⑤ 희망여행요금에 여행자 보험료가 포함되는 경우 여행사는 보험회사명, 보상내용 등을 여행자에게 설명하여야 합니다.

제10조(여행조건의 변경요건 및 요금 등의 정산)

① 계약서 등에 명시된 여행조건은 다음 각 호의 1의 경우에 한하여 변경될 수 있습니다.

1. 여행자의 안전과 보호를 위하여 여행자의 요청 또는 현지사정에 의하여 부득이하다고 쌍방이 합의한 경우

2. 천재지변, 전란, 정부의 명령, 운송 · 숙박기관 등의 파업 · 휴업 등으로 여행의 목적을 달성할 수 없는 경우

② 여행사가 계약서 등에 명시된 여행일정을 변경하는 경우에는 해당 날짜의 일정이 시작되기 전에 여행자의 서면 동의를 받아야 합니다. 이때 서면동의서에는 변경일시, 변경내용, 변경으로 발생하는 비용이 포함되어야 합니다.

③ 천재지변, 사고, 납치 등 긴급한 사유가 발생하여 여행자로부터 여행일정 변경 동의를 받기 어렵다고 인정되는 경우에는 제2항에 따른 일정변경 동의서를 받지 아니할 수 있습니다. 다만, 여행사는 사후에 서면으로 그 변경 사유 및 비용 등을 설명하여야 합니다.

④ 제1항의 여행조건 변경으로 인하여 제9조제1항의 여행요금에 증감이 생기는 경우에는 여행출발 전 변경 분은 여행출발 이전에, 여행 중 변경 분은 여행종료 후 10일 이내에 각각 정산(환급)하여야 합니다.

⑤ 제1항의 규정에 의하지 아니하고 여행조건이 변경되거나 제13조 내지 제15조의 규정에 의한 계약의 해제 · 해지로 인하여 손해배상액이 발생한 경우에는 여행출발 전 발생 분은 여행출발이전에, 여행 중 발생 분은 여행종료 후 10일 이내에 각각 정산(환급)하여야 합니다.

⑥ 여행자는 여행출발 후 자기의 사정으로 숙박, 식사, 관광 등 여행요금에 포함된 서비스를 제공받지 못한 경우 여행사에게 그에 상응하는 요금의 환급을 청구할 수 없습니다. 다만, 여행이 중도에 종료된 경우에는 제15조에 준하여 처리합니다.

제11조(여행자 지위의 양도)

① 여행자가 개인사정 등으로 여행자의 지위를 양도하기 위해서는 여행사의 승낙을 받아야 합니다. 이때 여행사는 여행자 또는 여행자의 지위를 양도받으려는 자가 양도로 발생하는 비용을 지급할 것을 조건으로 양도를 승낙할 수 있습니다.

② 전항의 양도로 발생하는 비용이 있을 경우 여행사는 기한을 정하여 그 비용의 지급을 청구하여야 합니다.

③ 여행사는 계약조건 또는 양도하기 어려운 불가피한 사정 등을 이유로 제1항의 양도를 승낙하지 않을 수 있습니다.

④ 제1항의 양도는 여행사가 승낙한 때 효력이 발생합니다. 다만, 여행사가 양도로 인해 발생한 비용의 지급을 조건으로 승낙한 경우에는 정해진 기한 내에 비용이 지급되는 즉시 효력이 발생합니다.

⑤ 여행자의 지위가 양도되면, 여행계약과 관련한 여행자의 모든 권리 및 의무도 그 지위를 양도 받는 자에게 승계됩니다.

제12조(여행사의 책임)

① 여행자는 여행에 하자가 있는 경우에 여행사에게 하자의 시정 또는 대금의 감액을 청구할 수 있습니다. 다만, 그 시정에 지나치게 많은 비용이 들거나 그 밖에 시정을 합리적으로 기대할 수 없는 경우에는 시정을 청구할 수 없습니다.

② 여행자는 시정 청구, 감액 청구를 갈음하여 손해배상을 청구하거나 시정 청구, 감액 청구와 함께 손해배상을 청구 할 수 있습니다.

③ 제1항 및 제2항의 권리는 여행기간 중에도 행사할 수 있으며, 여행종료일부터 6개월 내에 행사하여야 합니다.

④ 여행사는 여행 출발시부터 도착시까지 여행사 본인 또는 그 고용인, 현지여행사 또는 그 고용인 등(이하 '사용인' 이라 함)이 제3조제1항에서 규정한 여행사 임무와 관련하여 여행자에게 고의 또는 과실로 손해를 가한 경우 책임을 집니다.

⑤ 여행사는 항공기, 기차, 선박 등 교통기관의 연발착 또는 교통체증 등으로 인하여 여행자가 입은 손해를 배상하여야 합니다. 다만, 여행사가 고의 또는 과실이 없음을 입증한 때에는 그러하지 아니합니다.

⑥ 여행사는 자기나 그 사용인이 여행자의 수하물 수령 · 인도 · 보관 등에 관하여 주의를 해태하지 아니하였음을 증명하지 아니 하는 한 여행자의 수하물 멸실, 훼손 또는 연착으로 인하여 발생한 손해를 배상하여야 합니다.

제13조(여행출발 전 계약해제)

① 여행사 또는 여행자는 여행출발전 이 여행계약을 해제할 수 있습니다. 이 경우 발생하는 손해액은 '소비자분쟁해결기준' (공정거래위원회 고시)에 따라 배상합니다.

② 여행사 또는 여행자는 여행출발 전에 다음 각 호의 1에 해당하는 사유가 있는 경우 상대방에게 제1항의 손해배상액을 지급하지 아니하고 이 여행계약을 해제할 수 있습니다.

1. 여행사가 해제할 수 있는 경우

가. 제10조 제1항 제1호 및 제2호 사유의 경우

나. 여행자가 다른 여행자에게 폐를 끼치거나 여행의 원활한 실시에 현저한 지장이 있다고 인정될 때

다. 질병 등 여행자의 신체에 이상이 발생하여 여행에의 참가가 불가능한 경우

라. 여행자가 계약서에 기재된 기일까지 여행요금을 지급하지 아니하는 경우

2. 여행자가 해제할 수 있는 경우
   가. 제10조 제1항 제1호 및 제2호 사유의 경우
   나. 여행사가 제18조에 따른 공제 또는 보증보험에 가입하지 아니 하였거나 영업보증금을 예치하지 않은 경우
   다. 여행자의 3촌이내 친족이 사망한 경우
   라. 질병 등 여행자의 신체에 이상이 발생하여 여행에의 참가가 불가능한 경우
   마. 배우자 또는 직계존비속이 신체이상으로 3일 이상 병원(의원)에 입원하여 여행 출발시까지 퇴원이 곤란한 경우 그 배우자 또는 보호자 1인
   바. 여행사의 귀책사유로 계약서에 기재된 여행일정대로의 여행실시가 불가능해진 경우

제14조(최저행사인원 미 충족시 계약해제)

① 여행사는 최저행사인원이 충족되지 아니하여 여행계약을 해제하는 경우 당일여행의 경우 여행출발 24시간 이전까지, 1박2일 이상인 경우에는 여행출발 48시간 이전까지 여행자에게 통지하여야 합니다.

② 여행사가 여행참가자 수의 미달로 전항의 기일내 통지를 하지 아니하고 계약을 해제하는 경우 이미 지급받은 계약금 환급 외에 계약금 100% 상당액을 여행자에게 배상하여야 합니다.

제15조(여행출발 후 계약해지)

① 여행사 또는 여행자는 여행출발 후 부득이한 사유가 있는 경우 각 당사자는 여행계약을 해지할 수 있습니다. 다만, 그 사유가 당사자 한쪽의 과실로 인하여 생긴 경우에는 상대방에게 손해를 배상하여야 합니다.

② 제1항에 따라 여행계약이 해지된 경우 귀환운송 의무가 있는 여행사는 여행자를 귀환운송 할 의무가 있습니다.

③ 제1항의 계약해지로 인하여 발생하는 추가 비용은 그 해지사유가 어느 당사자의 사정에 속하는 경우에는 그 당사자가 부담하고, 양 당사자 누구의 사정에도 속하지 아니하는 경우에는 각 당사자가 추가 비용의 50%씩을 부담합니다.

④ 여행자는 여행에 중대한 하자가 있는 경우에 그 시정이 이루어지지 아니하거나 계약의 내용에 따른 이행을 기대할 수 없는 경우에는 계약을 해지할 수 있습니다.

⑤ 제4항에 따라 계약이 해지된 경우 여행사는 대금청구권을 상실합니다. 다만, 여행자가 실행된 여행으로 이익을 얻은 경우에는 그 이익을 여행사에게 상환하여야 합니다.

⑥ 제4항에 따라 계약이 해지된 경우 여행사는 계약의 해지로 인하여 필요하게 된 조치를 할 의무를 지며, 계약상 귀환운송 의무가 있으면 여행자를 귀환운송하여야 합니다. 이 경우 귀환운송비용은 원칙적으로 여행사가 부담하여야 하나, 상당한 이유가 있는 때에는 여행사는 여행자에게 그 비용의 일부를 청구할 수 있습니다.

제16조(여행의 시작과 종료)

여행의 시작은 출발하는 시점부터 시작하며 여행일정이 종료하여 최종목적지에 도착함과 동시에 종료합니다. 다만, 계약 및 일정을 변경할 때에는 예외로 합니다.

제17조(설명의무)

여행사는 이 계약서에 정하여져 있는 중요한 내용 및 그 변경사항을 여행자가 이해할 수 있도록 설명하여야 합니다.

제18조(보험가입 등)

여행사는 여행과 관련하여 여행자에게 손해가 발생 한 경우 여행자에게 보험금을 지급하기 위한 보험 또는 공제에 가입하거나 영업 보증금을 예치하여야 합니다.

제19조(기타사항)

① 이 계약에 명시되지 아니한 사항 또는 이 계약의 해석에 관하여 다툼이 있는 경우에는 여행사와 여행자가 합의하여 결정하되, 합의가 이루어지지 아니한 경우에는 관계법령 및 일반관례에 따릅니다.

② 특수지역에의 여행으로서 정당한 사유가 있는 경우에는 이 표준약관의 내용과 다르게 정할 수 있습니다.

국내여행 피해유형 및 보상기준

분쟁유형	해결기준	비고
1) 여행취소로 인한 피해 – 여행사의 귀책사유로 여행사가 취소하는 경우		국내여행 표준약관과 동일하게 규정함
〈당일여행인 경우〉		
• 여행개시 3일 전까지 통보 시	□ 계약금 환급	
• 여행개시 2일 전까지 통보 시	□ 계약금 환급 및 요금의 10% 배상	
• 여행개시 1일 전까지 통보 시	□ 계약금 환급 및 요금의 20% 배상	
• 여행당일 통보 및 통보가 없는 경우	□ 계약금 환급 및 요금의 30% 배상	

분쟁유형	해결기준	비고
〈숙박여행인 경우〉		
• 여행개시 5일 전까지 통보 시	□ 계약금 환급	
• 여행개시 2일 전까지 통보 시	□ 계약금 환급 및 요금의 10% 배상	
• 여행개시 1일 전까지 통보 시	□ 계약금 환급 및 요금의 20% 배상	
• 여행당일 통보 및 통보가 없는 경우	□ 계약금 환급 및 요금의 30% 배상	
– 여행자의 귀책사유로 여행자가 취소하는 경우		
〈당일여행인 경우〉		
• 여행개시 3일 전까지 통보 시	□ 전액 환급	
• 여행개시 2일 전까지 통보 시	□ 요금의 10% 배상	
• 여행개시 1일 전까지 통보시	□ 요금의 20% 배상	
• 여행개시 당일 취소하거나 연락 없이 불참할 경우	□ 요금의 30% 배상	
〈숙박여행인 경우〉		
• 여행개시 5일 전까지 통보 시	□ 전액 환급	
• 여행개시 2일 전까지 통보시	□ 요금의 10% 배상	
• 여행개시 1일 전까지 통보시	□ 요금의 20% 배상	
• 여행개시 당일 취소하거나 연락 없이 불참할 경우	□ 요금의 30% 배상	
– 여행사의 계약조건 위반으로 여행자가 여행계약을 해지하는 경우(여행 전)		
〈당일여행인 경우〉		
• 여행개시 3일 전까지 계약조건 변경 통보 시	□ 계약금 환급	
• 여행개시 2일 전까지 계약조건 변경 통보 시	□ 계약금 환급 및 요금의 10% 배상	
• 여행개시 1일 전까지 계약조건 변경 통보 시	□ 계약금 환급 및 요금의 20% 배상	
• 여행개시 계약조건 변경통보 또는 통보가 없을 시	□ 계약금 환급 및 요금의 30% 배상	
〈숙박여행인 경우〉		
• 여행개시 5일 전까지 계약조건 변경 통보 시	□ 계약금 환급	
• 여행개시 2일 전까지 계약조건 변경 통보 시	□ 계약금 환급 및 요금의 10% 배상	
• 여행개시 1일 전까지 계약조건 변경 통보 시	□ 계약금 환급 및 요금의 20% 배상	
• 여행당일 계약조건 변경통보 또는 통보가 없을 시	□ 계약금 환급 및 요금의 30% 배상	
– 여행참가자 수의 미달로 여행사가 여행을 취소 하는 경우(사전 통지기일 미준수)	□ 계약금 환급 및 계약금의 100%(위약금) 배상	
– 천재지변, 전란, 정부의 명령, 운송·숙박기관 등의 파업·휴업 등으로 여행의 목적을 달성할 수 없는 사유로 취소하는 경우	□ 계약금 환급	
2) 여행사의 계약조건 위반으로 인한 피해(여행 후)	□ 여행자가 입은 손해배상	

분쟁유형	해결기준	비고
3) 여행사 또는 여행종사자의 고의 또는 과실로 인한 여행자의 피해	□ 여행자가 입은 손해배상	
4) 여행 중 위탁수하물의 분실, 도난, 기타 사고로 인한 피해	□ 여행자가 입은 손해배상	운송수단의 고장, 교통사고 등 운수업체의 고의 · 과실에 의한 경우도 포함함
5) 여행사의 고의 · 과실로 인해 여행일정의 지연 또는 운송 미완수	□ 여행자가 입은 손해배상	
6) 1급감염병 발생으로 사업자 또는 여행자가 계약 해제를 요청한 경우		「감염병의 예방 및 관리에 관한 법률」상의 1급감염병을 의미함
– 여행일정에 포함된 지역 · 시설에 대해 집합금지. 위약금 없이 계약금 환급 시설 폐쇄 · 시설운영중단 등 행정명령 발령으로 계약을 이행할 수 없는 경우, 계약체결 이후 여행 지역이나 여행자의 거주 출발(지역)이 특별재난 지역으로 선포되어 계약을 이행할 수 없는 경우, 계약체결 이후 필수 사회 · 경제활동 이외의 활동이 사실상 제한(사회적 거리두기 3단계 및 이에 준하는 조치)되어 계약을 이행할 수 없는 경우	□ 위약금 없이 계약금 환급	
– 계약체결 이후 여행지역에 재난사태가 선포되어 계약을 이행하기 상당히 어려운 경우, 계약체결 이후 여행지역에 감염병 위기경보 심각단계가 발령되고 정부의 여행 취소 · 연기 및 이동자제 권고(사회적 거리두기 2단계 및 2.5단계 조치) 등으로 계약을 이행하기 상당히 어려운 경우	□ 위약금 50% 감경	사업자는 이미 지급받은 여행요금(계약금 포함) 등에서 위약금 감경 후 잔액을 이용자에게 환급함

자료 : 공정거래위원회

국외여행표준약관

표준약관 제10021호
【2019. 8. 30. 개정】

2. 국외여행약관

제1조(목적)

이 약관은 ○○여행사와 여행자가 체결한 국외여행계약의 세부 이행 및 준수사항을 정함을 목적으로 합니다.

제2조(용어의 정의)

여행의 종류 및 정의, 해외여행수속대행업의 정의는 다음과 같습니다.

1. 기획여행 : 여행사가 미리 여행목적지 및 관광일정, 여행자에게 제공될 운송 및 숙식서비스 내용(이하 '여행서비스'라 함), 여행요금을 정하여 광고 또는 기타 방법으로 여행자를 모집하여 실시하는 여행.
2. 희망여행 : 여행자(개인 또는 단체)가 희망하는 여행조건에 따라 여행사가 운송 · 숙식 · 관광 등 여행에 관한 전반적인 계획을 수립하여 실시하는 여행.
3. 해외여행 수속대행(이하 '수속대행계약'이라 함) : 여행사가 여행자로부터 소정의 수속대행요금을 받기로 약정하고, 여행자의 위탁에 따라 다음에 열거하는 업무(이하 '수속대행업무'라 함)를 대행하는 것.
   1) 사증, 재입국 허가 및 각종 증명서 취득에 관한 수속
   2) 출입국 수속서류 작성 및 기타 관련업무

제3조(여행사와 여행자 의무)

① 여행사는 여행자에게 안전하고 만족스러운 여행서비스를 제공하기 위하여 여행알선 및 안내 · 운송 · 숙박 등 여행계획의 수립 및 실행과정에서 맡은 바 임무를 충실히 수행하여야 합니다.

② 여행자는 안전하고 즐거운 여행을 위하여 여행자간 화합도모 및 여행사의 여행질서 유지에 적극 협조하여야 합니다.

제4조(계약의 구성)

① 여행계약은 여행계약서(붙임)와 여행약관 · 여행일정표(또는 여행 설명서)를 계약내용으로 합니다.

② 여행계약서에는 여행사의 상호, 소재지 및 관광진흥법 제9조에 따른 보증보험 등의 가입(또는 영업보증금의 예치 현황) 내용이 포함되어야 합니다.

③ 여행일정표(또는 여행설명서)에는 여행일자별 여행지와 관광내용 · 교통수단 · 쇼핑횟수 · 숙박장소 · 식사 등 여행실시일정 및 여행사 제공 서비스 내용과 여행자 유의사항이 포함되어야 합니다.

제5조(계약체결의 거절)

여행사는 여행자에게 다음 각 호의 1에 해당하는 사유가 있을 경우에는 여행자와의 계약체결을 거절할 수 있습니다.

1. 질병, 신체이상 등의 사유로 개별관리가 필요하거나, 단체여행(다른 여행자의 여행에 지장을 초래하는 등)의 원활한 실시에 지장이 있다고 인정되는 경우
2. 계약서에 명시한 최대행사인원이 초과된 경우

제6조(특약)

여행사와 여행자는 관련법규에 위반되지 않는 범위 내에서 서면(전자문서를 포함한다. 이하 같다)으로 특약을 맺을 수 있습니다. 이 경우 여행사는 특약의 내용이 표준약관과 다르고 표준약관보다 우선 적용됨을 여행자에게 설명하고 별도의 확인을 받아야 합니다.

제7조(계약서 등 교부 및 안전정보 제공)

여행사는 여행자와 여행계약을 체결한 경우 계약서와 약관 및 여행일정표(또는 여행설명서)를 각 1부씩 여행자에게 교부하고, 여행목적지에 관한 안전정보를 제공하여야 합니다. 또한 여행 출발 전 해당 여행지에 대한 안전정보가 변경된 경우에도 변경된 안전정보를 제공하여야 합니다.

제8조(계약서 및 약관 등 교부 간주)

다음 각 호의 경우 여행계약서와 여행약관 및 여행일정표(또는 여행설명서)가 교부된 것으로 간주합니다.

1. 여행자가 인터넷 등 전자정보망으로 제공된 여행계약서, 약관 및 여행일정표(또는 여행설명서)의 내용에 동의하고 여행계약의 체결을 신청한 데 대해 여행사가 전자정보망 내지 기계적 장치 등을 이용하여 여행자에게 승낙의 의사를 통지한 경우
2. 여행사가 팩시밀리 등 기계적 장치를 이용하여 제공한 여행계약서, 약관 및 여행일정표(또는 여행설명서)의 내용에 대하여 여행자가 동의하고 여행계약의 체결을 신청하는 서면을 송부한 데 대해 여행사가 전자정보망 내지 기계적 장치 등을 이용하여 여행자에게 승낙의 의사를 통지한 경우

제9조(여행사의 책임)

여행사는 여행 출발시부터 도착시까지 여행사 본인 또는 그 고용인, 현지여행사 또는 그 고용인 등(이하 '사용인' 이라 함)이 제3조제1항에서 규정한 여행사 임무와 관련하여 여행자에게 고의 또는 과실로 손해를 가한 경우 책임을 집니다.

제10조(여행요금)

① 여행계약서의 여행요금에는 다음 각 호가 포함됩니다. 다만, 희망여행은 당사자 간 합의에 따릅니다.

1. 항공기, 선박, 철도 등 이용운송기관의 운임(보통운임기준)
2. 공항, 역, 부두와 호텔사이 등 송영버스요금
3. 숙박요금 및 식사요금
4. 안내자경비
5. 여행 중 필요한 각종세금
6. 국내외 공항 · 항만세
7. 관광진흥개발기금
8. 일정표내 관광지 입장료
9. 기타 개별계약에 따른 비용

② 제1항에도 불구하고 반드시 현지에서 지불해야 하는 경비가 있는 경우 그 내역과 금액을 여행계약서에 별도로 구분하여 표시하고, 여행사는 그 사유를 안내하여야 합니다.

③ 여행자는 계약체결시 계약금(여행요금 중 10%이하 금액)을 여행사에게 지급하여야 하며, 계약금은 여행요금 또는 손해배상액의 전부 또는 일부로 취급합니다.

④ 여행자는 제1항의 여행요금 중 계약금을 제외한 잔금을 여행출발 7일전까지 여행사에게 지급하여야 합니다.

⑤ 여행자는 제1항의 여행요금을 당사자가 약정한 바에 따라 카드, 계좌이체 또는 무통장입금 등의 방법으로 지급하여야 합니다.

⑥ 희망여행요금에 여행자 보험료가 포함되는 경우 여행사는 보험회사명, 보상내용 등을 여행자에게 설명하여야 합니다.

제11조(여행요금의 변경)

① 국외여행을 실시함에 있어서 이용운송 · 숙박기관에 지급하여야 할 요금이 계약체결시보다 5%이상 증감하거나 여행요금에 적용된 외화환율이 계약체결시보다 2% 이상 증감한 경우 여행사 또는 여행자는 그 증감된 금액 범위 내에서 여행요금의 증감을 상대방에게 청구할 수 있습니다.

② 여행사는 제1항의 규정에 따라 여행요금을 증액하였을 때에는 여행출발일 15일 전에 여행자에게 통지하여야 합니다.

제12조(여행조건의 변경요건 및 요금 등의 정산)

① 계약서 등에 명시된 여행조건은 다음 각 호의 1의 경우에 한하여 변경될 수 있습니다.

1. 여행자의 안전과 보호를 위하여 여행자의 요청 또는 현지사정에 의하여 부득이 하다고 쌍방이 합의한 경우
2. 천재지변, 전란, 정부의 명령, 운송 · 숙박기관 등의 파업 · 휴업 등으로 여행의 목적을 달성할 수 없는 경우

② 여행사가 계약서 등에 명시된 여행일정을 변경하는 경우에는 해당 날짜의 일정이 시작되기 전에 여행자의 서면 동의를 받아야 합니다. 이때 서면동의서에는 변경일시, 변경내용, 변경으로 발생하는 비용이 포함되어야 합니다.

③ 천재지변, 사고, 납치 등 긴급한 사유가 발생하여 여행자로부터 여행일정 변경 동의를 받기 어렵다고 인정되는 경우에는 제2항에 따른 일정변경 동의서를 받지 아니할 수 있습니다. 다만, 여행사는 사후에 서면으로 그 변경 사유 및 비용 등을 설명하여야 합니다.

④ 제1항의 여행조건 변경 및 제11조의 여행요금 변경으로 인하여 제10조 제1항의 여행요금에 증감이 생기는 경우에는 여행출발 전 변경 분은 여행출발 이전에, 여행 중 변경 분은 여행종료 후 10일 이내에 각각 정산(환급)하여야 합니다.

⑤ 제1항의 규정에 의하지 아니하고 여행조건이 변경되거나 제16조 내지 제18조의 규정에 의한 계약의 해제 · 해지로 인하여 손해배상액이 발생한 경우에는 여행출발 전 발생 분은 여행출발이전에, 여행 중 발생 분은 여행종료 후 10일 이내에 각각 정산(환급)하여야 합니다.

⑥ 여행자는 여행출발 후 자기의 사정으로 숙박, 식사, 관광 등 여행요금에 포함된 서비스를 제공받지 못한 경우 여행사에게 그에 상응하는 요금의 환급을 청구할 수 없습니다. 다만, 여행이 중도에 종료된 경우에는 제18조에 준하여 처리합니다.

제13조(여행자 지위의 양도)

① 여행자가 개인사정 등으로 여행자의 지위를 양도하기 위해서는 여행사의 승낙을 받아야 합니다. 이때 여행사는 여행자 또는 여행자의 지위를 양도받으려는 자가 양도로 발생하는 비용을 지급할 것을 조건으로 양도를 승낙할 수 있습니다.

② 전항의 양도로 발생하는 비용이 있을 경우 여행사는 기한을 정하여 그 비용의 지급을 청구하여야 합니다.

③ 여행사는 계약조건 또는 양도하기 어려운 불가피한 사정 등을 이유로 제1항의 양도를 승낙하지 않을 수 있습니다.

④ 제1항의 양도는 여행사가 승낙한 때 효력이 발생합니다. 다만, 여행사가 양도로 인해 발생한 비용의 지급을 조건으로 승낙한 경우에는 정해진 기한 내에 비용이 지급되는 즉시 효력이 발생합니다.

⑤ 여행자의 지위가 양도되면, 여행계약과 관련한 여행자의 모든 권리 및 의무도 그 지위를 양도 받는 자에게 승계됩니다.

제14조(여행사의 하자담보 책임)

① 여행자는 여행에 하자가 있는 경우에 여행사에게 하자의 시정 또는 대금의 감액을 청구할 수 있습니다. 다만, 그 시정에 지나치게 많은 비용이 들거나 그 밖에 시정을 합리적으로 기대할 수 없는 경우에는 시정을 청구할 수 없습니다.

② 여행자는 시정 청구, 감액 청구를 갈음하여 손해배상을 청구하거나 시정 청구, 감액 청구와 함께 손해배상을 청구 할 수 있습니다.

③ 제1항 및 제2항의 권리는 여행기간 중에도 행사할 수 있으며, 여행종료일부터 6개월 내에 행사하여야 합니다.

제15조(손해배상)

① 여행사는 현지여행사 등의 고의 또는 과실로 여행자에게 손해를 가한 경우 여행사는 여행자에게 손해를 배상하여야 합니다.

② 여행사의 귀책사유로 여행자의 국외여행에 필요한 사증, 재입국 허가 또는 각종 증명서 등을 취득하지 못하여 여행자의 여행일정에 차질이 생긴 경우 여행사는 여행자로부터 절차대행을 위하여 받은 금액 전부 및 그 금액의 100%상당액을 여행자에게 배상하여야 합니다.

③ 여행사는 항공기, 기차, 선박 등 교통기관의 연발착 또는 교통체증 등으로 인하여 여행자가 입은 손해를 배상하여야 합니다. 다만, 여행사가 고의 또는 과실이 없음을 입증한 때에는 그러하지 아니합니다.

④ 여행사는 자기나 그 사용인이 여행자의 수하물 수령, 인도, 보관 등에 관하여 주의를 해태(懈怠)하지 아니하였음을 증명하지 아니하면 여행자의 수하물 멸실, 훼손 또는 연착으로 인한 손해를 배상할 책임을 면하지 못합니다.

제16조(여행출발 전 계약해제)

① 여행사 또는 여행자는 여행출발전 이 여행계약을 해제할 수 있습니다. 이 경우 발생하는 손해액은 '소비자분쟁해결기준'(공정거래위원회 고시)에 따라 배상합니다.

② 여행사 또는 여행자는 여행출발 전에 다음 각 호의 1에 해당하는 사유가 있는 경

우 상대방에게 제1항의 손해배상액을 지급하지 아니하고 이 여행계약을 해제할 수 있습니다.

1. 여행사가 해제할 수 있는 경우
   가. 제12조 제1항 제1호 및 제2호 사유의 경우
   나. 여행자가 다른 여행자에게 폐를 끼치거나 여행의 원활한 실시에 현저한 지장이 있다고 인정될 때
   다. 질병 등 여행자의 신체에 이상이 발생하여 여행에의 참가가 불가능한 경우
   라. 여행자가 계약서에 기재된 기일까지 여행요금을 납입하지 아니한 경우
2. 여행자가 해제할 수 있는 경우
   가. 제12조 제1항 제1호 및 제2호의 사유가 있는 경우
   나. 여행사가 제21조에 따른 공제 또는 보증보험에 가입하지 아니 하였거나 영업보증금을 예치하지 않은 경우
   다. 여행자의 3촌 이내 친족이 사망한 경우
   라. 질병 등 여행자의 신체에 이상이 발생하여 여행에의 참가가 불가능한 경우
   마. 배우자 또는 직계존비속이 신체이상으로 3일 이상 병원(의원)에 입원하여 여행 출발 전까지 퇴원이 곤란한 경우 그 배우자 또는 보호자 1인
   바. 여행사의 귀책사유로 계약서 또는 여행일정표(여행설명서)에 기재된 여행일정대로의 여행실시가 불가능해진 경우
   사. 제10조제1항의 규정에 의한 여행요금의 증액으로 인하여 여행 계속이 어렵다고 인정될 경우

제17조(최저행사인원 미 충족시 계약해제)

① 여행사는 최저행사인원이 충족되지 아니하여 여행계약을 해제하는 경우 여행출발 7일전까지 여행자에게 통지하여야 합니다.

② 여행사가 여행참가자 수 미달로 전항의 기일내 통지를 하지 아니하고 계약을 해제하는 경우 이미 지급받은 계약금 환급 외에 다음 각 목의 1의 금액을 여행자에게 배상하여야 합니다.

가. 여행출발 1일전까지 통지시 : 여행요금의 30%

나. 여행출발 당일 통지시 : 여행요금의 50%

제18조(여행출발 후 계약해지)

① 여행사 또는 여행자는 여행출발 후 부득이한 사유가 있는 경우 각 당사자는 여행

계약을 해지할 수 있습니다. 다만, 그 사유가 당사자 한쪽의 과실로 인하여 생긴 경우에는 상대방에게 손해를 배상하여야 합니다.

② 제1항에 따라 여행계약이 해지된 경우 귀환운송 의무가 있는 여행사는 여행자를 귀환운송 할 의무가 있습니다.

③ 제1항의 계약해지로 인하여 발생하는 추가 비용은 그 해지사유가 어느 당사자의 사정에 속하는 경우에는 그 당사자가 부담하고, 양 당사자 누구의 사정에도 속하지 아니하는 경우에는 각 당사자가 추가 비용의 50%씩을 부담합니다.

④ 여행자는 여행에 중대한 하자가 있는 경우에 그 시정이 이루어지지 아니하거나 계약의 내용에 따른 이행을 기대할 수 없는 경우에는 계약을 해지할 수 있습니다.

⑤ 제4항에 따라 계약이 해지된 경우 여행사는 대금청구권을 상실합니다. 다만, 여행자가 실행된 여행으로 이익을 얻은 경우에는 그 이익을 여행사에게 상환하여야 합니다.

⑥ 제4항에 따라 계약이 해지된 경우 여행사는 계약의 해지로 인하여 필요하게 된 조치를 할 의무를 지며, 계약상 귀환운송 의무가 있으면 여행자를 귀환운송하여야 합니다. 이 경우 귀환운송비용은 원칙적으로 여행사가 부담하여야 하나, 상당한 이유가 있는 때에는 여행사는 여행자에게 그 비용의 일부를 청구할 수 있습니다.

제19조(여행의 시작과 종료)

여행의 시작은 탑승수속(선박인 경우 승선수속)을 마친 시점으로 하며, 여행의 종료는 여행자가 입국장 보세구역을 벗어나는 시점으로 합니다. 다만, 계약내용상 국내이동이 있을 경우에는 최초 출발지에서 이용하는 운송수단의 출발시각과 도착시각으로 합니다.

제20조(설명의무)

여행사는 계약서에 정하여져 있는 중요한 내용 및 그 변경사항을 여행자가 이해할 수 있도록 설명하여야 합니다.

제21조(보험가입 등)

여행사는 이 여행과 관련하여 여행자에게 손해가 발생한 경우 여행자에게 보험금을 지급하기 위한 보험 또는 공제에 가입하거나 영업보증금을 예치하여야 합니다.

제22조(기타사항)

① 이 계약에 명시되지 아니한 사항 또는 이 계약의 해석에 관하여 다툼이 있는 경우

에는 여행사 또는 여행자가 합의하여 결정하되, 합의가 이루어지지 아니한 경우에는 관계법령 및 일반관례에 따릅니다.

② 특수지역에의 여행으로서 정당한 사유가 있는 경우에는 이 표준약관의 내용과 달리 정할 수 있습니다.

국외여행 피해유형 및 보상기준

분쟁유형	해결기준	비고
1) 여행취소로 인한 피해		
– 여행사의 귀책사유로 여행사가 취소하는 경우		
• 여행개시 30일 전 까지(~30) 통보 시	□계약금 환급	
• 여행개시 20일 전 까지(29~20) 통보 시	□계약금 환급 및 요금의 10% 배상	
• 여행개시 10일 전 까지(19~10) 통보 시	□계약금 환급 및 요금의 15% 배상	
• 여행개시 8일 전 까지(9~8) 통보 시	□계약금 환급 및 요금의 20% 배상	
• 여행개시 1일 전 까지(7~1) 통보 시	□계약금 환급 및 요금의 30% 배상	
• 여행 당일 통보 시	□계약금 환급 및 요금의 50% 배상	
– 여행자의 여행계약 해제 요청이 있는 경우		
• 여행개시 30일 전 까지(~30) 통보 시	□계약금 환급	
• 여행개시 20일 전 까지(29~20) 통보 시	□계약금 환급 및 요금의 10% 배상	
• 여행개시 10일 전 까지(19~10) 통보 시	□계약금 환급 및 요금의 15% 배상	
• 여행개시 8일 전 까지(9~8) 통보 시	□계약금 환급 및 요금의 20% 배상	
• 여행개시 1일 전 까지(7~1) 통보 시	□계약금 환급 및 요금의 30% 배상	
• 여행 당일 통보 시	□계약금 환급 및 요금의 50% 배상	
– 여행참가자 수의 미달로 여행개시 7일 전까지 여행계약 해제 통지 시	□계약금 환급	
– 여행참가자 수의 미달로 인한 여행 개시 7일 전까지 통지기일 미준수		
• 여행개시 1일 전까지 통지 시	□여행요금의 30% 배상	
• 여행출발 당일 통지 시	□여행요금의 50% 배상	
– 천재지변, 전란, 정부의 명령, 운송 · 숙박기관 등의 파업 · 휴업 등으로 여행의 목적을 달성 할 수 없는 사유로 취소하는 경우	□계약금 환급	
2) 여행사의 계약조건 위반으로 인한 피해(여행 후)	□신체 손상이 없을 때 최대 여행 대금 범위 내에서 배상 □신체손상 시 위자료, 치료비, 휴업 손해 등 배상	

분쟁유형	해결기준	비고
3) 여행계약의 이행에 있어 여행종사자의 고의 또는 과실로 여행자에게 손해를 끼쳤을 경우	□ 여행자가 입은 손해배상	
4) 여행 출발 이후 소비자와 사업자의 귀책사유 없이 당초 계약과 달리 이행되지 않은 일정이 있는 경우	□ 사업자는 이행되지 않은 일정에 해당하는 금액을 소비자에게 환급	단, 사업자가 이미 비용을 지급하고 환급받지 못하였음을 소비자에게 입증하는 경우와 별도의 비용 지출이 없음을 입증하는 경우는 제외함
5) 여행 출발 이후 당초 계획과 다른 일정으로 대체되는 경우		
– 당초 일정의 소요 비용보다 대체 일정의 소요 비용이 적게 든 경우	□ 사업자는 그 차액을 소비자에게 환급	
6) 감염병 발생으로 사업자 또는 여행자가 계약 해제를 요청한 경우		
– 외국정부가 우리 국민에 대해 입국금지 · 격리 조치 및 이에 준하는 명령을 발령하여 계약을 이행할 수 없는 경우, 계약체결 이후 외교부가 여행지역 · 국가에 여행경보 3단계(철수권고) · 4단계(여행금지)를 발령하여 계약을 이행할 수 없는 경우, 항공 · 철도 · 선박 등의 운항이 중단되어 계약을 이행할 수 없는 경우	□ 위약금 없이 계약금 환급	사업자는 이미 지급받은 여행요금(계약금 포함) 등에서 위약금 감경 후 잔액을 여행자에게 환급함
– 계약체결 이후 외교부가 여행지역 · 국가에 특별 여행주의보를 발령하거나 세계보건기구(WHO) 가 감염병 경보 6단계(세계적 대유행, 팬데믹) · 5단계를 선언하여 계약을 이행하기 상당히 어려운 경우	□ 위약금 50% 감경	세계보건기구(WHO)가 감염병 경보 단계를 선언한 경우는 감염병이 발생한 해당 지역에 한함

자료 : 공정거래위원회

부록 3

세계 주요관광지

1. 고고학적인 유적지와 신비스러운 장소(archeological sites and mysterious places)

- Abu Simbel, Egypt.
- Altun Ha, Belize.
- Ankor Wat, Cambodia.
- Carthage, Tunisia.
- Chaco Ruins, New Mexico.
- Chan Chan, Peru.
- Chichén Itzá, Yucatán, Mexico.
- Colloseum (Flavian Amphitheatre), Rome, Italy
- Copan ("koh-pahn"), Honduras.
- Delphi, Greece.
- Easter Island (Rapa Nui), Chile
- Ephesus, Turkey.
- Giant' s Causeway, Northern Ireland, United Kingdom.
- Great Pyramids, Giza, Egypt.
- Great Zimbabwe, Zimbabwe.
- Knossos, Crete(kriti), Greece.
- Leptis Magna, Libya.
- Machu Picchu ("mah-shoo pea-shoo"), Peru.
- Mesa Verde, Colorado, U.S.
- Ming Tombs, near Beijing, People' s Republic of China.
- Moenjodaro, Pakistan.
- Mycenae, Greece.
- Nazca Lines, peru.
- Palenque ("peh-len-kay") Chiapas, Mexico.
- Parthenon, Athens, Greece.
- Persepolis, Iran.
- Petra, Jordan.
- Pompeii, Italy.
- Roman Forum, Rome, Italy.
- Sphinx, Giza, Egypt.
- Stonehenge, England, United Kingdom.
- Temple of Karnak, Karnak, Egypt.
- Temple of Luxor, Luxor, Egypt.
- Teotihuacan ("tay-ah-tee-wah-kahn"), near Mexico City, Mexico.
- Tikal("tih-kahl"), Guatemala.
- Tulum ("too-loom"), Quintana Roo, Mexico.

- Ur, Iran.
- Uxmal("oosh-mahl"), Yucata?n, Mexico.
- Valleys of the Kings, Queens, and Nobles, Egypt.
- Xi' an Tomb, People' s Republic of China.
- Xunantunich("zsoo-nan-too-neech"), Belize.

2. 해변(beaches)

- Acapulco, Mexico
- Algarve, Portugal
- Amalfi Coastal Region, Italy
- Ambergris Caye, Belize
- Bali, Indonesia
- Bondi Beach, Sydney, Australia
- Bora Bora, French Polynesia
- Cable Beach, New providence Island, Bahamas
- Cancun, Mexico
- Cannes, France
- Caragena, Colombia
- Copacabana, Rio de Janeiro, Brazil
- Costa del Sol, Spain
- Cozumel, Mexico
- Daytona Beach, Florida, United States
- Fort Lauderdale, Florida, United States
- Fort Myers, Florida, United States
- Gold Coast, Queensland, Australia
- Hawaii, United States
- Hilton Head, South Carolina, United States
- Huatulco, Mexico
- Ipanema, Rio de Janeiro, Brazil
- Ixtapa / Zihuatanejo, Mexico
- Jerbi Island, Tunisia
- Lucaya Beach, Great Bahama Island, Bahamas
- Mar del Plata, Argentina
- Margarita Island, Venezuela
- Mazatlan, Mexico
- Miami Beach, Florida, United States
- Montego Bay Jamaica
- Moorea, French Polynesia
- Myrtle Beach, South Carolina, United States
- Negril, Jamaica
- Nice, France
- Ocho Rios, Jamaica
- Pattaya, Thailand
- Phuket, Thailand
- Seychelles
- St. Croix, U.S. Virgin Island
- St. Petersburg, Florida, United States
- St. Thomas, U.S. Virgin Island
- St. Tropez, France
- Tahiti, French Polynesia
- Tampa, Florida, United States
- Virginia Beach, Virginia, United States

3. 빌딩, 구조물과 가든/성, 궁전과 맨션
(buildings, structures and gardens/castles, palaces, and mansions)

- Alcazar, Segovia, Spain.
- Alhambra Palace, Grenada, Spain.
- Atomiun, Brussels, Belgium.
- Big Ben, London, England, United Kingdom.
- Biltmore Mansion, near Asheville, North Carolina, US.
- Blarney Castle, Republic of Ireland.
- Blenheim ("blehn-hem"), England, United Kingdom.
- Bognor Botanical Garden and Orchid, House, Jakarta, Indonesia.
- Breakers, Newport, Rhode Island, US.
- Brooklyn Bridge, New York City, New York, US.
- Buckingham Palace, London, England, United Kingdom.
- Butchart Gardens, Victoria, British Columbia, Canada.
- Capiland Suspension Bridge, Vancouver, British Columbia, Canada.
- Chambord, France.
- Chrysler Building, New York City, US.
- Chenonceaux, France.
- CN Tower, Toronto, Ontario, Canada.
- Doge' s palace, Venice, Italy.
- Eiffel Tower, Paris, France.
- Ellis Island, New York City, New York, US.
- Empire State Building, New York City, New York, US.
- Faneuil Hall Marketplace, Boston, Massachusetts, US.
- Fisherman' s Wharf, San Francisco, California, US.
- Fontainebleau Palace, near Paris, France.
- Forbidden City, Beijing, People' s Republic of China.
- Gateway Arch, St. Louis, Missouri, US.
- Golden Gate Bridge, San Francisco/Sausalito, California, US.
- Gota Canal, Sweden.
- Grand Central Station, New York City, New York, US.
- Hearst Castle, California, US.
- Hofburg Palace, Vienna, Austria.
- Hoover Dam, Nevada/Arizona, US.
- Jantar Mantar, Jaipur, India.
- Jardin Botanique, Montreal, Quebec, Canada.
- Jardin du Luxembourg, Paris, France.
- Keukenhof(kitchen) Garden, Netherlands.
- Khalili Bazaar, Cairo, Egypt.
- Le Jet d' Eau, Geneva, Switzerland.
- Leaning Tower of Pisa, Pisa, Italy.
- Linderhof Palace, Germany.
- Mann' s Chinese Theatre, Hollywood, California, US.
- Marble House, Newport, Rhode Island, US.
- Monet' s House, Giverny, France.
- Neuschwanstein (noi-schvahn-stine), Germany.

- Nijo Castle, Kyoto, Japan.
- Mymphenburg Palace, Munich, Germany.
- oxford University, Oxford, England, United Kingdom.
- Panama Canal, Panama.
- Picadilly Circus, London, England, United Kingdom.
- Picadilly Circus, London, England, United Kingdom.
- Ponte Vecchio, Florence, Italy.
- Potala Palace, Lhasa, Tibet, People' s Republic of China.
- Royal Palace, Madrid, Spain.
- Royal Palace, Stockholm, Sweden.
- Schonburnn palace, Vienna, Austria.
- Sears Tower, Chicago, Illinois, US.
- Space Needle, Seattle, Washington, US.
- Space Tower, Rotterdam, Netherlands.
- Spanish Riding Academy, Vienna, Austria.
- Statue of Liberty, Liberty Island, New York city.
- Summer palace of Catherine the Great, near St. Petersburg, Russia.
- Taj Mahal, Agra, India.
- Tiergarten, Berlin, Germany.
- Topkapi Palace, Istanbul, Turkey.
- Tower Bridge, London, England, United Kingdom.
- Trafalgar Square, London, England, united Kingdom.
- Trevi Fountain, Rome, Italy.
- Versailles ("vair-sye") Palace, near Paris, France.
- Warwick ("war-ick") Castle, England, United Kingdom.
- White House, Washington, DC, US.
- Windsor Castle, England, United Kingdom.
- Winter Palace, St. Petersburg, Russia.
- Würzburg Residence, Germany.
- Zen Garden of Emptiness, Kyoto, Japan.

4. 게이밍(gaming)

- Atlantic City, New Jersey, United States.
- Biloxi, Mississippi, United States
- Deadwood, North Dakota, United States
- Gulfport, Mississippi, United States
- Las Vegas, Nevada, United States
- Macau, People' s Republic of China
- Monte Carlo Casino, Monaco
- Reno, Nevada, United States
- Sun City, South Africa
- Tunica, Mississippi, United States

5. 골프(golf)

- #4 (Cog Hill), Lemont, Illinois, United States
- Banff Springs–Rundle/Sulphur, Alberta, Canada
- Big Sky Course, Pemberton, British Columbia, Canada
- Cascades, Hot Springs, Virginia, United States
- Challenger–Champion (Bay Hill), Orlando, Florida, United States
- Cordoba Bay Course, Victoria, British Columbia, Canada
- Cotton Bay Course, Rock Sound, Eleuthera, Bahamas
- Dorado Beach–East course, Dorado, Puerto Rico
- East Sussex–East course, Uckfield, England, United Kingdom
- Gallagher' s Canyon, Kelowana, British Columbia, Canada
- Gary Player Course at Sun City, Sun City, Sun City, South Africa
- Gleneagles–King' s Course, Auchterader, Scotland, United Kingdom
- Half Moon Golf Club, Montego Bay, Jamaica
- Harbour Town, Hilton Head Island, South Carolina, United States
- Jasper park Golf course, Alberta, Canada
- Kawana–Oshima Course, Kawana, Japan
- Lahinch–Old Course, Lahinch, Republic of Ireland
- Mauna Kea, Kohala Coast, Hawaii, United States
- Mid Ocean Club, Tucker' s Town, Bermuda
- Mirage Golf Course, Port Douglas, Queensland, Australia
- Monument (Troon north), Scottsdale, Arizona, United States
- Palmilla–Nicklaus Signature, Cabo San Lucas, Mexico
- Pasatiempo, Santa Cuz, California, United States
- Pebble Beach, pebble Beach, California, United States
- Penina Championship Courses, Algarve, Portugal
- Pine Barreens (World Woods), Brooksville, Florida, United States
- Pinehurst #2, Pinehurst, North Carolina, United States
- Port Royal Course, Southampton, Bermuda
- Pumpkin Ridge (Ghost Creek), Cornelius, Oregon, United States
- River Course(Blackwolf Run), Kohler, Wisconsin, United States
- Royal Dornoch, Dornoch, Scotland, United Kingdom
- Royal St. Georges, Sandwich, England, United Kingdom
- Royal Westmoreland, Westmoreland, Barbados
- Spyglass Hill, pebble Beach, California, United States
- St. Andrews–Old Course, St. Andrews, Scotland, United Kingdom

- St. Mellion-Nicklaus Course, Saltash, England, United Kingdom
- Stadium Course (TCP Sawgrass), Ponte Vedra Beach, Florida, United States
- Sunningdale-Old course, Suningdale, England, United Kingdom
- Whistler-Palmer, Whistler, British Columbia, Canada
- Woburn-Dukes Course, Bow Brickhill, England, United Kingdom

6. 역사 유적지(historical sites)

- Almo, san Antoio, Texas, US.
- Ann Frank House, Amsterdam, Netherlands.
- Arc de Triomphe Paris, France.
- Arizona Memorial, honolulu, Oahu, Hawaii, US.
- Auschwitz, poland.
- Battle of the Bulge, Bastogne, Belgium.
- Boston, Massachusetts, US.
- Caraquet, New Brunswick, Canada.
- Dacau, Germany.
- Fort Sumter, South Carolina, US.
- Gambia, West Africa.
- Gettysburg, Pennsylbania, US.
- Gorée Island, Senegal.
- Great Wall of China, People's Republic of China.
- Hadrian's Wall, England, United Kingdom.
- Halifax Citadel, Halifax, Nova Scotia, Canada.
- Kanchanaburi, Thailand.
- Kennedy Space Center, Cape Canaveral, Florida, US.
- Little Big Horn National Monument, Montana, US.
- Mt. Rushmore, South Dakota, US.
- Normandy Beaches, France.
- Old Royal Observatory, Greenwich, England, United Kingdom.
- Philadelphia, Pennsylvania, US.
- Plaza Boliva, Caracas, Venezuela.
- Richmond, Virginia, US.'
- Roman Baths, Bath, England, United Kingdom.
- Southern Mississippi River Valley, US.
- Stone Mountain near Atlanta, Georgia, US.
- Stratford-upon-Avon, England, United Kingdom.
- Tiananmen Square, Beijing, People's Republic of China.
- Washington, DC / Baltimore, MD / Arlington, VA area, US.
- Waterloo, Belgium.

7. 박물관, 극장, 음악과 예술(museums, theatre, music, and art)

- Ballet Folklorico, Mexico City, Mexico

- Bolshoi Ballet, Moscow, Russia
- Branson, Missouri, United States
- British Museum, london, England, United Kingdom
- Broadway, New York City, New York, United States
- Frongner park, Oslo, Norway
- Glyptotek Art Museum, Copenhagen, Denmark
- Grand Ole Opry, Nashville, Kentucky, United States
- Guggenheim Museum, New York City, New York, United States
- Heard Museum, Phoenix, Arizona, United States
- Hermitage, St. Petersburg, Russia
- Hollywood, California, United States
- La Scala Opera House, Milan, Italy
- Louvre, Paris, France
- Metropolitan Museum of art, New York City, New York, United States
- Moulin Rouge, Paris, France
- Museum of Anthropology, Mexico City, Mexico
- National Museum, Taipei, Taiwan
- Opera–Bastille, Paris, France
- Opera House, Sydney, Australia
- Prado, Madrid, Spain
- Pushkin Art Museum, Moscow, Russia
- Radio City Music Hall, New York City, New York, United States
- Rock and Roll Hall of Fame, Cleveland, Ohio, United States
- Shin–Kabukki–za, Osaka, Japan
- Smithsonian Institution, Washington, DC, United States
- Soho District, London, England, United Kingdom
- Tate Gallery, London, England, United Kingdom
- Time Square, New York City, New York, United States
- US. Holocaust Memorial Museum, Washington, DC, United States
- Uffizi Gallery, Florence, Italy
- Van Gogh Museum, Amsterdam, Netherlands
- Victoria and Alvert Museum, London, England, United Kingdom

8. 국립공원(national parks)

- Averdare National Park, Kenya.
- Amboselli National Park, Kenya.
- Banff National Park, Alberta, Canada
- Bryce Canyon National Park, Utah, US.
- Carlsbad Caverns National Park, New Mexico, US.
- Denali National Park, Alaska, US.
- Everglades National Park, Florida, US.
- Fjordland National Park, New Zealand
- Grand Canyon National Park, Arizona, US.

- Great Smoky Mountains National park, Tennessee/North Carolina, US
- Jasper National Park, Alberta, Canada.
- Kakadu National Park, Australia.
- Kruger National Park, South Africa.
- Mammoth Cave National Park, Kentucky, US.
- Masai Mara Game Reserve, Kenya.
- Montreverde Cloud Forest Reserve, Costa Rica.
- Mr. Cook National Park, New Zealand.
- Ngorongoro Crater, Tanzania.
- Rocky Mountain National Park, Colorado, US.
- Royal Chitwan National Park, Nepal.
- Serengeti National Park, Tanzania.
- Tores del Paine, Chile.
- Virunga National Park, Republic of Congo.
- Wolong Natural Reserve, People' s Republic of China.
- Wood Buffalo National Park, Alberta/Northern Territories, Canada.
- Yankari National Park, Nigeria.
- Yellowstone National Park, Wyoming/Montana/Idaho, US.

9. 스쿠버와 스노클링(scuba and snorkeling)

- Ambergris Caye, Belize
- Aruba
- Bahamas
- Cancun, Mexico
- Cayman Islands
- Cozumel, Mexico
- Eilat, Israel
- Great Barrier Reef, Australia
- Micronesia
- Palau
- Red Sea, Egypt
- Samoa
- Solomon Islands

10. 테마파크(theme parks)

- Alton Towers, England, United Kingdom
- blackpool Pleasure Beach–England, United Kingdom
- Busch Gardens–Tempa, Florida; Williamsburg, Virginia, United States
- Cedar point–Sandusky, Ohio, United States
- Disneyland–Anaheim, California, United States
- Disneyland paris–near Paris, France
- Disneyland Tokyo–near Tokyo, Japan
- Dollywood–Pigeon Forge, Tennessee, united States
- Euro–Park, Germany
- King' s Domain–Doswell, Virginia, United states
- Kings Island–Cincinnati, Ohio, United Sates

- Knott's Berry Farm-Los Angeles, California, United States
- Middle Kingdom-Hong Kong, People's Republic of China
- Opryland-Nashville, Tennessee, United Sates
- Port Aventura-Cost Daurada, Spain
- Sea World-Orlando Florida; San Diego, California; San Antonio, Texas, and Aurora, Ohio, United States
- Six Flags-Valencia, California; Arlington, Texas; Gurnee, Illinois; Atlanta, Georgia; Jackson, New Jersey, United States
- Tiboli Gardens-Copenhagen, Denmark
- Universal Studios-near Orlando, Florida; Hollywood, California, United States
- Walt Disney World-near Orlando, Florida, United states

11. 수상스포츠(winter sports)

- Alberville, France
- Angelfire, New Mexico, United States
- Aspen, Colorado, United States
- Bariloche, Argentina
- Big Four Ski East, Quebec, Canada
- Blackcomb Ski Mountain, British Columbia, Canada
- Bolzano (Bozen), Italy
- Cypress Bowl, British Columbia, Canada
- Garmish-Partenkirchen, Germany
- Grenoble, France
- Grouse Mountain, British Columbia, Canada
- Gstaad, Switzerland
- Innsbruck, Austria
- Interlaken, Switzerland
- Jackson Hole, Wyoming, United States
- Killington, Vermont, United States
- Laurentian Mountains, Quebec, Canada
- Lillehammer, Norway
- Loon Mountain, New Hampshire, United States
- Pyrenees Mountains, Spain/France
- Seymour Nountain, British Columbia, Canada
- Snowbird, Utah, United States
- Snowmass, Colorado, United States
- Southern Alps, New Zealand
- Squaw Valley, California, United States
- St. Moritz, Switzerland
- Steamboat Springs, Colorado, United States
- Sun valley, idaho, United States
- Taos, New Mexico, United States

- Telluride, Colorado, United States
- Waterville Valley, New Hampshire, united States
- Whistler, British Columbia, Canada
- Zermatt, Switzerland

12. 성지(religious site)

- Ajanta Caves, near Mumbai (Bombay), India.
- Anuradhapura, Sri Lanka.
- Baha' i Temple, Haifi, Israel.
- Blue Mosque, Istanbul, Turkey.
- Borobudur, Java, Indonesia.
- Buddha' s Universal Church, San Francisco, California, US.
- Cathedral of San Giovanni, Turin(Torino), Italy.
- Chartres Cathedral, Chartres, France.
- Christ the Redeemer, Rio de Janeiro, Brazil.
- Church of the Holy Sepulcher, Jerusalem, Israel.
- Church of the Nativity, Bethlehem, Israel.
- Dome of the Rock (Mosque of Omar), Jerusalem, Israel.
- Ganges River, India.
- Jokhang, Lhasa, Tibet, People' s Republic of China.
- Juma Mosque, Durban, South Africa.
- La Sagrada Familla, Barcelona, Spain.
- Lourdes, France.
- Masada, Israel.
- Mecca, Saudi Arabia.
- Medina, Saudi Arabia.
- Meiji Shrine, Tokyo, Japan.
- Mormon Tabernacle, Salt Lake City, Utah, US.
- Notre Dame Cathedral, Paris, France.
- Pagan, Myanmar.
- Passion Play, Oberammergau, Germany.
- Sacré-Coeur, Paris, France.
- Sistine Chapel, Vatican City.
- St. Basil' s Cathedral, Moscow, Russia.
- St. Catherine' s Monastery, Sinai, Egypt.
- St. patrick' s Cathedral, New York City, New York, US.
- St. peter' s Basilica, Vatican City.
- Todai-ji Temple, Nara, Japan.
- Vishvanatha Temple, Varanasi (Kasi), India.
- Wat Phra Keo (Temple of the Emerald Buddha), Bangkok, Thailand.
- Western Wall (also Wailing Wall), Jerusalem, Israel.
- Westminister Abbey, London, England, United Kingdom

참고문헌

고종원, 여행상품개발론, 백산출판사, 2007
고종원 · 이광우, 여행업경영실무, 대왕사, 2001
김규헌외 2인, 여행업경영론, 기문사, 2003
김상태, "여행수배업의 제도권 편입에 대한 타당성 검토," 한국관광연구원, 2000.
김성혁, 여행사관리론, 형설출판사, 1999
김영규, 여행사경영과 실무, 대왕사, 2003
노정철, 여행사경영론, 한올출판사, 2005
박시범 외 3인, 여행사경영론, 새로미, 2007
뱃시센더스, 신화가 된 전설적인 서비스, 2004
와튼스쿨, 불만고객연구보고서, 2006
이선희, 여행업경영개론, 대왕사, 1997
이선희 외 2인, 여행사창업성공백과, 대왕사, 2003
이정훈, 여행사경영실무, 형설출판사, 2007
정익준, 여행사경영전략론, 학현사, 2006
조송빈, 여행사경영관리론, 백산출판사, 1994
하인수, 관광학개론, 대왕사, 2015
하헌국 외 2인, 여행사경영론, 대왕사, 2004
한국일반여행업협회, 여행불편처리 교육 자료집, 2008
함께 사는 사회, 2008년 9-10월호

Allan Beaver, Travel Business, Prentice Hall, 1980.
Boberg, K.,&J. Cavinato, Business Travel Management, Transportation Journal, Winter, 1986
Fay, Besty, Essencial of Tour Management, Prentice Hall, New Jersey, 1992
Gee, Chuck, James Makens & Dexter Choy, The Travel Industry, New York: VNR, 1989.
Gee, Chuck Y&Boberg, Kevin B&Choy, Dexter J.L&Makens, James C., Professional Travel Agency, 1990
Gunn, Clair A. & Turgut Var, Tourism Planning, Routledge, 2002.
Lundberg, Donald E., The Tourist Business, New York: Van Nostrand Reinhold Co., 1989.
Mayo, E.J., The Psychology of Leisure Travel, 1981.
McIntosh, Robert W., Tourism: Principles, Practices, Philosophies, 2005.
Mill, R.C., The Tourism System, Prentice-Hall, 1985.
Rice, susan & Todd, ginger, A Guide to Becoming a Travel Professional, Thomson, 2005

http://www.emoney.co.kr
http://www.gtn.co.kr
http://www.flyasiana.com
http://www.koreatravel.or.kr
http://www.kyeongin.com
http://www.moleg.go.kr
http://www.know.work.go.kr
http://www.mct.go.kr
http://traveltimes.co.kr
http://www.koreanair.co.kr
http://www.kata.or.kr
http://www.jata-net.or.jp
http://www.0404.go.kr

저자소개

■ 하 인 수

- 세종대학교 호텔관광경영학과(학사, 석사, 박사)
- TTI, Cruise Operation 디플로마(캐나다)
- (주)세방탑여행사 이사
- (주)백마항공여행사 창원지점장
- (주)여행나라 대표이사
- 창신대학교 호텔관광경영학과 교수
- (사)한국호텔관광학회 회장
- (사)한국호텔외식관광학회 부회장/한국호텔리조트학회 부회장
- 호텔등급평가위원/국내여행사 · 호텔서비스사 면접위원/한국연구재단 학술지 평가위원
- 세종대학교 대학원 호텔관광조리외식경영학과 박사동문회 회장

현) 유한대학교 비즈니스학부 학부장/호텔항공학과 학과장
(사)한국지식연구원 이사
부천시 지속가능발전협의회 정책자문단 단장
(사)한국호텔관광학회 고문

여행사 경영업무

2017년 8월 31일 초 판 발행
2024년 2월 29일 2판 1쇄 개정판 발행
2025년 2월 28일 2판 2쇄 발행

저 자 하 인 수
발행인 한인환 · 한재성
발행처 도서출판 **기 문 사**
등 록 1978. 8. 9. NO. 6-0637
주 소 서울시 동대문구 안암로 50-1(용두동) 홍신빌딩 3층
전 화 02) 2265-7214/922-8662~8663
팩 스 02) 922-8772

homepage : www.kimoonsa.co.kr
e-mail : book@kimoonsa.co.kr

저자와의 협의하에 인지생략

ISBN : 978-89-7723-959-3 93320

정가 : 25,000원